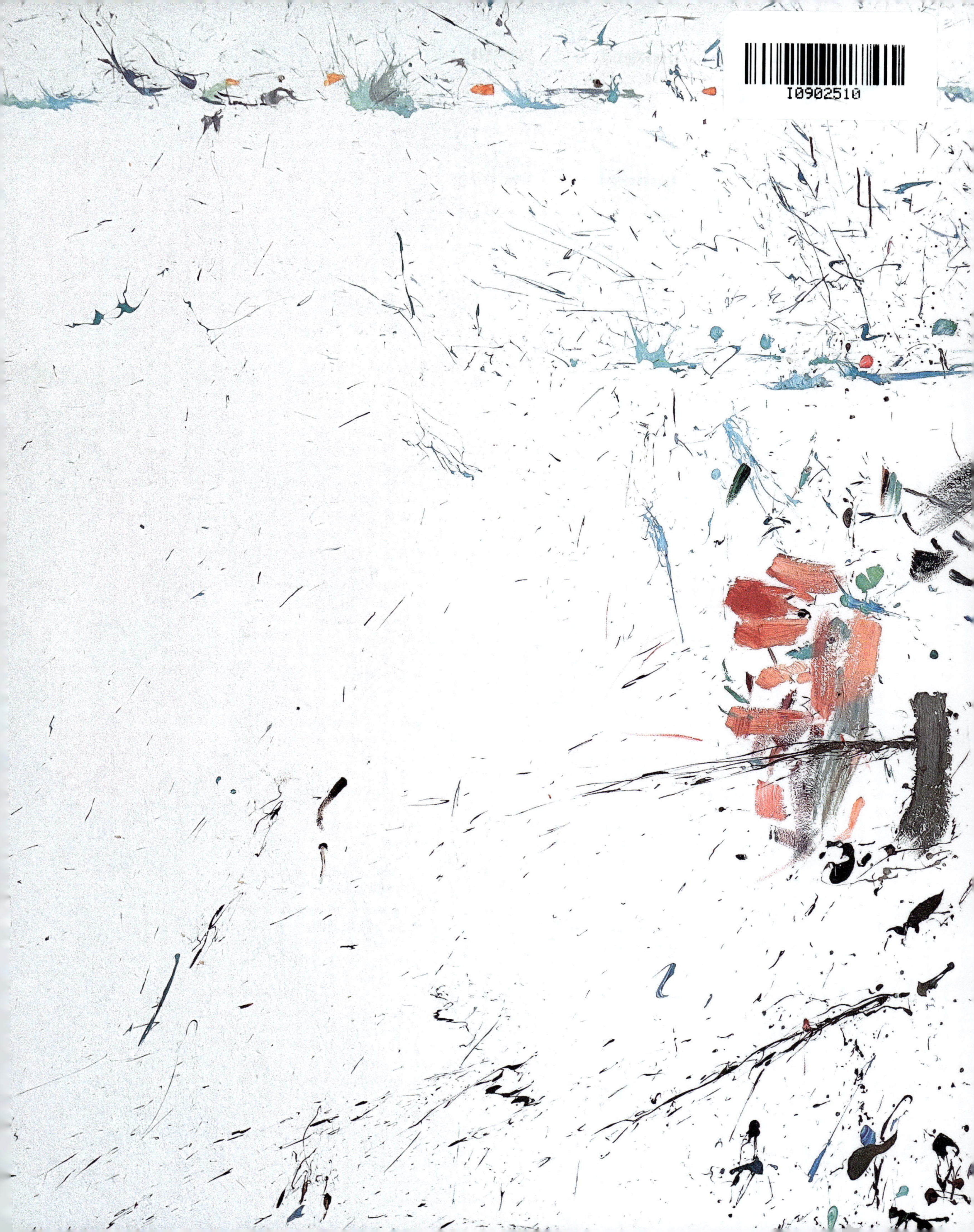

I0902510

ayman baalbaki
face au KO / facing KO

Texts by / Textes par
Jean-Louis Pradel, Paul Ardenne, Philippe Dagen, Thierry Savatier, Nayla Tamraz
English translation / Traduction anglaise
Nayla Tamraz, Charles Penwarden
Arabic translation / Traduction arabe
Bassam Hajjar, Katia Al-Tawil, Thaer Deeb, Yamen Sabour
Editorial coordination / Coordination éditoriale
Virginie Hagelauer & Matthieu Flory
French editing / Révision française
Lorraine Ouvrieu
English editing / Révision anglaise
Helen Bell
Arabic editing / Révision arabe
Katia Al-Tawil
Editorial follow-up / Suivi éditorial
Heba Hage-Felder & Nayla Tamraz
Detail of cover image p.24-25 /
En couverture détail de l'image p.24-25

Designed by / Conception graphique
Karim Farah
Latin font / Fonte latine
Aleo (Alessio Laiso, 2013)
Arabic font / Fonte arabe
Nazanin (Borna Rayaneh, 2000)
Lithographs / Photogravure
Graphium, Saint-Ouen
Printed by / Imprimé par
OGM, Padova

Produced by / Production
Ayman Baalbaki / Dalloul Art Foundation
Published in May 2022 / Publié en mai 2022
ISBN: 9782376660651

Copyright © All images courtesy of the artist.
Except / À l'exception de
Basel Dalloul (Dalloul Art Foundation) p.46, 82, 130, Yara Boustany p.26, 52-53, 58, 83, Aline Manoukian Collection, courtesy of the Arab Image Foundation (AIF), Beirut p.23, 69, 88, 93, 105, Abbas Salman, courtesy of the Assafir Newspaper Archive, Beirut p.134, Abdel-Hamid Baalbaki Archive p.109, Marco Pinarelli p.4-5, 138-139, 140-141, Blaine Campbell (MOA Musuem Vancouver) p.91

Copyright © All texts, the artist and authors.

All rights reserved. No part of this book may be reproduced or transmitted in any form or by any means, electronic or mechanical, including photocopying, recording or by any information storage and retrieval system, without permission in writing from the artist.

The artist would like to thank / L'artiste tient à remercier
Basel Dalloul (Dalloul Art Foundation), Rose Issa, Saleh Barakat, Karim Farah, Nayla Tamraz, Paul Ardenne, Philippe Dagen, Thierry Savatier, Katia Al-Tawil, Heba Hage-Felder and the team of the Arab Image Foundation, Yara Boustany, Ahmad Salman, Aline Manoukian, Marco Penarelli, Rima Nasser, Carol Chehab, Said and Mounzer Baalbaki.

www.dafbeirut.org

Ramzi & Saeda Dalloul Art Foundation

2022 Éditions Norma
149 rue de rennes
75006 Paris
www.editions-norma.com

NORMA
ÉDITIONS

ayman baalbaki

face au KO / facing KO

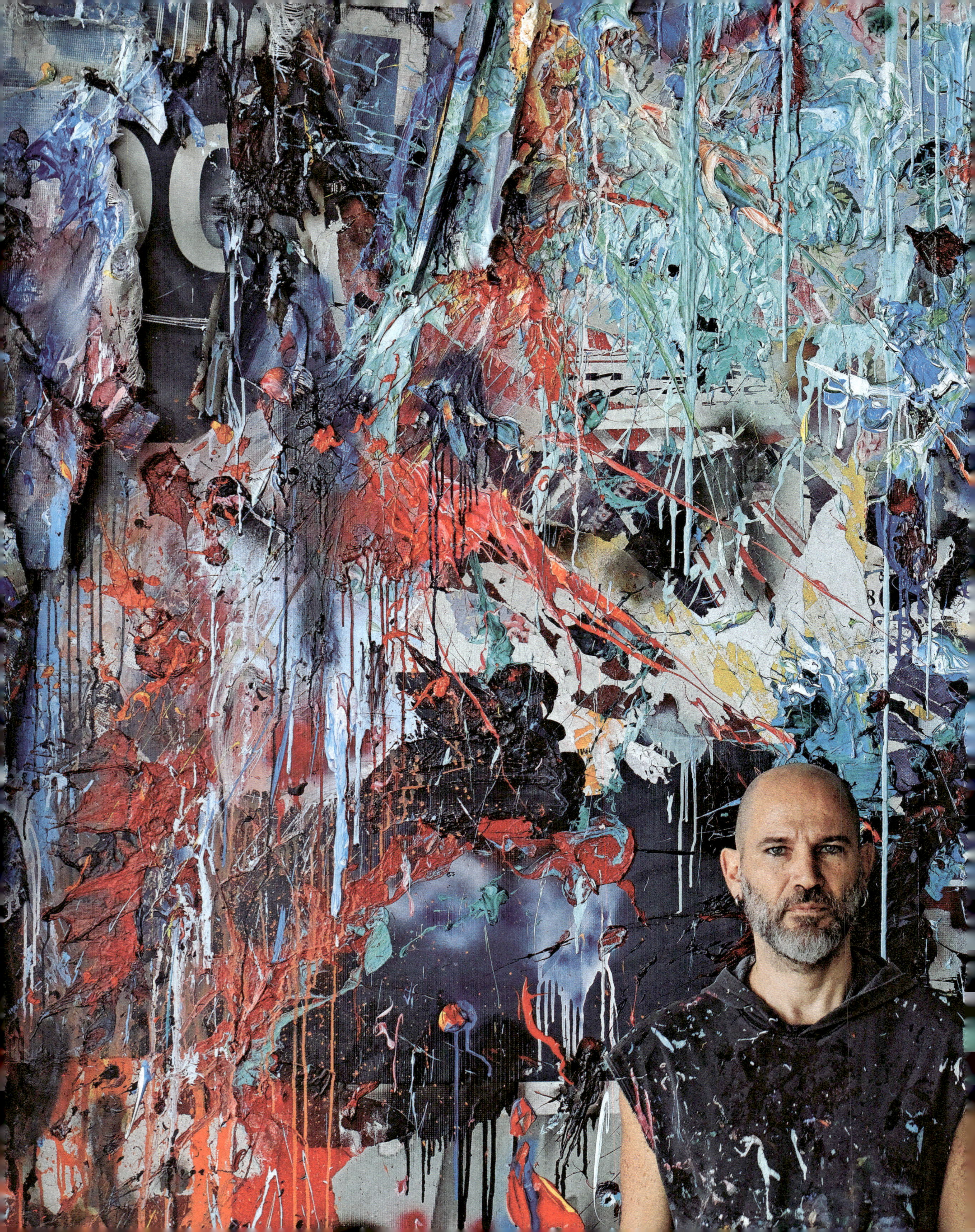

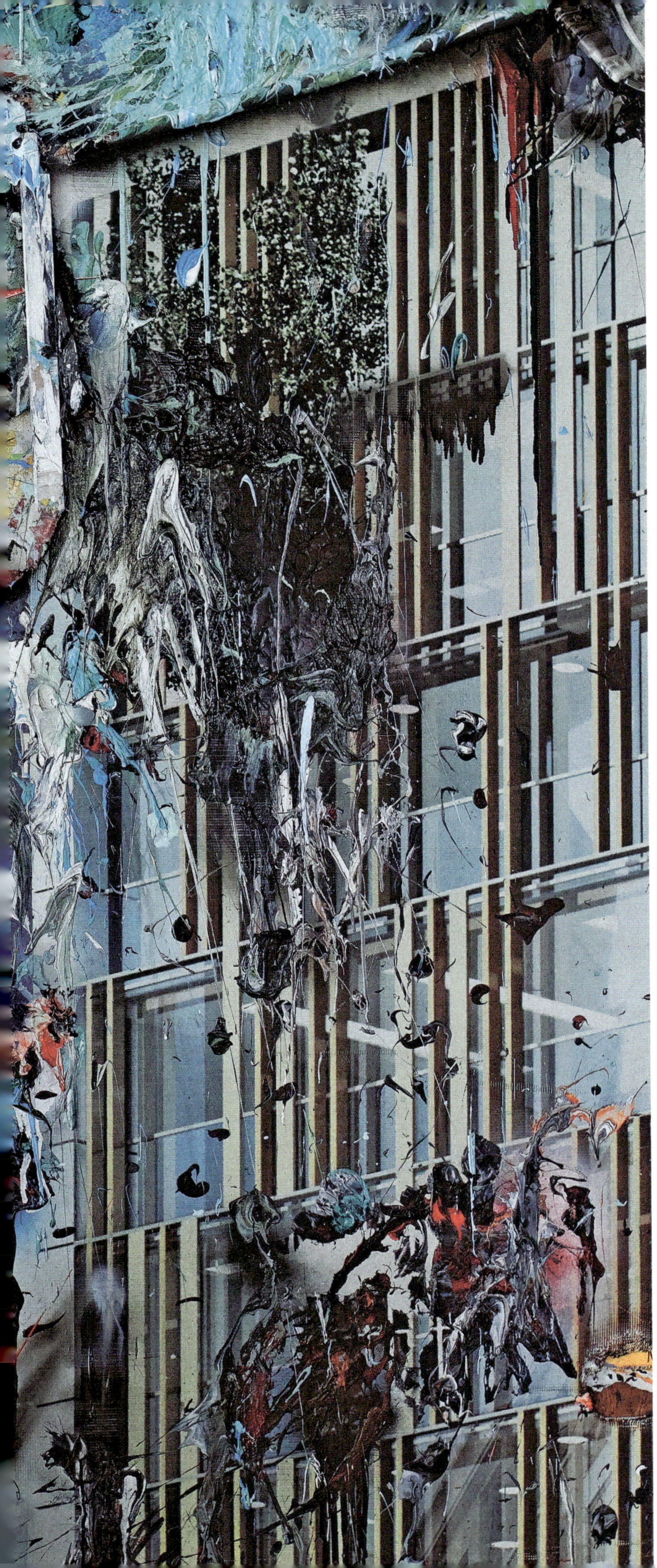

table des matières/ table of contents

La virtuosité et l'audace de Ayman Baalbaki bâtissent de palpitantes iconoclastes qui, entre transparence et opacité, avec cette rugosité visuelle propre aux cactus, parlent un langage de solitude altière, « un langage de décombres où voisinent les soleils et les plâtres » selon le *Traité du style* d'Aragon. De quoi défier autant que révéler un peu de cette fureur objective du monde contre son trop de réalité. Les somptueux orages, les fureurs maîtrisées, les éclats comme les éblouissements secrets des tableaux de Ayman Baalbaki ne craignent pas de faire face à la nuit de la pensée, d'interrompre la course de l'irrémédiable accélération des processus de communication et de côtoyer avec aisance l'abîme, l'improbable et le doute. Ici les couleurs, l'émotion et les sentiments du peintre font le pari du futur antérieur où se reconnaissent la lucidité du passage à l'acte et la volonté d'élargir l'horizon.

La peinture comme chaos n'est décidément pas prête à s'avouer vaincue par KO technique ! La preuve par l'insolente évidence de ces peintures fraîches, aussi succulentes qu'épineuses.

jean-louis pradel / Paris 01/04/02

Jean-Louis Pradel (1946-2013), historien de l'art, critique d'art et chroniqueur français, ancien enseignant à l'École nationale supérieure des arts décoratifs.

The virtuosity and audacity of Ayman Baalbaki build thrilling iconoclasm that, between transparency and opacity, with that visual roughness specific to cacti, speaks a language of haughty solitude, "a language of rubble where suns stand next to plasterwork" according to Aragon's Treatise on Style. Something that challenges as much as it reveals a little of this objective fury of the world against its overwrought reality. The sumptuous storms, the controlled furies, the bursts like the secret dazzling of Ayman Baalbaki's paintings are not afraid to face the night of thought, to interrupt the course of the irremediable acceleration of communication's processes and to approach with ease the abyss, the improbable and the doubt. Here the colors, the emotion and the feelings of the painter are betting on the near future where one recognizes the lucidity of taking action and the desire to broaden the horizon.

Painting as chaos is definitely not ready to admit defeat by technical KO! The proof is in the insolent obviousness of these fresh paintings, as succulent as they are thorny.

jean-louis pradel / Paris 01/04/02

translated by nayla tamraz

Jean-Louis Pradel (1946-2013), French art historian, critic and chronicler, teacher at the National School of Decorative Arts.

préface

Ceci n'est pas une monographie mais un parcours qui englobe une décennie de travail. Ce qui se donne à voir est le résultat d'une approche aléatoire, celle d'un thème qui constitue un point de départ à mon travail et que je revisite à travers différents outils ; un hasard qui négocie avec le chaos qui m'entoure. En 2017, j'ai demandé à ceux qui ont accompagné mon travail de raconter une partie de cette histoire. Dans l'ombre de cette compilation se dissimule la poussière invisible de quatre années de tumulte : une révolte mort-née, une faillite politique et financière, une pandémie implacable et la tragédie impitoyable du port de Beyrouth. Cette compilation, comme mes peintures, transcende la trajectoire linéaire. Philippe Dagen révèle les méandres de mes créations et leur rapport à l'image ; Thierry Savatier analyse l'évolution de mon travail ; Paul Ardenne comprend avec un œil d'historien mon regard sur les ruines ; et Nayla Tamraz dissèque les représentations topographiques de Beyrouth dans mes peintures, avec la familiarité d'une amie proche. Face aux risques de superlativisme, mais aussi de myopie, ce magnifique rendu par quatre critiques donne la juste mesure des choses. Les figures qui m'ont façonné conceptuellement et techniquement restent exigeantes. Mon père Fawzi et mon oncle Abdel Hamid furent ma première source d'inspiration. Jean-Louis Pradel m'a ouvert des horizons et m'a poussé à peindre grand et franc. Marwan Kassab Bachi a laissé un impact indélébile, sondant et posant toutes les questions difficiles. Ils ont éclairé mon chemin.

ayman baalbaki

preface

This is not a monograph but a journey that captures a decade of works. What manifests is a non-linear approach to a theme that I start with and revisit through different tools; a randomness that haggles with the chaos around me. In 2017, I asked those who accompanied my work to tell a part of that story. In the shadow of this compilation is the invisible dust of four years of tumult: a still-born uprising, political and financial bankruptcy, a relentless pandemic and ruthless tragedy at the Beirut port. The compilation, like my paintings, transcends a linear trajectory. Philippe Dagen exposes the intricacies of my creations and their relation to the image; Thierry Savatier analyzes the evolution of my work; Paul Ardenne discerns with a historical eye my take on ruins; and Nayla Tamraz dissects the topographical depictions of Beirut in my paintings, with the familiarity of a close friend. This stunning rendering by four critics is appeasing in the face of superlatives and short-sightedness. And yet, the pillar figures that have shaped me conceptually and technically remain unrelenting. My father, Fawzi and my uncle, Abdel Hamid, were my first source of inspiration. Jean-Louis Pradel opened up my horizons and pushed me to paint big and bold. Marwan Kassab Bachi left an indelible impact, probing and asking all the tough questions. They all lit my way.

ayman baalbaki

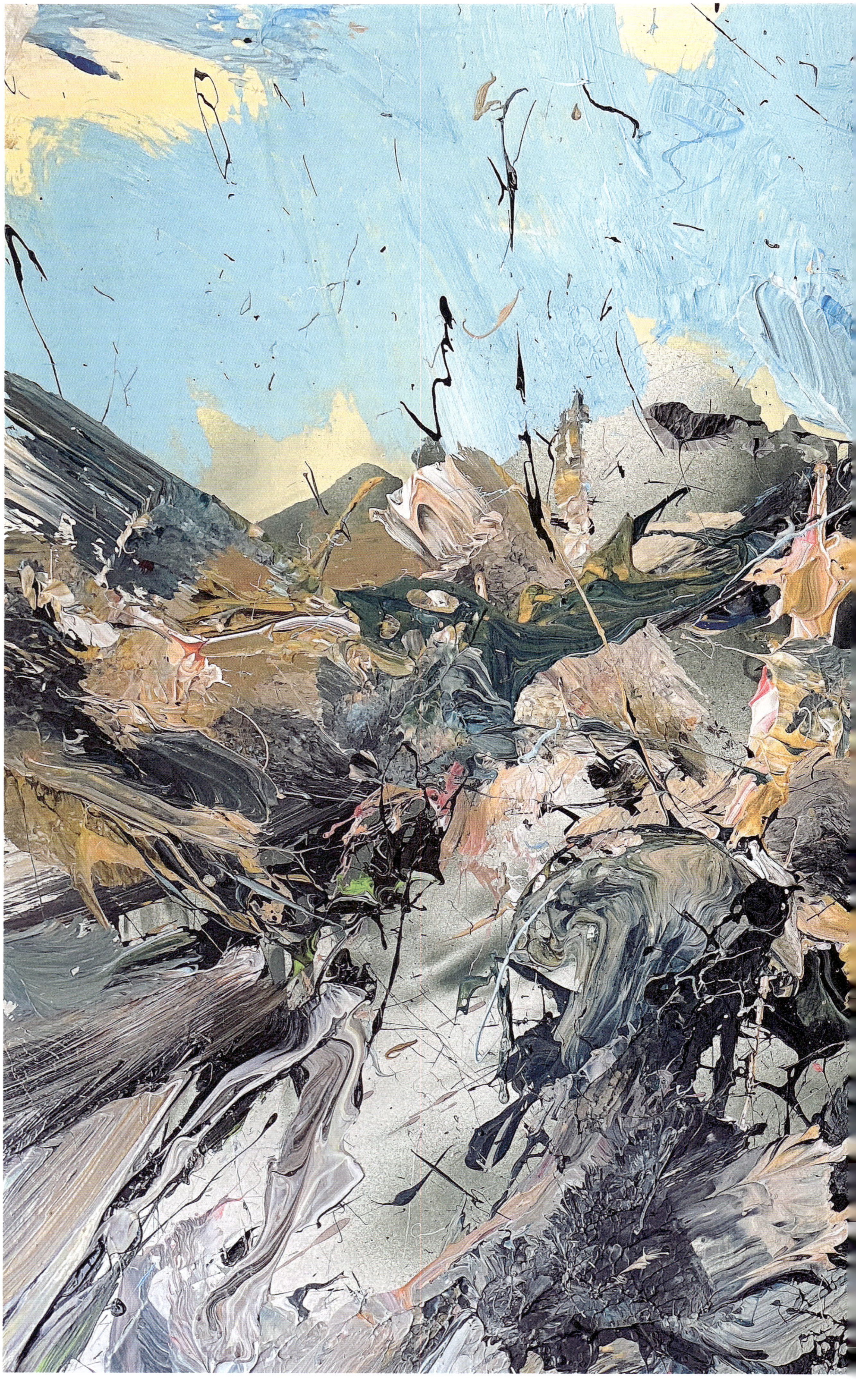

Untitled (detail), 2019
acrylic and spray on
cardboard laid on canvas,
60 x 80 cm

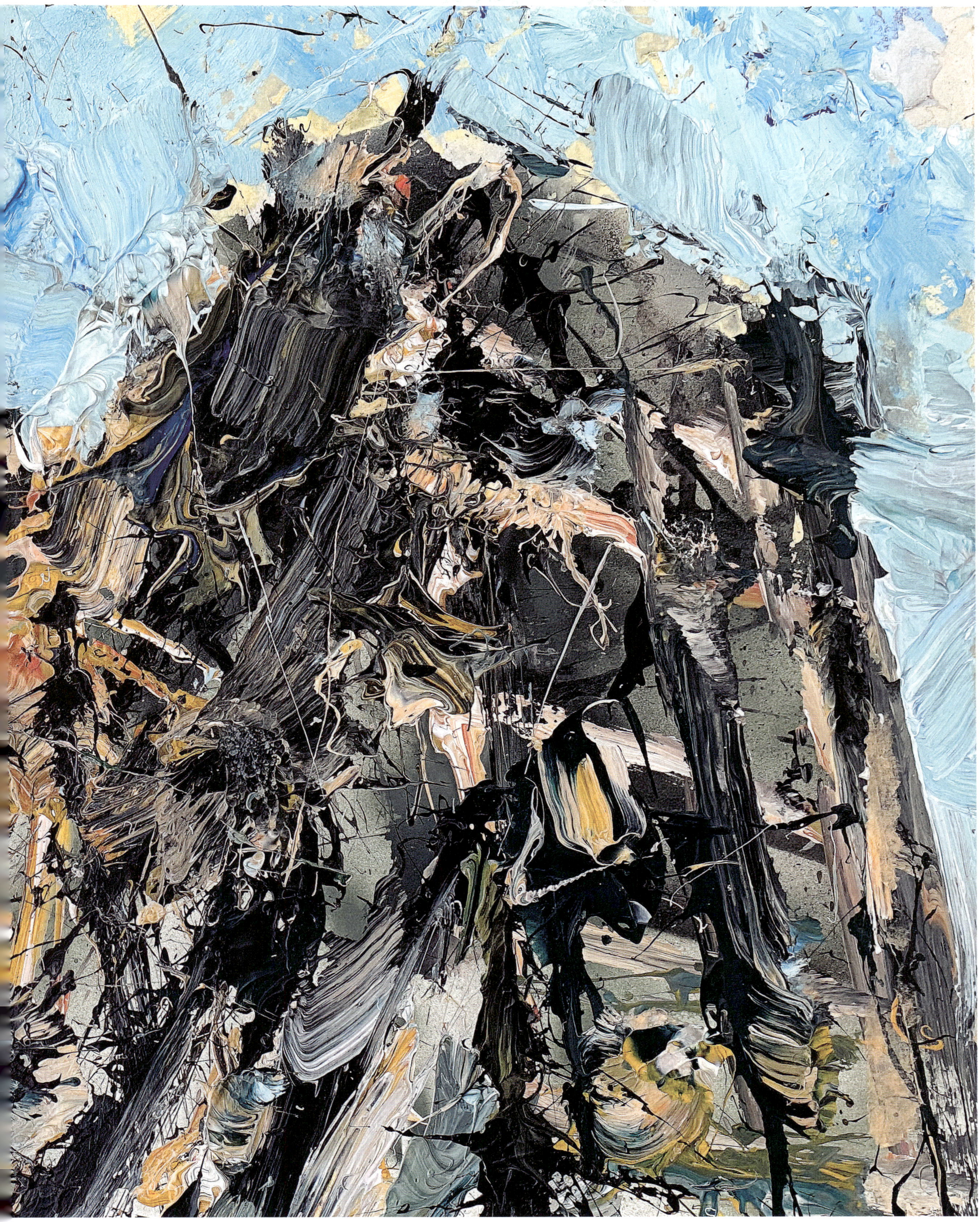

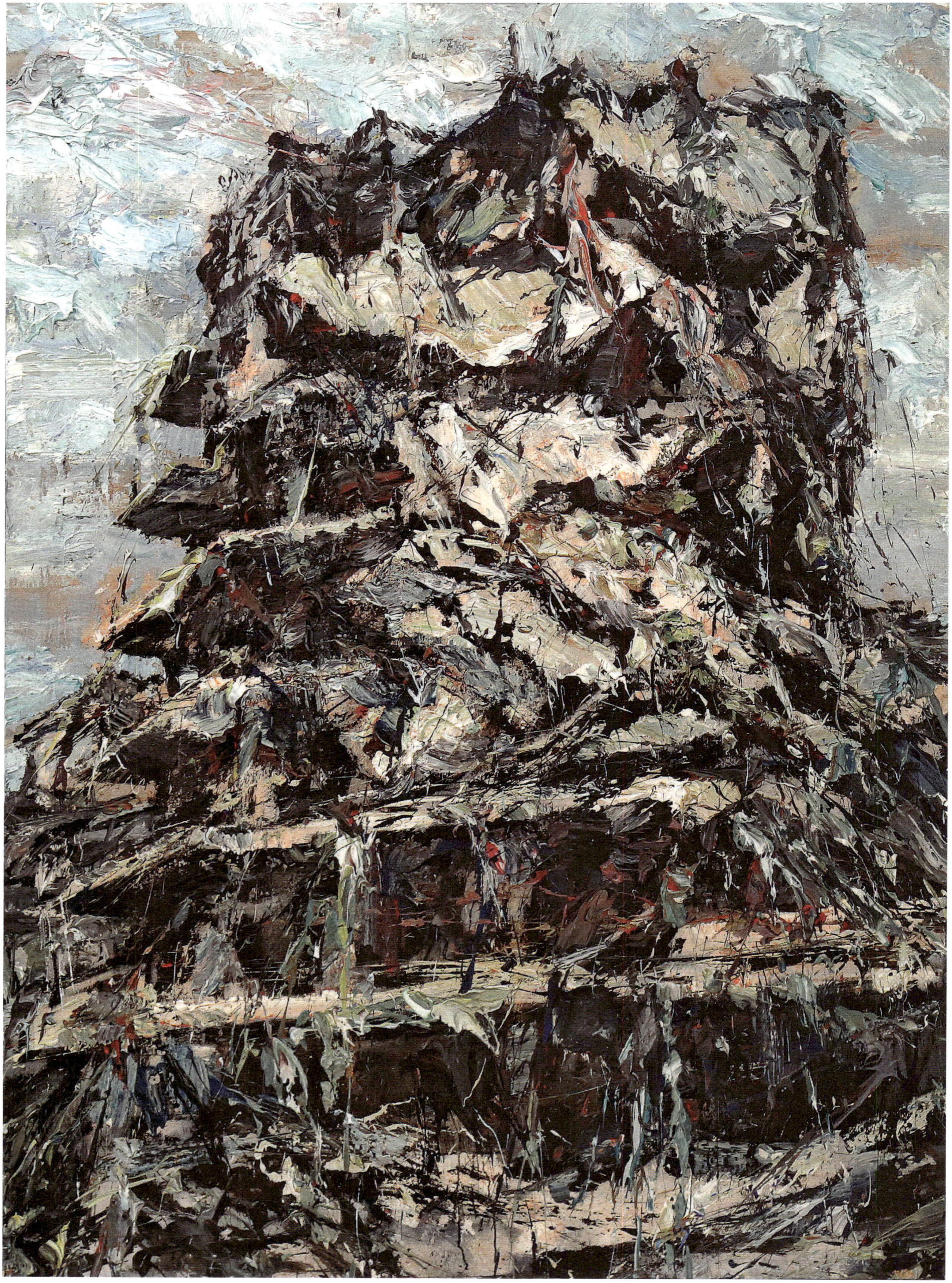

ayman baalbaki

jouir et grandir du négatif

pleasure and growth in the negative

paul ardenne

(FR)

Historien de l'art contemporain. Il est l'auteur de nombreux ouvrages consacrés à l'esthétique du corps, à l'art politique ainsi qu'à l'architecture et à l'urbanisme d'aujourd'hui.
Historian of contemporary art and the author of numerous books about the aesthetic of the body, political art and contemporary architecture and urbanism.

translated by charles penwarden

Untitled, 2014
acrylic on canvas,
200 x 150 cm
(opposite page)

Ayman Baalbaki (Liban, 1975) élabore depuis le tournant des années 2000 une œuvre artistique très personnelle cumulant peinture, sculpture et installation. Ses créations le désignent tout à la fois comme un peintre vernaculaire et universel. Vernaculaire : l'histoire récente du Liban et de la Palestine, la guerre civile libanaise de 1975-1990, les effets dévastateurs de l'opération militaire israélienne « Plomb durci » (l'agression brutale du Sud-Liban, en juillet 2006) sont ses thèmes d'élection récurrents sur fond de conflits, de terrorisme, de destructions et d'exode. Universel : ce faisceau de réalités, loin de concerner le seul Moyen-Orient, occupe tout autant le devant de l'actualité depuis plusieurs décennies, à l'échelle globale cette fois.

Sa première exposition d'importance, en 2008, à Beyrouth[1], Ayman Baalbaki l'intitule « Transfiguration apocalyptique ». De façon elliptique mais signifiante, cet intitulé donne le ton de l'entreprise créatrice de ce jeune artiste originaire d'une région tissée de tensions : transformer, selon les termes du poète Charles Baudelaire, la boue en or. Plus précisément exprimé : transfigurer un univers de violence, de déshumanisation en univers artistique.

Since the turn of the century Ayman Baalbaki (Lebanon, 1975) has been developing a highly personal body of work combining painting, sculpture and installation. His creations show him to be a painter who is both local and global. Local, in that the recent history of Lebanon and Palestine, the Lebanese civil war from 1975 to 1990 and the devastating effects of the Israeli military's Operation Cast Lead (the brutal attack on southern Lebanon in July 2006) are among his recurring themes, along with other conflicts – terrorism, destruction and the exodus of populations. And it is global in that the implications and presence of these interconnected realities go beyond the Middle East and have been at the forefront of international concerns for several decades.

"Apocalyptic Transfiguration" was the title Ayman Baalbaki gave to his first major exhibition, held in Beirut in 2008.[1] In an elliptical but significant way, these words set the tone for the more recent work by this young artist born in a region fraught with tension: the transformation, according to the terms of the poet Charles Baudelaire, of mud into gold. Or, more precisely expressed: transfiguring a universe of violence, of dehumanization, into an artistic universe.

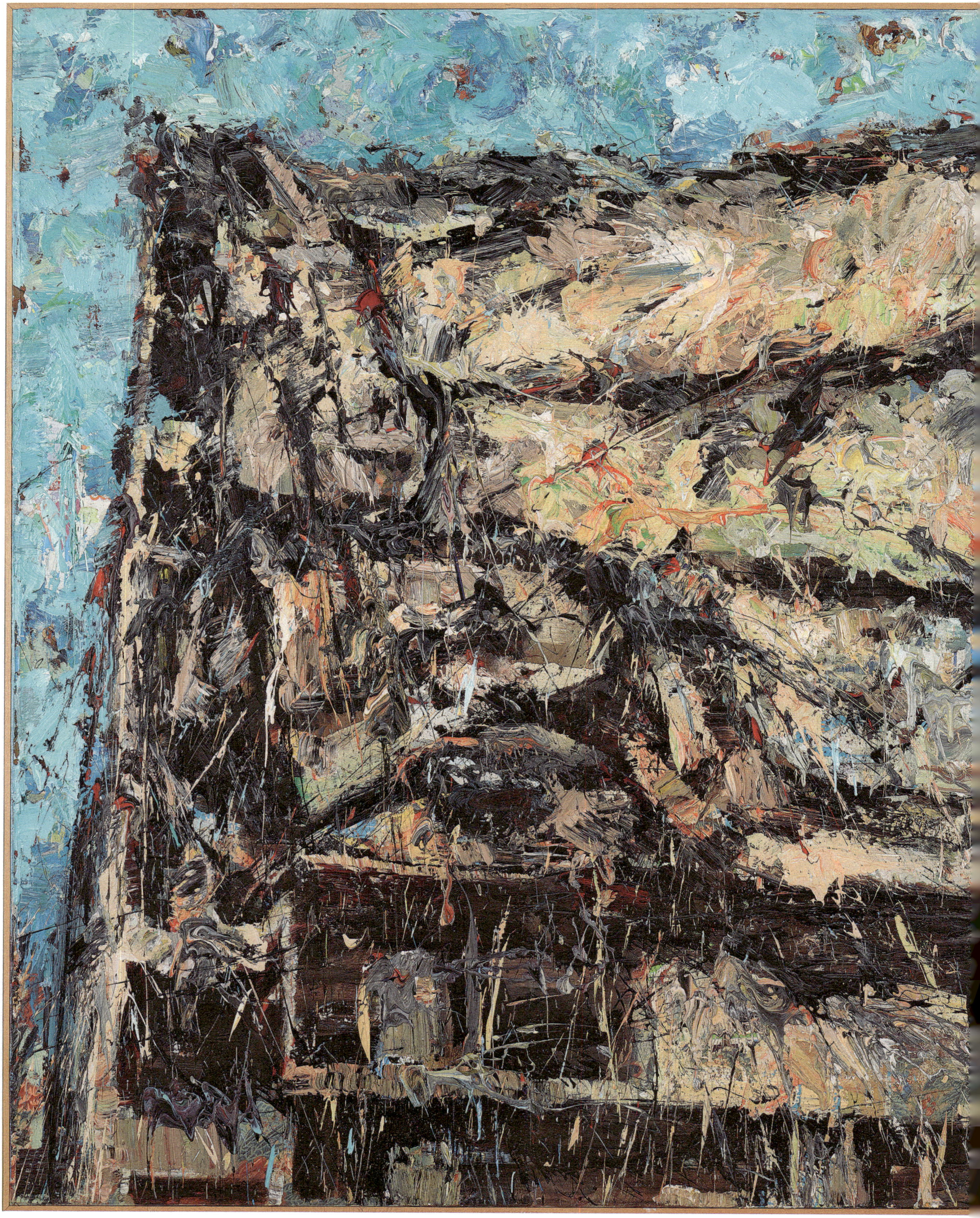

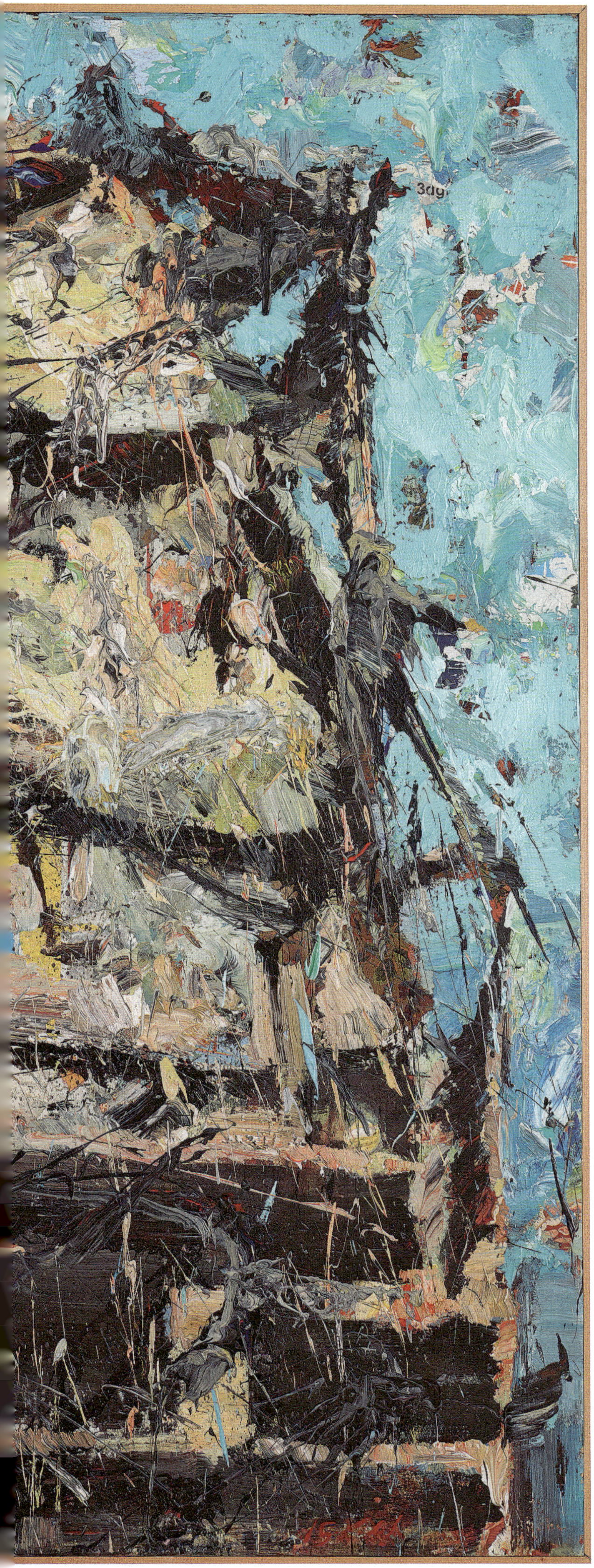

Untitled, 2015
acrylic on canvas,
200 x 250 cm,
Dalloul Art Foundation

Untitled, 2009
acrylic on canvas,
150 x 200 cm,
Dalloul Art Foundation
(next page)

A matter of conversion

How, when one has grown up in a place of war, of revolt, of humiliation, of death – how can one be satisfied with those objects that are artworks, objects that by their very nature are more unreal-making than real? The first practical answer to this question put forward by Baalbaki is to adopt a mimetic approach in a number of his works: reproduction. The theme of the installation *B110037* is urgent flight: exodus. Uncompromising in its realism, it comprises an old Peugeot 404 (its number plate provides the work's title), its roof groaning under domestic effects such as trunks, suitcases, mattresses and small pieces of furniture, piled precariously high. It is hard to be clearer when it comes to conveying the raw sense of the brutality of exodus, that sudden uprooting with uncertain hopes of return.[2] The artist revisits this theme and same form in *Destination X* (2010), but this time with a Fiat, presented on a revolving platform surrounded by a neon garland on the floor that sets it off in a way that is both paradoxical and incisive.[3] This is a barely veiled allusion to the obviously questionable fascination of the aesthetics of suffering.

Another means of achieving the sought-after "transfiguration" is to make use of the "altered readymade", as it would have been called by Marcel Duchamp who, at the turn of the last century, initiated this form of art which combines an ordinary object, found in the repertoire of everyday, functional items and an artistic intervention. *18586*: a military helmet, varnished and dark, is decorated with gold leaf and engraved with strapwork and rinceaux in the Arab style. Installed by Baalbaki on a base and under a vitrine, as if it were a priceless jewel, this plastic object, as reworked here, metaphorically sacralises violence and war. Or again: *Al rozk ala Allah* (2012–16): a welder's mask decorated with gold and silver leaf and covered with arabesques and religious quotations mixing the relation between Allah and work and the fact of making a living – a considerable problem for theocratic regimes which sometimes lack competence when it comes to economic management. Note, too, a similar recourse to the altered readymade

in *Œil pour œil*, another work that is just as "transfigurative" as the previous ones. The prime component of this piece is an iron shutter for a shop front, unrolled to its full extent and exhibited vertically along a picture wall – the equivalent of the wall for a fresco or of the picture plane for a pictorial composition. Covered with gold leaf by the artist, this iron curtain serves as the support for a set of portraits, all the same size, arranged in a chequer pattern. Each of these portraits, above which are the biblical words "Œil pour Œil" (An eye for an eye) in neon, shows the face of a policeman or an opponent – the Fedayeen and other irreducible revolutionaries – hidden, respectively by a helmet or a keffiyeh. Is the artist sacralizing violence, war, sacrifice, martyrdom? Regarding this singular iconostasis, we may perhaps trust to the lapidary but very pertinent analysis offered by Joseph Tarrab: "The shop that is the Middle East – and the world – sells only one commodity," he writes. "The vitrine and the abundantly used gold employ derision and kitsch to distance the double process of the sacralization of the mercantile and the merctantilization of the sacred."[4]

Again, and lastly, the third answer, or way of engaging the desired process of transfiguration: painting. Done in acrylic, a medium that dries fast and is therefore suited to quick, even compulsive work, his paintings are usually done in series, their formats varying. They fall into two main categories. The first is portraits, among which one could mention *Abel*, *Promise* and "*My God*," the portrait of a Fedayeen ready for a martyr's death, painted on the inside of a street merchant's handcart, again adorned with gold leaf. Or again, the series *Face à face*. The second are representations of urban landscapes, in large or even very large format. Between these urban views, which are often spectacular, and also oppressive, we could mention the *Wadi Abou Jmil* series (from 1995) and *Tammouz* series (starting in 2007), among others, most of which show landscapes after battle, devastated and emptied of their population, bearing witness to a reality in which military conflicts and merciless clashes have put paid to their occupants, who have disappeared or been wiped out of the images. Looking to have been brushed quickly in acrylic, these compositions do not trouble themselves, note, with

Une affaire de conversion

Comment, nourri au sein de la guerre, de la révolte, de l'humiliation, de la mort, se satisfaire de ces objets que sont les œuvres d'art, des objets par nature toujours plus déréalisés que moins ? Une première réponse efficace à cette question, pour Ayman Baalbaki, consiste en l'adoption du mimétisme, pour quelques-unes du moins de ses créations : on reproduit. *B110037* : cette installation a pour thème l'exode dans l'urgence. D'un réalisme sans concession, elle se compose d'une vieille Peugeot 404 (son immatriculation donne son titre à l'œuvre) dont le toit est surchargé de meubles et d'effets domestiques tels que cantines, valises, matelas, petit mobilier, le tout haut perché et en équilibre très instable. Difficile de faire plus clair, s'agira-t-il de souhaiter rendre compte crûment de la brutalité de l'exode, ce déracinement sans espoir sûr d'un retour[2]. L'artiste récidive sur le même thème avec *Destination X* (2010), d'identique façon, au moyen d'une Fiat cette fois, le véhicule étant présenté sur un podium tournant entouré, au sol, d'une guirlande de néon qui le valorise de façon aussi paradoxale qu'incisive[3]. Une allusion à peine voilée à la fascination esthétique qu'inspirent, de manière évidemment discutable, les thèmes misérabilistes.

Autre réponse pour qu'opère la « transfiguration » recherchée : le recours au « ready-made modifié », aurait dit Marcel Duchamp, initiateur, au début du siècle dernier, de cette forme d'art cumulant un objet ordinaire, trouvé dans le répertoire des objets d'usage courant, et une intervention artistique. *18586* : un casque militaire, verni, de couleur sombre, se voit décoré à la feuille d'or et gravé avec des motifs tels que rinceaux ou entrelacs, dans le style arabique. Installé par Ayman Baalbaki sur un socle et sous une vitrine, comme le serait un bijou d'une inestimable valeur, cet objet usuel à la plastique retravaillée sacralise, en termes métaphoriques, la violence et la guerre. Encore : *Al rozk ala Allah* (2012-2016), ce masque de soudeur est décoré à la feuille d'or et d'argent et gravé avec des motifs d'arabesques et de citations religieuses mêlant la relation entre Allah, le travail et le gagne-pain – un considérable problème pour les régimes politiques théocratiques, parfois peu compétents en

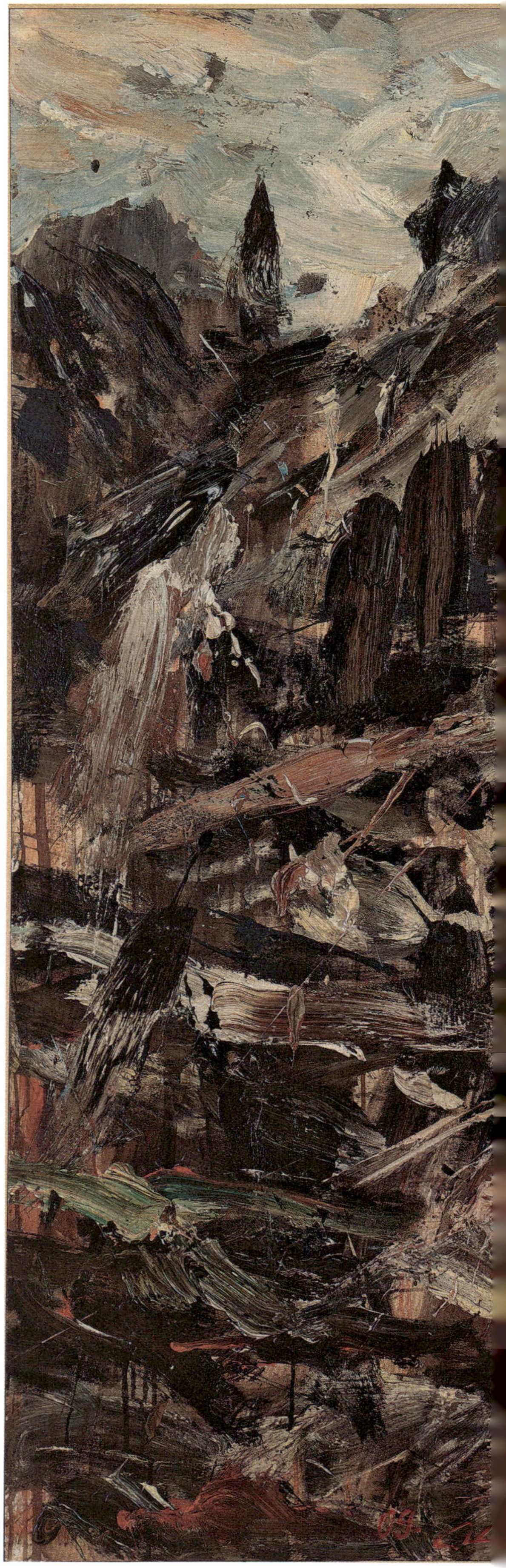

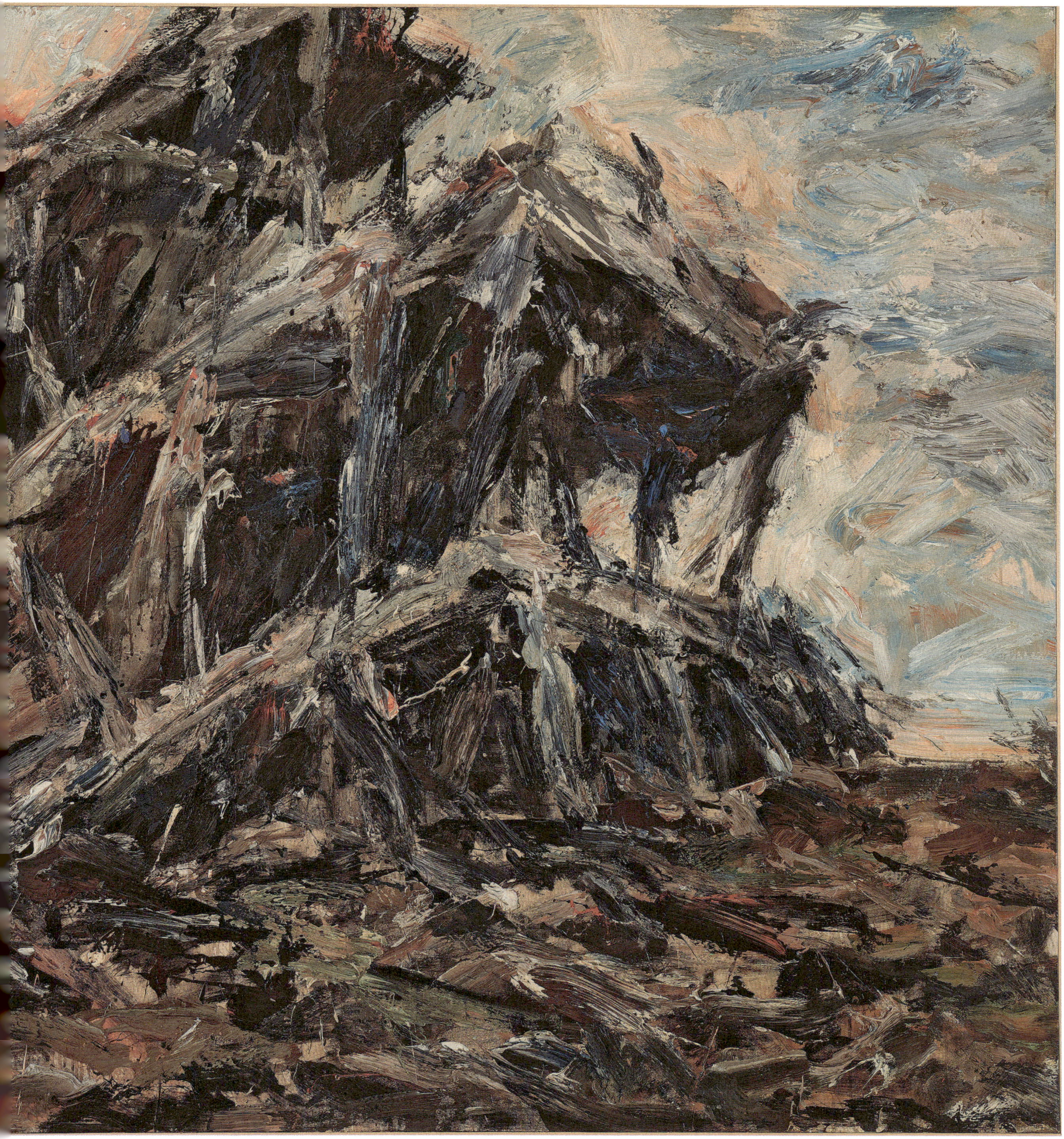

hyperrealist detail. The style cultivated here is more expressionistic. An effect of the rough and ready, approximate outlines, a deliberately disordered accumulation of painted matter and a heavy frame prevent the air from circulating around the motif, in the way that it might in a more ventilated, more spacious "atmospheric" composition, which, in its characteristic concern with representation of the sky, allows it considerable space.
Strongly frontal, presented to the viewer in a forceful face-to-face, the images produced by Baalbaki leave a sense of primtiveness: their offer is rough, elementary, essential. The recourse to *archetypes*, as appositely noted by Nayla Tamraz, is clear.[5] The archetypes of human figures offered to the gaze here include warrior, policeman and soldier. And as for the pictures that represent buildings, the *domus*, these are stripped of status, and the place of social life is shunted from life to morbidity, both mercilessly crushed, with a rare degree of negative intensity, by desolation, and generally ruined. The buildings doggedly painted by Baalbaki may be named (the titles of the paintings refer to identifiable buildings in Beirut or southern Lebanon destroyed during the civil war, or since then), but they are unfailingly united by their uniform appearance: such is catastrophe; the same evils produce the same effects. Appearance and style both say the same thing.

Mental landscapes

What is immediately striking about Baalbaki's work is his capacity to keep returning to the same objects, the same subjects: "THE" warrior, "THE" soldier, "THE" ruin. Also striking is the extreme thematic focus. No dispersion: semantic contraction and not the contrary. This constant "revisiting" is just as evident in the portraits of individuals, who are always defined by a function rather than designated by a proper name (in other words, they are never identified), as it is in the urban compositions: ruins, ruins again, always and forever ruins.
This obsession with ruins, raised here to the rank of *figura*, a character in its own right, has established Baalbaki's reputation as a painter of contemporary ruins, in

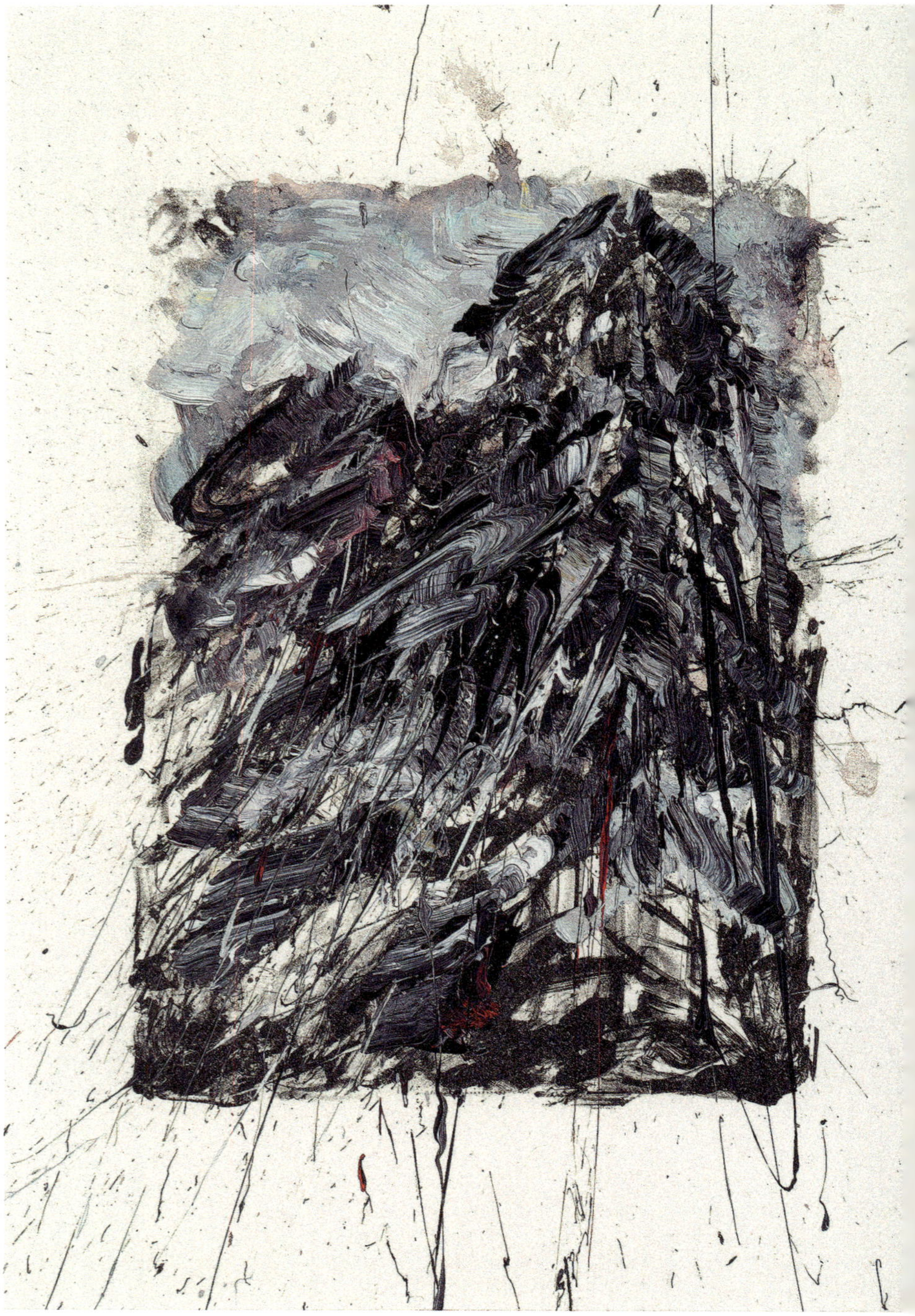

Untitled, 2014
lithography and acrylic
on paper, 62 x 49 cm

Untitled, 2014
lithography and acrylic
on paper, 62 x 49 cm
(opposite page)

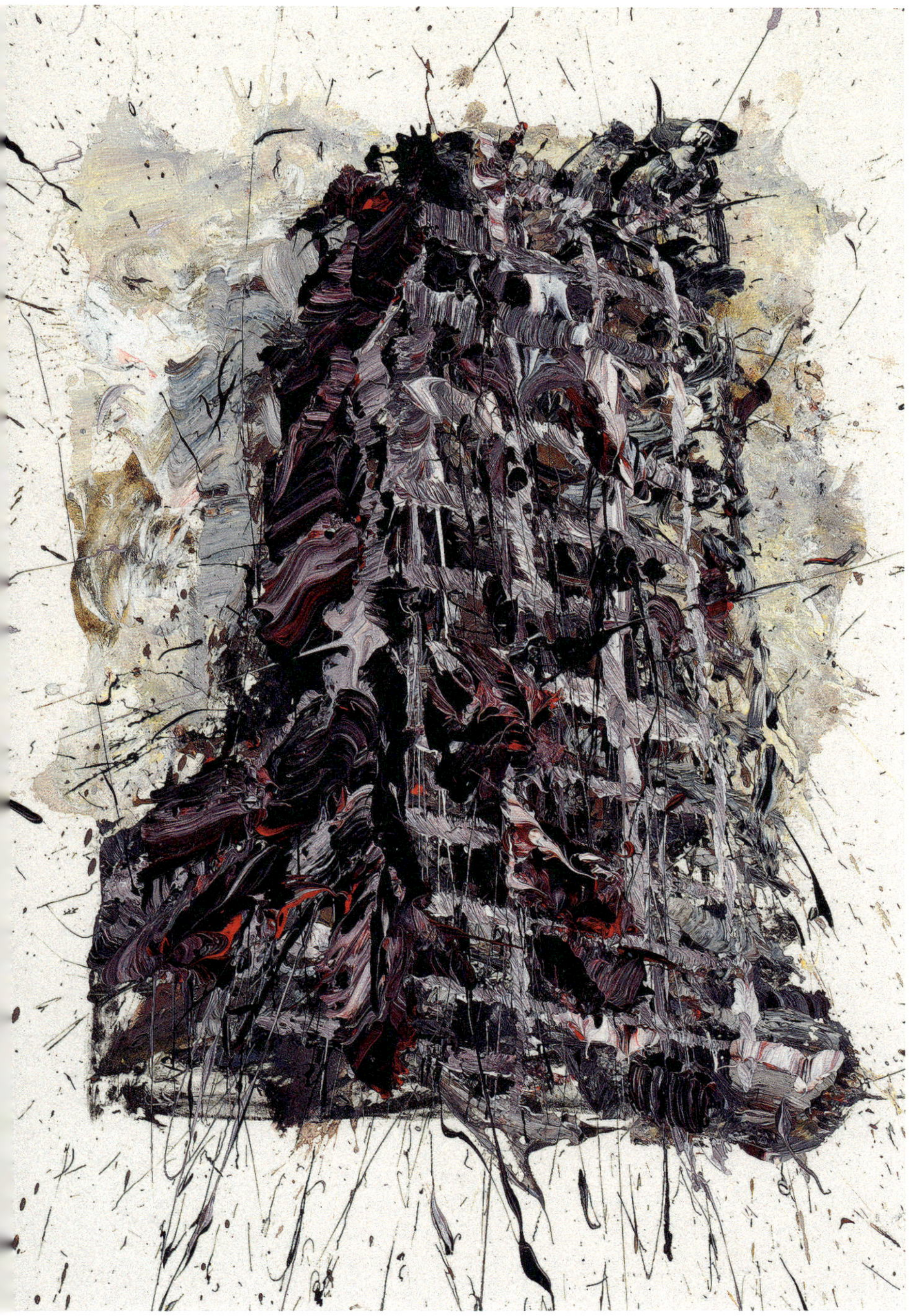

matière de gestion économique. Relevons un même recours au « readymade modifié » pour *Œil pour œil*, autre création tout aussi « transfigurative » que les précédentes. Composant premier de cette réalisation : le rideau de fer d'une boutique de rue, déroulé de tout son long et exposé à la verticale le long d'une cimaise – l'équivalent du mur pour une fresque, ou du plan du tableau pour une composition picturale. Recouvert à la feuille d'or par l'artiste, ce rideau de fer sert de support à différents portraits de taille identique, disposés alternativement et en damier. Chacun de ces portraits, que surplombe, en lettres de néon, la mention biblique « œil pour œil », expose le visage, casqué ou dissimulé au moyen d'un keffieh, de représentants des forces de l'ordre et de leurs traditionnels opposants, fedayin et autres activistes révolutionnaires, une peuplade d'irréductibles. Sacralisation de la violence, de la guerre, du sacrifice, du martyre ? On fera crédit, au regard de cette singulière iconostase, à l'analyse sèche mais hautement pertinente qu'en fait Joseph Tarrab : « La boutique du Moyen-Orient – et du monde – ne vend qu'une seule marchandise, la violence, écrit Tarrab. La vitrine et la feuille d'or utilisée à profusion distancient par dérision et kitschisation le double processus de sacralisation du mercantile et de mercantilisation du sacré[4]. »

Encore et enfin, troisième réponse pratique pour engager le processus de transfiguration recherché, la peinture. Exécutée à l'acrylique, un médium qui sèche vite et permet un travail rapide voire compulsif, celle-ci est le plus souvent livrée en série, sur des formats variables. Deux grandes entrées qualifient cette offre picturale. Un, les portraits, en petit ou moyen format. Citons à cette première entrée *Abel*, *Promise* ou encore *My God*, le portrait d'un fedayin prêt pour le martyre peint sur le plateau, là aussi doré à la feuille d'or, d'une voiture à bras de marchand ambulant. Encore, la série *Face à face*. Deux, les représentations consacrées par Ayman Baalbaki aux paysages urbains, en grand voire en très grand format. Entre ces vues urbaines souvent spectaculaires, oppressantes aussi, mentionnons les séries *Wadi Abou Jmil* (dès 1995) ou encore *Tammouz* (à partir de 2007), entre autres – le plus clair du temps, des paysages après la bataille, dévastés, vidés de leur population,

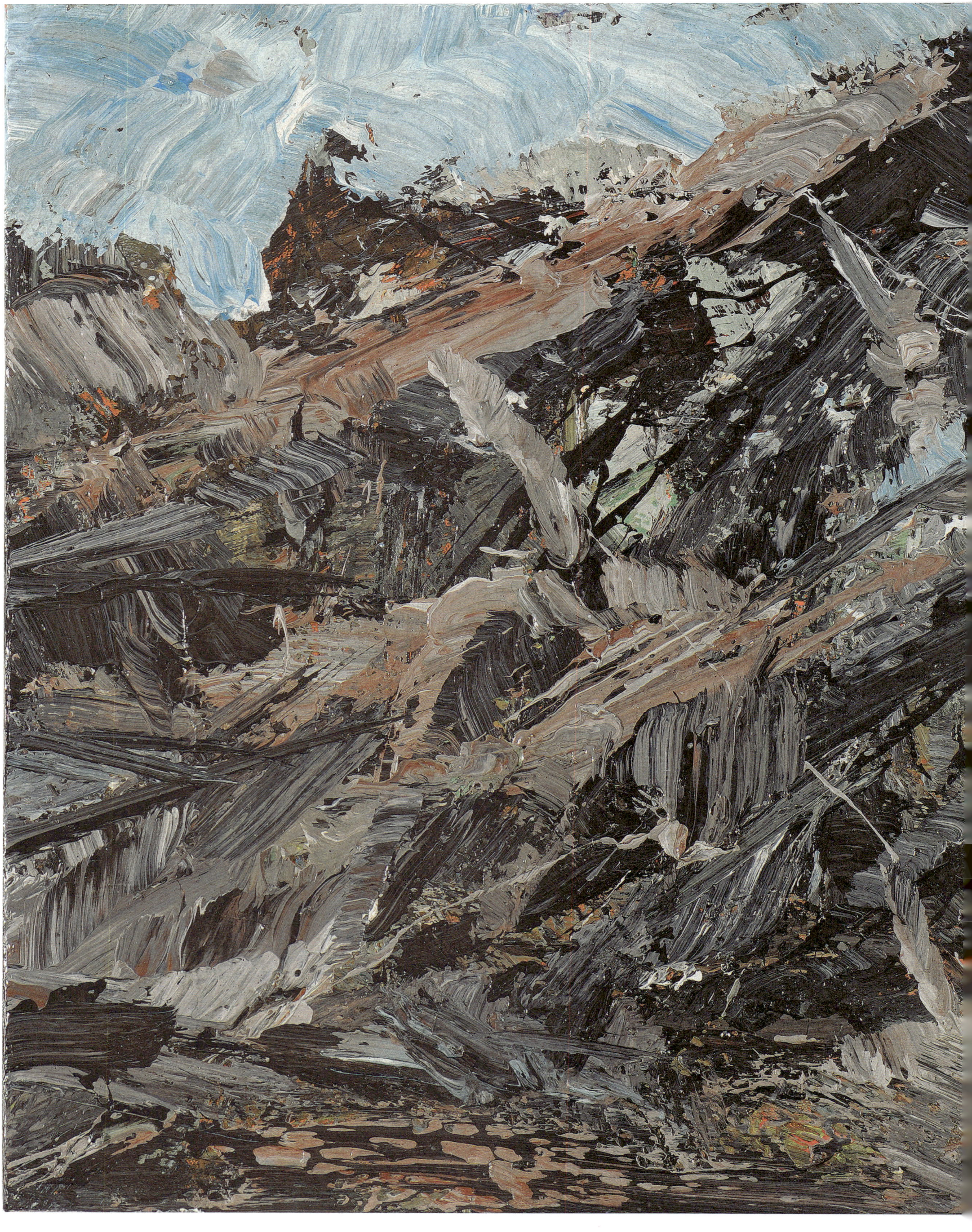

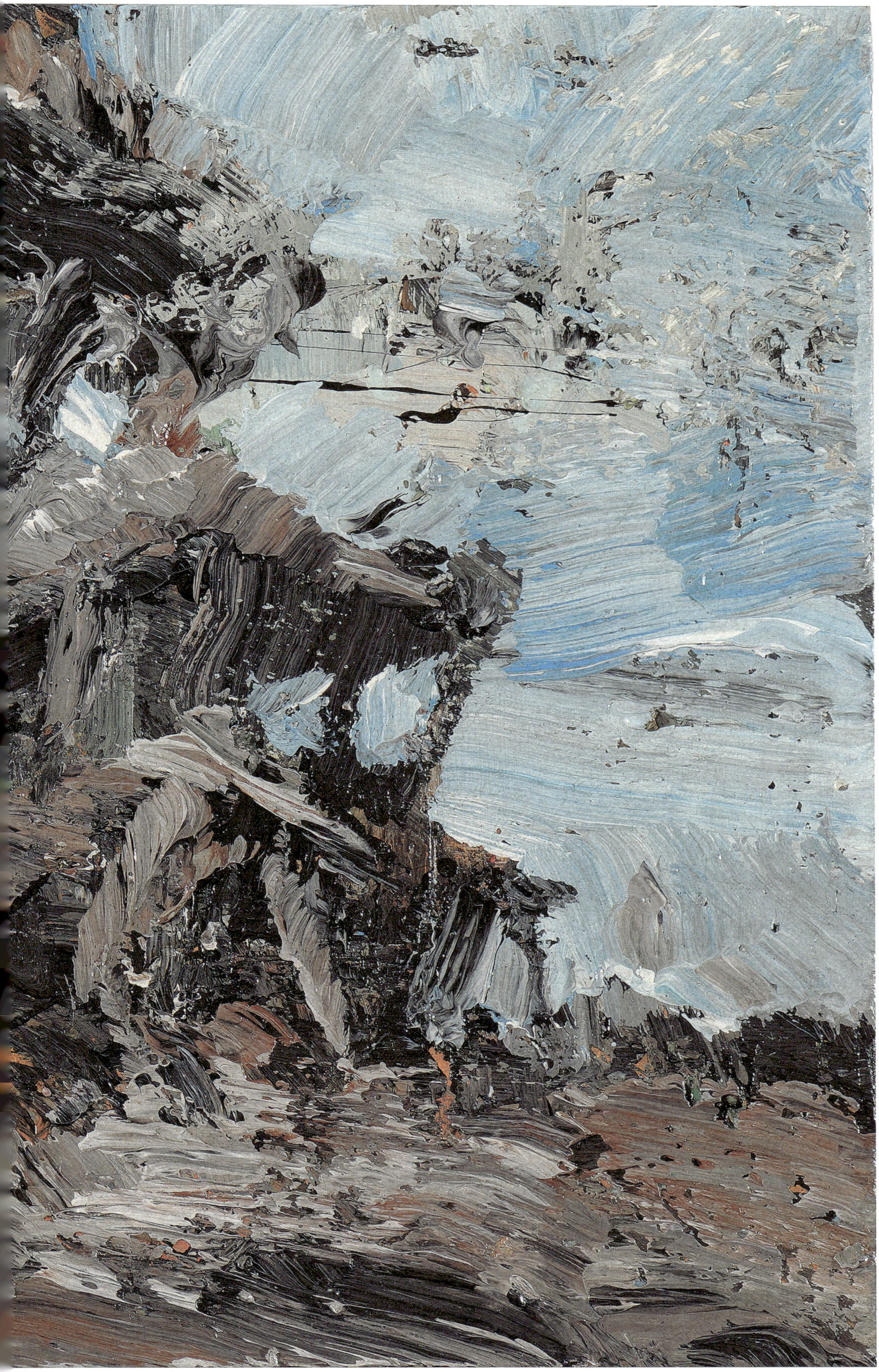

Ruin-form, 2010
acrylic on canvas,
40 x 60 cm

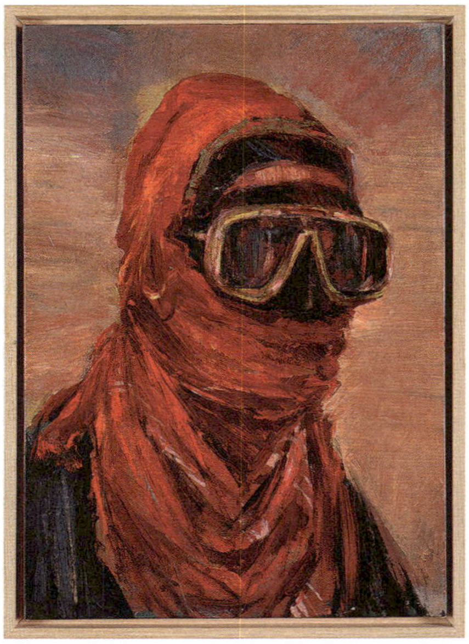
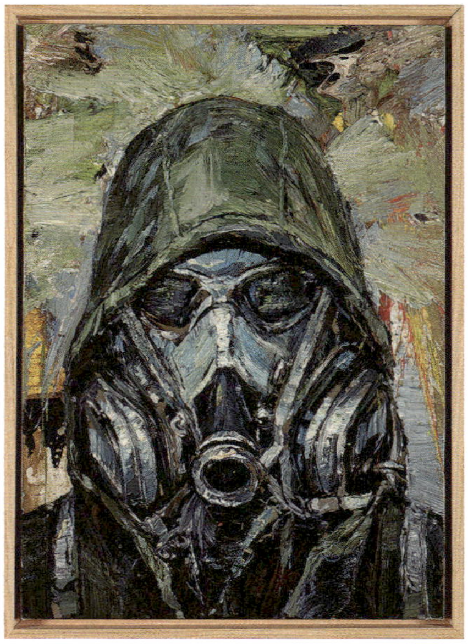
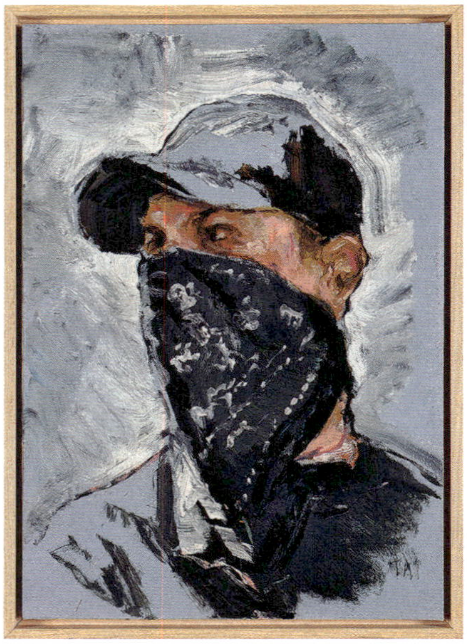
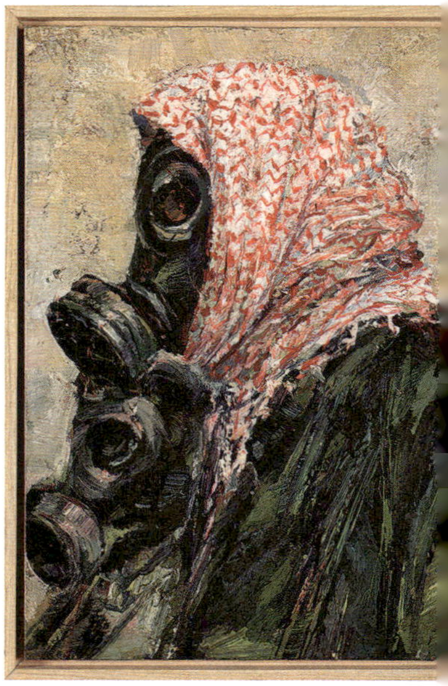
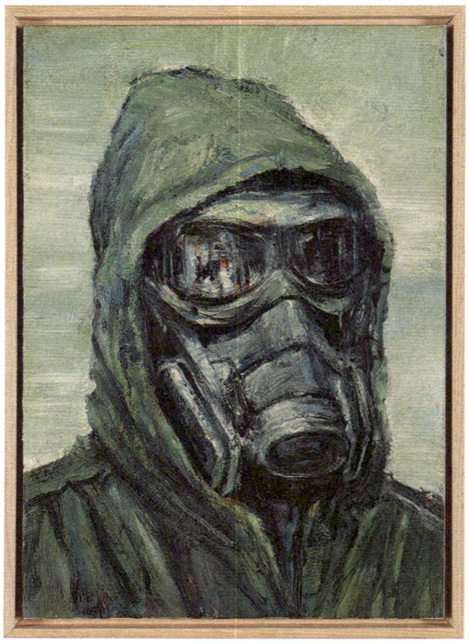
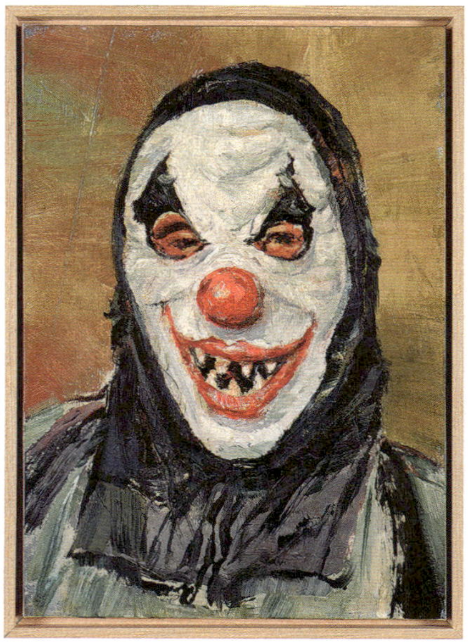
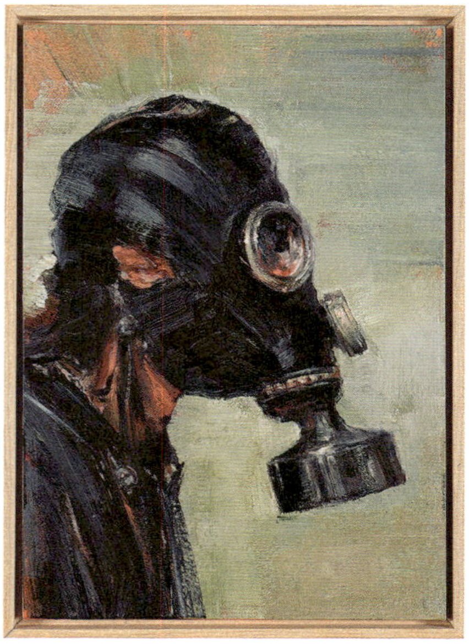
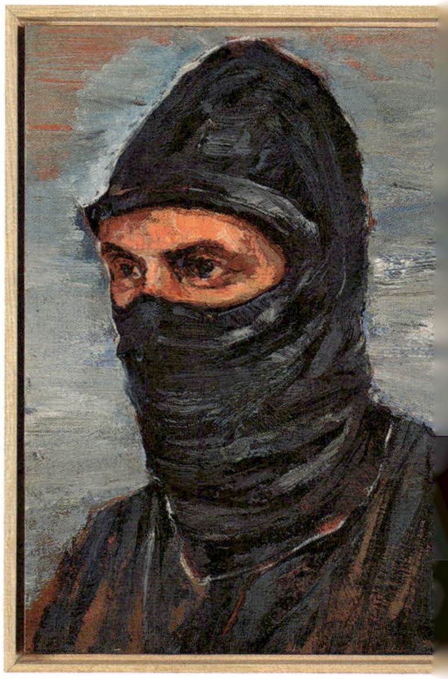
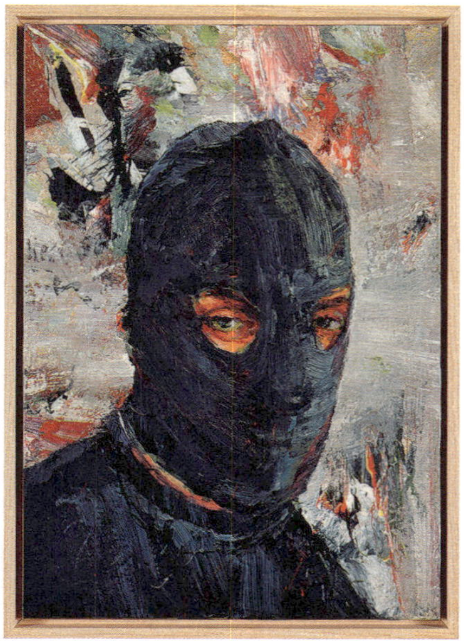
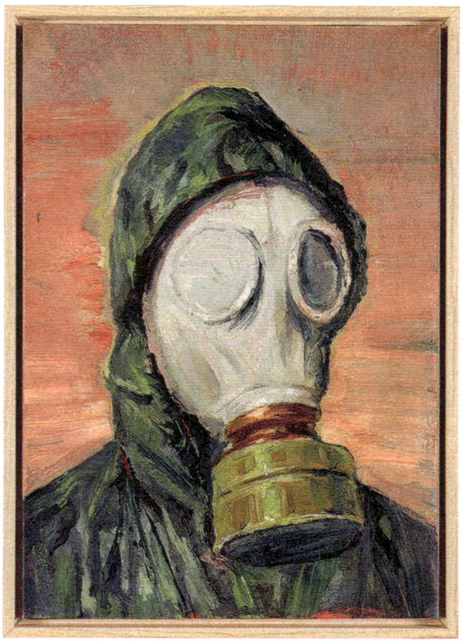
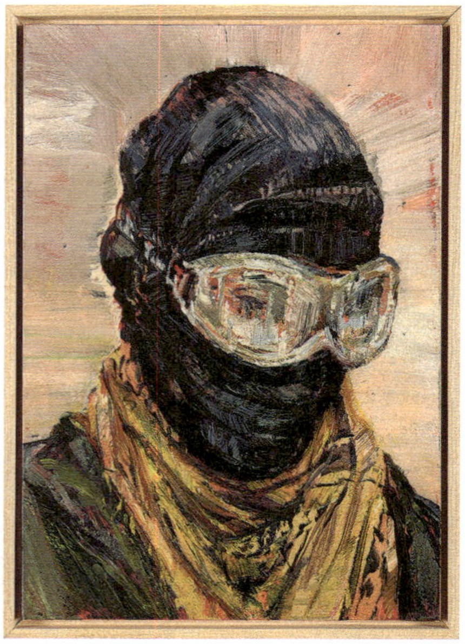
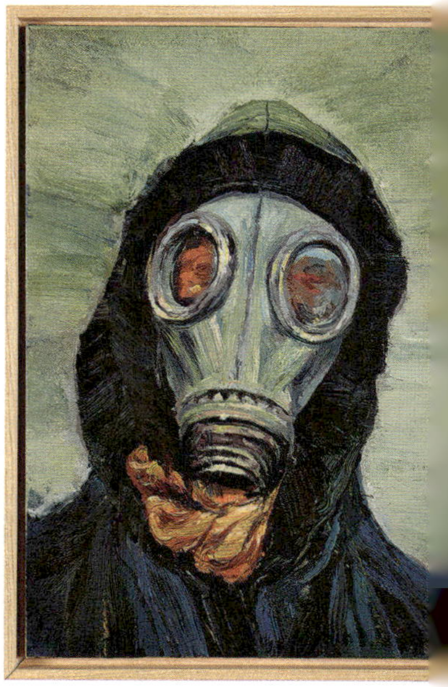

the fashion – to compare him to an older European painter – of the German Anselm Kiefer. Baalbaki's treatment of ruins is more than local. It belongs to a precise and specified geography. It is, in fact, organic: the ruin as that universal organism signifying with great immediacy the triumph of death and degradation. If the city usually chosen by the artist as his motif is Beirut, the fact is that the city limned by his brush and line appears as a kind of non-place, a topos for a violence apprehended on a much vaster scale, as a general phenomenon, as gangrene. For what these compositions inspired by disaster convey is an impression of de-location, of "deterritorialization" (Gilles Deleuze). The account of a "somewhere", a place precisely located in the atlas of the world (specificity)? Yes, but minimally so, while what dominates in our vision as viewers is the expression of an "everywhere" (universality). No doubt, it would be possible and credible to see here only images of Middle Eastern ruins, but our gaze more readily projects itself into an imaginary wandering that universalises the theme of the Apocalypse; this gaze carries us elsewhere, much further, much deeper, much more densely, into the heart and depths of a mental space of destruction and desolation.

An eminent transitional object in Baalbaki's work, a fascinating object for which he admits an undeniable affection, the ruin is an undeniable vector of attraction to this artist, as is so spectacularly demonstrated, again, in his 2016 exhibition "/blobak/" at the Saleh Barakat Gallery (Beirut). Instead of the Towers of Babel inspired by

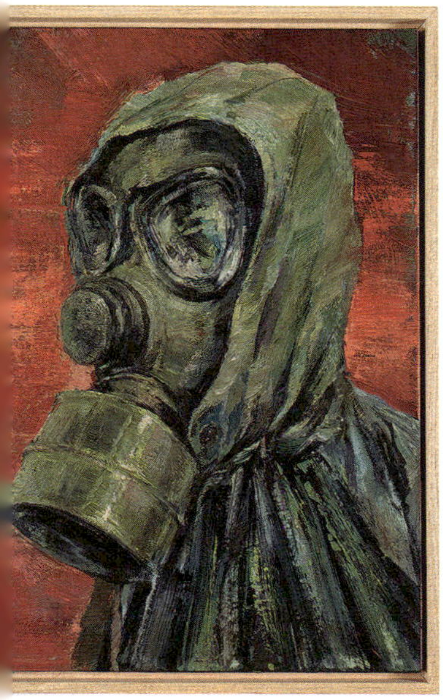
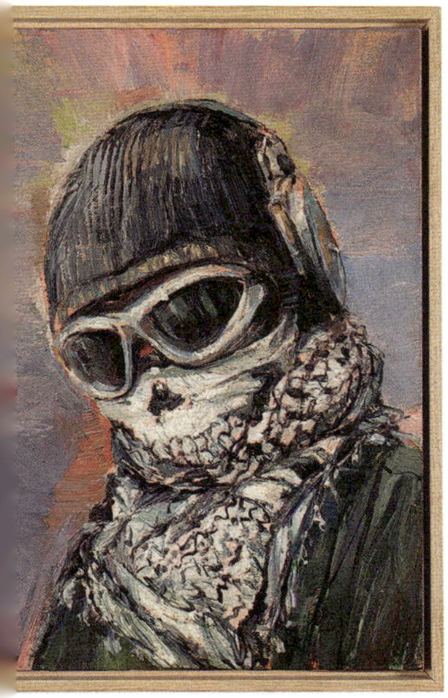
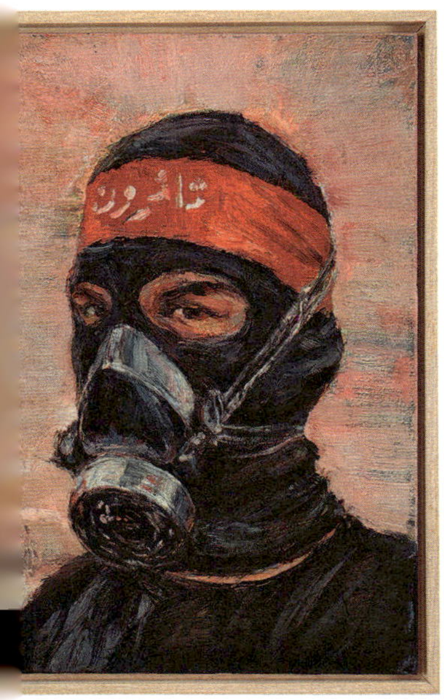
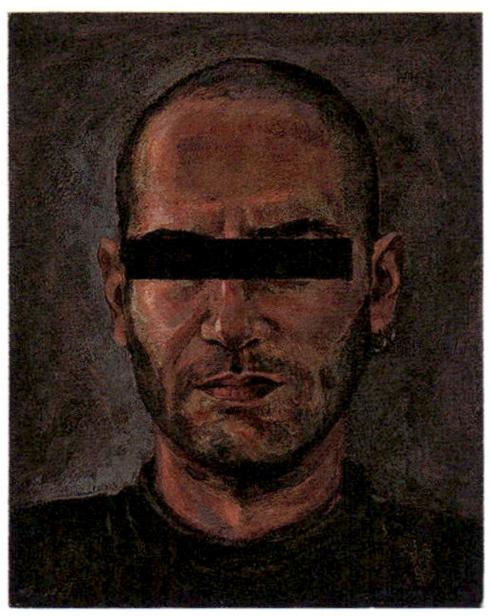
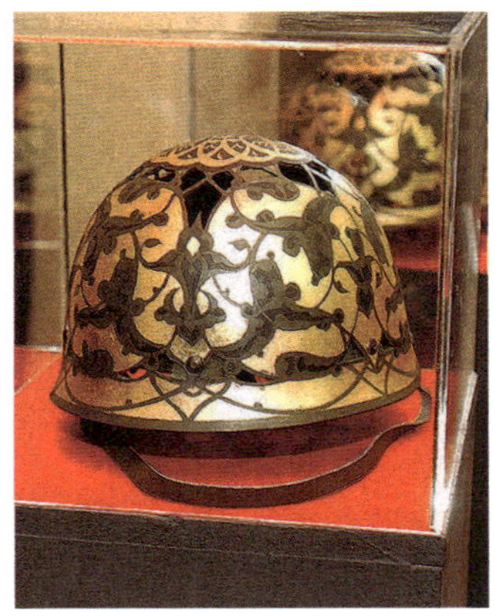
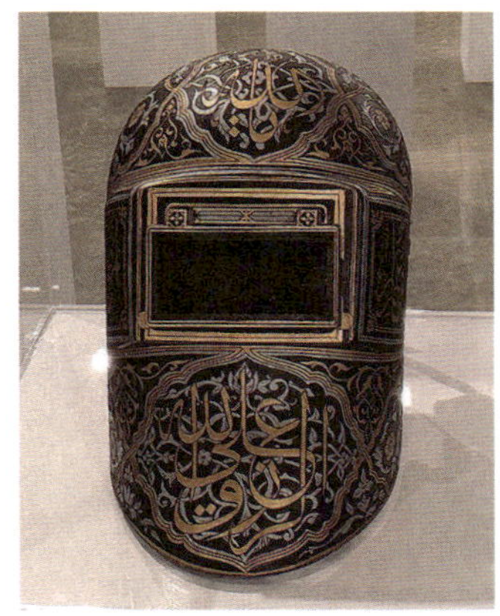

Anonymous, 2011-2018
acrylic on carton laid on canvas, 70 x 50 cm *(each pieces)*

Auto-Anonyme, 2005
acrylic on wood, 50 x 40 cm

18586, 2004
military helmet and gold leaf, 30 x 30 x 25 cm

Helmet, 2012-2016
mixed media, 24 x 24 x 35 cm

témoignant pour une réalité où conflits militaires et affrontements sans merci ont eu raison de leurs occupants, évanouis et radiés des images. Ces compositions en apparence vite brossées à l'acrylique, il faut le préciser, ne s'embarrassent pas d'un détail hyperréaliste. On y cultive, plutôt, le style expressionniste. Effet brouillon, contours approximatifs, accumulation volontiers désordonnée de la matière peinte, cadrage massif enfin ne laissent en rien respirer l'air autour du motif comme pourrait l'autoriser, plus ventilée et plus éclaircie, une composition dite atmosphérique, déblayant toujours, au bénéfice de la représentation du ciel, une place généreuse.

D'une forte frontalité, proposées au spectateur comme d'autoritaires face à face, les images produites par Baalbaki laissent sourdre une impression de primitivité : offre brute, élémentaire, essentielle. Le recours aux *archétypes*, comme le relève fort à propos Nayla Tamraz, s'y avère flagrant[5]. Pour les archétypes relatifs aux figures humaines proposées ici au regard, citons le guerrier, le policier, le militaire. Et pour ceux mariés à la représentation des bâtiments, la *domus*, mais alors déclassée, le lieu de la vie sociale, mais alors passé d'existence à trépas, l'un comme l'autre écrasés pour l'occasion sans ménagement, avec un rare degré d'intensité négative, par la désolation, en général à l'état de ruine. Les bâtiments que peint avec obstination Ayman Baalbaki, certes dénommés (le titre des tableaux en réfère à des constructions identifiables de Beyrouth ou du Sud-Liban détruites lors de la guerre civile ou depuis lors), sont de manière immanquable fédérés

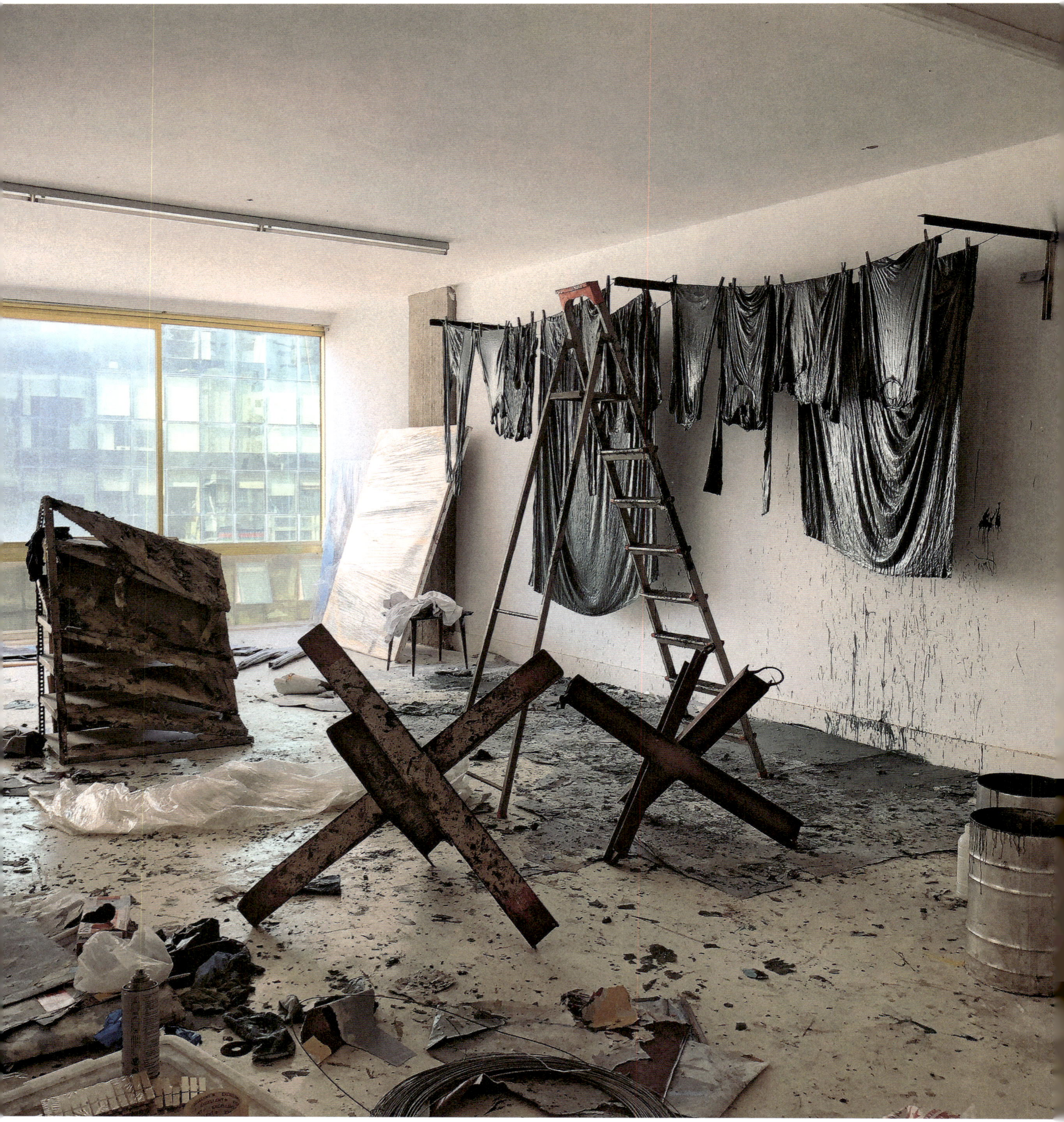

Brueghel, that the artist took pleasure in duplicating a decade earlier (*Babel*, 2006), with the look of termite nests,[6] here we have huge canvases, both conventional and military, rectangular or round, like screens or tondos, hung on the wall or stretched by ropes along the picture walls, all dedicated to hyperbolically iterating the trope of the major ruin. What "ruin" exactly? The buildings of Beirut, which habitués of that Eastern Mediterranean city will have no difficulty recognizing: the City Center cinema, nicknamed "The Egg", which has remained in a state of dilapidation since the end of the civil war (*The End*); the Barakat Building, in the same deplorable state, where, at the time of writing the municipal government has just finished installing the Museum of War (*Barakat Building*). Other ruins? The clapped-out planes of the Lebanese civil carrier, Middle East Airlines, standing gutted by Israeli rockets during the "Peace in Galilee" operation in 1982 and, well before that, during "Operation Gift" in 1968 (*MEA*). In a different genre, too, there are the flags of many different nations, presented as something from the past (and including the Nazi flag, evoking 1930s Germany, that was burned during a Greek anti-austerity demonstration in response to Chancellor Merkel's visit to Athens), represented by the artist burning, angrily incinerated in the auto-da-fés of nationalist demonstrations (*Quetta*, *No Flag Zone*)...

"/blobak/," a phonetic transcription of blowback, a term referring to the adverse results of a given political situation (by analogy with the behaviour of gas jets), speaks, first of all, about the recurrence, or eternal return of conflict. But let us look further. This blowback could also refer to the way in which destruction can inspire creation, beyond the obvious and habitual contradiction between these two terms.

The negative as sparking creative energy

But more needs to be said about the ruins painted by Ayman Baalbaki. Because they abound in his work? Because they constitute his almost exclusive theme, his prime signature? Not only that. In the figurative enunciation of the ruin Baalbaki

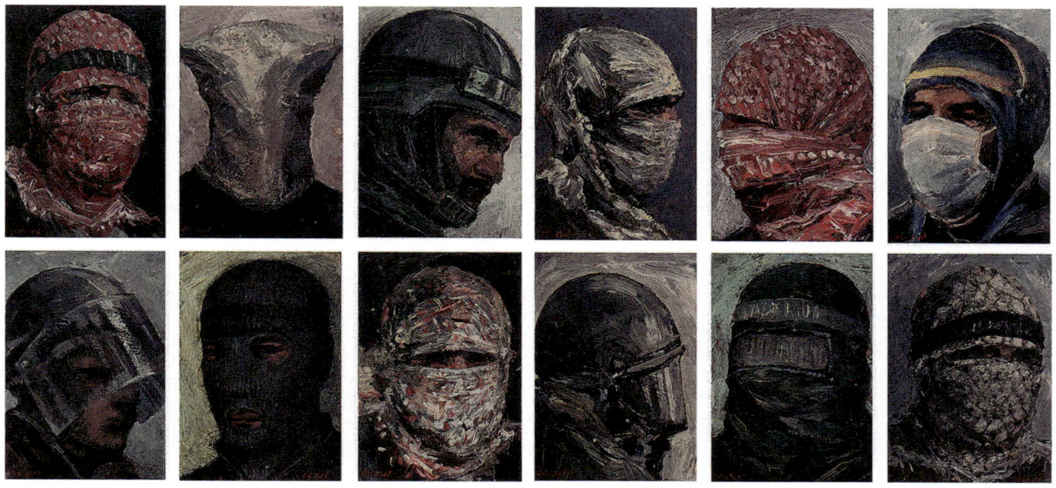

Artist studio,
Hamra, Beirut, 2020
(opposite page)

Face to face, 2006
acrylic on canvas,
30 x 21 cm *(x12)*

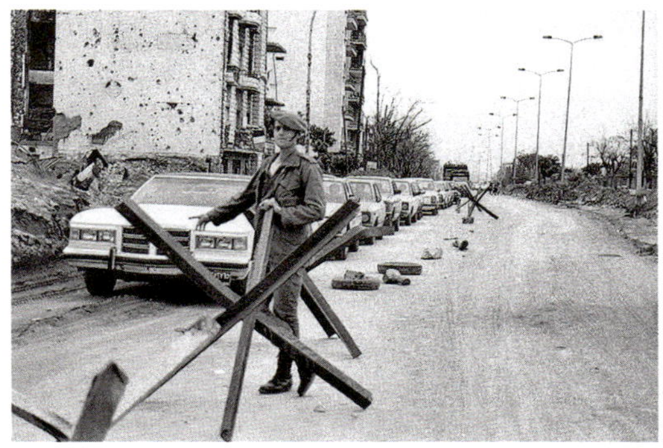

Aline Manoukian,
Interior Security checkpoint in Barbir,
15 April 1984,
Beirut, Lebanon
gelatin silver negative
on 35mm film

par leur paraître, uniformes. Unicité de la catastrophe, aux mêmes maux les mêmes effets, apparence et style univoques.

Paysages mentaux

Frappe d'emblée, dans l'œuvre d'Ayman Baalbaki, sa capacité à faire sans cesse retour aux mêmes objets, aux mêmes sujets : « LE » guerrier, « LE » soldat « LA » ruine... Y frappe encore le resserrement thématique, à son comble. On ne se disperse pas. Contraction sémantique et non l'inverse. Ce permanent « retour à » se perçoit autant dans les portraits d'individus brossés par l'artiste, toujours qualifiés par une fonction plutôt que désignés par un nom propre (en d'autres termes jamais identifiés), que dans ses compositions urbaines : des ruines, des ruines encore, des ruines encore et toujours. Cette obsession de la ruine, élevée ici au rang de *figura*, de personnage à part entière, a assis la réputation d'Ayman Baalbaki peintre de ruines contemporaines, à l'instar, en Europe et pour ses aînés, de l'Allemand Anselm Kiefer. Le traitement de la ruine par Baalbaki, plus que local, appartenant à une géographie précise et spécifiée, est en fait organique – la ruine comme cet organisme universel prompt à signifier le triomphe de la mort et de la dégradation. Si la ville d'élection servant de motif à l'artiste est le plus souvent Beyrouth, reste que la capitale libanaise, une fois revisitée par l'acte artistique, n'en apparaît pas moins sous son trait et son pinceau comme une sorte de hors-lieu, d'espace topique de la violence appréhendée de façon plus vaste, comme phénomène général, comme gangrène. Il ressort en effet de ces compositions qu'inspire le désastre une impression de délocalisation, de « déterritorialisation » (Gilles Deleuze). Le compte rendu d'un « quelque part », d'un lieu précisément situé sur l'atlas du monde (la spécificité) ? Oui mais *a minima*, tandis que prévaut au contraire dans notre regard de spectateur l'expression d'un « partout » (l'universalité). Ne voir ici que les images de ruines moyen-orientales est possible et crédible, sans nul doute. Notre regard, tant et plus, se projette pourtant plus volontiers dans une errance

is engaged in an ontological pursuit that encompasses his own being, reminding him of his condition as a mortal impelled into life, a mortal probably not quite like the others, born into a world of rubble some thirty years ago, but strongly decided not to limit himself to a finished vision of the world, to the sole *semanteme* of catastrophe. The ruin has long been a classic artistic trope. Increasingly in fashion since the Renaissance, the prime purpose of the ruin theme was to evoke the passing of time. *Tempus fugit*: time flies. It marks all types of creation, from natural forms – growing plant life, eroding landscapes and aging human beings – to even the most solid forms created by man. To represent the ruins of the great empires of the past, many centuries after their demise, be it Pharaonic Egypt, Periclean Athens or the Rome of the Caesars, gave resonance to one's argument. The best-established orders, the solid organizations that presided over these remarkable monuments of civilization and political life, have also passed, lost their status. They have failed to stand in a time whose own order dominated, with its own rhythms, following its own mutations and their specific calendar, with a capacity for reconfiguration out of reach of the human dream of longevity or, almost absurdly, eternity. On the symbolic level, representing ruins is equivalent to invaginating in a drawing or on the canvas a complex, linear time that cannot be mastered, made up of the past-present-future triad, but not to the benefit of a peaceful continuity. What does the painter of ruins say? If he cultivates nostalgia, that we have lost a whole world. If he cultivates morbidity, that nothing withstands anything and that any claim to endure, in politics or in any other field, is pure vanity. Finally, if he is a chronologist and specialist of time, that with his image of the past the painter produces a present moment in the form of a painting of today, a today presented on the canvas as having no positive tomorrow. For, far from rising up, far from being corrected, far from evolving toward new or renovated architecture, the ruin can tend only towards its own programmed collapse, all the way to nothingness.
Classicism, with or after Poussin, Claude and Patel, took a tender view of ruins. Romanticism, after Monzu Desiderio and with Turner, Friedrich, Hubert Robert

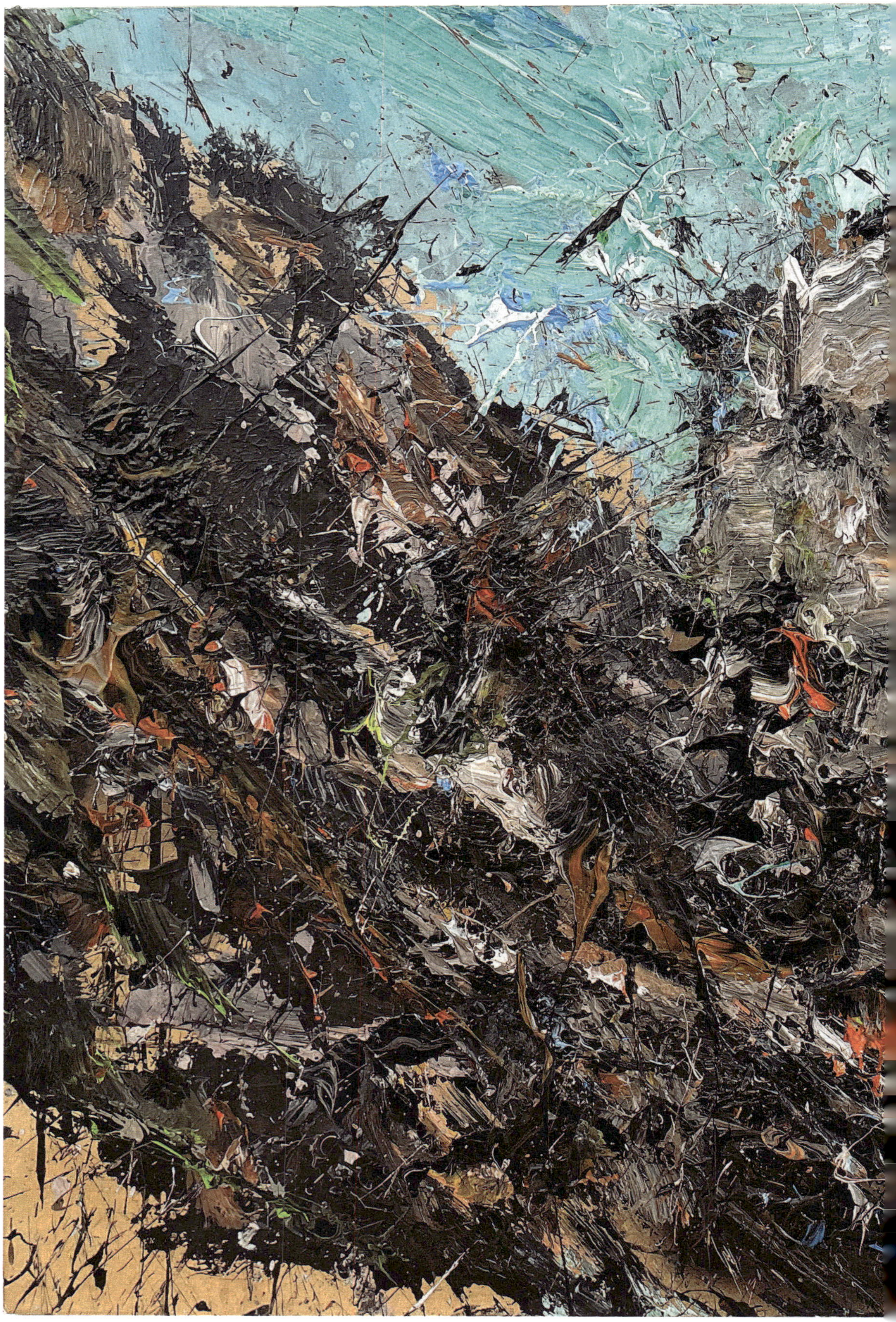

Untitled, 2018
acrylic on cardboard,
70 x 100 cm

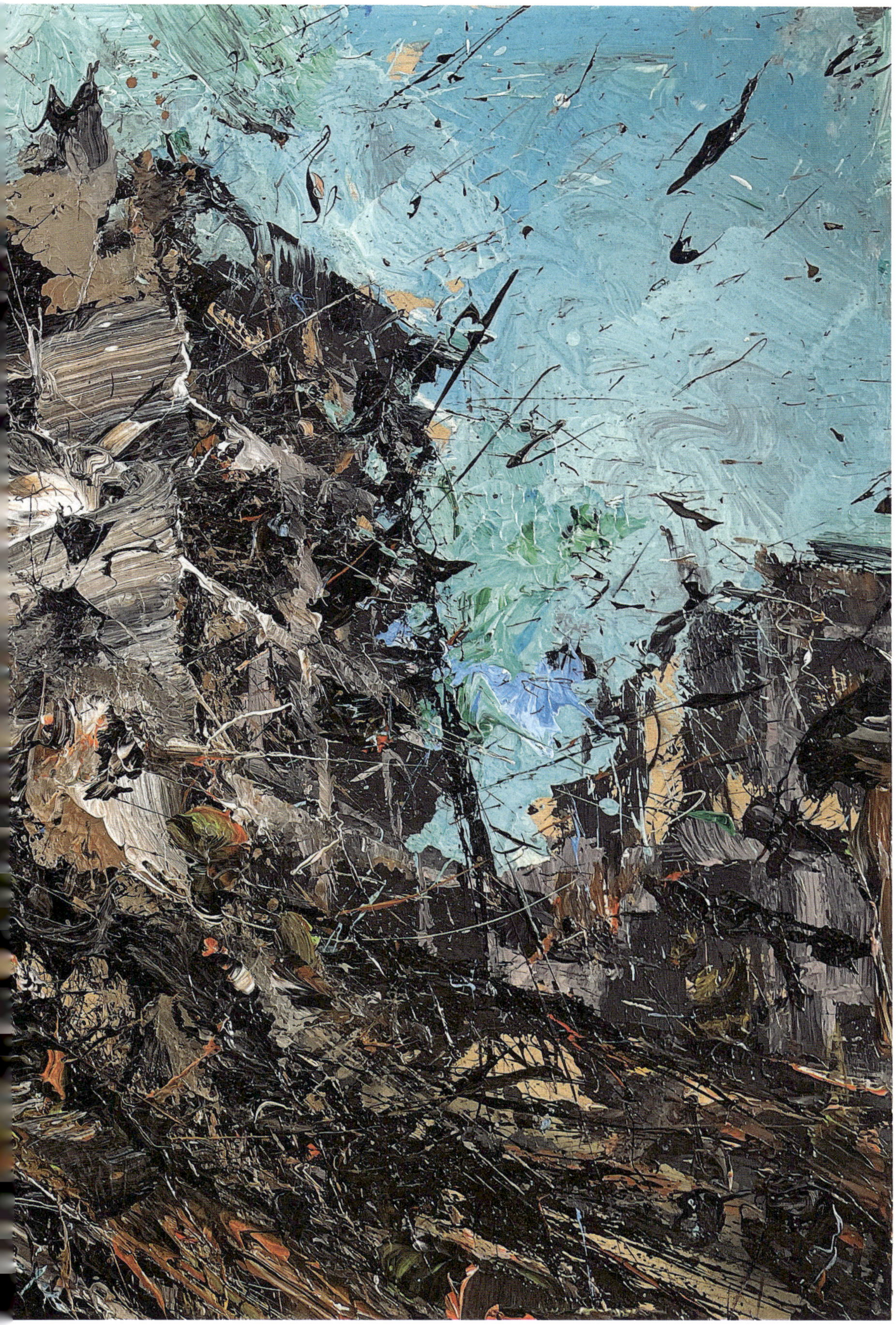

imaginaire universalisant le thème de l'Apocalypse, un regard se portant autre part, bien plus loin, bien plus profond, bien plus densément, au cœur et au creux d'un espace mental de la destruction et de la désolation.

Objet transitionnel éminent dans l'œuvre de Baalbaki, objet fascinant pour lequel il avoue une indéniable affection, la ruine est encore pour lui un exceptionnel vecteur d'attraction. Si besoin était, l'exposition « /blobak/ », en 2016, à la Saleh Barakat Gallery (Beyrouth), en apportera de nouveau la preuve éclatante. Fini cette fois les tours de Babel inspirées de Bruegel que l'artiste goûtait de dupliquer une décennie plus tôt (*Babel*, 2006), aux airs de termitières[6]. Place maintenant à d'immenses formats sur toile, toile conventionnelle ou toile militaire, de forme rectangulaire ou ronde, en écran ou en tondo, accrochées au mur ou tendues au moyen de cordes le long des cimaises, tous dédiés à décliner sur un mode hyperbolique la stance de la ruine majeure. Quelles « ruines », exactement ? Celles de bâtiments de Beyrouth, que l'habitué de cette cité de la Méditerranée orientale reconnaîtra sans mal : le cinéma Dome City Center, surnommé « L'Œuf », resté à l'état de délabrement depuis la fin de la guerre civile (*The End*) ; l'immeuble Barakat, dans le même état déplorable, où la municipalité achève d'installer le musée de la Guerre à l'heure où l'on écrit ces lignes (*Barakat Building*). Autres « ruines » ? Celles, aussi, des avions de la compagnie d'aviation civile libanaise Middle East Airlines, éventrés au sol par les roquettes israéliennes lors de l'opération « Paix en Galilée » en 1982 et, bien avant, en 1968, lors de l'opération « Gift » (*MEA*). Et celles également, d'un genre différent, de drapeaux de toutes nationalités, présentes comme passées (jusqu'au drapeau nazi, renvoyant à l'Allemagne des années 1930, brûlé dans une manifestation grecque anti-austérité lors d'une visite de la chancelière Merkel à Athènes), que l'artiste représente en train de brûler, incinérés avec rage lors d'autodafés nationalistes démonstratifs (*Quetta*, *No Flag Zone*)…

« /blobak/ », transcription phonétique de *Blowback*, terme anglo-saxon, signifie en anglais « retour de flamme ». De quel

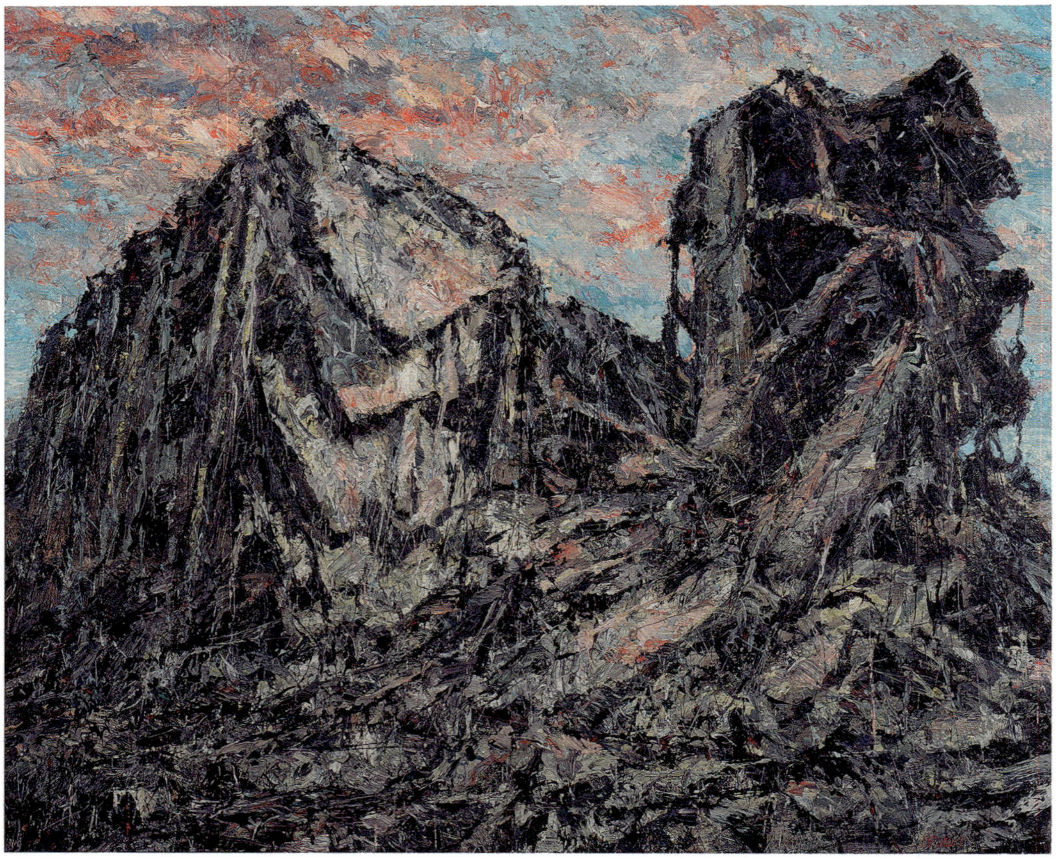

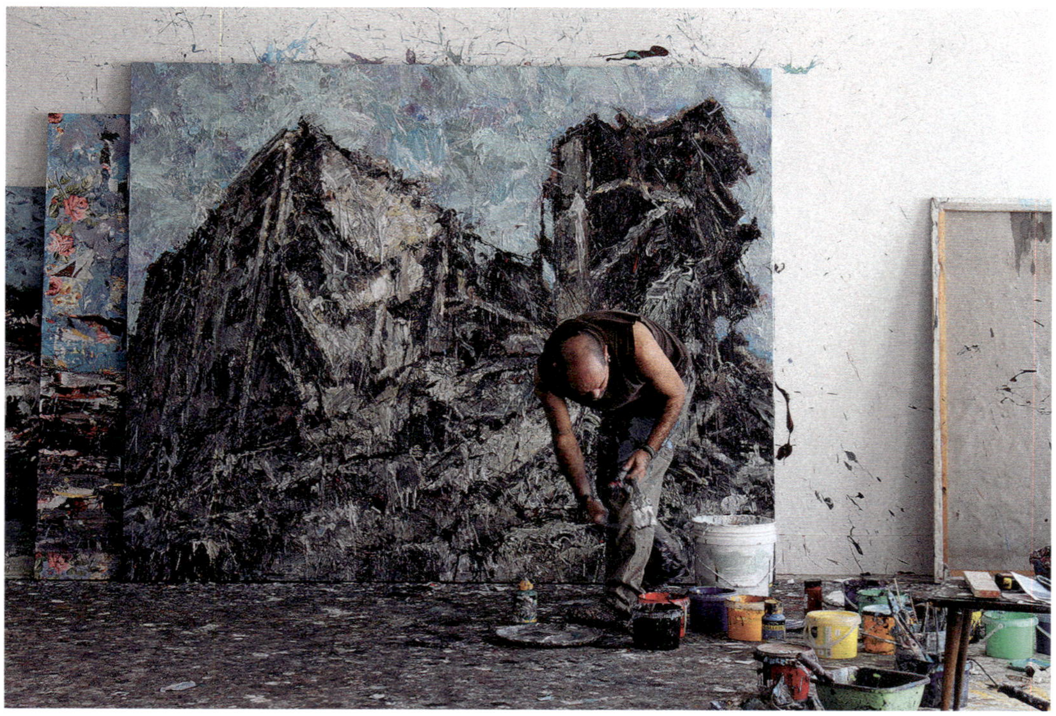

Untitled, 2015
acrylic on canvas,
200 x 250 cm

Baalbaki at the studio,
Beirut, 2015

and Victor Hugo, dramatized the ruined landscapes bequeathed to us by the past, to the point of making them frightening. The painters of line, as scrupulous documentary painters, sought, like Valenciennes, Achille-Etna Michallon and Thomas Cole, to objectify the ruin, to make it an ordinary element of the humanized landscape. But in all these cases, instrumentalization is involved, in the service of metaphors and allusions whose content goes beyond the ordinary sight of ruined landscapes or, within them, the simple form and presence of ruins. When a ruin is summoned up in drawings or paintings it is present not for itself - the result of a lack of maintenance, of diverse forms of destruction or of simple entropy - but as an allegorical element. Respectively, as an allegory of the serene and Arcadian past for the classics, and of unstable, disturbing, even tragic futures for the Romantics, or as evidence of the world and of the Hegelian *Es ist so* (This is how it is) for the documentary painters.

How, then, should we describe, in turn and in sequence, the "Baalbakian ruin"? It would not be taking too much of a risk to advance that it is undeniably allegorical, both realist and melancholy, while having a strong imaginary resonance. It opens onto multiple registers which accumulate and combine. Let us look more closely. These ruins speak of an age of speed, in which things are quickly destroyed - by cannon, mortar, explosives. These ruins have not "taken their time", we might say; they have not taken time from time; they have no patina but display, instead, the overwhelming signs and stigmata of immediate, radical destruction. Baalbak's ruin is powerful, not only redundant but also invasive, intrusive: it occupies the canvas in such a way that no other related subject interferes with its presence, asserting itself as the archetype mentioned above and, in this instance, as a model, as the very form of the life of men that must be grasped in its essence, without being over-monetizing. Finally, Baalbek's ruin is an object of creative pleasure. A close-up view of the paintings makes this quite clear (whereas a panoramic, distanced view can be deceptive). What does this reveal? Effects of spurts of paint. The play of colors and traces leading to accumulation, covering and palimpsests. From the surfaces of the canvas, imperceptibly reworked in their

retour de flamme l'artiste nous parle-t-il ? De prime abord, de la récurrence des conflits et de leur perpétuel retour. Mais voyons plus loin, cependant. Le retour de flamme dont il est pour l'occasion question pourrait bien être celui de la création – de la création inspirée en droite ligne par la destruction, et ce, au-delà de la contradiction apparente que portent ces termes, création et destruction, d'une signification d'ordinaire opposée.

Le négatif induit l'énergie créative

À juste titre, on se doit de dire plus qu'un mot des ruines peintes par Ayman Baalbaki. Du fait qu'elles abondent dans son œuvre ; ou bien du fait de nourrir celles-ci au point d'en faire, pour un peu, un des thèmes quasi exclusifs de l'artiste, sa première signature ? Pas seulement. Dans l'énoncé figuratif de la ruine se joue encore pour Baalbaki une partie ontologique engageant son être, le rappelant à sa condition de mortel pulsé dans la vie, un mortel pas tout à fait comme les autres sans doute, né dans un univers de décombres voici une quarantaine d'années mais fermement décidé à ne pas se contenir à une vision finie du monde, au seul sème de la catastrophe.
La ruine, de longue date, est un classique de l'art. Toujours plus en vogue à partir de la Renaissance, la thématique de la ruine a pour première raison d'être l'évocation du temps. *Tempus fugit*, le temps fuit, il marque de son empreinte tout ce que compte la création, depuis les formes naturelles – les végétaux, qui croissent ; les paysages, qui s'érodent – et les êtres humains – le vieillissement – jusqu'à tout ce que l'homme crée et élabore de plus résistant. Mettre en scène picturalement les ruines de grands empires révolus bien des siècles après leur disparition, qu'il s'agisse de l'Égypte pharaonique, de la Grèce de Périclès ou de la Rome des Césars, accentue la portée du propos. L'ordre le mieux établi, l'organisation solide qui a présidé à ces moments remarquables de la civilisation et de la vie politique, eux aussi, ont passé, connu leur déclassement. Ils n'ont pu se maintenir dans un temps dont l'ordre seul prévaut avec son rythme propre, ses mutations dotées de leur calendrier spécifique, sa capacité de reconfiguration hors d'atteinte du rêve humain de la pérennité ou, confinant à l'absurde, de l'éternité. Sur le plan symbolique, représenter la ruine revient à invaginer dans le dessin ou sur la toile un temps complexe, linéaire mais non maîtrisable, fait de la triade passé-présent-avenir mais non au bénéfice d'une continuité paisible. Que dit le peintre de ruines ? S'il cultive la nostalgie, que nous avons perdu un monde. S'il cultive la morbidité, que rien ne résiste à rien et que toute prétention à durer, en politique ou dans n'importe quel autre domaine, relève de la vanité. Enfin, s'il est chronologue et spécialiste du temps, que le peintre produit avec une image du passé un instant présent sous la forme d'un tableau d'aujourd'hui, un aujourd'hui présenté sur la toile comme étant sans lendemain positif. Car la ruine, loin de se relever, loin de se corriger, loin d'évoluer vers l'architecture neuve ou rénovée, ne peut tendre qu'à son propre affaissement programmé, jusqu'au néant.
Le classicisme, avec ou après Poussin, Le Lorrain et Patel, avait porté un regard attendri sur les ruines. Le romantisme, après Monsu Desiderio et avec Turner, Friedrich, Hubert Robert et Victor Hugo, a, pour sa part, dramatisé jusqu'à susciter l'effroi les paysages ruinés que nous lègue le passé. Les peintres de la ligne, en documentaristes soucieux, ont quant à eux cherché, à l'instar de Valenciennes, Achille-Etna Michallon et Thomas Cole, à objectiver la ruine, à en faire un élément ordinaire du paysage humanisé. Dans tous les cas, l'instrumentalisation est de mise, et ce, aux fins de métaphores, d'allusions dont la teneur excède le seul spectacle ordinaire des paysages ruinés ou, en ceux-ci, la seule matérialisation des ruines. La ruine est-elle convoquée sur le dessin ou sur la toile, elle l'est non pas tant pour elle-même – le résultat d'un manque d'entretien, de destructions d'origines diverses ou de l'entropie – qu'à titre d'élément allégorique. Respectivement, comme allégorie du passé serein et acadien pour les classiques, du présent et du futur instables, inquiétants voire tragiques pour les romantiques, de l'évidence du monde et du « *Es Ist So* » (« C'est ainsi ») hégélien pour les documentaristes. Comment qualifier, à son tour et dans la foulée, la ruine baalbakienne ? Sans témoigner de trop d'audace, on se risquera

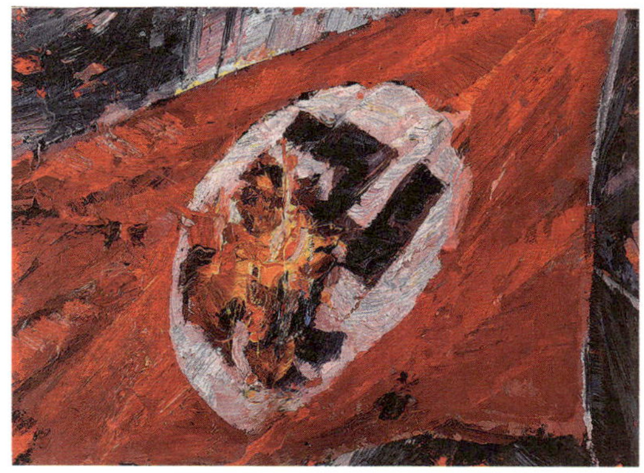

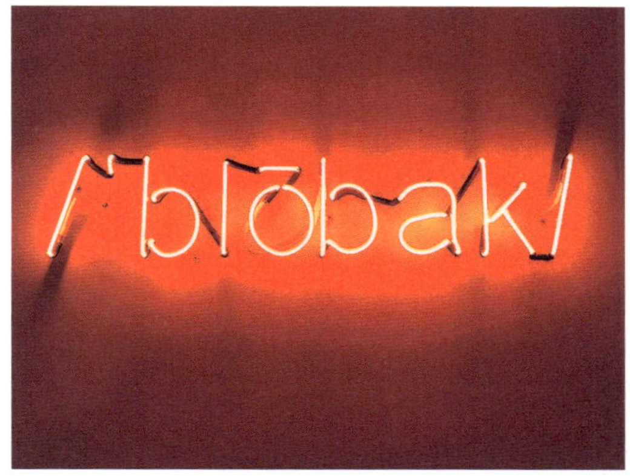

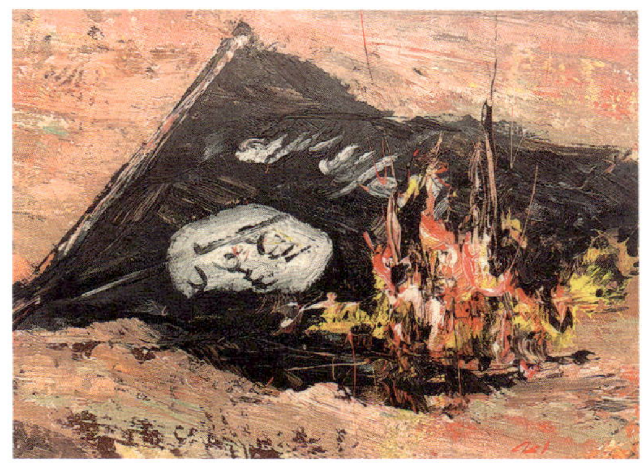

From *No flag zone series*, 2013-2016
acrylic on paper laid on canvas, 50 x 70 cm

/blobak/ (Exhibition title), 2016
neon sign, 100 x 25 cm

From *No flag zone series*, 2013-2016
acrylic on paper laid on canvas, 50 x 70 cm,

detail, detail that does not gesture towards the whole but, here and there, within the overall picture, makes little sanctuaries, mini-paintings. That leaves the question of how much time the artist spends *in the company* of the ruin that he represents, a friendly, suggestive companionship that moves and advances the armed hand of the brush for hours and hours and then days and days. The ruin as negative artefact? Without a doubt. But it turns positive when requisitioned by Baalbaki's art as a creative pretext, making it into an artistic "fact" – the germ and the network of a creative moment lived to the full, under the sign of a voluntary action that we can sense and assume is felicitous.

What remains is the present

Is there, then, in the art of Ayman Baalbaki, notwithstanding the violence of what he records and paints, a kind of gentleness? Without a doubt. This we can judge by looking at *Cheval de frise*, a magnificent glass sculpture that was crafted for the artist by Venetian glassmakers in Murano. This actual-size cheval de frise, an object in the form of a double Saint Andrew's cross, an object used to block or contain assaults and assailants in battle, resonates powerfully with fear, tension and the threat of war. And yet, at the same time, nothing could be more delicate than the transparent, fragile glass sculpture now representing this object. Its beauty is piercing, its power of attraction unmatched. One never creates without expressing a representation of the world, without the hope of adding more meaning to the world than is already there. The creative gesture is also a gesture of articulation. Here we may, I think, forget the attempt to challenge this manifest reality made not so long ago by certain minimalist painters and sculptors. The "objectivity" of the artwork: "What you see is what you see" and nothing else. This is a curious, indeed absurd aesthetic and sensorial proposition. To postulate that the work of art is a space of absolute concentration, like a black hole, that it is contained within itself and does not radiate beyond or offer anything for interpretation? It is simply not credible. There can be no doubt that every work of art signifies beyond its strict form. It is

à avancer que celle-ci, sans conteste allégorique, est aussi bien réaliste que mélancolique, sans manquer au surplus de porter à l'imaginaire. Les registres la concernant sont multiples, ils s'accumulent, se combinent. Regardons de plus près. Ces ruines-là parlent d'un âge de la vitesse, où les choses se détruisent vite – destruction au canon, au mortier, à l'explosif. La ruine, ici, n'a pas « pris son temps », pourrait-on dire, elle n'a pas pris le temps du temps, elle n'arbore aucune patine mais affiche tout au contraire les signes et les stigmates écrasants de la destruction immédiate radicale. La ruine baalbakienne, encore, est puissante, non seulement redondante mais aussi envahissante, intrusive : elle occupe la toile sans qu'interfère avec elle quelque sujet connexe que ce soit, elle s'affirme comme cet archétype évoqué plus avant et, en l'occurrence, comme un modèle, comme une forme même de la vie des hommes qu'il s'agit de saisir dans son être, sans la surmonétiser. Enfin, la ruine baalbakienne est un objet de jouissance créative. La vue de près des tableaux, sur ce point, ne trompe pas, là où la vue de loin, panoramique et distanciée, pourrait, celle-là, nous induire en erreur. Que montre la vue rapprochée ? Des effets de jets de peinture. Des jeux de couleurs et de tracés recourant à l'accumulation, au recouvrement, au palimpseste. Des surfaces de la toile imperceptiblement retravaillées dans leur détail, un détail qui ne fait pas signe vers le tout mais qui sanctuarise au contraire çà et là, au fil de l'acte de peinture, des petits tableaux dans le grand tableau. Reste à imaginer le temps passé par l'artiste *en compagnie* de la ruine qu'il représente, une compagnie amicale, suggestive, qui fait avancer et se mouvoir la main armée du pinceau des heures et des heures puis des jours et des jours durant. La ruine, un artefact négatif ? Sans nul doute. Mais qui vire à la positivité lorsque l'art d'un Ayman Baalbaki la réquisitionne pour en faire un prétexte à création et plus encore un « fait » d'art – le germe et le réseau d'un moment créatif vécu à plein, sous le signe de l'action volontaire et, on peut le pressentir, heureuse.

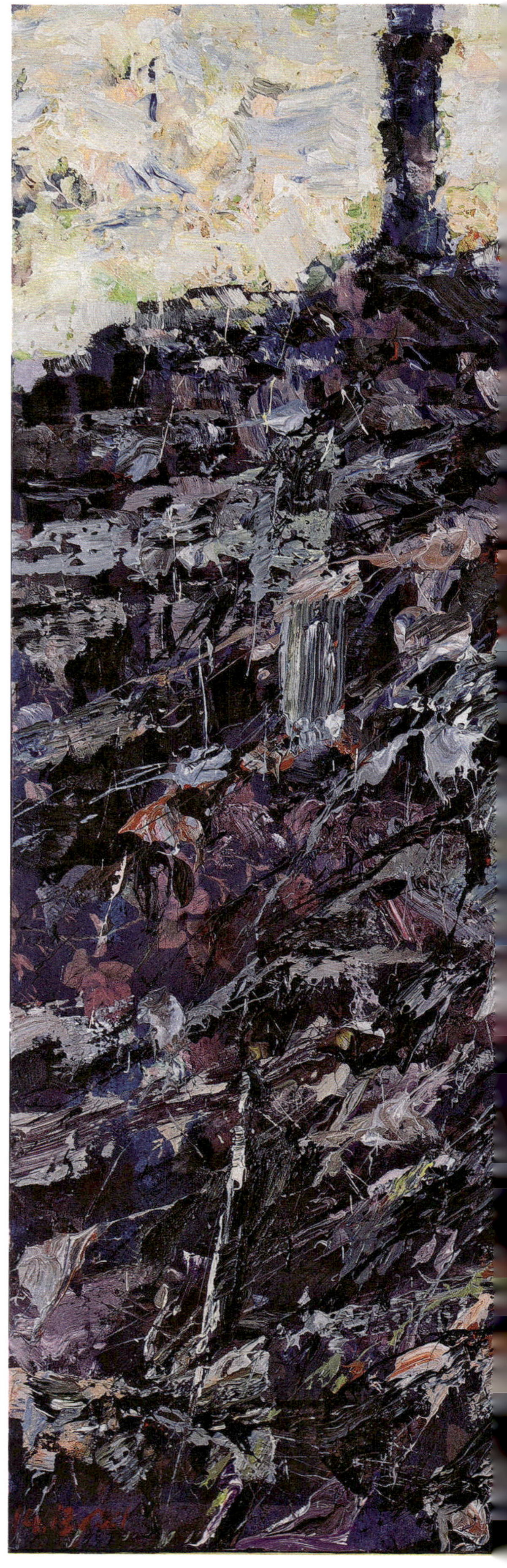

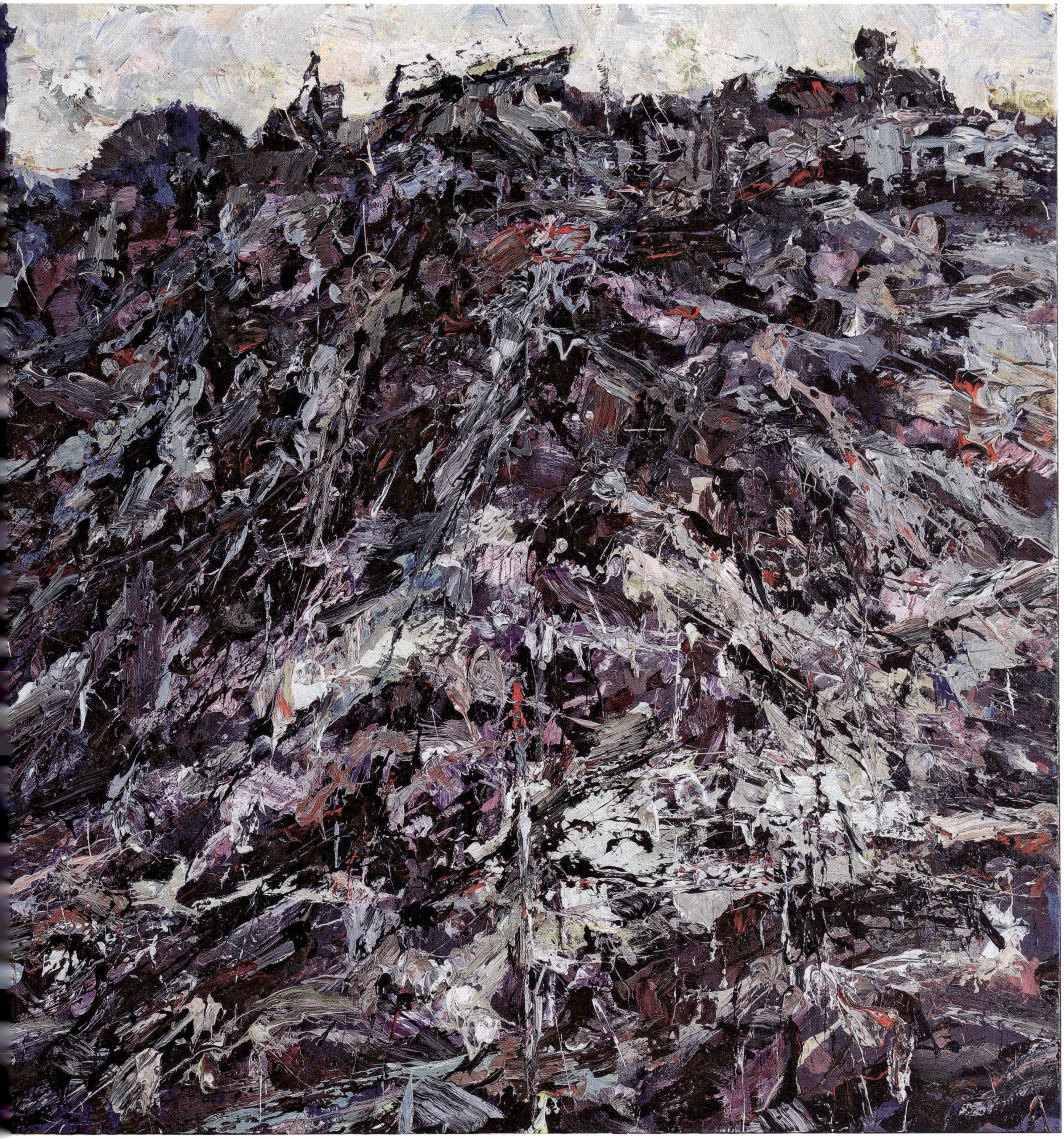

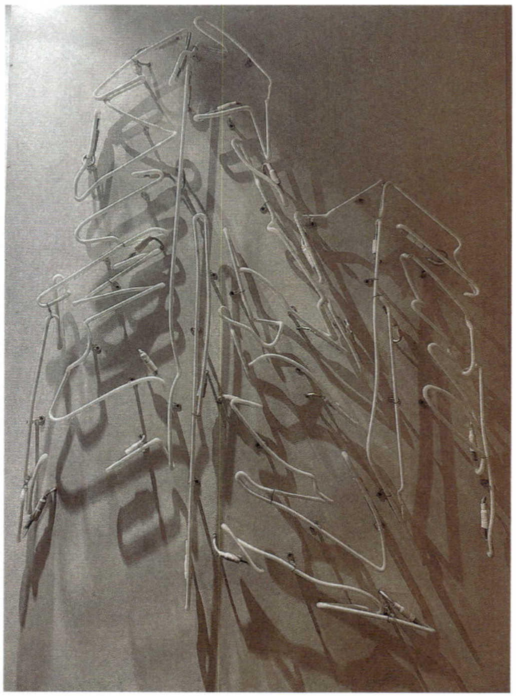

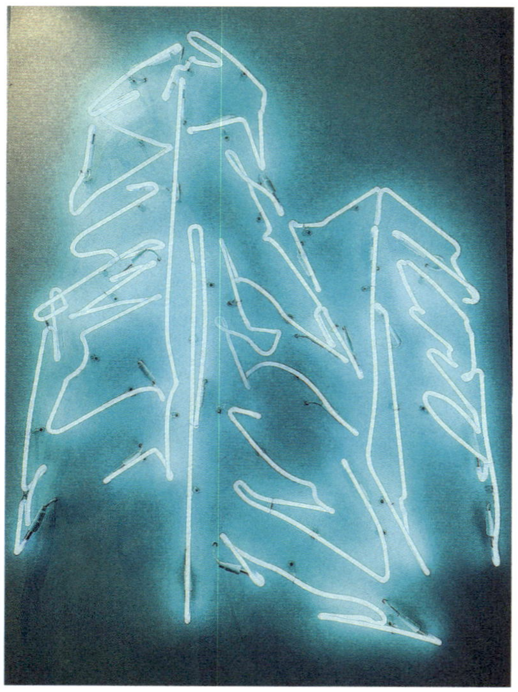

Homs (Jourat Al Shiyah) (detail), 2014
acrylic on canvas,
176 x 200 cm
(previous page)

Untitled (light off), 2011
neon sketch,
168 x 121 cm

Untitled (light on), 2011
neon sketch,
168 x 121 cm

undeniable that it is the viewers who make and complete the work, with the artist and sometimes *in addition* to the artist, and sometimes by diverging from his original proposition.
What does Ayman Baalbaki seem to be conveying to us, insofar as we, as viewers, can judge it with any certainty? What is his representation of the world, his *Weltanschauung*? One, the world is a hard place. Two, violence and destruction are powerful agents reconfiguring the contemporary spectacle, strong aesthetic agents, able to structure the meaning we accord to our current world. Three, expressing a world and expressing oneself from and within a hard world need not always give rise to an art of suffering, of dereliction, of despair. If, without doubt, "desperate songs are the most beautiful songs," as that most Romantic of writers, Alfred de Musset, claimed in his day, they can also be the ones that most powerfully speak to the intellect and the senses. A hard world? Then creation will be intense, Baalbaki seems to be telling us. As a form of survival? Or as a demonstration of strength in adversity, to move beyond adversity? Perhaps, but surely not only. Just to be as present in the world as the world is present to us, in all its colonizing reach. What remains is the present; the rest has no place - or so little - in the energetic, tautened moment of creation.
Every artwork is a self-portrait, as the English painter Lucian Freud so perfectly put it. Of that there can be no doubt. Looking through Baalbaki's work, we can indeed find an acrylic portrait titled *Auto-Anonyme*, on wood, in medium format, dating from 2006. The man represented here, we would wager, is Baalbaki himself. He is blindfolded. To keep him from seeing the world and its horrors? Perhaps. Or in order to see it better, by giving himself the means of inventing it, from and with his inner vision? That, too, is not in doubt.
Not to see, but also to see from within, in a personal theatre where we reconfigure everything, in which subliminal images of the world well up, reformulated by living creation; art becomes not an *analogon* of the real, its strict evocation, but, going further, a dream from within, a deployment of configurations combining the real and imagination, fantasy and dread, joy and collapse, in a dynamic mode that is full of verve. The world that Baalbaki shows us in his works is therefore not the one that we might be tempted to think, the beaten-up world of a depressed artist bogged down in the Middle East stressed by all kinds of tensions since the collapse and disappearance, nearly a century ago now, of the Ottoman Empire, but something very different - work on the self in which the positive and the negative that are part of living at once multiply, expand and justify life, in equal measure.

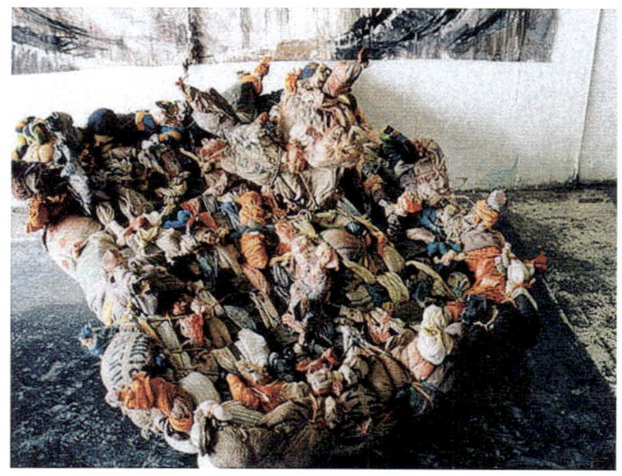

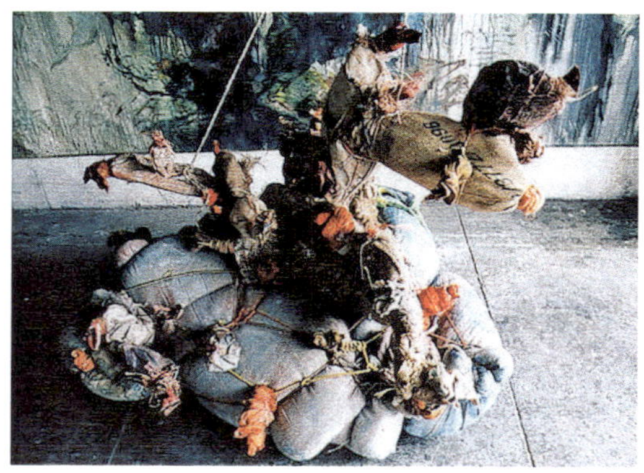

The Raft, 2002
mixed media, approx.
190 x 190 x 70 cm

Wrapped patience, 2002
mixed media, approx.
200 x 140 x 150 cm

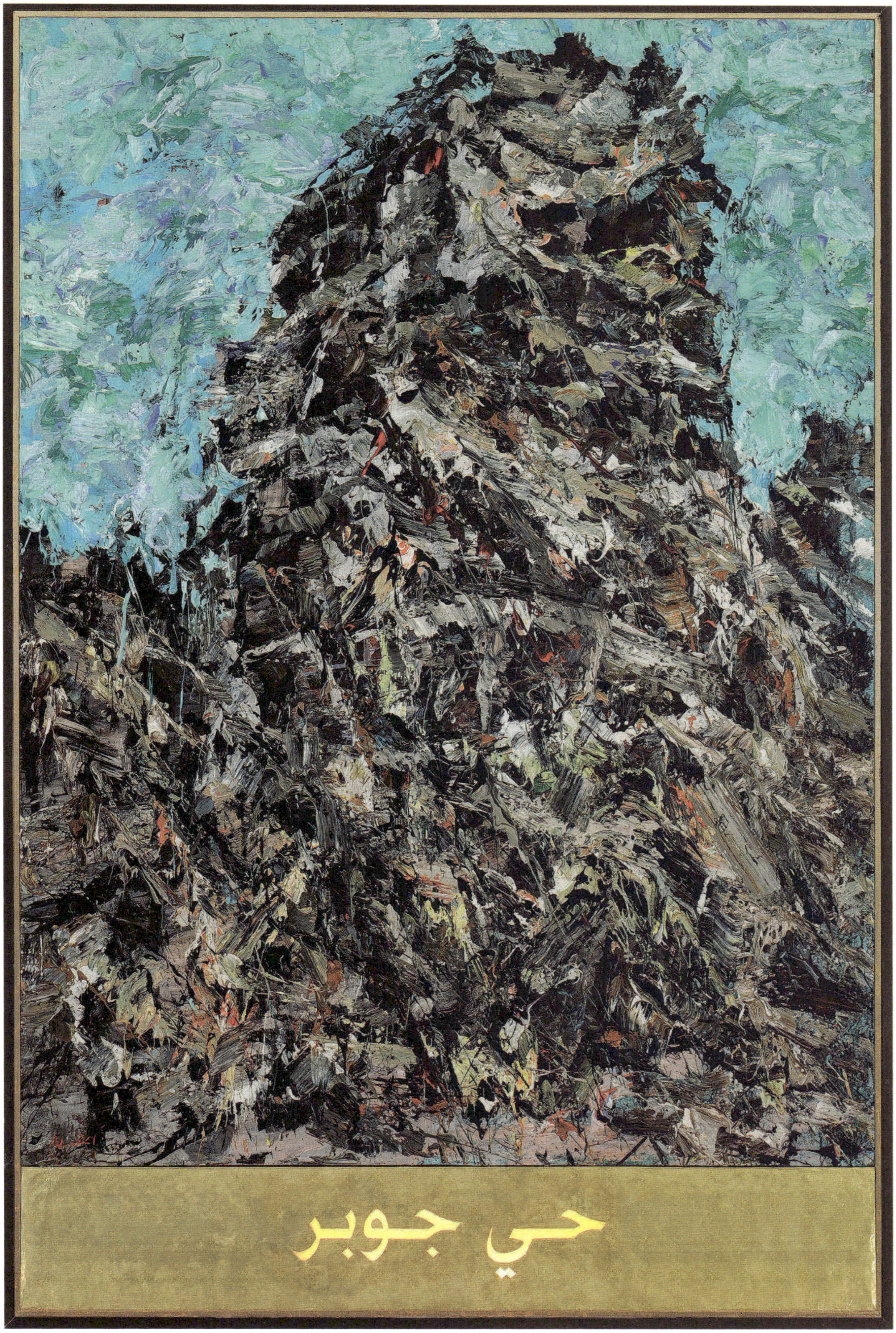

Hay Joubar, 2014
acrylic on canvas with copper sheet laid on glass over light box,
225 x 150 cm

Ruin-form, 2010
acrylic on canvas,
181 x 200 cm,
Tate Modern, London
(next page)

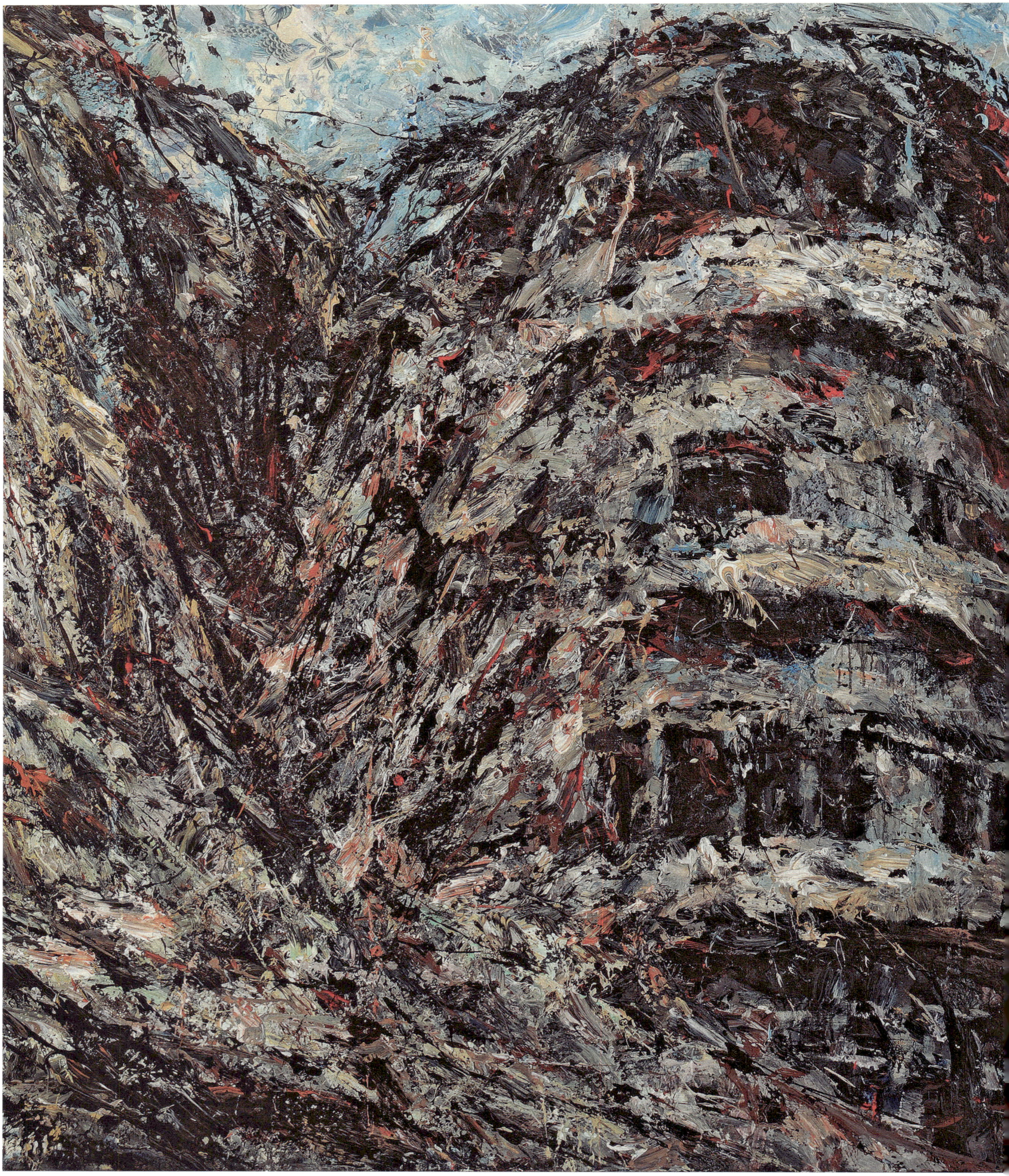

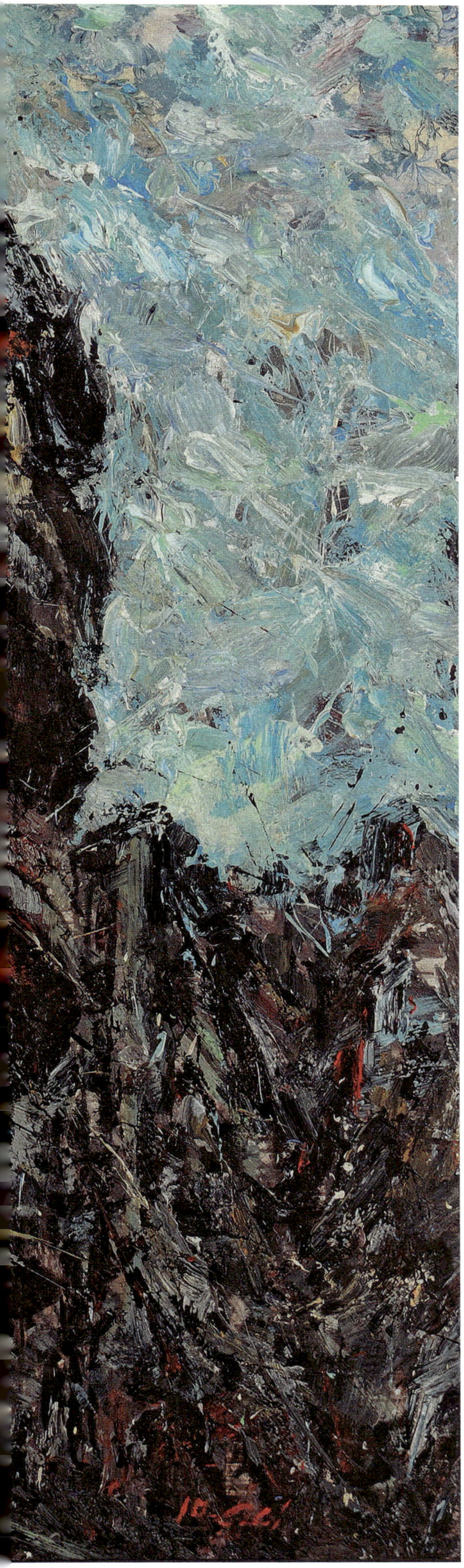

Ce qui reste est le présent

Il y aurait donc dans l'art d'Ayman Baalbaki, nonobstant la violence de ce qu'il enregistre et peint, de la douceur ? Ce n'est pas douteux. On en jugera en portant notre regard sur *Cheval de frise*, magnifique sculpture en verre de Murano représentant, à l'échelle un, un cheval de frise que l'artiste a fait confectionner en 2015 par des verriers vénitiens. Rien de plus porté à inspirer la peur, la tension et le risque de guerre que cet objet en double croix de saint André servant d'ordinaire à bloquer ou contenir assauts et assaillants. Rien pourtant de plus délicat que ce même objet, une fois celui-ci converti en sculpture de verre, transparente et fragile, d'une pénétrante beauté, d'une force d'attraction sans pareille.

On ne crée jamais sans exprimer une représentation du monde, sans espérer ajouter plus de sens qu'il n'en a au monde, dans un geste créateur qui est aussi un geste énonciateur. On oubliera, sur ce point, la prétention de certains peintres ou sculpteurs minimalistes, dans le passé récent, à contester cette évidence. L'« objectité » de l'œuvre d'art, le « Ce que vous voyez est ce que vous voyez et rien d'autre » : curieuses autant qu'absurdes propositions esthétiques et sensibles que celles-là. Poser le postulat que l'œuvre d'art est un espace de concentration absolue, à l'égal d'un trou noir, qui se contient à elle-même sans rayonner en rien, sans rien offrir à l'interprétation ? Ce n'est pas crédible. Aucun doute, toute œuvre d'art signifie au-delà de sa forme stricte. Aucun doute, ce sont bien les spectateurs aussi qui font et parachèvent l'œuvre, avec l'artiste et en plus de lui, parfois et au demeurant en divergeant de sa proposition première. Que semble nous signifier, pour autant que nous en puissions juger en toute certitude, nous spectateurs, Ayman Baalbaki artiste ? Quelle serait sa représentation du monde, sa *Weltanschauung* ? Un, le monde est dur. Deux, la violence et la destruction sont de puissants agents de reconfiguration du spectacle contemporain, des agents esthétiques forts, aptes à structurer le sens à donner au monde actuel. Trois, exprimer un monde et s'exprimer à partir de et depuis le sein d'un monde dur, voilà qui n'accouche pas forcément et toujours d'un art de la souffrance, de la déréliction, de la désespérance. Si sans doute « les chants désespérés sont les chants les plus beaux », comme le prétendit à son heure, romantique en diable, Alfred de Musset, ils peuvent aussi s'avérer ceux qui sollicitent le plus fort l'intellect et le sensible. Monde dur ? Alors création intense, semble nous dire Baalbaki. Comme une forme de la survie ? Ou comme une démonstration de force contre l'adversité, pour dépasser celle-ci ? Peut-être mais, gageons-le, pas seulement. Juste pour être aussi présent au monde que le monde se rend présent à nous, dans toute son étendue colonisatrice. Ce qui demeure est le présent, le reste n'a pas sa place ou si peu dans l'instant énergétique et tendu de la création.

Toute œuvre d'art est un autoportrait, a pu décréter le peintre anglais Lucian Freud, en une formule parfaite. Aucun doute sur ce point. On retrouvera ainsi, en fouillant un peu dans l'œuvre d'Ayman Baalbaki, un portrait à l'acrylique intitulé *Auto-Anonyme*, sur bois, de moyen format, daté de 2006. L'homme qui y est représenté, on le parierait, est Baalbaki en personne. Il a les yeux bandés. Pour ne plus voir le monde et ses horreurs ? Peut-être. Ou pour mieux le voir en se donnant les moyens de l'inventer, depuis et avec la vision intérieure ? Ce n'est pas douteux non plus.

Ne pas voir mais aussi voir depuis l'intérieur, en un théâtre personnel où l'on reconfigure tout, où surgissent des images subliminales d'un monde reformulé par la création vivante : l'art devient non un *analogon* du réel, sa stricte évocation mais, au plus loin, une rêverie des dedans, un déploiement de configurations mêlant réel et imagination, fantasmes et effrois, joies et effondrements, sur un mode dynamique et avec entrain. Le monde dont nous entretient, à travers ses œuvres, Ayman Baalbaki, ne serait donc plus celui que l'on serait tenté de croire, univers cabossé d'un artiste déprimé embourbé dans ce Moyen-Orient en proie à toutes les tensions depuis l'effondrement puis la disparition, voici bientôt un siècle, de l'Empire ottoman, mais tout autre chose – un travail sur soi où le positif et le négatif qui font la vie la démultiplient, l'agrandissent, la justifient, à l'égal.

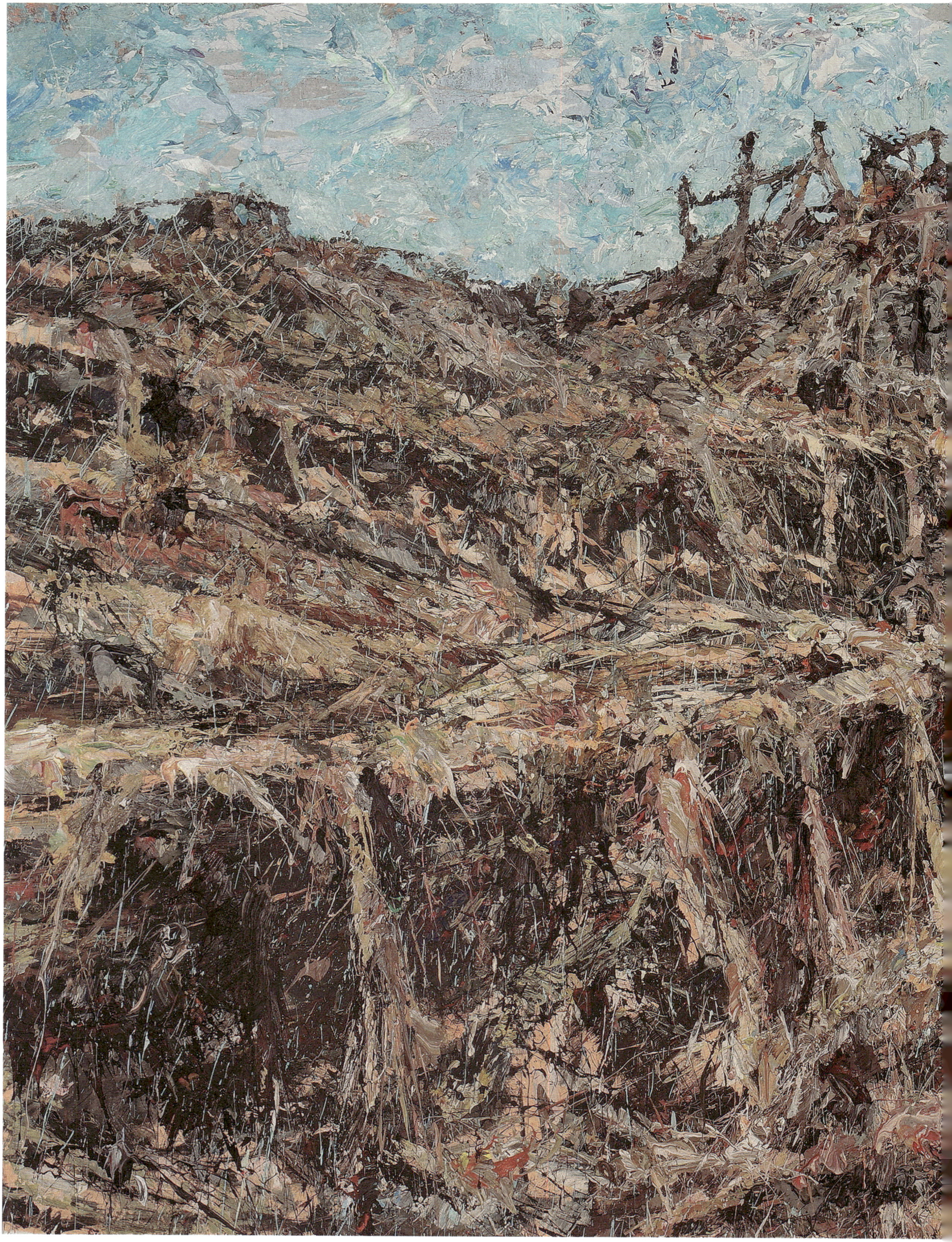

All that remains,
2014-2016
acrylic on canvas,
(triptych) 250 x 600 cm,
Saadallah and Loubna
Khalil Foundation

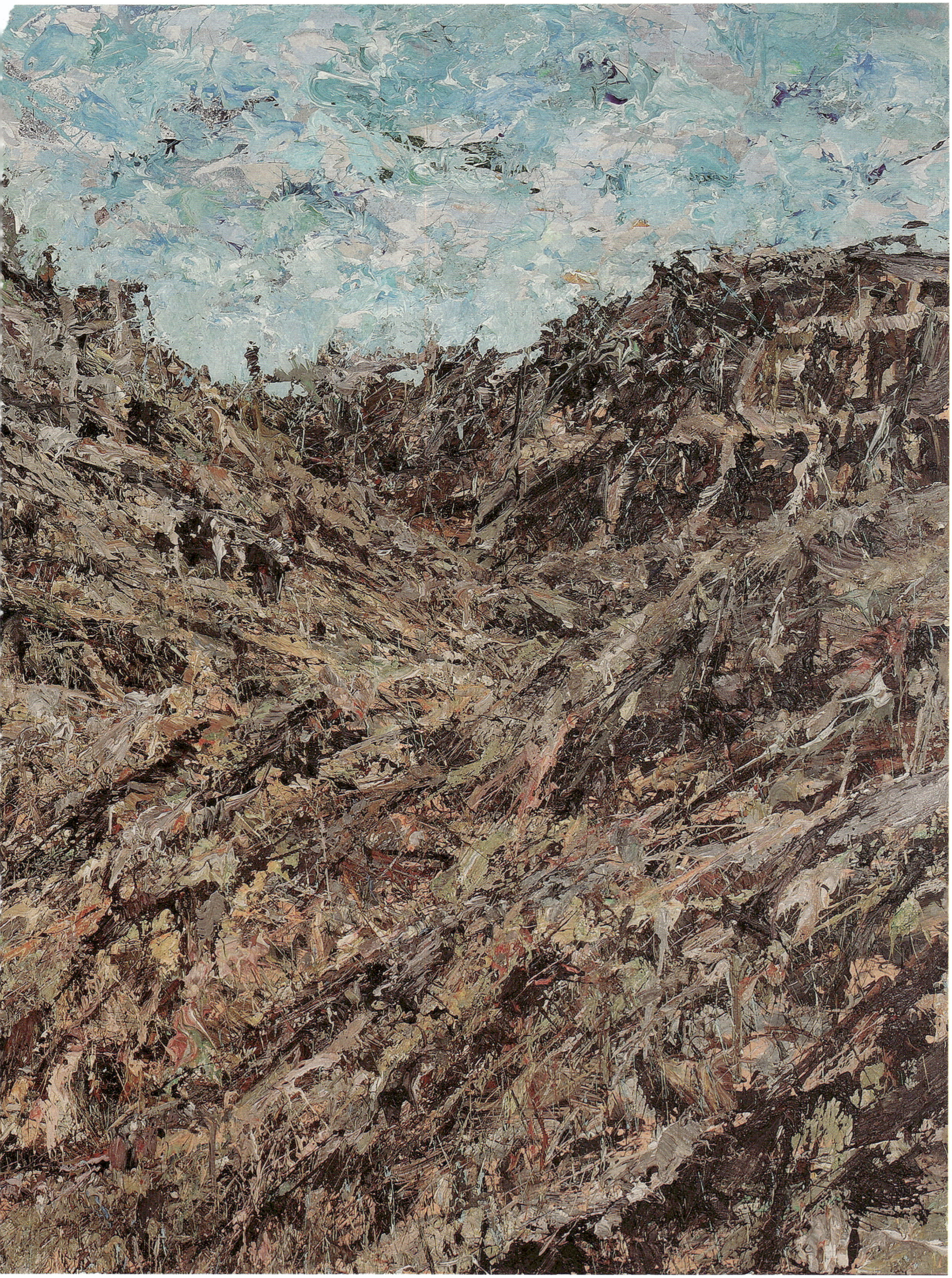

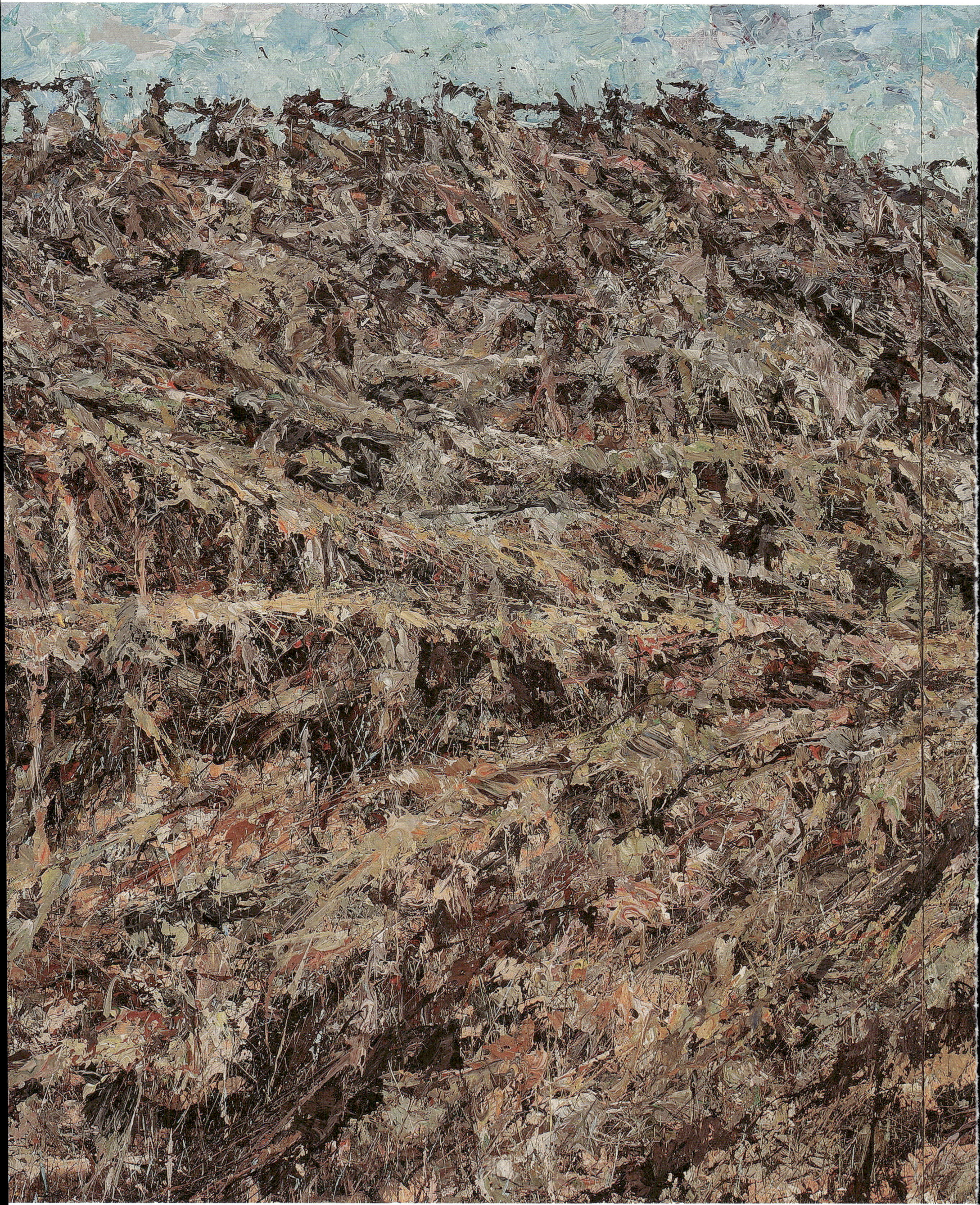

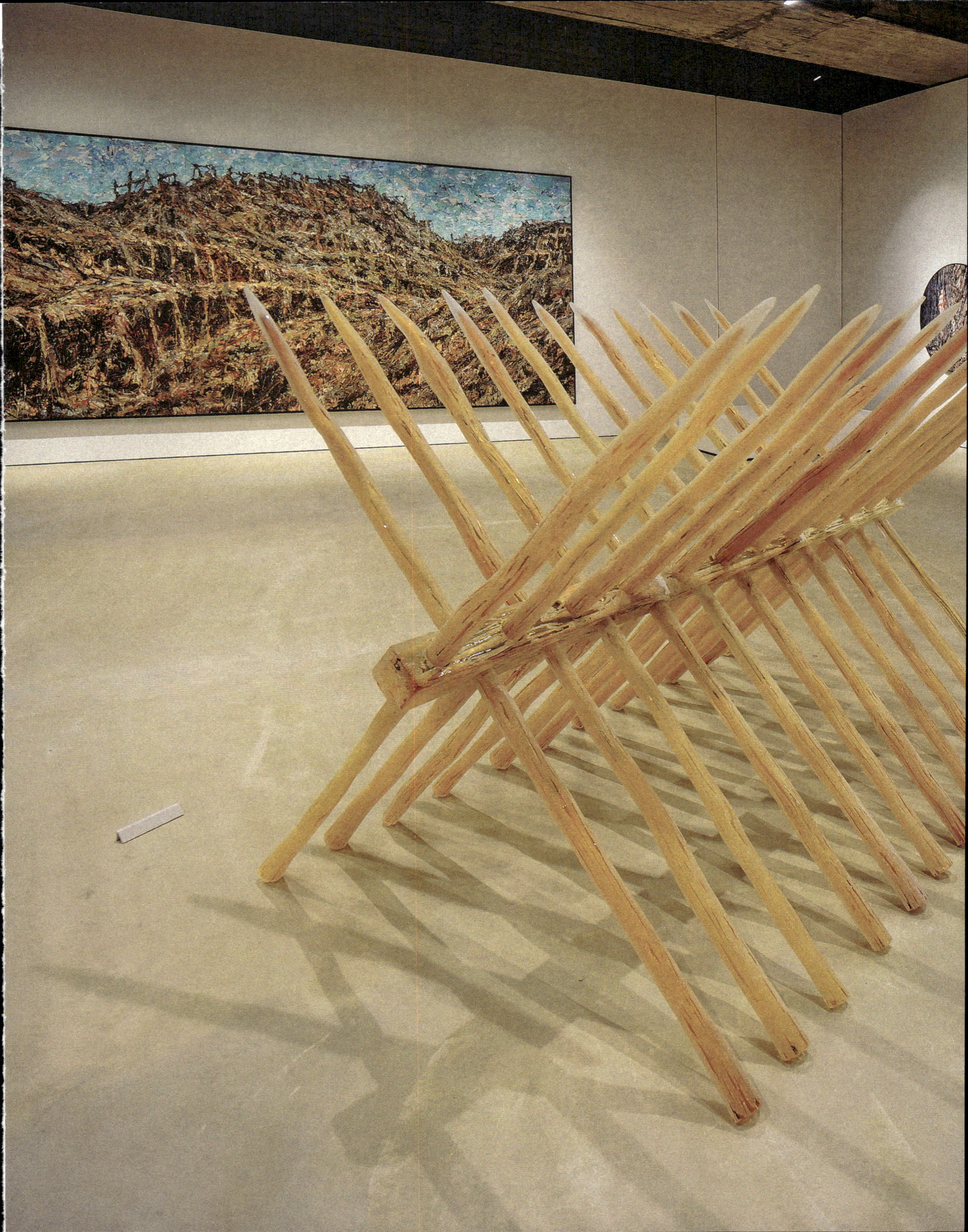

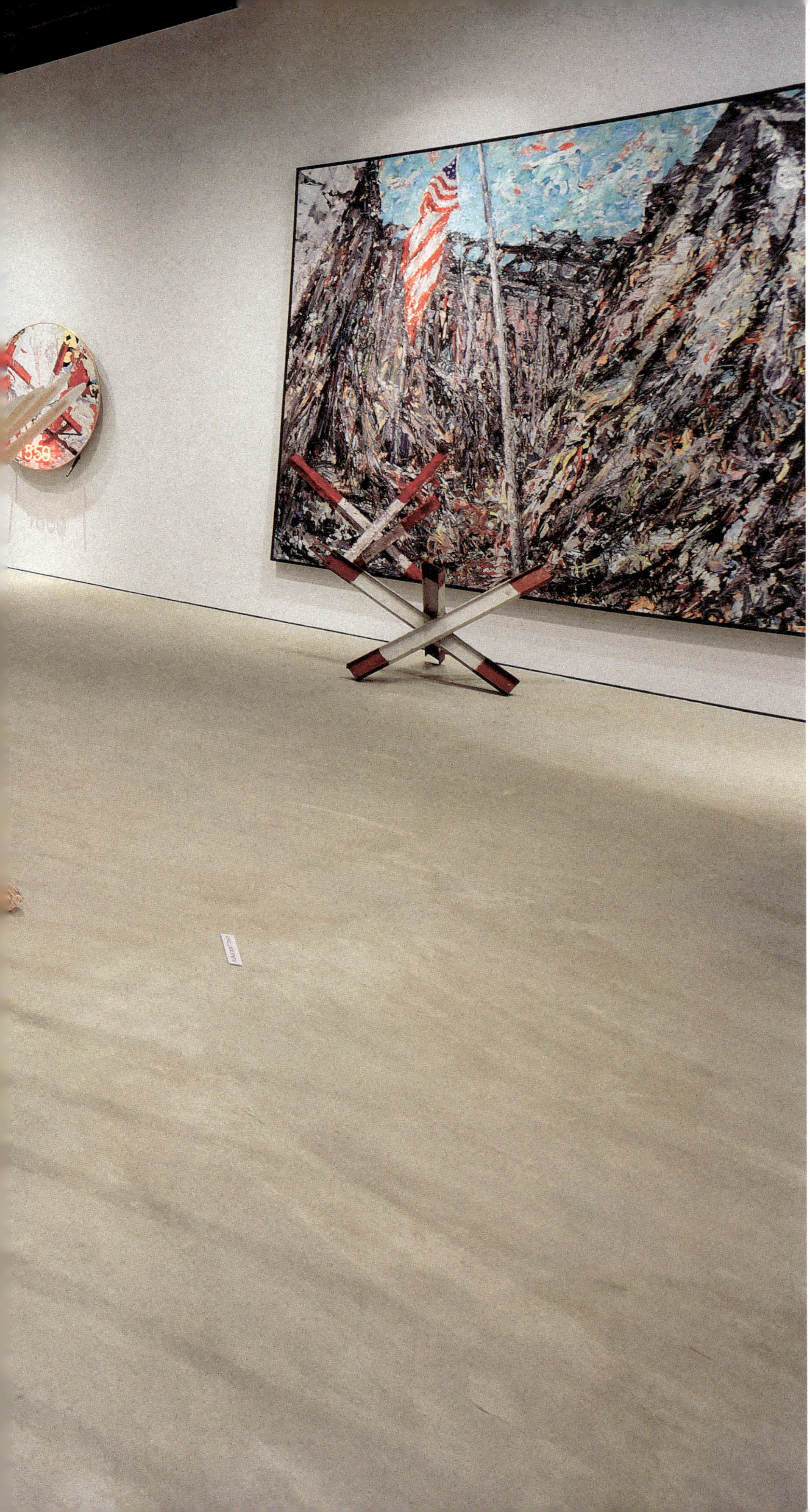

1 À la Agial Art Gallery.
2 Cette œuvre a été exposée sous l'intitulé *Destination X* au théâtre de Beyrouth, en 2004.
3 *Destination X*, installation pour « Arabicity: Such A Near East », Bluecoat Arts Centre, Liverpool, 2010.
4 Joseph Tarrab, « Ça suffit », catalogue *Ayman Baalbaki. Transfiguration apocalyptique*, Agial Art Gallery, 2008, SP.
5 Nayla Tamraz, « Ayman Baalbaki's Mythological Cities », dans G. H. Rabbath, *Can One Man Save The Artworld ?*, Human & Urban et Alarm Editions, 2009, p. 17.
6 Le rapprochement entre la tour de Babel représentée par Ayman Baalbaki et la termitière, bienvenu, est le fait de Nayla Tamraz, *ibid*.

1 At the Agial Art Gallery.
2 This work was exhibited under the title *Destination X* at the municipal theatre in Beirut in 2004.
3 *Destination X*, installation for "Arabicity: Such A Near East", Bluecoat Arts Centre, Liverpool, 2010.
4 Joseph Tarrab, "Ça suffit", catalogue *Ayman Baalbaki. Transfiguration apocalyptique*, Agial Art Gallery, 2008, SP.
5 Nayla Tamraz, "Ayman Baalbaki's Mythological Cities" in G. H. Rabbath, *Can One Man Save The Artworld?*, Human & Urban and Alarm Editions, 2009, p. 17.
6 I owe the illuminating comparison between the Tower of Babel represented by Ayman Baalbaki and a termites' nest to Nayla Tamraz, *idem*.

Cheval de frise (Hommage à Apollinaire), 2015, Murano Glass, 160 x 260 x 150 cm

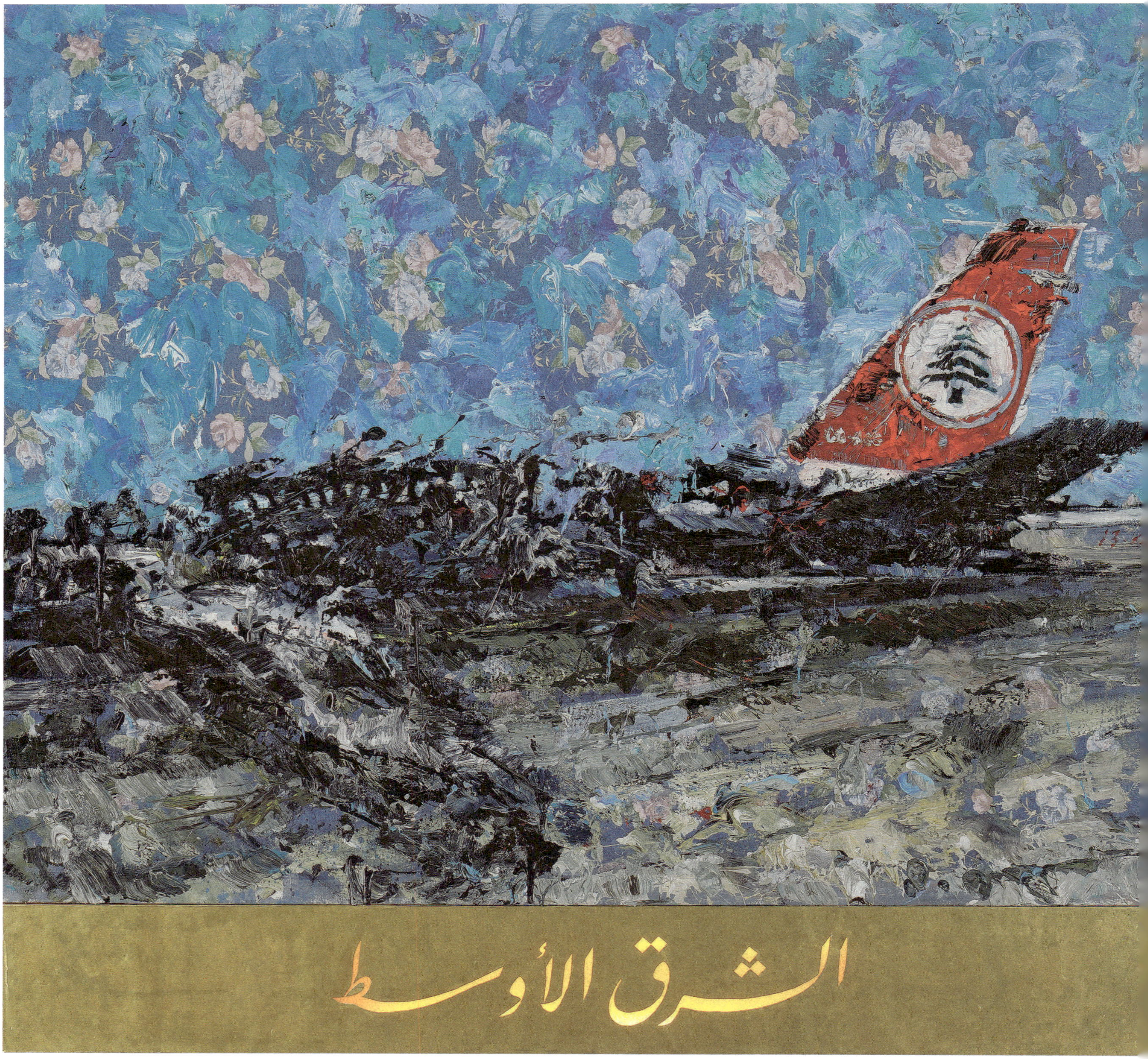

Al sharq Al awsat (Middle East), 2013
acrylic on printed fabric with copper sheet mounted on lightbox, 177.6 x 202.1 cm

The Middle East, 2014
mixed media on canvas, 207.5 x 407.5 cm, Dalloul Art Foundation
(next page)

ayman baalbaki

la peinture a le dernier mot

the painting takes over

philippe
dagen
(FR)

Universitaire, critique d'art et romancier français. Il publie, depuis 1985, une chronique d'art dans le journal *Le Monde*.
French scholar, art critic and novelist. Since 1985, he has published an art column in the newspaper *Le Monde*.

translated by
nayla tamraz

Expérience rarement vécue : sur ma table, en prévision de cet essai, sont posés plusieurs catalogues d'Ayman Baalbaki. Entre un visiteur – un savant, historien de la philosophie et de la littérature européenne des xviie et xviiie siècles. Il n'est plus tout jeune, comme on dit. L'art récent ne lui est qu'assez peu familier. Il le regarde le plus souvent avec quelque méfiance, tout en ayant une bonne connaissance de ce qui s'est passé au xxe siècle. Il remarque ces catalogues. Le nom de Baalbaki lui est inconnu. Il en ouvre un. S'étonne, questionne. En prend un deuxième, recommence. Il se dit surpris et même saisi par la force visuelle de ces peintures. Il en identifie immédiatement les sujets tout en reconnaissant qu'il ne les avait auparavant jamais vus figurés de la sorte. Lui qui, comme la plupart des spectateurs, procède d'ordinaire par comparaison, n'en avance aucune. Il lui semble, dit-il, n'avoir jamais vu rien de proche.
La conversation a duré une dizaine de minutes. Elle ne doit rien à une imagination romanesque. Ce qu'elle a d'instructif et de démonstratif ne m'est apparu du reste que quelques jours plus tard. Cet homme n'avait pas devant les yeux les œuvres de Baalbaki et n'éprouvait donc que partiellement leur

Rarely lived experience: on my table, in preparation for this essay, are several catalogs of Ayman Baalbaki. Then enters a visitor – a scholar, historian of philosophy and European literature of the 17th and 18th centuries. He is no longer very young, as they say. He is relatively unfamiliar with recent art. He looks at this latter most often with some suspicion, while having a good knowledge of what happened in the twentieth century. He notices these catalogs. Baalbaki's name is unknown to him. He opens one. He is surprised, wondering. He grasps a second one and starts over. He says he was surprised and even seized by the visual power of these paintings. He immediately identifies the subjects while acknowledging that he had never seen them depicted in this way before. He who, like most spectators, usually proceeds by comparison, does not advance any. He seems to have never seen anything close, he says.
The conversation lasted about ten minutes. It owes nothing to a romantic imagination. What was instructive and demonstrative about it didn't dawn on me until a few days later. This man did not have before his eyes the works of Baalbaki and therefore only partially felt their physical presence,

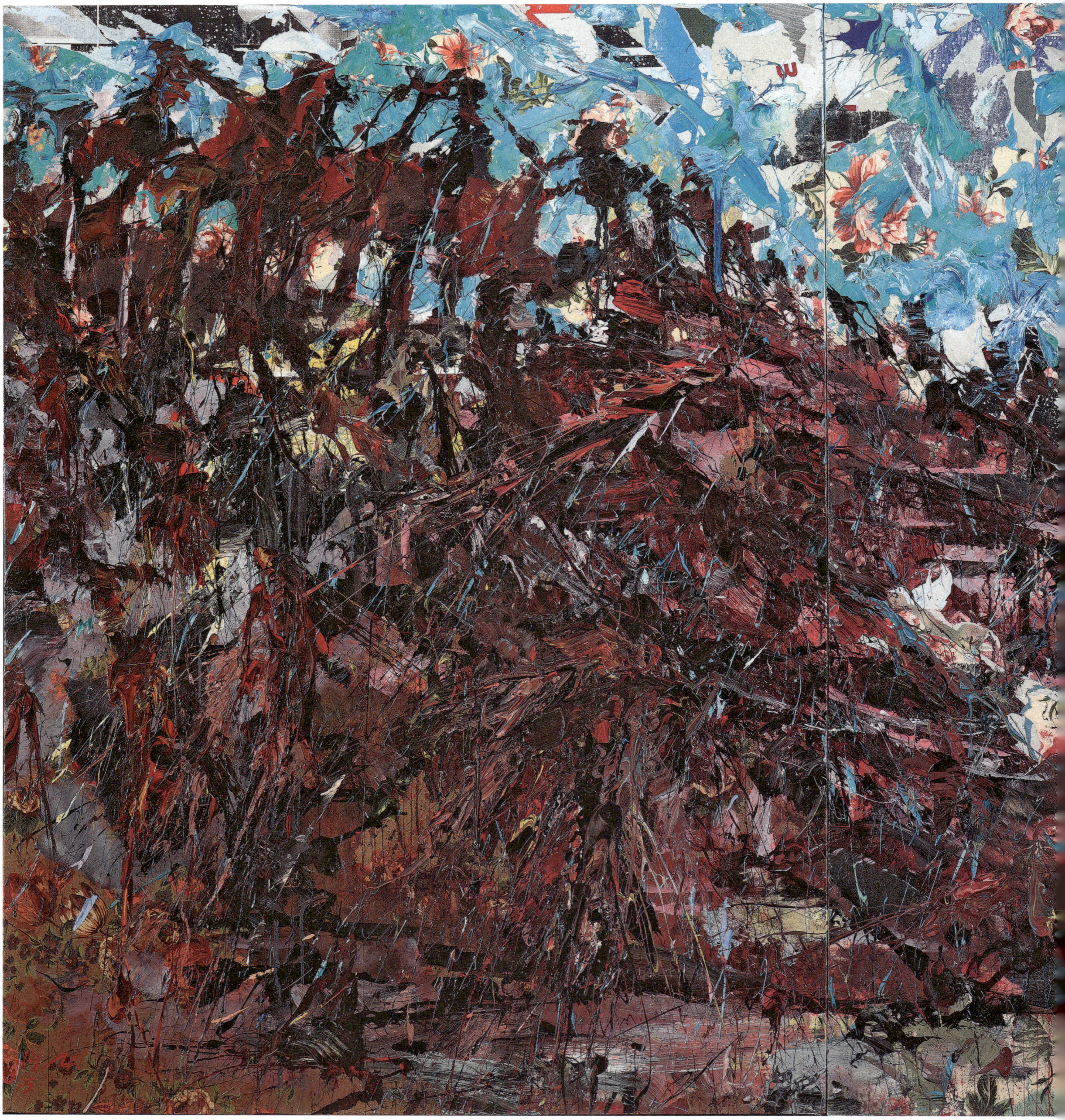

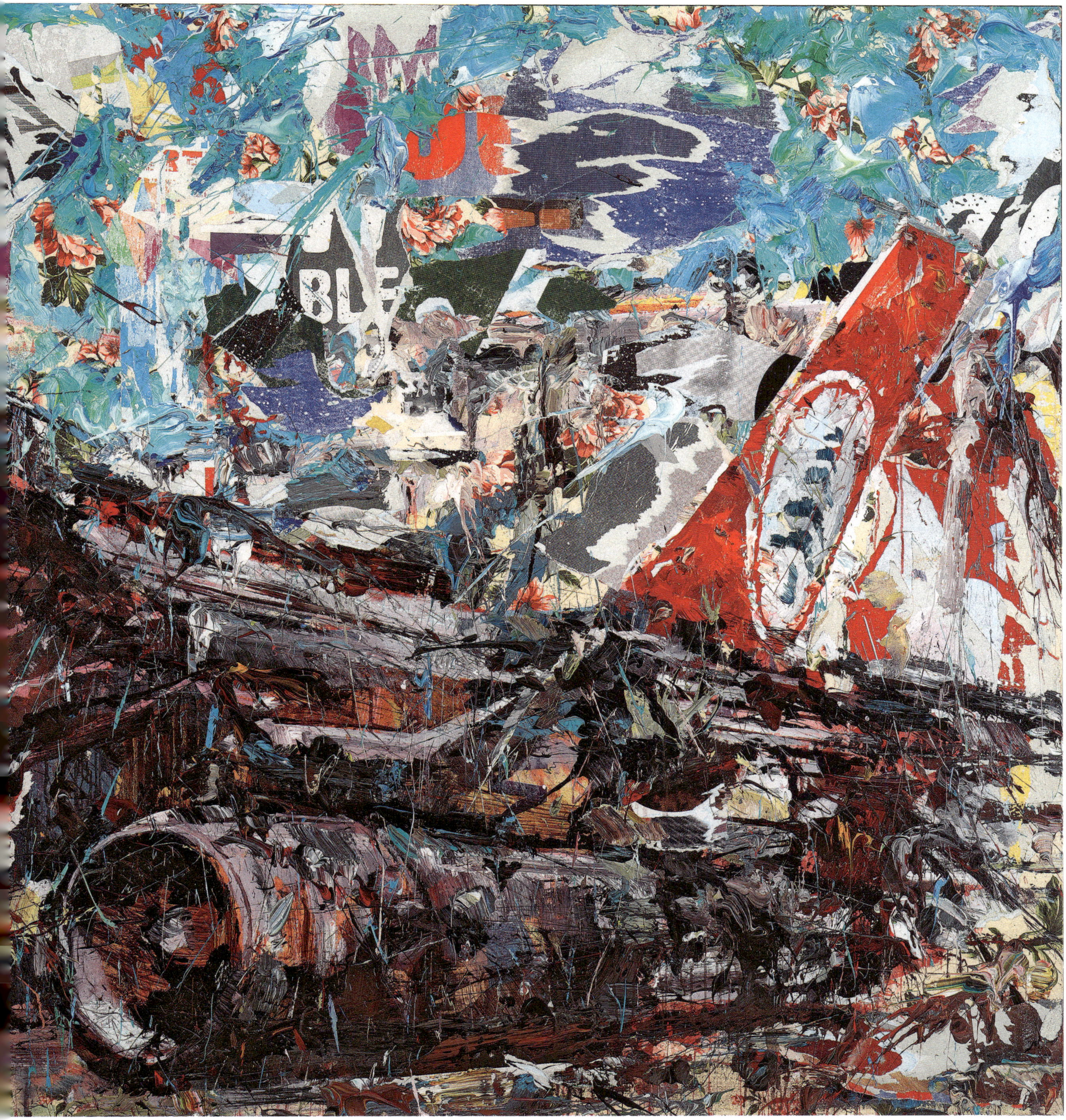

the density of the pictorial material, the increasingly large formats, the brilliance of the gold leaf and, sometimes, that of neon lights. He had only an incomplete perception of it, just that which the photographs in a catalog allow, and he was nevertheless seized by them.
What makes a work by Baalbaki have this eye-catching capacity? I remember having experienced this myself several years ago, having first been introduced to his work through reproductions before being confronted with him directly, face to face without any intermediary. It is not certain that it is possible to answer the question in a complete way, if only because all gaze is individual and that, if it is the viewers who make the paintings, each one does them in his own way, with what he is, what he knows, what he remembers.

1
To represent / Not to represent

It is understood that Baalbaki is primarily a painter, in acrylics or with mixtures – "mixed media" in international English. Canvas is the most common medium, but there are works on wood, on tarpaulin and on printed fabric. There are even some on the hard surface of a military helmet, but we'll get to that later. This painting is figurative and it usually takes one moment only to identify a head, a building, an airplane. Usually, it is because Baalbaki does not constrain himself to a constantly precise and detailed representation of these themes. The gestures that place the colors on the support are very visible, the traces of the execution are blatant: splashes, filaments, touches inscribed in the material, impasto. The texture of the surface is neither smooth nor uniform. Even though he uses acrylic which is less suited to these effects than oil painting, Baalbaki obtains dense, rough, irregular surfaces. The eye can spot traces of the passage of instruments and those of movements that have displaced or torn off some of the color while it was still wet.
A tension is therefore created between the representation of forms and the pictorial execution. When this tension is low, the identification of the pattern is

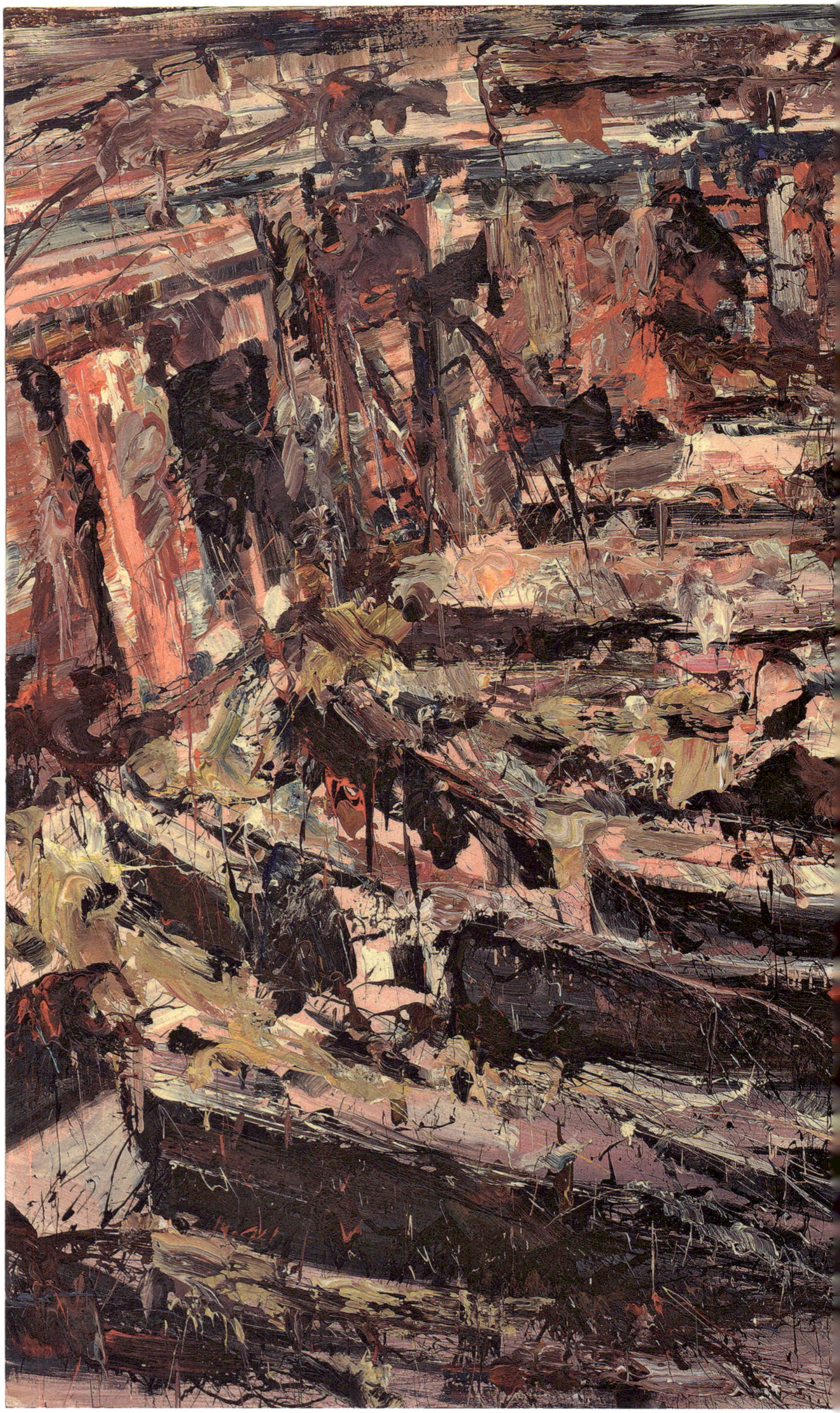

présence physique, la densité de la matière picturale, les formats de plus en plus grands, l'éclat de la feuille d'or et, parfois, celui des néons. Il n'en avait qu'une perception incomplète, juste celle que permettent les photographies d'un catalogue, et il a néanmoins été saisi par elles.
Qu'est-ce qui fait qu'une œuvre de Baalbaki a cette capacité de captation du regard ? Je me souviens d'en avoir fait moi-même l'expérience il y a plusieurs années, ayant d'abord été introduit à son travail par des reproductions avant d'être confronté à lui directement, face à face sans intermédiaire. Il n'est pas certain qu'il soit possible de répondre de façon complète à la question, ne serait-ce que parce que tout regard est individuel et que, si ce sont les regardeurs qui font les tableaux, chacun les fait à sa manière, avec ce qu'il est, ce qu'il sait, ce dont il se souvient.

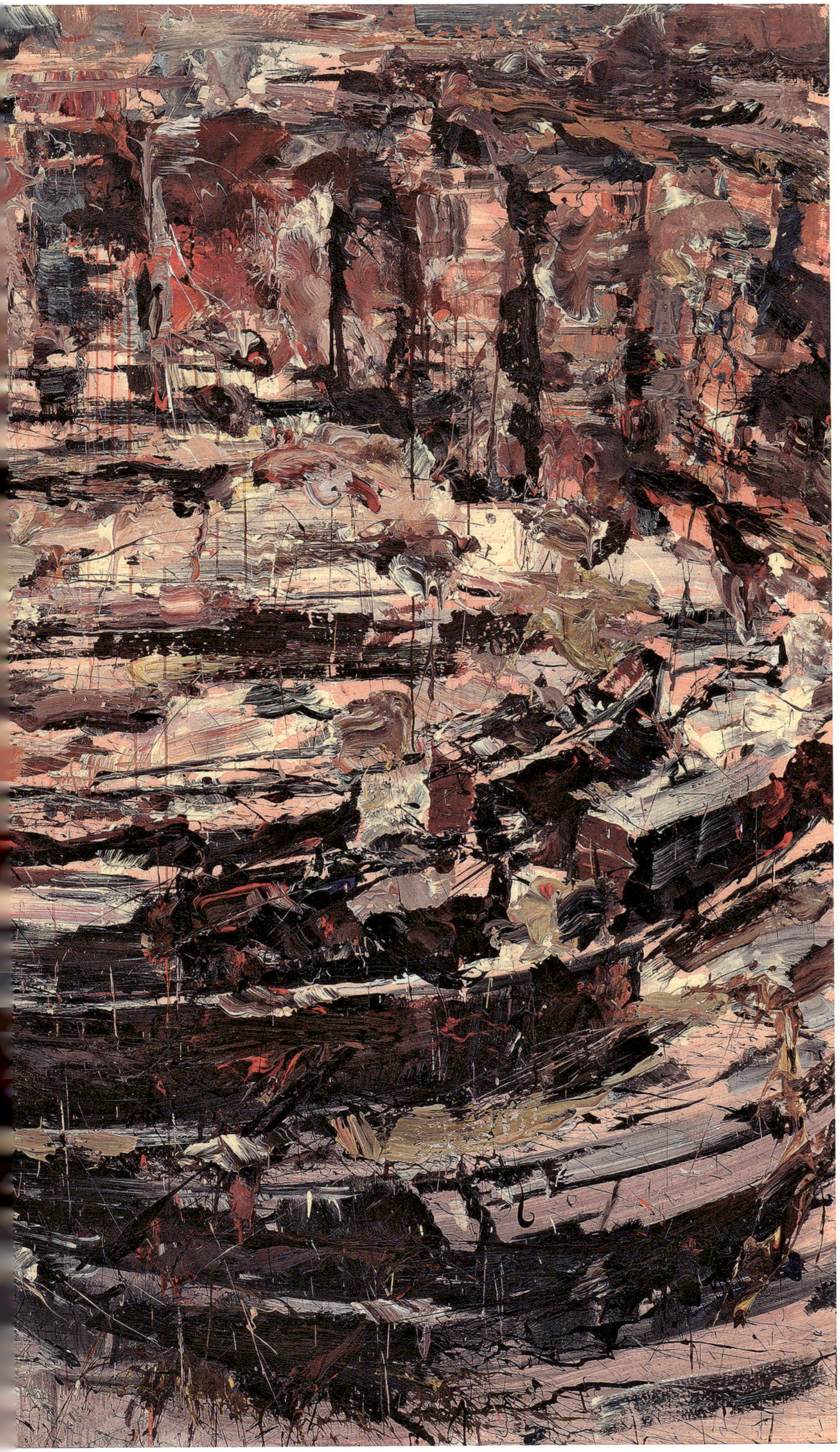

1
Représenter / Ne pas représenter

Il est entendu que Baalbaki est essentiellement peintre, à l'acrylique ou avec des mélanges – *mixed medias* en anglais international. La toile est le support le plus fréquent, mais il existe des travaux sur bois, sur bâche et sur tissu imprimé. Il y en a même sur la surface dure d'un casque militaire, mais on y viendra plus tard. Cette peinture est figurative et il suffit généralement d'un instant pour identifier une tête, un immeuble, un avion. Généralement, parce que Baalbaki ne s'astreint pas à une représentation constamment précise et détaillée de ces sujets. Les gestes qui posent les couleurs sur le support sont très visibles, les traces de l'exécution flagrante : éclaboussures, filaments, touches inscrites dans la matière, empâtements. La texture de la surface n'est ni lisse ni uniforme. Alors même qu'il emploie l'acrylique qui s'y prête moins que l'huile, Baalbaki obtient des surfaces denses, rugueuses, irrégulières. L'œil y repère les traces du passage des instruments et celles de mouvements qui ont déplacé ou arraché un peu de la couleur, alors qu'elle était encore humide.
Il se crée donc une tension entre la représentation des formes et l'exécution

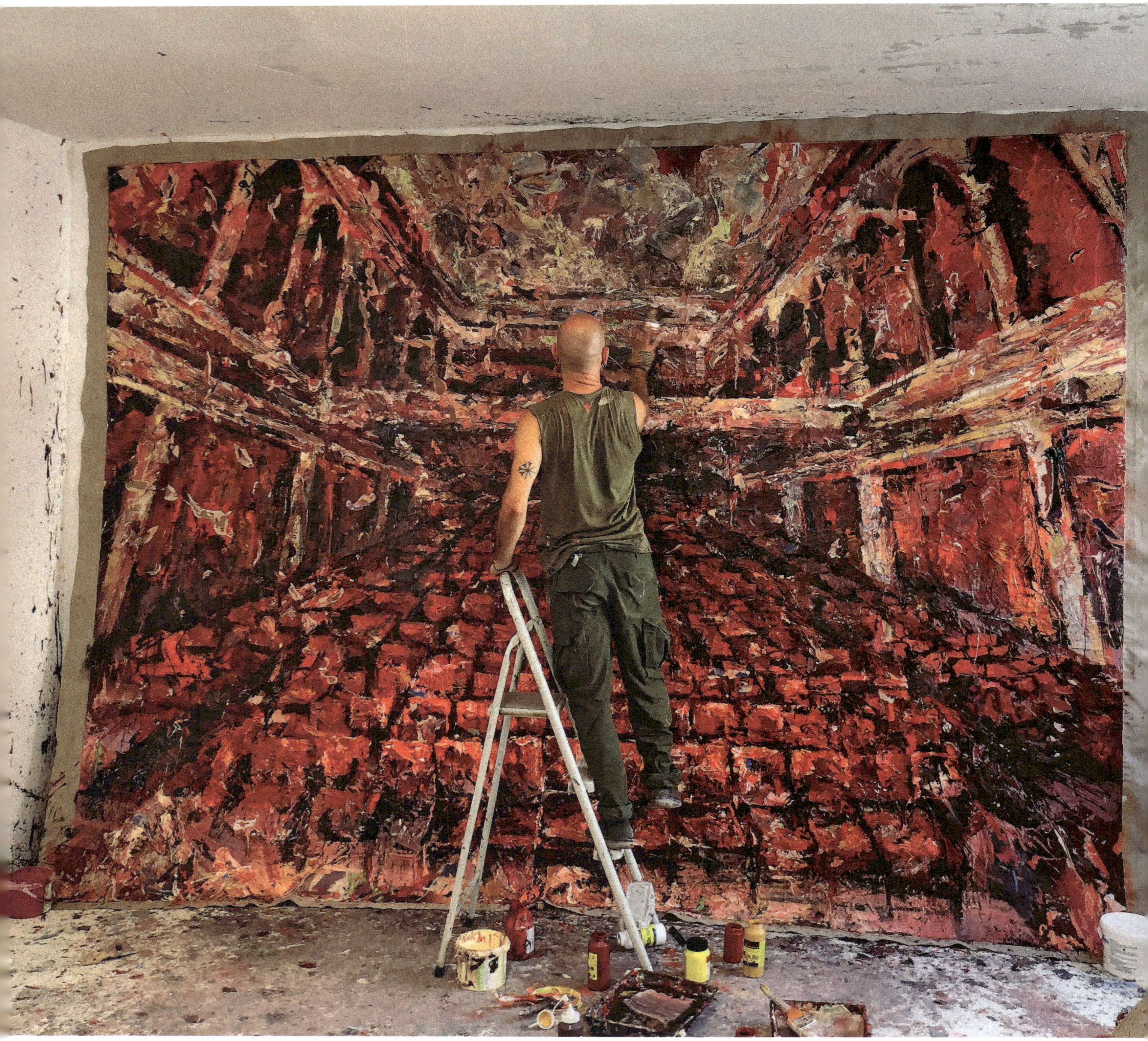

easy. So it is with the heads of men, the shape of which stand out against a lighter or darker background and, most often, Beirut buildings. These are defined by their geometric structure and, even when it has been shattered by the bombardments, enough landmarks remain that no hesitation is possible. *All that Remains* is not an equivocal work, even if the buildings are no more than rubble and twisted metal joists. But, in this painting, as in most of the more recent ones, the tension is nevertheless greater than it was a decade before. The artist works in a way less and less constrained by the demands of what is commonly called realism. It is not certain that, without its title, *The Parliament* would be identified as such. In the most extreme cases, the figurative mention occupies only a small area of the canvas. In the different versions of *MEA* (for Middle East Airlines), the aircraft can only be spotted thanks to vestiges of its initial shape - the tail, the cylinder of an engine - the red color of the cabin and the logo of the Lebanese cedar reduced to green lines. That's enough, if you're familiar with airports. But the figurative function is no longer entrusted mainly to the imitation of shapes known to all, such as those of an Airbus or a concrete building, but to the presence of indications which are related to signage - symbols, letters and fragments of words. We will come back later to this question of signage, which has tended to take on increasing importance lately. It is inseparable from the introduction of the symbolism of flags in *No flag zone* and that of obstacles to movement in the *Blood border* series and it is one of the most interesting points to analyze.

A second observation about this tension between appearance and disappearance of the subject is inevitable if we come back to the *Al Mulatham* series. The title means "the one who is veiled" and is used in this case to designate what has long been commonly called in all languages, including French, the fedayeen. Their image has been popularized for decades, becoming the visual symbol of the Palestinian fighter, his head wrapped in a keffiyeh, like Yasser Arafat who made it a clothing symbol long before fashion designers seized on it. It is characterized by the alternation of white and another color, in grid patterns that are hardly noticeable when the fabric envelops a head. For Palestinians, the second color is not neutral, to the extent that, depending on which one is chosen, it can announce the political and religious affiliation of the wearer. Black and white is associated with Fatah, green and white with Hamas, red and white with the PFLP. Besides, they are now sold on the internet on behalf of these different affiliations. It is therefore not insignificant that the keffiyehs in Baalbaki's paintings are red and white: they are those of the Marxist and secular left. It is even less harmless that he paints them on printed fabrics with patterns, some in Persian style, like Mughal miniatures, others with roses, peonies or red or yellow carnations, like table cloths or bed sheets. These overlays have disturbing effects on the eye, particularly accentuated when the background is predominantly red. So, in some areas, the two fabrics are difficult to distinguish from each other. There's another consequence: the frontality of the work, more in two dimensions than three. The folds of the keffiyeh are not enough to create the illusion of volume and

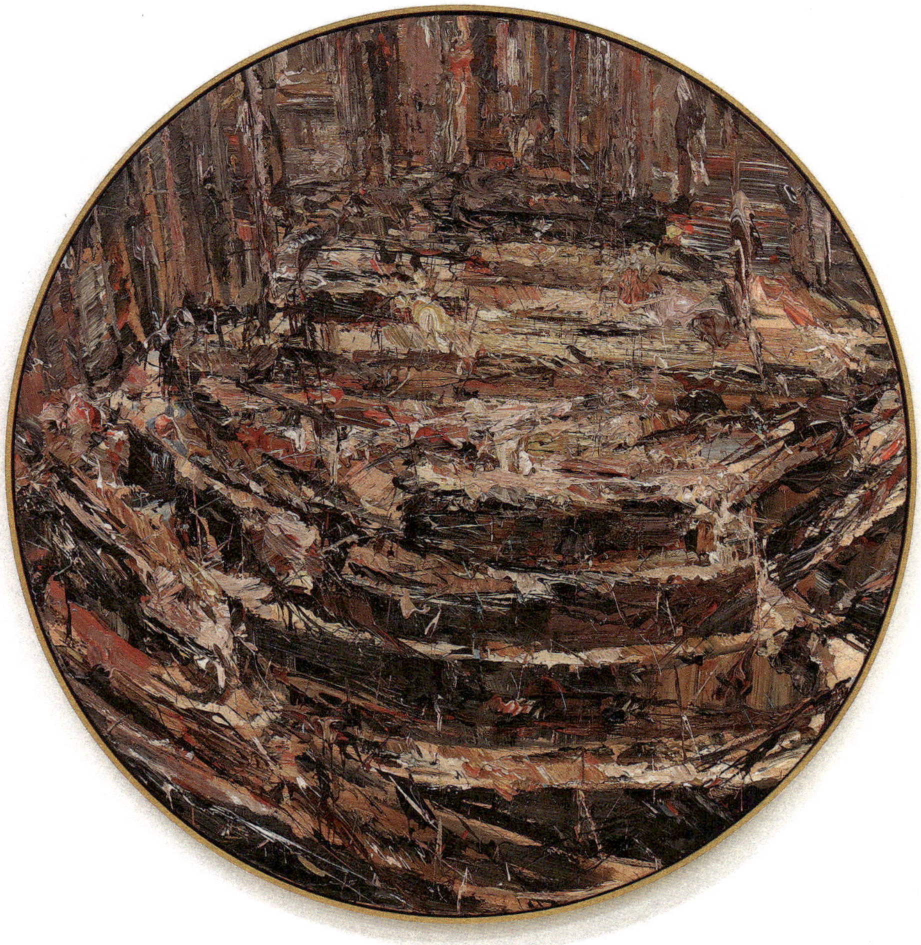

The Parliament, 2014
acrylic on canvas,
200 x 250 cm
(previous page)

Baalbaki at the studio,
Piccadilly Theater, 2019
acrylic on billboard laid
on canvas, 280 x 390 cm
(opposite page)

The Parliament, 2016
acrylic on tondo canvas,
D = 120 cm

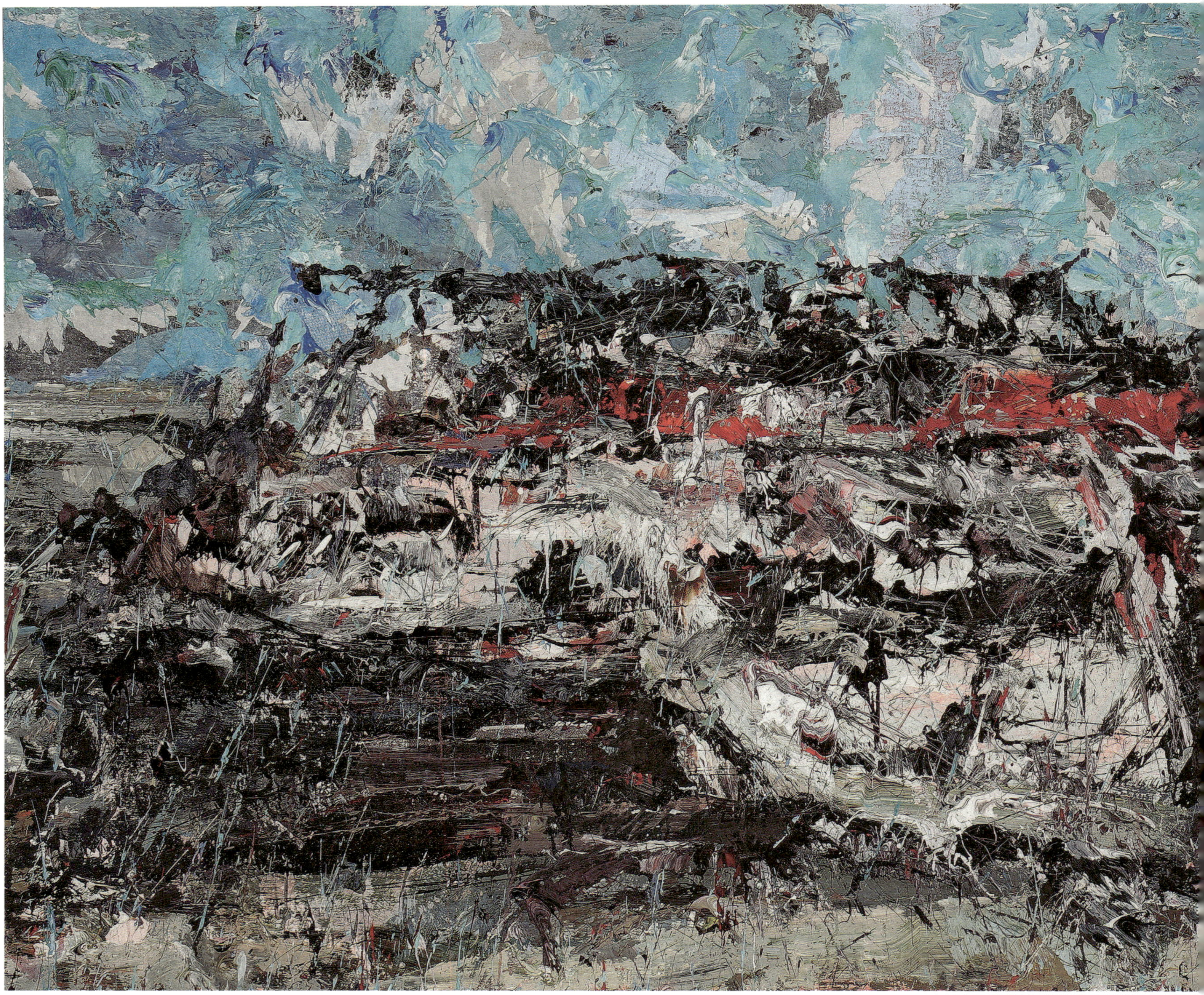

what remains visible on the faces of the combatants is reduced to the forehead and the lines of the eyebrows and the eyelids. It's hardly a face, more of a conventional sign, an instantly recognizable symbol. A disconcerting contradiction is thus created between the extreme simplicity of the image and the accumulation of brightly colored, cheerful, charming notations. This is all the more disturbing since most of the canvases in this series are large – two or even three metres high. What can be the political and historical meaning of these detuned superimpositions, a fida'i on a flowerbed?

It is therefore clear that the figuration according to Baalbaki could be said to be a destabilized, mobile, elusive figuration. The motive asserts itself and, simultaneously, slips away. If one thinks of a comparison between these effigies of fighters and the official propaganda iconography of the "martyrs", there is no doubt that the meticulous imitation of the heroic facial features and their exaltation are not Baalbaki's intention. His painting goes against this imagery because of what it is materially and chromatically. The same observation can be made about the heads of *Face to face* (2006). They obviously do not form a gallery of portraits, especially since the faces are most often invisible, but a collection of stereotypes: the male stereotypes in use in this part of the world. Fedayeen with black and white or red and white keffiyehs stand side by side with helmeted soldiers, with visors pulled down over the eyes of several of them, a black hooded man – policeman, militiaman or executioner – and another whose head is caught in a white bag – prisoner, hostage or someone sentenced to death. Their effigies are all the same size, against such backgrounds that they stand out clearly.
It seems that Baalbaki, working here on the

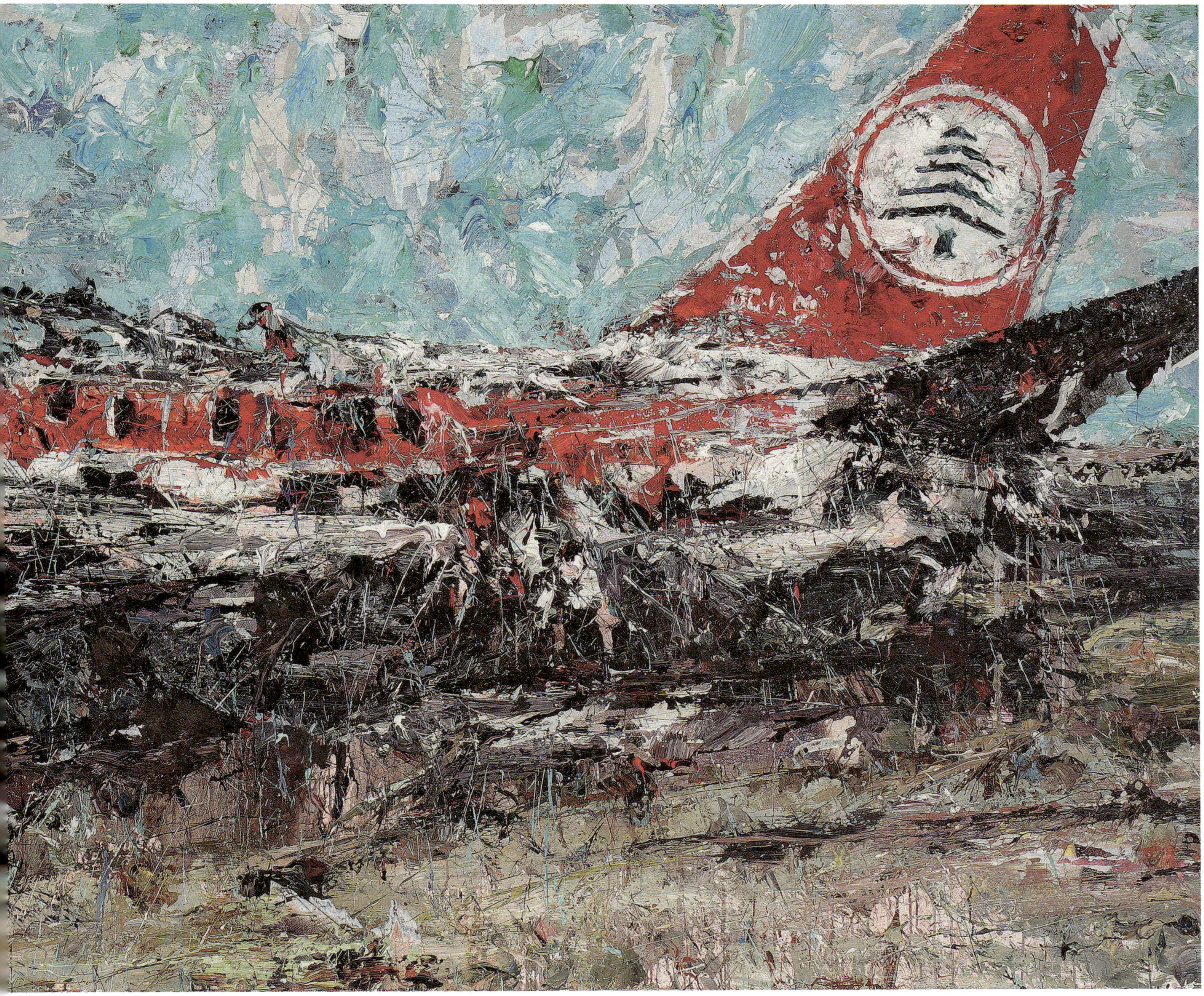

picturale. Quand cette tension est faible, l'identification du motif se fait aisément. Ainsi en est-il des têtes d'hommes, dont la forme se détache sur un fond plus clair ou plus sombre et, le plus souvent, des immeubles beyrouthins. Ces derniers sont définis par leur structure géométrique et, même quand celle-ci a été brisée par les bombardements, il demeure assez de repères pour qu'aucune hésitation ne soit possible. *All that Remains* n'est pas une œuvre équivoque, même si les bâtiments ne sont plus qu'amas de gravats et les poutrelles métalliques tordues. Mais, dans cette toile comme dans la plupart des plus récentes, la tension est cependant plus forte qu'elle ne l'était une décennie auparavant. L'artiste travaille d'une manière de moins en moins contrainte par les exigences de ce que l'on appelle couramment le réalisme. Il n'est pas sûr que, sans son titre, *The Parliament* serait identifié comme tel. Dans les cas les plus extrêmes, la mention figurative n'occupe qu'une surface réduite de la toile. Dans les différentes versions de *MEA* (pour Middle East Airlines), l'avion n'est repérable que grâce à des vestiges de sa forme initiale – la queue, le cylindre d'un réacteur –, le rouge de la carlingue et le logo du cèdre libanais réduits à des traits verts. C'est suffisant,

MEA, 2015–2016
acrylic on billboard laid on canvas, 150 x 380 cm, Elie Khoury Art Foundation

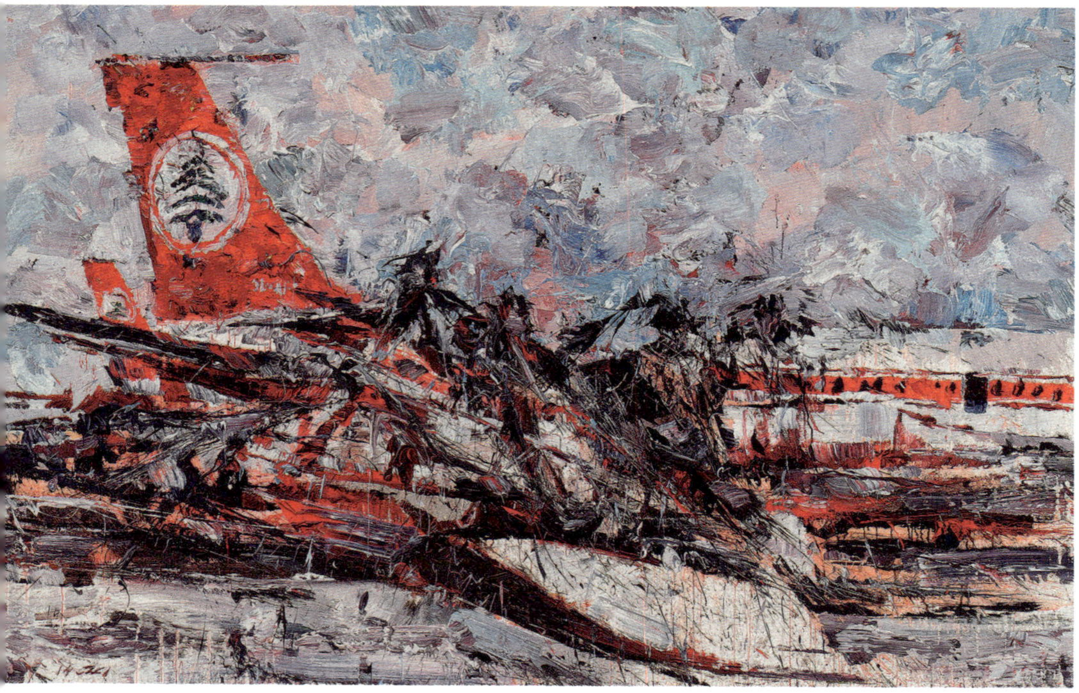

si l'on a quelque habitude des aéroports. Mais la fonction figurative n'est plus confiée principalement à l'imitation de formes connues de tous, comme le sont celles d'un Airbus ou d'un immeuble de béton, mais à la présence d'indications qui sont de l'ordre d'une signalétique – des symboles, des lettres et des fragments de mots. Sur cette question de la signalétique, qui tend à prendre une importance croissante ces derniers temps, on reviendra plus loin. Elle est indissociable de l'introduction de la symbolique des drapeaux dans *No Flag Zone* et de celle des obstacles à la circulation dans *Blood Border Series* et elle est l'un des points les plus intéressants à analyser.
Une deuxième observation à propos de cette tension entre apparition et disparition du sujet s'impose pour peu que l'on revienne à la série *Al Mulatham*. Le mot signifie celui qui est voilé et est employé dans ce cas pour désigner ce que l'on nomme depuis longtemps couramment dans toutes les langues, dont le français, les fedayin. Leur image a été popularisée depuis des décennies, devenue le symbole visuel des combattants palestiniens, la tête enveloppée d'un keffieh, comme Yasser Arafat qui en fit un symbole vestimentaire bien avant que les créateurs de mode ne s'en saisissent. Il se caractérise par l'alternance du blanc et d'une autre couleur,

model of the sociologist, brought together as many exemplary types as possible, which also has the consequence of suggesting that a man in his thirties, in Lebanon, would have no choice but to join an army or an armed group and end up imprisoned or murdered. There is something overwhelming about this inventory, a tragic irony that leaves no illusions, no hope of escaping war. The irony is at its height when five of these figures are put together in a triptych whose title is *Vendor's cart*, the merchant's cart, in other words, the stall. Choose indeed: soldier, fida'i or hostage. In the central panel of the triptych, the figure of the fida'i in red and white is surmounted by a quarter circle of pink flowers and appears painted on posters, with scraps of words remaining around the edges. These overlays and the general arrangement, which evokes a Christian altar but is accompanied by a trivial title, hurl these representations into derision and satire. They no longer have the martial dignity of propaganda images, of which they are a degraded – deliberately degraded – form. Also, a second version of the same collection of heads is called *Eye for Eye* and is supported by the metal curtain of a store, previously gilded with leaf. It would be difficult to achieve a more explosive conjunction of symbols. Gold evokes respect for religious icons as well as commercial transactions. A storefront suggests again the idea of trade and the choice of an article, if not that the article to buy, here, is a role: infantryman in gas mask, tanker in glasses, feda'i in keffiyeh or hooded hostage. Take your pick from the Death Shop!
This leads to an unquestionable first deduction: Baalbaki cannot be defined simply as a painter of the description of the world, a realist of today, as there have been so many in the history of painting.

2
To paint / Not to paint (history)

This definition would be false, especially since his works do not relate any event in the way historical painting has done it since the Renaissance and particularly in the 19th century. This obviously does not mean that history would be absent from his creation, but it is not there as a

selon des schémas de quadrillage qui ne sont plus guère perceptibles quand le tissu enveloppe une tête. Pour les Palestiniens, la deuxième couleur n'est pas neutre, à tel point que, selon celle qui est choisie, elle peut annoncer l'appartenance politique et religieuse de celui qui porte le keffieh. Le noir et blanc est associé au Fatah, le vert et blanc au Hamas, le rouge et blanc au FPLP. Ils sont du reste vendus désormais sur Internet au nom de ces engagements différents. Il n'est donc pas anodin que les keffiehs des toiles de Baalbaki soient rouge et blanc : ce sont ceux de la gauche marxiste et laïque. Il est encore moins anodin qu'il les peigne sur des tissus imprimés de motifs, les uns de style persan, genre miniatures mogholes, les autres de roses, pivoines ou œillets rouges ou jaunes, genre nappes ou draps de lit. Ces superpositions ont, pour l'œil, des effets troublants, particulièrement accentués quand le fond est à dominante rouge. Alors, dans certaines zones, les deux tissus se distinguent mal l'un de l'autre. Autre conséquence : la frontalité de l'œuvre, à deux dimensions plus qu'à trois. Les plis du keffieh ne suffisent pas à créer l'illusion d'un volume et ce qui demeure visible du visage des combattants est réduit au front et aux lignes des sourcils et des paupières. C'est à peine un visage, plutôt un signe conventionnel, un symbole immédiatement reconnaissable. Une contradiction déconcertante se crée ainsi entre l'extrême simplicité de l'image et l'accumulation de notations vivement colorées, gaies, charmantes. Celle-ci est d'autant plus perturbante que la plupart des toiles de cette série sont de grand format – 2 ou même 3 mètres de haut. Que peut être le sens politique et historique de ces superpositions désaccordées, un *fida'i* sur un parterre de fleurs ?

Il est donc clair que la figuration selon Baalbaki est une figuration déstabilisée, mobile, fuyante dirait-on parfois. Le motif s'impose et, simultanément, se dérobe. Si l'on songe à une comparaison entre ces effigies de combattants et l'iconographie officielle de propagande des « martyrs », il ne fait aucun doute que l'imitation appliquée des traits d'un visage héroïque et leur exaltation ne sont pas le but de Baalbaki. Sa peinture va à l'encontre de cette imagerie en raison même de ce qu'elle est matériellement et chromatiquement. Même observation à propos des têtes de *Face to Face* (2006). Elles ne forment évidemment pas une galerie de portraits, d'autant moins que les visages sont le plus souvent invisibles, mais une collection de stéréotypes : les stéréotypes masculins en usage dans cette partie du monde. Des fedayin aux keffiehs noir et blanc ou rouge et blanc côtoient des soldats casqués, la visière rabattue sur les yeux pour plusieurs d'entre eux, un homme cagoulé de noir – policier, milicien ou bourreau – et un autre dont la tête est prise dans un sac blanc – prisonnier, otage ou condamné à mort. Leurs effigies sont toutes de même format, sur des fonds tels qu'elles s'en détachent nettement.

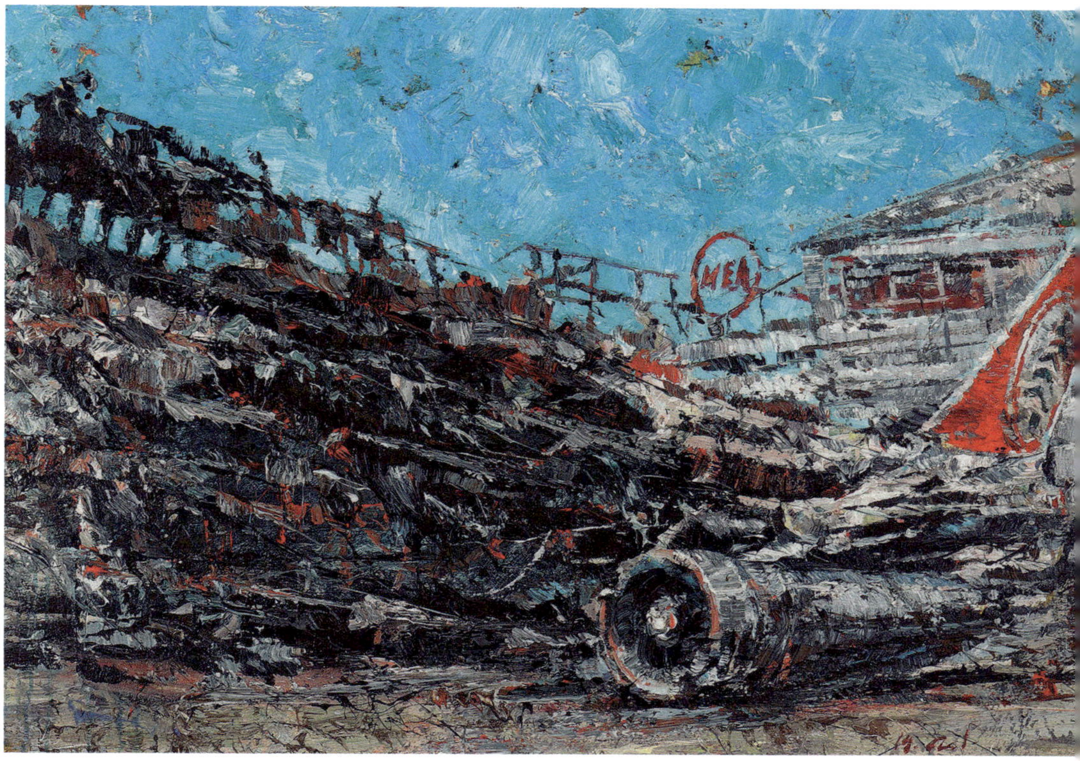

MEA, 2014
acrylic on cardboard laid on canvas 150 x 246 cm
(opposite page)

MEA, 2014
acrylic on canvas,
80 x 120 cm

On dirait que Baalbaki, travaillant ici sur le modèle du sociologue, a réuni le plus grand nombre possible de types exemplaires, ce qui a aussi pour conséquence de donner à penser qu'un homme d'une trentaine d'années, au Liban, n'aurait d'autre choix que de s'engager dans une armée ou un groupe armé et de finir emprisonné ou assassiné. Il y a quelque chose d'accablant dans cet inventaire, une ironie tragique qui ne laisse aucune illusion, aucun espoir d'échapper à la guerre. L'ironie est à son paroxysme, quand cinq de ces figures sont rassemblées dans un triptyque dont le titre est *Vendor's Cart*, la charrette du marchand, l'étal autrement dit. Choisissez en effet :

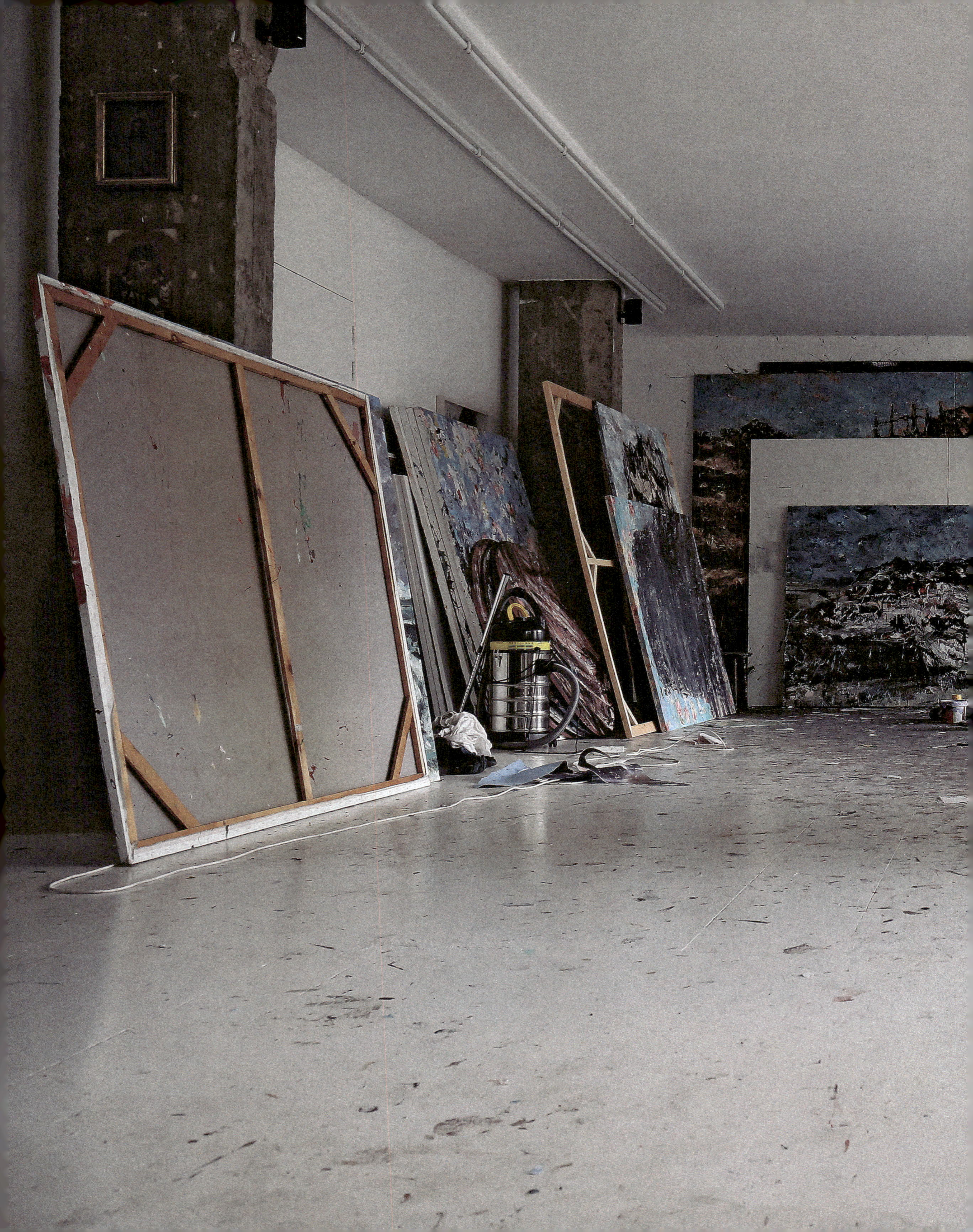

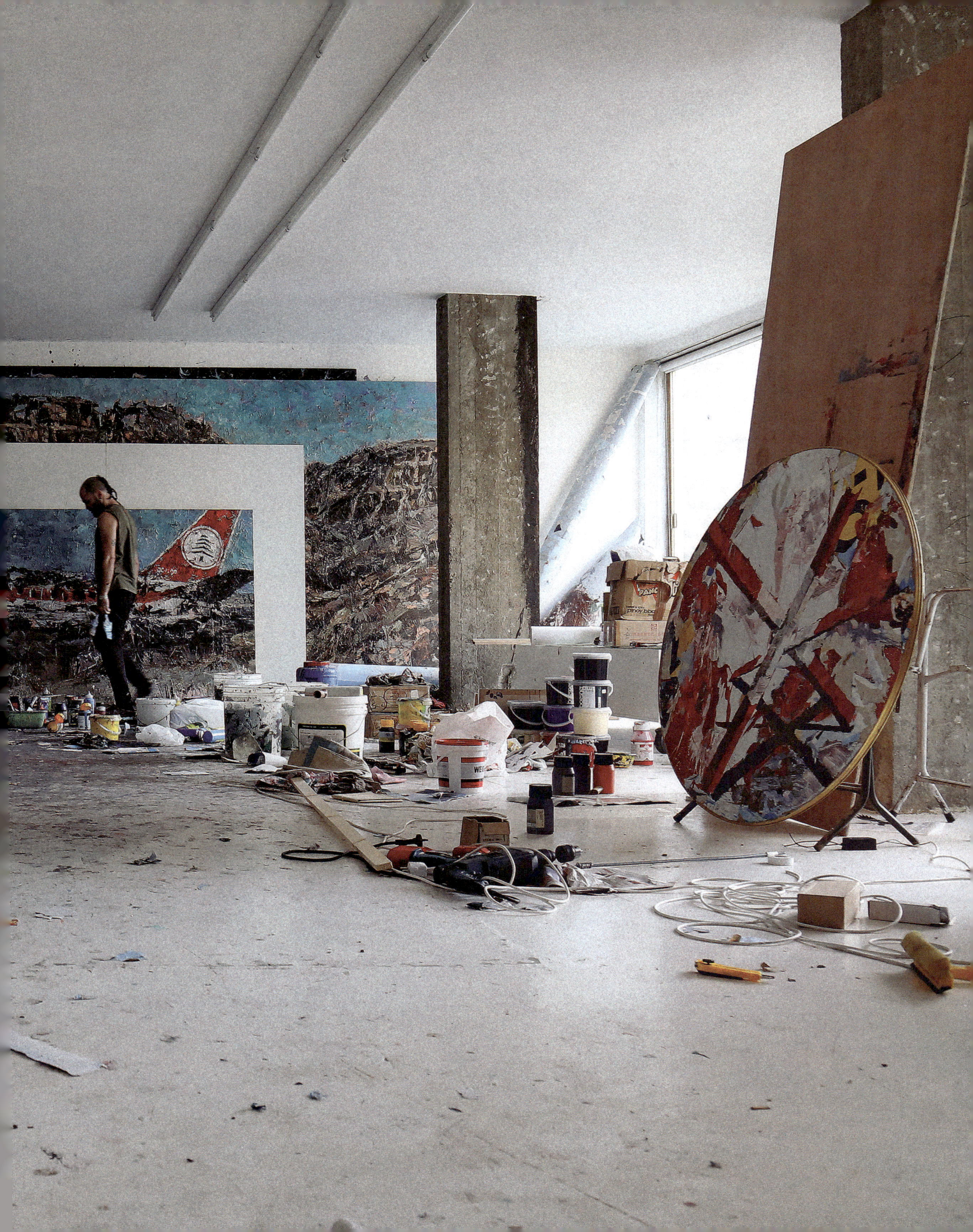

narrative, as an action, as a precise fact. His fedayeen do not fight: they pose. Baalbaki does not attempt to represent explosions or bombardments either; nor any of the emblematic moments of what was once called the "Arab Spring" in the West; nor the actions of the Islamic State and the wars in Iraq and Syria. Of course, these facts are his present and he knows it. How would it be possible to ignore anything about them in a time of carnage? But he does not take the subjects of his paintings in these permanent disasters, nor fights, nor executions.
This leads us to question even more carefully the place of painting in a time saturated with digital images, videos and photos of all kinds, functions and origins. What we want to outline here is not only valid for him but in a more general way. The status of what is called art is at stake in the situation determined by the globalization of images and their instantaneous dissemination. It is a truism that, for about two decades, the extension of the Internet and the trivialization of machines capable of capturing images, from cell phones to CCTV cameras and drones, have swept over almost all of the planet – in the Middle East as well as in Asia, in Europe and in the African metropolises – a continuous flow of short or longer sequences which form the web of world news. Wherever we live, we have all seen September 11, the fall of the monumental statue of Saddam Hussein, the executions by ISIS, the attacks in Paris and Barcelona. We have seen them on television screens or, more likely, on those of our computers, tablets, smartphones. There are no limits to the omnipotence of this permanent spectacle of the world by and for itself: a kind of unlimited narcissism that has freed itself from prohibitions. Photographs of the mutilated corpses of combatants and children of drowned migrants have long been appallingly banal, death pornography symmetrical to sex pornography. The parallel is not there to scandalize, but as evidence once again: the two productions operate under the same regime, that of the total visibility of beheading like that of coitus. The images can be produced by more or less well-equipped studios – those of the IS are obviously rather well equipped, like those of the American or Hungarian porn professionals – or by amateurs – the fortuitous witnesses of an attack or anonymous couples filming themselves in their rooms. The world is doomed to become images and these to be "shared", as they say, by "followers", this at an ultra-rapid rate of renewal and proliferation in order to constantly maintain curiosity, whether it is morbid or obscene.
All of this is obvious. But, in this case, what is the point of painting? The digital image is immaterial, ultra-fast, audible, unpredictable, easy to make, infinitely renewable, universally accessible and, because of these qualities, captivating. Painting is material, slow, silent, difficult, often not very accessible. The result seems to be that it is unable to compete with the digital image in dealing with news – and, as a matter of fact, more generally, in representing the world. Because the image of the laptop or the drone has an even more sovereign quality: it is assumed to be true. It is the product of optical and computer mechanics with performance incomparably superior to that of the human eye and – of course – to that of a brush spreading color on a surface. Conversely, every painting is the product

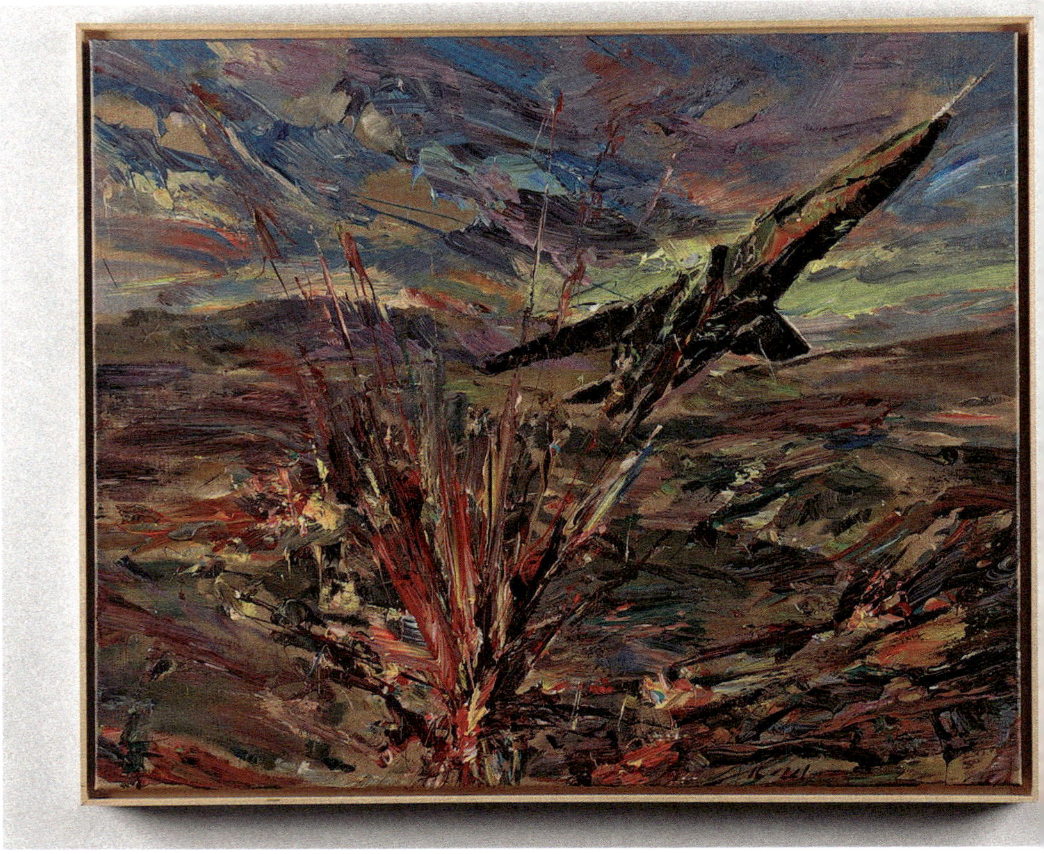

Baalbaki in his studio,
Beirut, 2015
(previous page)

World in Conflict I, 2016
acrylic on canvas,
80 × 100 cm

World in Conflict II, 2016
acrylic on canvas,
80 × 100 cm
(opposite page)

World in Conflict, 2017
acrylic on paper laid on
canvas, 50 × 70 cm
(next page)

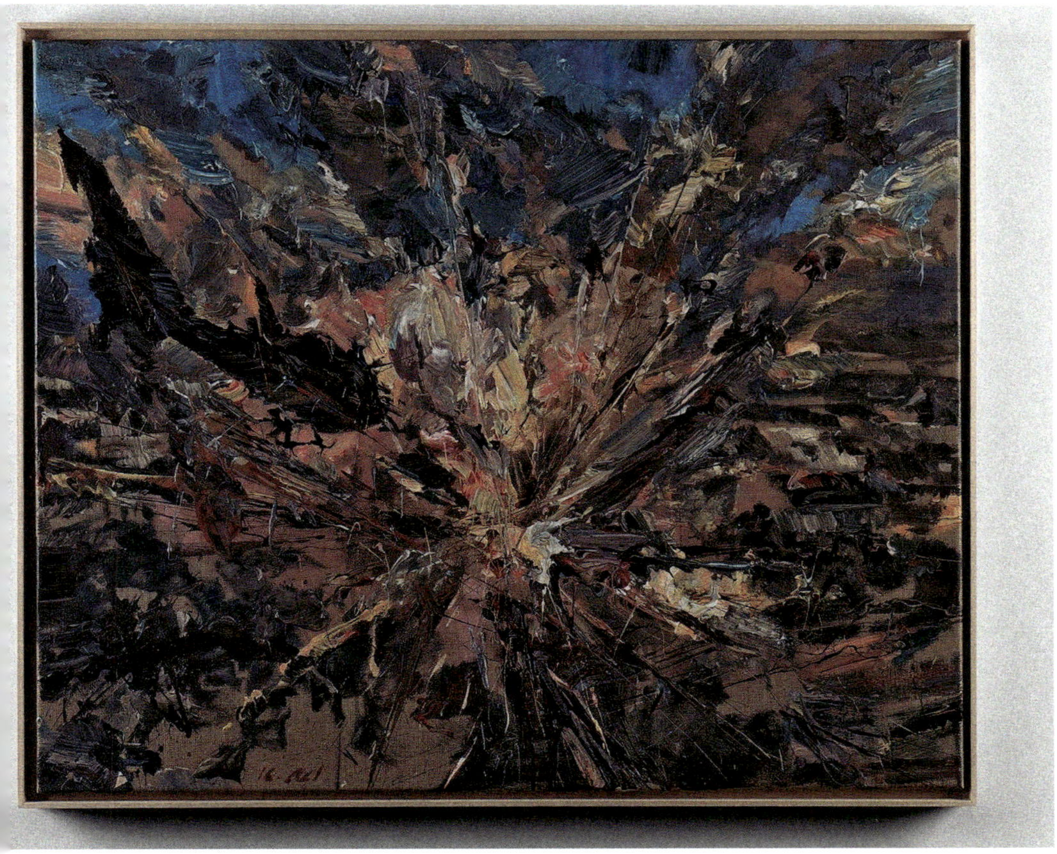

of the manual gestures and individual decisions of its author. It cannot therefore in any case claim to be truthful: at most it is sincere, which means almost nothing. Between the world and the iPhone screen there is only a glass oculus and encoding and transmission operations performed by software and chips that do not think and do not move either. Between the world and a painting, there is the painter, his instruments, his materials, his sensations, his emotions, his opinions etc.
So, when Baalbaki makes a picture of buildings ruined by bombings or an attack, you might think that he is wasting his time and that a ten-second sequence on a continuous news channel or a website is enough to communicate the information – and, moreover, more precise information. The same remark can be made about fedayeen faces and airliners. However, the artist may have thought of all this. Baalbaki, like his contemporary painters elsewhere on the planet, knows that his situation is no longer that of Géricault or Manet. When Géricault performs *Le radeau de la Méduse*, he brings to the public the largely

soldat, *fida'i* ou otage. Dans le panneau central du triptyque, la figure du *fida'i* en rouge et blanc est surmontée d'un quart de rond de fleurs roses et paraît peinte sur des affiches, dont des bribes de mots demeurent sur les bords. Ces superpositions et le dispositif général, qui évoque un autel chrétien mais s'accompagne d'un titre trivial, précipitent ces représentations dans la dérision et la satire. Elles n'ont plus rien de la dignité martiale des images de propagande, dont elles sont une forme dégradée – délibérément dégradée. Aussi une deuxième version de la même collection de têtes se nomme-t-elle *Œil pour œil* et a-t-elle pour support le rideau métallique d'un magasin, préalablement doré à la feuille. Difficile de parvenir à une conjonction plus explosive de symboles. L'or évoque aussi bien le respect dû aux icones religieuses que les transactions commerciales. La devanture d'un magasin suggère à nouveau l'idée du commerce et du choix d'un article, si ce n'est que l'article à acheter, ici, est un rôle : fantassin à masque à gaz, tankiste à lunettes, *fida'i* à keffieh ou otage encagoulé. Faites votre choix dans la boutique de la mort !
Ceci conduit à une première déduction peu contestable : Baalbaki ne saurait être simplement défini comme un peintre de la description du monde, un réaliste d'aujourd'hui comme il y en a tant eu dans l'histoire de la peinture.

2 Peindre / Ne pas peindre (l'histoire)

Cette définition serait d'autant plus fausse que ses œuvres ne racontent aucun évènement au sens où la peinture d'histoire l'a fait depuis la Renaissance et particulièrement au XIXe siècle. Ceci ne signifie évidemment pas que l'histoire serait absente de sa création, mais elle ne s'y trouve pas à l'état de récit, d'action, de fait précis. Ses fedayin ne combattent pas : ils posent. Baalbaki ne tente pas plus de représenter des explosions ou des bombardements ; ni aucun des moments emblématiques de ce que l'on a appelé un temps en Occident les « printemps arabes » ; ni les agissements de l'État islamique et les guerres en Irak et en Syrie. Naturellement,

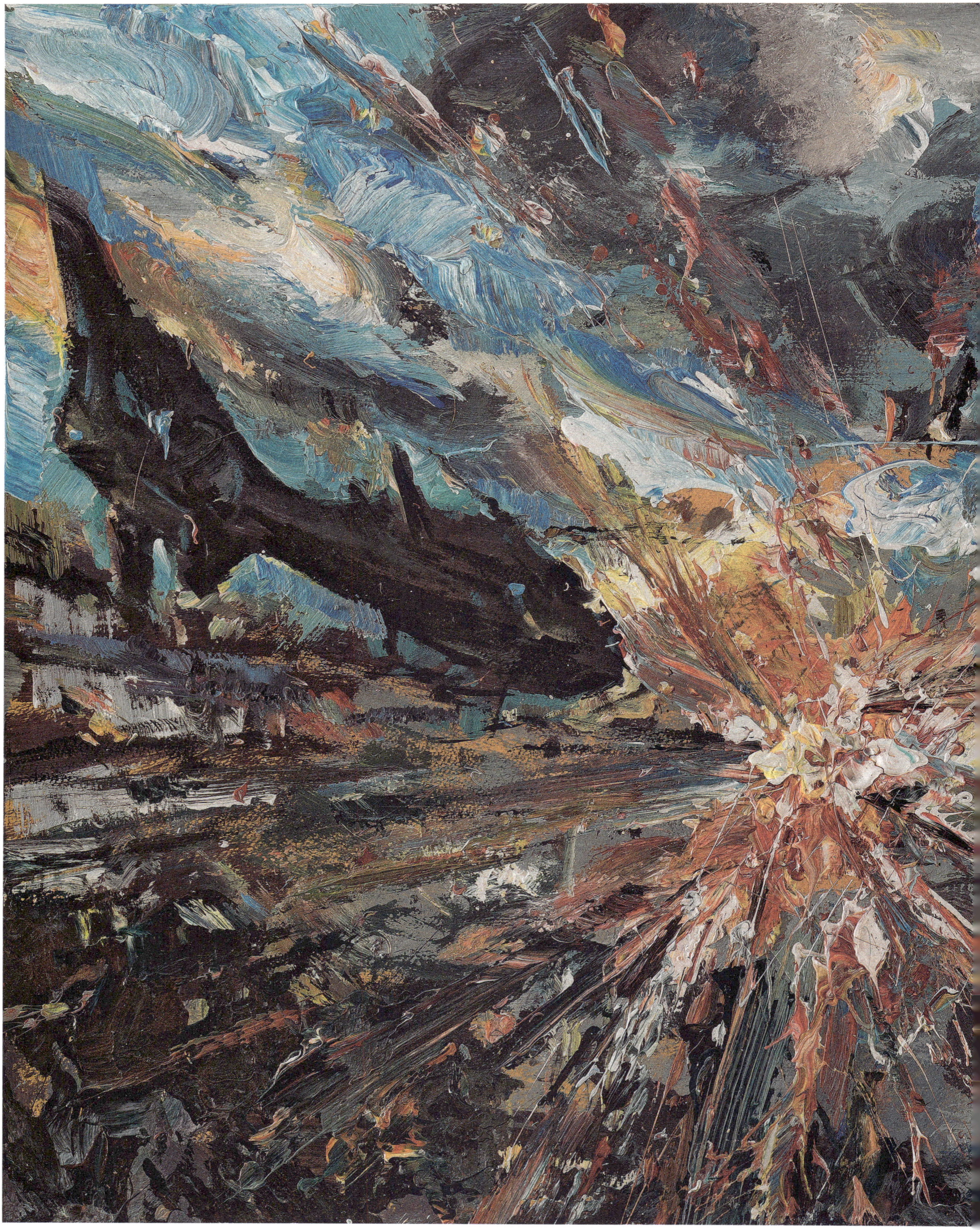

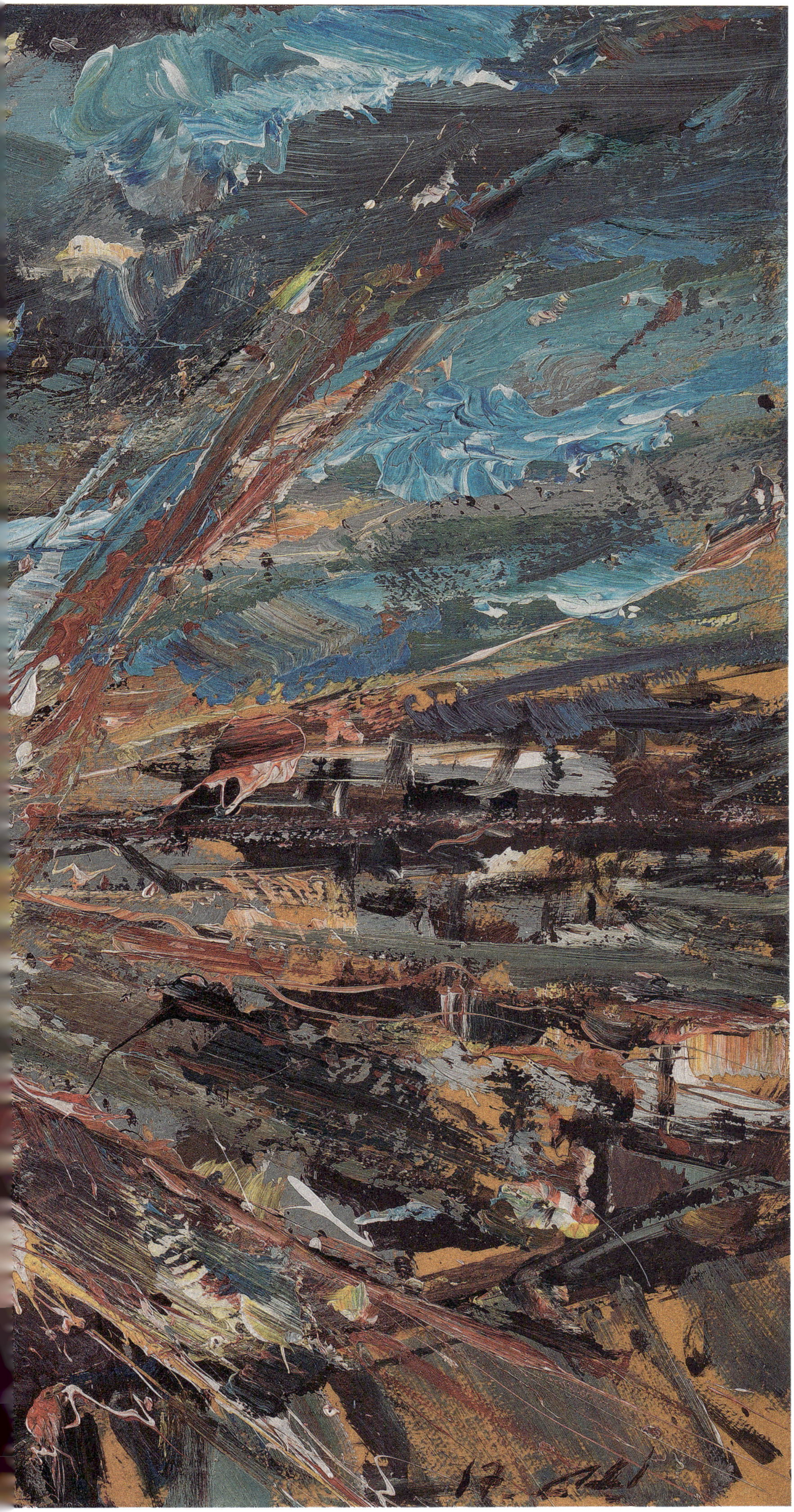

ces faits constituent son présent et il n'en ignore rien. Comment serait-ce possible du reste en un temps de carnages ? Mais, dans ces désastres permanents, il ne prend pas les sujets de ses tableaux, ni combats ni exécutions.

Ce qui conduit à s'interroger plus attentivement encore sur la place de la peinture dans un temps saturé d'images numériques, vidéos et photos de toutes sortes, fonctions et origines. Ce que l'on veut esquisser ici ne vaut pas que pour lui mais de façon plus générale. Il en va du statut de ce que l'on nomme art dans la situation déterminée par la mondialisation des images et leur diffusion instantanée. C'est un truisme que, depuis deux décennies à peu près, l'extension d'Internet et la banalisation de machines susceptibles de capter des images, du téléphone portable à la caméra de vidéosurveillance et au drone, font déferler sur la quasi-totalité de la planète – au Proche-Orient comme en Asie, en Europe et dans les métropoles africaines – un flux continu de séquences brèves ou plus longues qui forment la trame de l'actualité mondiale. Où que nous vivions, nous avons tous vu le 11 Septembre, la chute de la statue monumentale de Saddam Hussein, les exécutions de l'EI, les attentats de Paris et de Barcelone. Nous les avons vus sur les écrans de télévision ou, plus vraisemblablement, sur ceux de nos ordinateurs, nos tablettes, nos smartphones. Il n'y a guère de limites à la toute-puissance de cette mise en spectacle permanente du monde par et pour lui-même : une sorte de narcissisme illimité qui s'est affranchi des interdits. Il y a bien longtemps désormais que les clichés de cadavres mutilés de combattants et d'enfants de migrants noyés relèvent d'une banalité épouvantable, celle de la pornographie de la mort, symétrique de la pornographie du sexe. Le parallèle n'est pas là pour scandaliser, mais comme une évidence à nouveau : les deux productions fonctionnent selon le même régime, celui de la visibilité totale d'une décapitation comme celle d'un coït. Les images peuvent être produites par des studios plus ou moins bien équipés – ceux de l'EI le sont à l'évidence plutôt bien, comme ceux des professionnels du porno américains ou hongrois –, ou par des amateurs – les témoins fortuits d'un attentat ou les couples anonymes qui se filment dans leur chambre. Le monde est voué à devenir images et celles-ci à

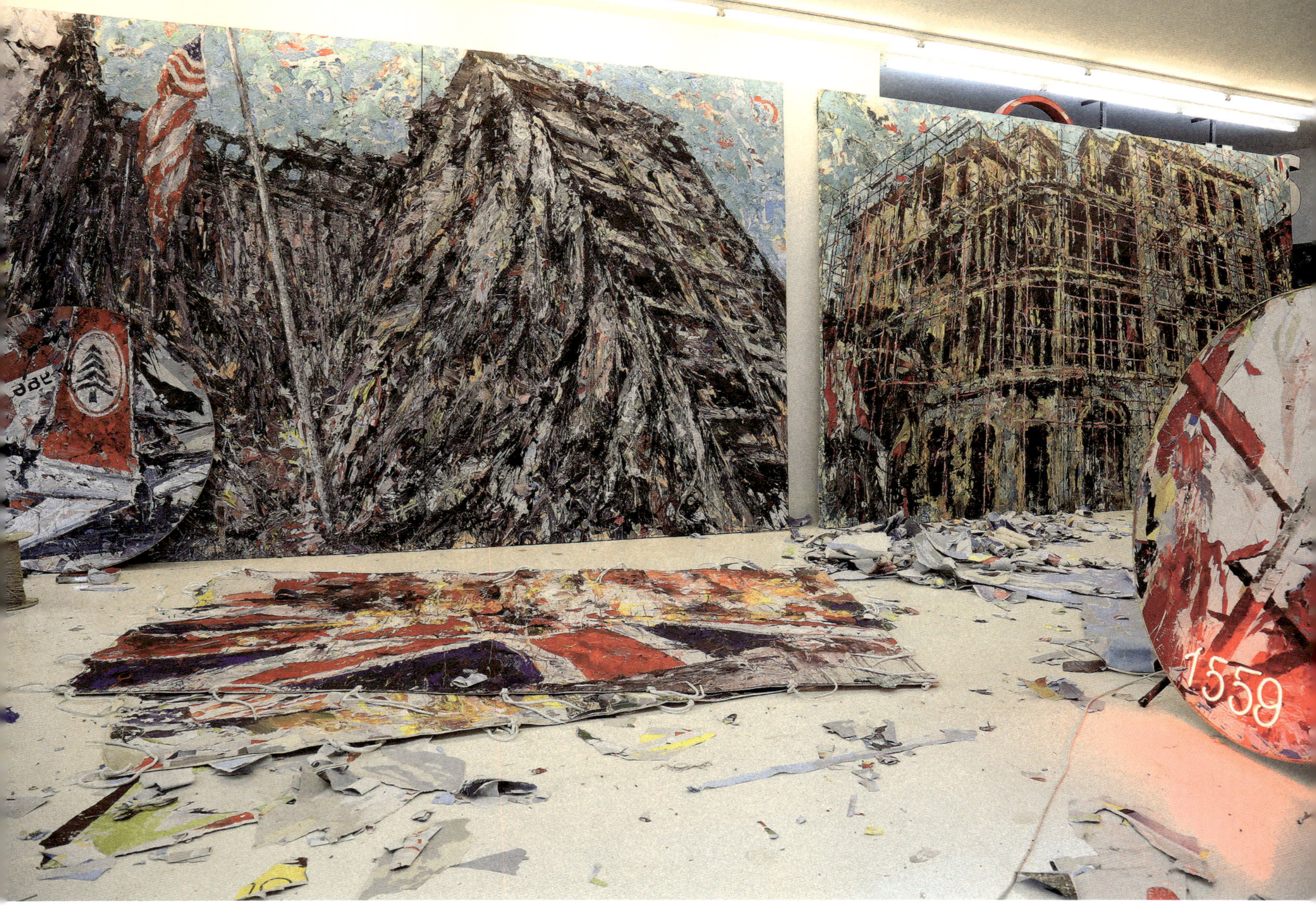

être « partagées », comme on dit, par des *followers*, ceci à un rythme ultrarapide de renouvellement et de prolifération afin d'entretenir sans cesse la curiosité, qu'elle soit morbide ou obscène.

Tout ceci est patent. Mais, dans ce cas, à quoi bon faire de la peinture ? L'image numérique est immatérielle, ultrarapide, sonore, imprévisible, facile à faire, renouvelable à l'infini, en accès universel et, en raison de ces qualités, captivante. La peinture est matérielle, lente, muette, difficile, souvent peu accessible. Il semble en découler qu'elle est incapable de rivaliser avec l'image numérique dans le traitement de l'actualité – et, à vrai dire, plus généralement, dans la représentation du monde. Car l'image du portable ou du drone a une qualité encore plus souveraine : elle est supposée véridique. Elle est le produit de mécaniques optiques et informatiques aux performances incomparablement supérieures à celles de l'œil humain et – évidemment– à celles d'une brosse répandant de la couleur sur une surface. À l'inverse, toute peinture est le produit des gestes manuels et des décisions individuelles de son auteur. Elle ne peut donc en aucun cas se prétendre véridique : tout au plus sincère, ce qui ne veut à peu près rien dire. Entre le monde et l'écran de l'iPhone, il n'y a qu'un oculus de verre et des opérations de codage et de transmission accomplies par des logiciels et des puces qui ne pensent pas et ne s'émeuvent pas plus. Entre le monde et une peinture, il y a le peintre, ses instruments, ses matériaux, des sensations, ses émotions, ses opinions, etc. Donc, quand Baalbaki fait un tableau d'immeubles ruinés par des bombardements ou un attentat, on peut penser qu'il perd son temps et qu'une séquence de dix

Photo studio Hamra, Beirut, 2016

Burning flag (work in progress)

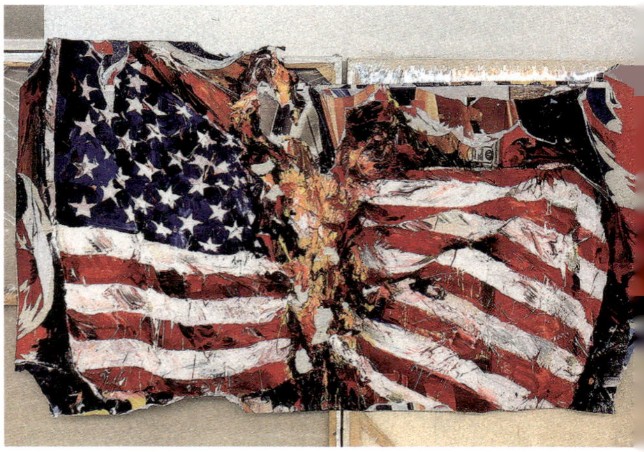

fictional representation of an event that had not been made visible before: thanks to him, this story becomes visible. He gives it its visual form. It switches from being a story in the press to that of a fascinating spectacle. When Manet takes up the killing of the Emperor Maximilian in Mexico, the same dynamic carries him, from reading to painting, from a narration that you need to take the time to read to the instantaneity of an amazing scene. Today, the situation is reversed: painting is necessarily, inevitably even, preceded by the digital image. There is therefore no longer a void in which to place oneself, a gap to fill. Géricault creates in the absence of any other representation of the historical fact and Baalbaki creates in a context saturated with representations of these facts.

To formulate the problem in these terms is, in fact, to suggest already a possible answer to the "what's the point?" launched above. Schematically, we could say that Géricault paints against the absence of images and Baalbaki paints against the overabundance of images and the consequences of this overabundance. Thus considered, the principle of painting is to tear our gaze away from the habits created by the flood of digital images. It is about contradiction: against the current regime of the visible.

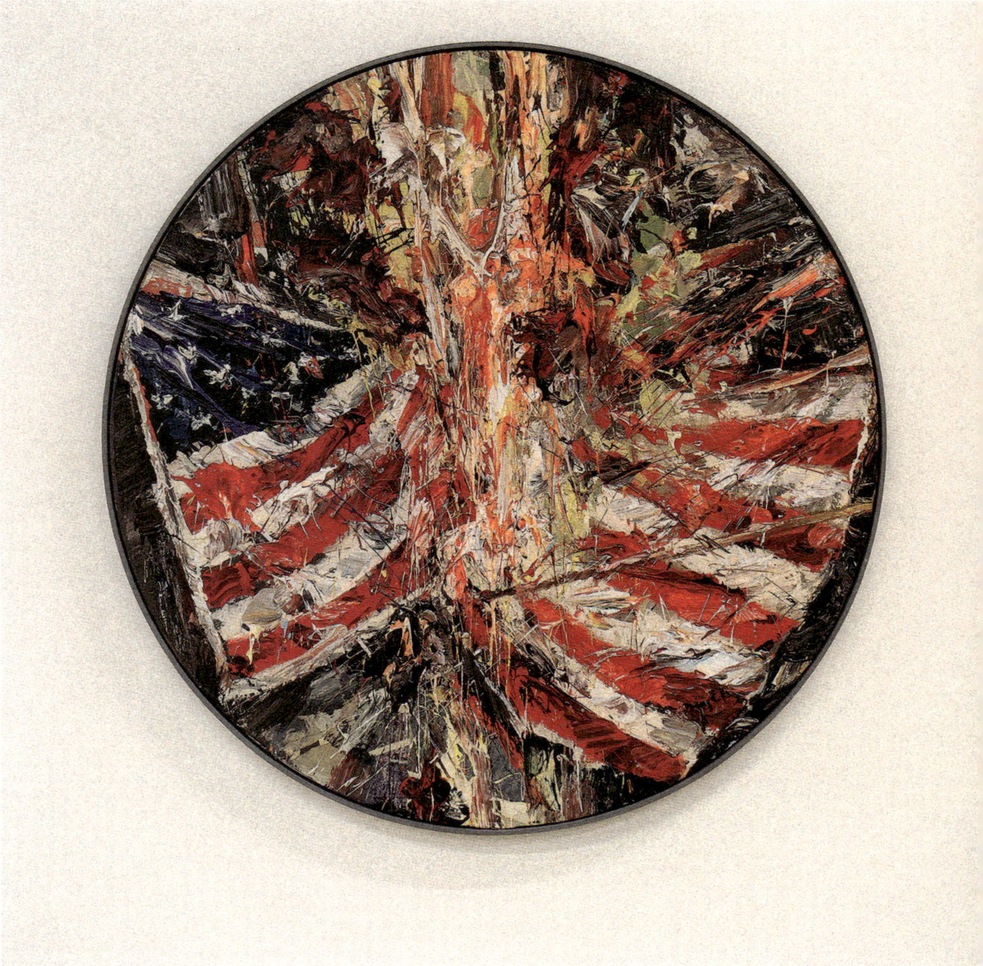

3
Painting / Image

It has been argued that it was *a priori* pointless to try to paint Beirut's ruins when so many photos, reports, videos and films have shown them. The argument seems effective. Unless one wonders about the effects of this plethora. These perforated towers, these broken houses: they are trivialities. This is Beirut, it could be Aleppo or Mosul. Going back in time, it was Baghdad, New York, Sarajevo. Seventy years ago, it was Berlin, Cologne, Dresden. And these were already, then, much very broadcasted and very fascinating images. Gerhard Richter, who was born in Dresden and lives in Cologne, made paintings of them in the 1960s. He called them *Urban Landscapes*. You only have to look at them to note that the buildings are chipped, the streets cluttered with remains. The black and white accentuates the resemblance to the shots of bomb-crushed German

July 2012, Quetta, 2016
acrylic on tondo canvas,
D = 120 cm

From *No flag zone* series, 2013-2016
acrylic on paper laid on canvas, 50 × 70 cm *(x2)*

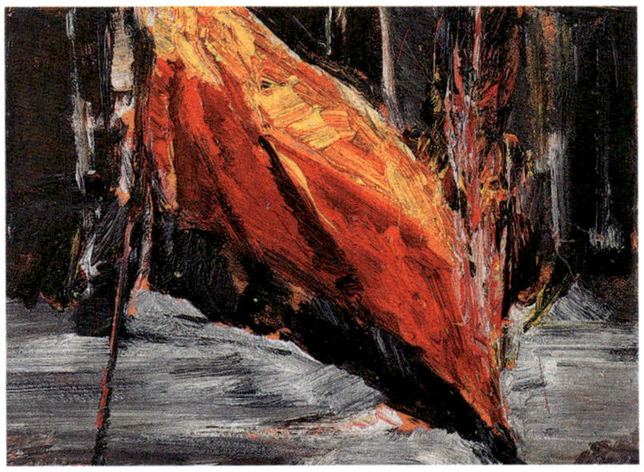

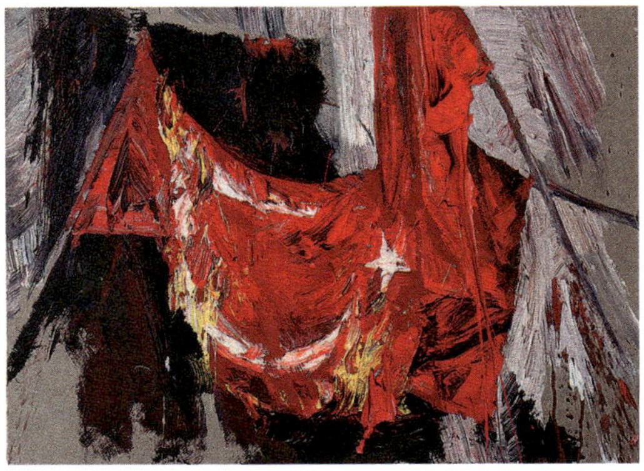

From *No flag zone* series, 2013-2016
acrylic on paper laid on canvas, 50 × 70 cm *(x5)*
(next page)

November 2011, Tehran, 2015
acrylic on advertising poster laid on canvas,
185 x 300 cm
(next page)

cities that appear in history books. They now inspire war video game designers who seek the realism of the settings after having been imitated by decorators and cinematographic special effects specialists. Yet Richter painted these aerial views of collapsed cities just as, half a century later, Baalbaki painted the rubble of Beirut. Why? What if it was because these images, like those of razed Cologne, have become commonplace? Commonplace in the sense that addiction gradually takes away their emotional intensity. You can stage them without thinking about the dead, about the smell of corpses under the ruins, about the terror of the raids.
However, when faced with paintings, it is much more difficult to escape these physical and psychological reactions for at least two reasons: the format and the material. The contemporary image is comparable to the dimensions of the screen of the phone or the computer. Most often, therefore, it has reduced dimensions. Perception is exclusively optical, as if a human being only had a relationship with what surrounds him through one of his senses, the visual sense. This is not possible with Baalbaki: *All that remains* is 6 meters long and 2.5 meters high. Many other canvases are barely smaller, 2 meters by 4 for many of them. The spectator is therefore confronted with a surface which dominates him. He must take a step back to consider it as a whole and approach it if he wants to perceive the differences of textures, the materiality that was mentioned above. His posture can no longer be that of a man leaning over his digital tablet or sitting in front of a screen. He has to move: his body is involved in perception and touch is involved too, being stimulated by the impasto and reliefs of colors that suggest the grainy or scratched surfaces of concrete or metal. The sensations he experiences are thus more varied, more intense, more active. If most current painters have an obvious predilection for the large format, whether they are German, Chinese or French, would it not be because they have to escape the ordinary mode of visual perception, instituted by screens: small images looked at while remaining motionless? They are true, in the sense that they are the result of mechanical operations performed outside of human intervention, but they are reductions rather than representations.

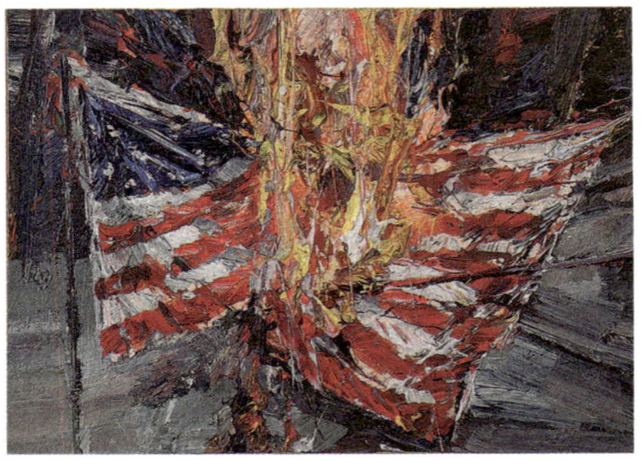

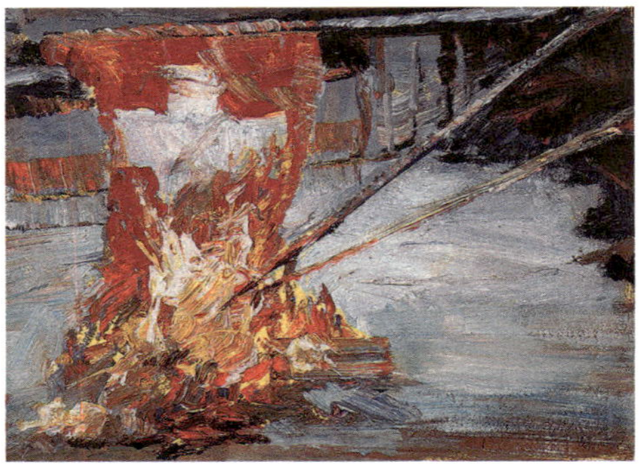

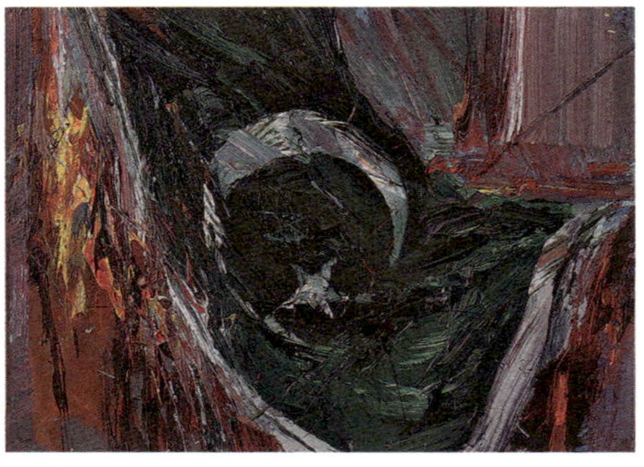

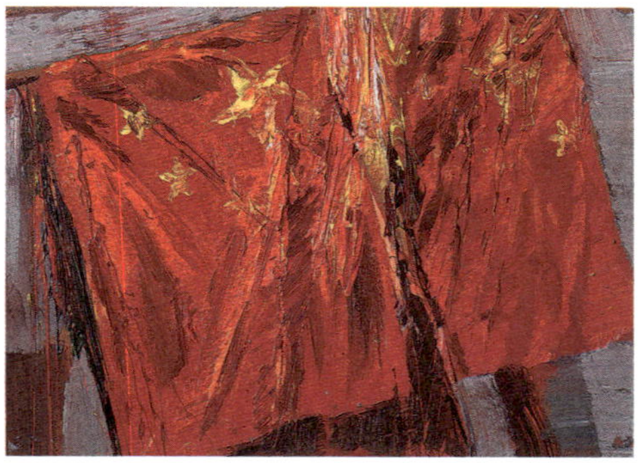

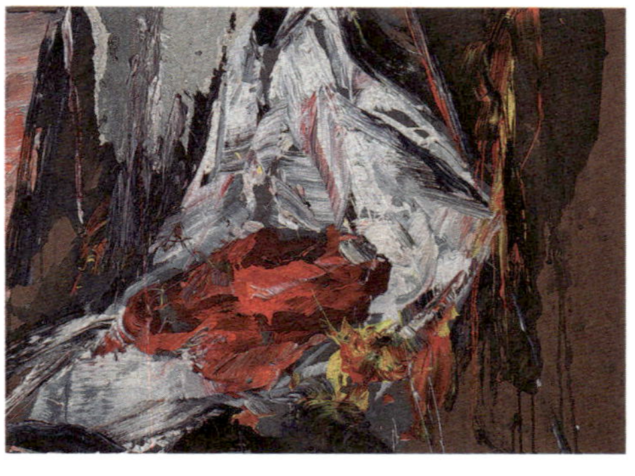

secondes sur une chaîne d'informations en continu ou un site suffit à communiquer l'information – une information plus précise de surcroît. Même remarque à propos des visages de fedayin et des avions de ligne. Or, tout ceci, l'artiste a pu le penser. Baalbaki, comme ses contemporains peintres ailleurs sur la planète, sait que sa situation n'est plus celle de Géricault ou de Manet. Quand Géricault exécute *Le Radeau de la Méduse*, il fait apparaître devant le public la représentation, en grande partie fictionnelle, d'un événement qui n'avait pas été rendu visible auparavant : grâce à lui, cette histoire devient visible. Il lui donne sa forme visuelle. Elle bascule de l'état de récit dans la presse à celui de spectacle fascinant. Quand Manet se saisit de la mise à mort de l'empereur Maximilien au Mexique, la même dynamique le porte, de la lecture vers la peinture, d'une narration qu'il faut prendre le temps de lire à l'instantanéité d'une scène stupéfiante. Aujourd'hui, la situation est inversée : la peinture est nécessairement, fatalement même, précédée par l'image numérique. Il n'y a donc plus de vide où se placer, de manque à combler. Géricault crée en l'absence d'autre représentation du fait historique et Baalbaki crée dans un contexte saturé de représentations de ces faits.
Formuler le problème en ces termes, c'est, en fait, suggérer déjà une hypothèse de réponse à l'« à quoi bon ? » lancé plus haut. En schématisant, on pourrait dire que Géricault peint contre l'absence d'images et Baalbaki contre la surabondance des images et les conséquences de cette surabondance. La peinture, ainsi considérée, a comme principe d'arracher notre regard aux habitudes créées par l'inondation des images numériques. Elle est de l'ordre de la contradiction : contre le régime actuel du visible.

3 Peinture / Image

On a avancé qu'il était *a priori* inutile de chercher à peindre les ruines de Beyrouth quand tant de photos, de reportages, de vidéos et de films les ont montrées. L'argument paraît efficace. À moins que l'on ne s'interroge sur les effets de cette surabondance. Ces tours perforées, ces maisons brisées : banalités. C'est Beyrouth,

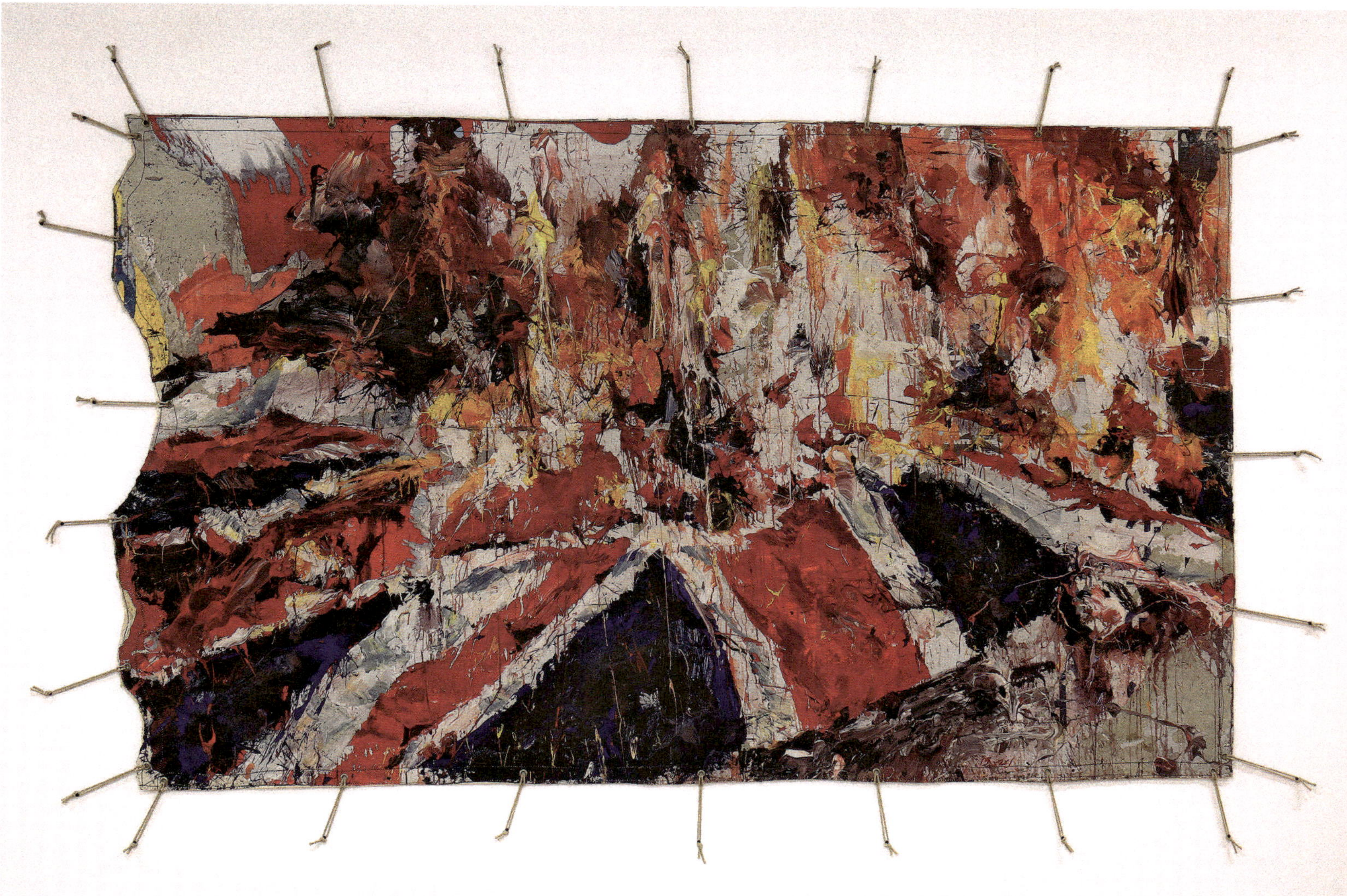

ce pourrait être Alep ou Mossoul. En remontant dans le temps, ce fut Bagdad, New York, Sarajevo. Il y a soixante-dix ans, c'était Berlin, Cologne, Dresde. Et c'était déjà, alors, des images très diffusées et fascinantes. Gerhard Richter, qui est né à Dresde et vit à Cologne, n'en a pas moins fait des peintures, dans les années 1960. Il les intitulait *Paysages urbains*. Il suffit de les regarder pour vérifier que les immeubles sont ébréchés, les rues encombrées de vestiges. Le noir et blanc accentue la ressemblance avec les clichés des villes allemandes écrasées de bombes qui figurent dans les livres d'histoire. Ils inspirent désormais les concepteurs de jeux vidéo guerriers qui cherchent le réalisme des décors après avoir été imités par des décorateurs et des spécialistes d'effets spéciaux cinématographiques. Pourtant Richter a peint ces vues aériennes de cités éboulées, de même qu'un demi-siècle plus tard, Baalbaki peint les gravats de Beyrouth. Pourquoi ? Et si c'était parce que ces images, comme celles de Cologne rasée, sont devenues banales ? Banales signifie que l'accoutumance leur ôte

Painting reactivates sensations that these images do not allow: the relationship to the subject that it creates is more complete, denser, more effective as a result. It is not as true as footage captured by a drone or a surveillance camera, but its sensitive and therefore emotional presence is incomparably superior, due to its unique qualities. Either the individual admits that his perception of the world is exclusively optical and, in this case, digital imagery is sufficient for him; or he refuses to be thus restricted to only one of his senses as if deprived of a body, and then, he needs a physical presence such as that of a painting (preferably large) or of an installation of the kind that Baalbaki assembles from time to time and in which are selected pieces of everyday life arranged in allegories. Faced with *Draw the curtain*, the sensations of tearing and landslides are much more intense than in front of a photograph of the same building in a newspaper or on television because you have to raise your head, to go right and left, to also refrain from running your fingers over the scarified skin of the canvas. Painting

progressivement leur intensité émotive. On peut en faire des décors sans plus songer aux morts, à l'odeur des cadavres sous les ruines, à la terreur des raids.

Or, face aux tableaux, il est bien plus difficile d'échapper à ces réactions physiques et psychiques pour deux raisons au moins : le format et la matière. L'image contemporaine est aux dimensions de l'écran du téléphone ou de l'ordinateur. Le plus souvent donc, de dimensions réduites. La perception est exclusivement optique, comme si l'être humain n'avait de relation avec ce qui l'entoure que par un seul de ses sens, la vue. Impossible avec Baalbaki : *All that Remains* a 6 mètres de long et 2,5 mètres de haut. De nombreuses autres toiles sont de taille à peine inférieure, 2 mètres par 4 pour beaucoup. Le spectateur se trouve donc confronté à une surface qui le domine. Il doit prendre du recul pour la considérer dans son ensemble et s'approcher s'il veut percevoir les différences de textures, la matérialité qui a été évoquée précédemment. Son attitude ne peut plus être celle de l'homme penché sur sa tablette numérique ou assis devant

un écran. Il doit se déplacer : son corps est engagé dans la perception, et le toucher l'est aussi, étant stimulé par les empâtements et les reliefs de couleurs qui suggèrent les surfaces granuleuses ou griffées du béton ou du métal. Les sensations qu'il éprouve sont ainsi plus variées, plus intenses, plus actives. Si la plupart des peintres actuels ont une prédilection évidente pour le grand format, qu'ils soient allemands, chinois ou français, ne serait-ce pas parce qu'il leur faut échapper au mode ordinaire de perception visuelle, institué par les écrans : de petites images regardées en demeurant immobiles ? Elles sont vraies, au sens où elles sont le résultat d'opérations mécaniques accomplies en dehors de l'intervention humaine, mais ce sont des réductions plutôt que des représentations. La peinture réactive des sensations que ces images ne permettent pas : le rapport au sujet qu'elle crée est plus complet, plus dense, plus efficace par conséquent. Elle n'est pas véridique comme une séquence captée par un drone ou une caméra de surveillance, mais sa présence sensible et donc émotionnelle est incomparablement supérieure, en raison de ses qualités propres. De deux choses l'une, donc : soit l'individu admet que sa perception du monde est exclusivement optique et, dans ce cas, l'imagerie numérique lui suffit ; soit il refuse d'être ainsi restreint à un seul de ses sens et comme privé de corps et, alors, il lui faut une présence physique telle que celle d'un tableau (grand de préférence) ou d'une installation dans le genre de celles que Baalbaki assemble de temps en temps et qui sont des morceaux choisis du quotidien arrangés en allégories. Face à *Draw the Curtain*, les sensations d'arrachages et d'éboulements sont bien plus intenses que devant une photographie du même immeuble dans un journal ou à la télévision parce qu'il faut lever la tête, aller de droite et de gauche, se retenir aussi de passer les doigts sur la peau scarifiée de la toile. La peinture rétablit donc la possibilité d'une perception intense de la réalité.

Or la réalité, ici, est faite de peur, de rage et de mort : rien qui puisse être pris à la légère. Rien à quoi il serait acceptable que l'on s'habitue. C'est cependant de ceci qu'il s'agit, de l'accoutumance à la souffrance qui se crée à force de répétition de vues de cadavres et de ruines dans l'actualité, au cinéma et dans les jeux vidéo. On peut

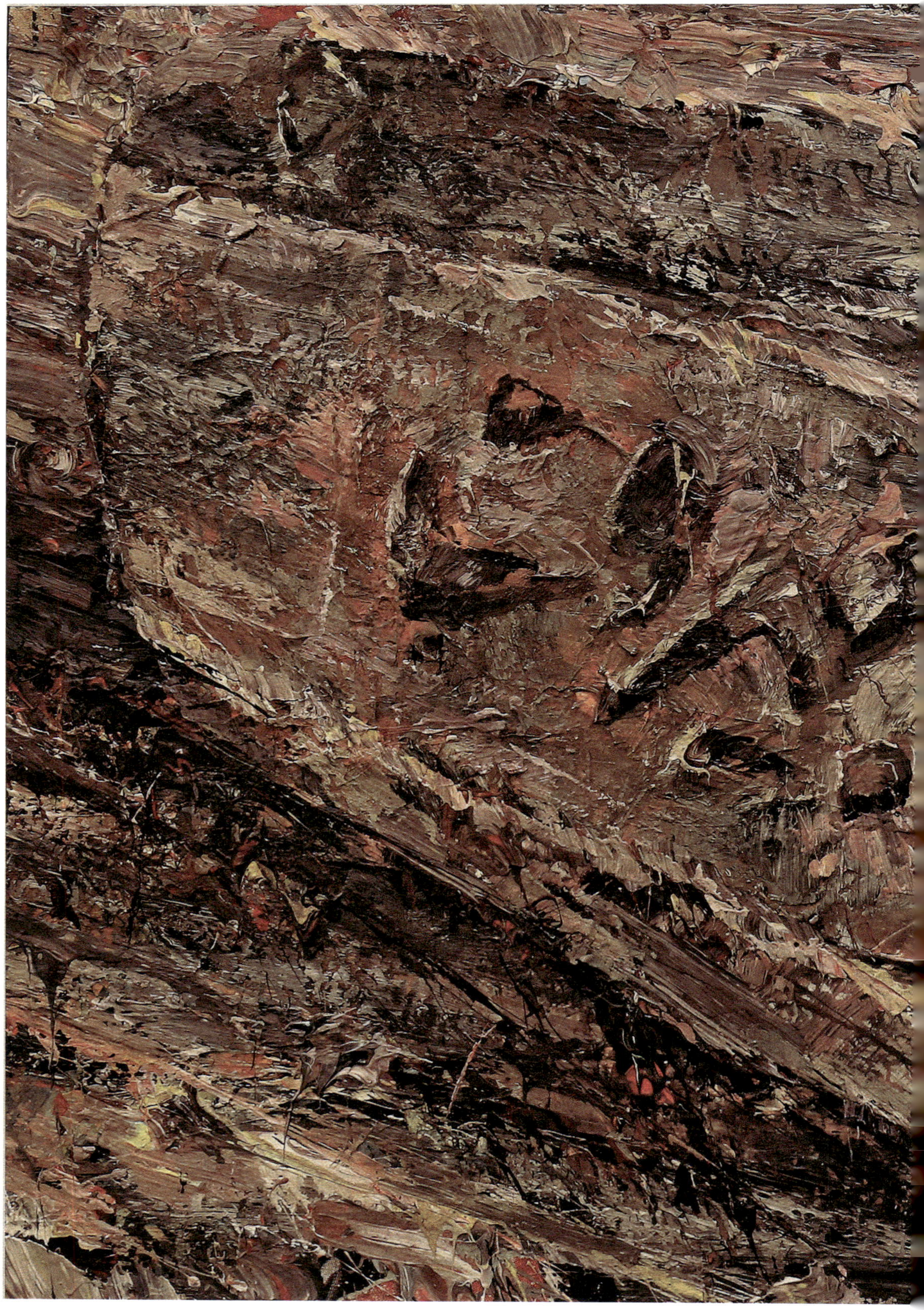

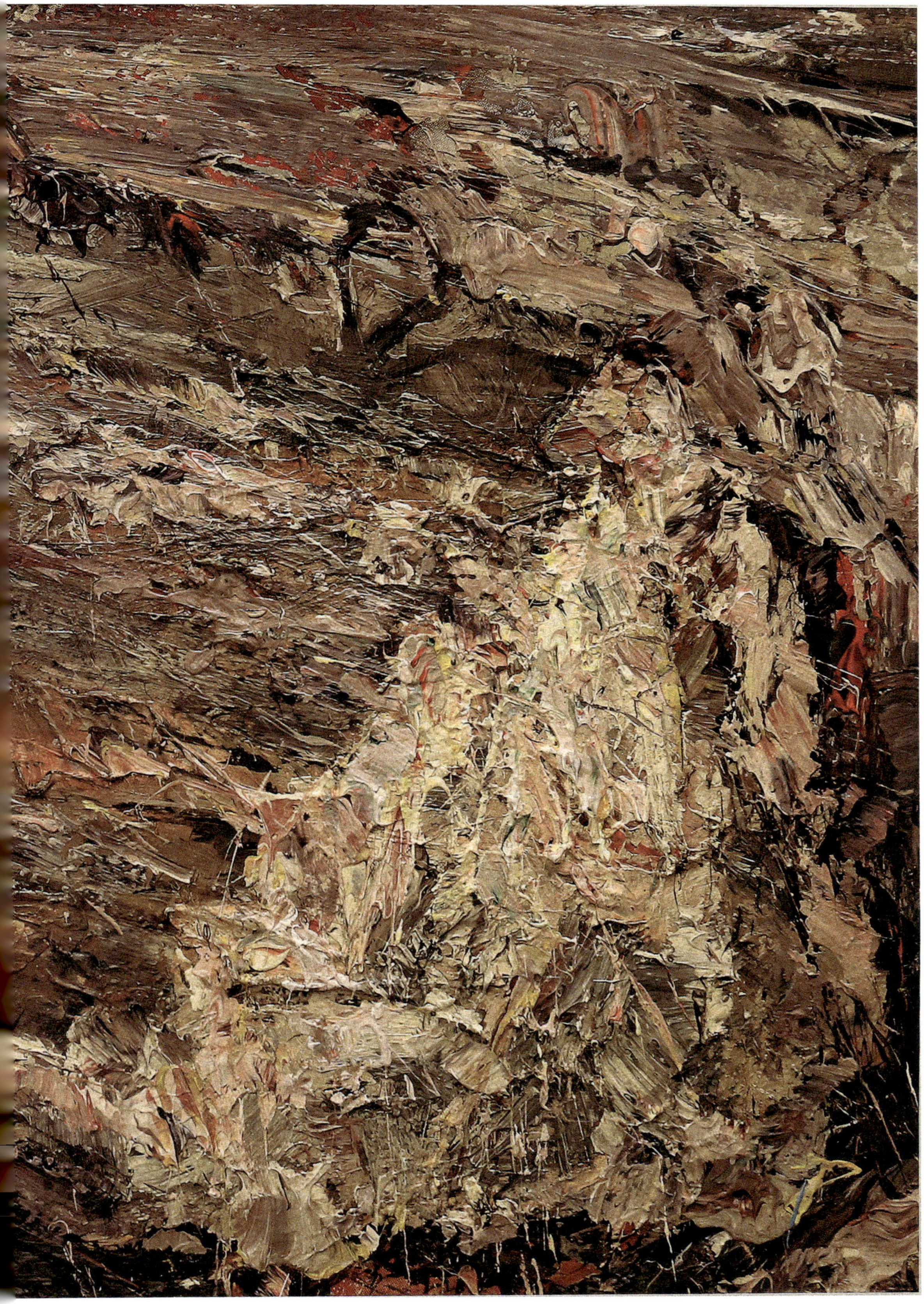

therefore restores the possibility of an intense perception of reality.
But the reality here is made up of fear, rage and death: nothing that can be taken lightly. Nothing that would be acceptable to get used to. This is what it is about, however, the addiction to suffering that is created by repeating views of corpses and ruins in the news, in movies and in video games. We can be brutal: what is the Middle East for the western public? A region where attacks, massacres, endless hatred and inhuman monstrosities are the rule: the scene of terror. But kept at a distance, except in cases where terrorism reaches Europe and the United States. At distance from cameras and movies, in the style of Eastwood's *American Sniper*. The Middle East has exhibited a renewed spectacle of terror for decades. Westerners have become used to it: a moment of emotion or indifference and then forgetfulness. The overdose of information – we have known it for decades – diminishes the reach of each one, carried away by one that follows it and drowned in a flow where the latest football news features alongside that of the civil wars in Syria and Yemen and a hundred other items disparate in their interests and importance.
In this context, an artist arises who, with his human and material resources, makes one feel and understand what it really is. This artist is called, according to places and times, Gerhardt Richter, Georg Baselitz, Christian Boltanski, David Hammons, Francis Alys, Kader Attia, Djamel Tatah or Ayman Baalbaki. This could be one of the definitions of what we call art today: recreating the conditions for a direct and intense relationship to the world, against the trivialized and amnesic relationship that globalized digital imagery determines. It is a political and ethical function and therefore a responsibility.

4
Flags and borders

The name of David Hammons did not come by chance. One of his best-known works is his *African-American Flag* of 1990, in which the colors of the United States flag – blue, white and red – become darker red, green and black. A flag is a composition of colors ordered by a simple geometry

Beirut concrete, 2016
mixed media on canvas,
100 x 150 cm

Artist studio Beirut
Blood borders series,
2016 *(next page)*

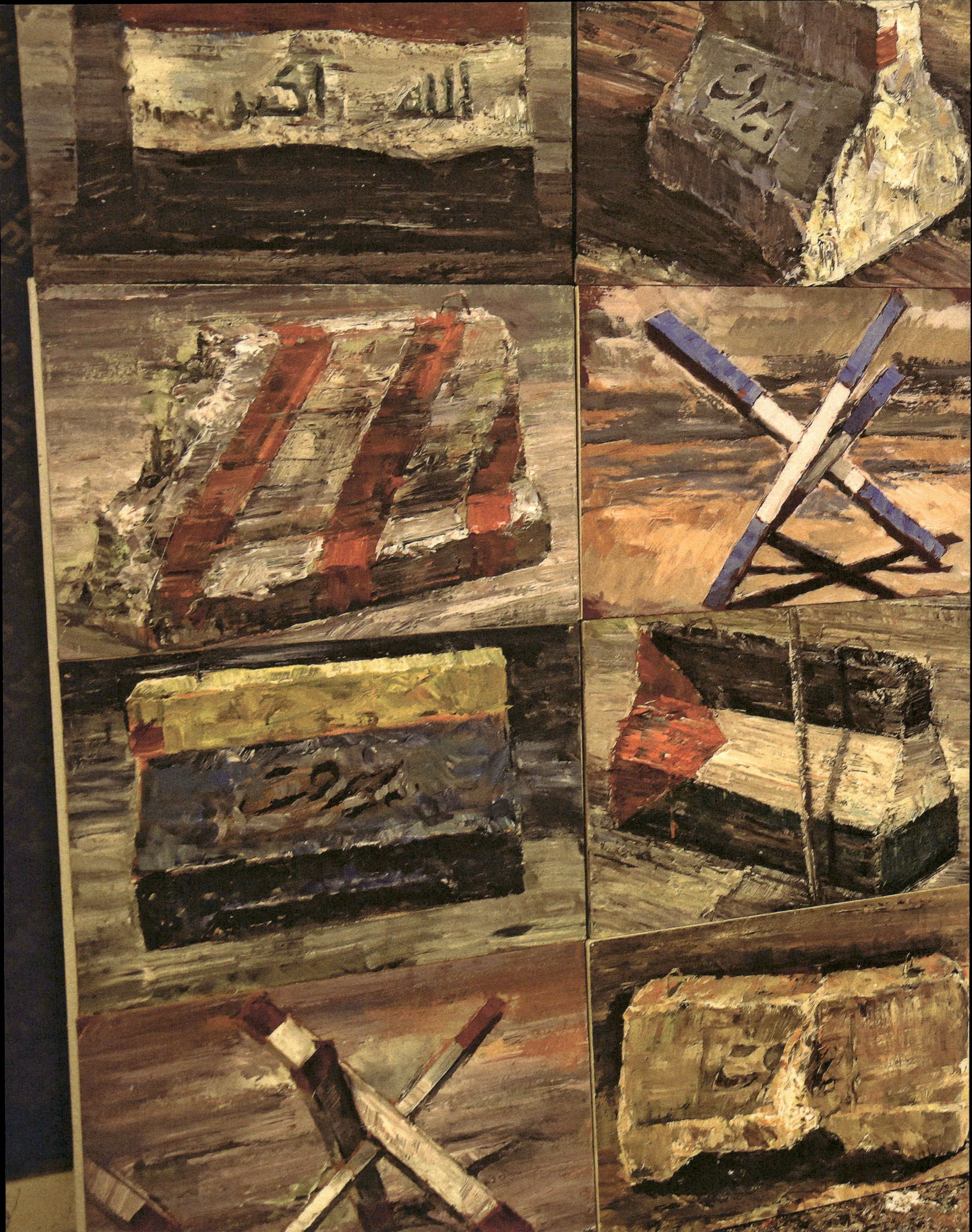
الله اكبر

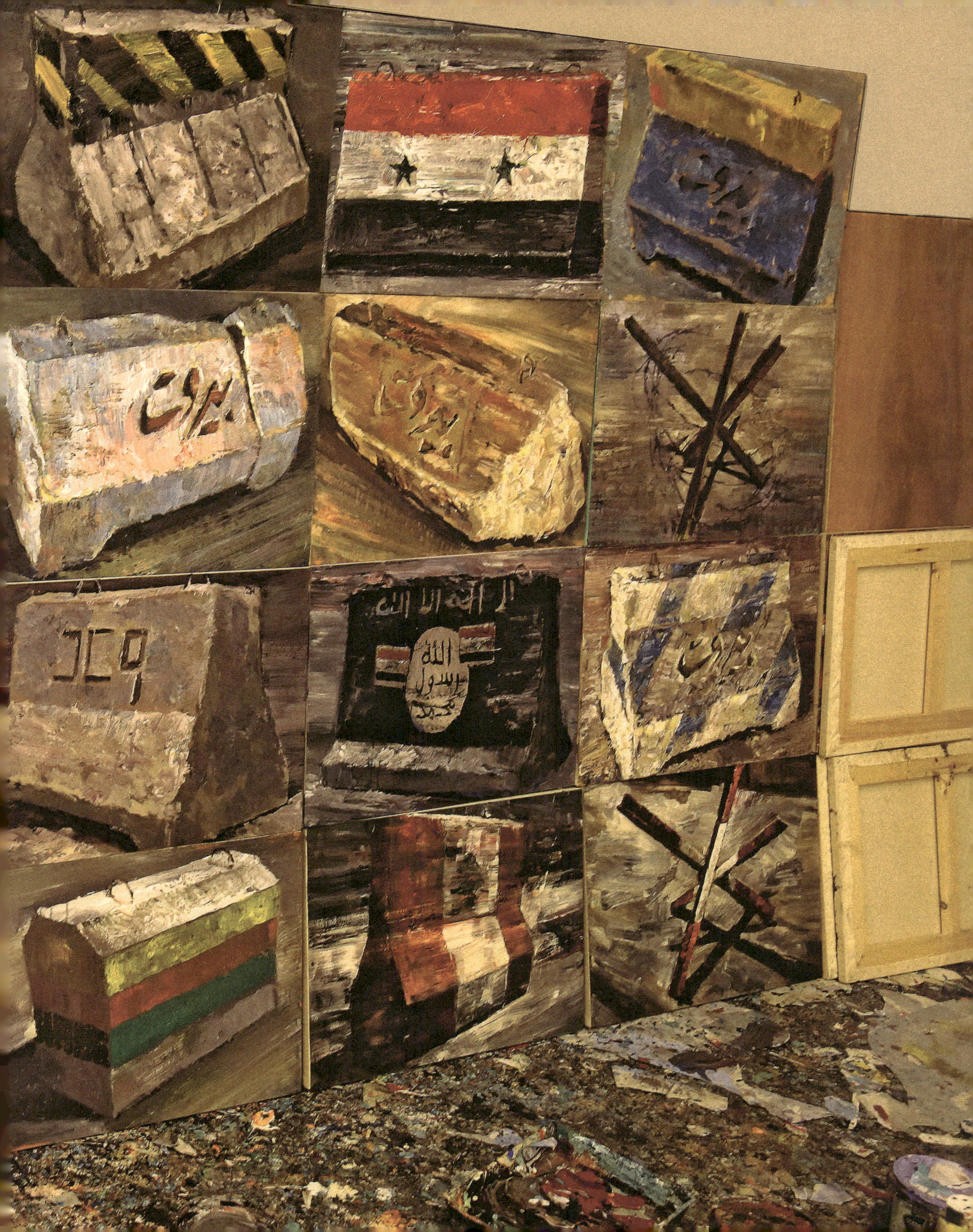

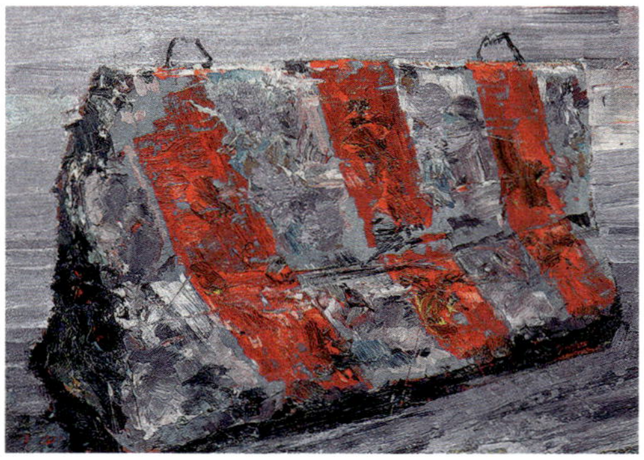

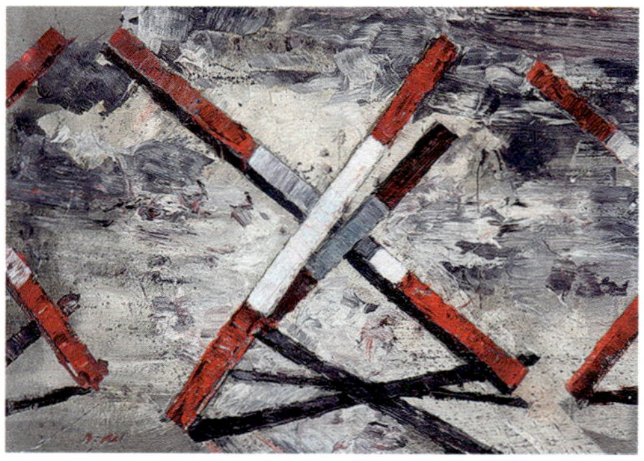

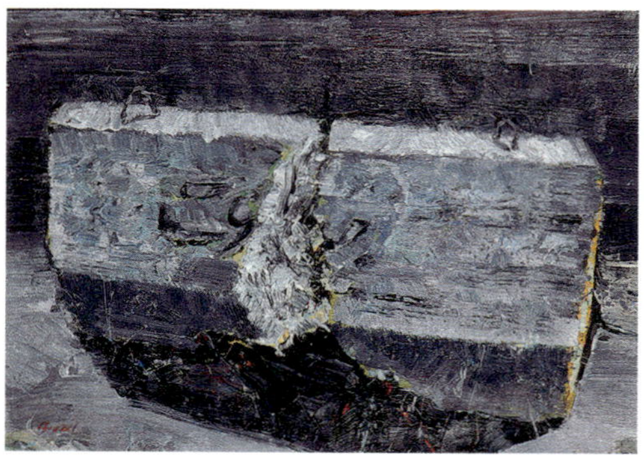

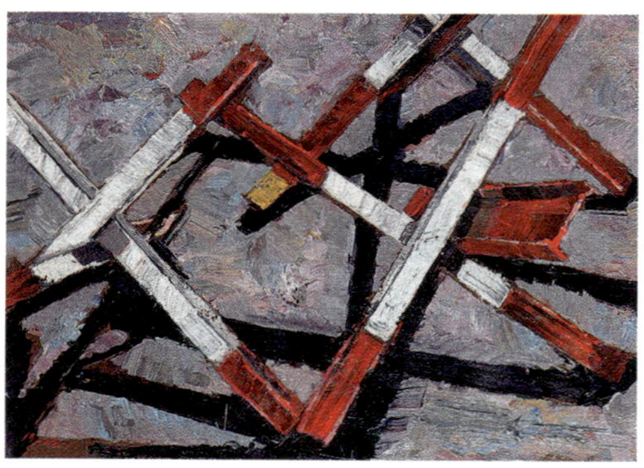

Barriers (from *Blood borders* series), 2013
acrylic on cardboard,
70 x 100 cm *(x4)*

- Germany, France etc. - a more complex geometry - United States, Great Britain, etc. - or embellished with symbols - Brazil, Lebanon etc. A flag is therefore a creation of a pictorial type to which historical meanings are attached. Considered this way, it is the most simply pictorial political sign: a state in the shape of lines and colors. It is therefore an object naturally favorable to artistic interventions, since it is the one where the proximity between the pictorial and the political is immediate. Baalbaki took it in turn.

He is far from being the first, especially when it comes to the American flag. The most famous precedent is that of Jasper Johns. His variations on the motif, in the second half of the 1950s, were neither satirical nor patriotic in scope, but had the abstract expressionist gesture as a target. The emphatic gesture of action painting was frozen in the encaustic, trapped within the strict limits of bands and stars, and laid slowly on newspaper, the characters of which show through in places. The flag, like the target, is for Johns a constraining geometry: an imprisoning scheme in which to enclose the painting. For Baalbaki, it is a political form, which he does not copy, but rather attacks. More precisely: he shows how this form is attacked and destroyed today. Thus, the two versions of *July 2012, Quetta* are based on a photograph showing supporters of the Awami Majlis-e-Amal Pakistan group burning an American flag in Quetta (Pakistan), on the 13th of July 2012, then released by the Reuters agency. Baalbaki's paintings are not contemporary with this manifestation, having been executed in 2015 and 2016, just as *November 2011, Tehran* was executed in 2015, four years after the attack on the British Embassy on the 29th of November 2011 by Islamist militiamen and the burning of the American and British flags, an image that was also disseminated by the international press.

Since the beginning of the Iranian Revolution, such symbolic destruction has been carried out frequently and images of it disseminated. This is nothing new, the first cases dating from 1896, in the United States, during a presidential campaign where the Republican Party had instituted a Flag Day on October 31. During the protests against the Vietnam War, many flags were burned in Central Park and on

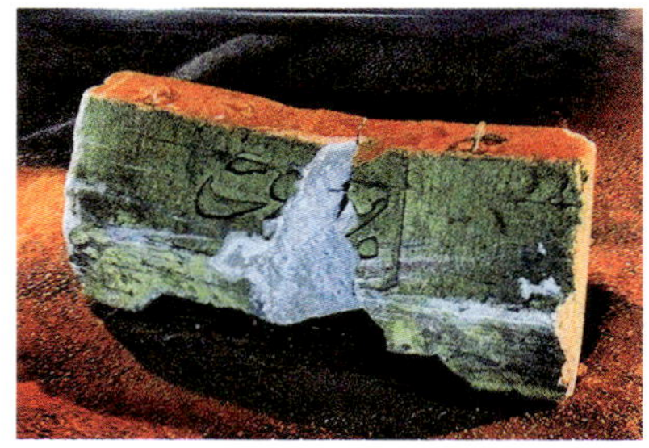

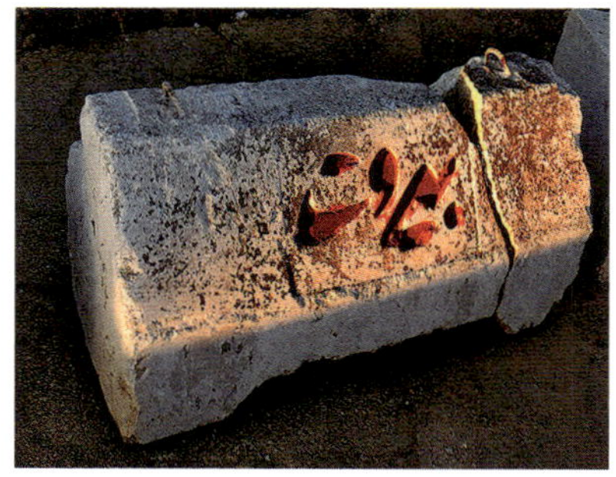

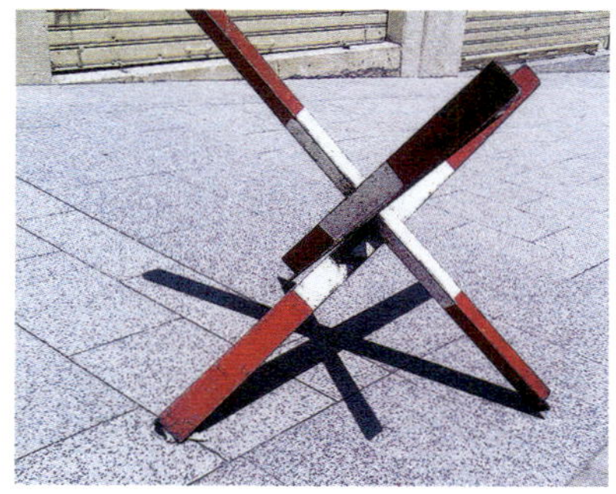

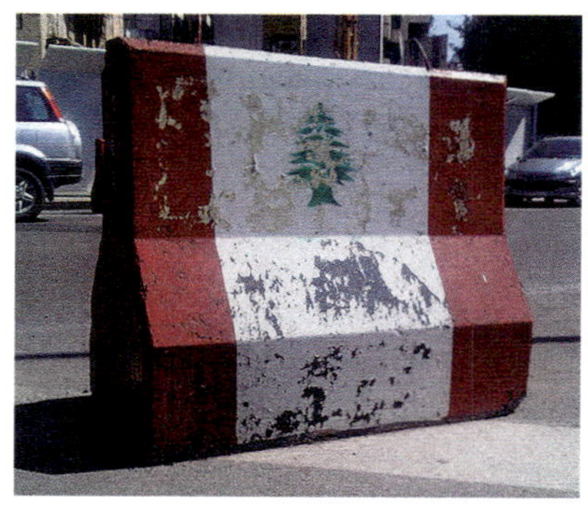

Reference photos taken by the artist (2010-2016) *(x4)*

Czech Hedgehog, 2013
glass, 3 arms of the obstacle each 120 cm,
Glasstress
(opposite page)

Checkpoint Tires, 2013
glass, 115 x 115 x 82 cm,
Glasstress
(opposite page)

Checkpoint Tires, 2013
glass, 115 x 115 x 82 cm,
Glasstress
(opposite page)

être brutal : qu'est-ce que le Proche-Orient pour le public occidental ? Une région où attentats, massacres, haines interminables et monstruosités inhumaines sont la règle : la scène de l'épouvante. Mais tenue à distance, hors les cas où le terrorisme atteint l'Europe et les États-Unis. À distance de caméras et de films, genre *American Sniper* d'Eastwood. Le Proche-Orient exhibe depuis des décennies le spectacle renouvelé de l'épouvante. Les Occidentaux se sont habitués : un instant d'émotion ou l'indifférence et l'oubli ensuite. L'overdose d'informations - on le sait depuis des décennies- diminue la portée de chacune, emportée par une qui la suit et noyée dans un flux où les dernières nouvelles du football côtoient celles de la guerre civile en Syrie et au Yémen et cent autres disparates d'intérêts et d'importances.

Dans ce contexte survient un artiste qui, avec ses moyens humains et matériels, fait sentir et comprendre ce qu'il en est *réellement*. Cet artiste se nomme, selon les lieux et les moments, Gerhard Richter, Georg Baselitz, Christian Boltanski, David Hammons, Francis Alÿs, Kader Attia, Djamel Tatah ou Ayman Baalbaki. Ce pourrait être l'une des définitions de ce que l'on nomme art aujourd'hui : recréer les conditions d'un rapport direct et intense au monde, contre la relation banalisée et amnésique que détermine l'imagerie numérique mondialisée. C'est une fonction – et donc une responsabilité- politique et éthique.

4
Flags and borders

Le nom de David Hammons n'est pas venu par hasard. L'une de ses œuvres les plus connues est son *African-American Flag* de 1990, dans lequel les couleurs du drapeau des États-Unis - bleu, blanc et rouge - deviennent un rouge plus sombre, un vert et du noir. Un drapeau est une composition de couleurs ordonnées par une géométrie simple - Allemagne, France, etc.-, plus complexe - États-Unis, Grande-Bretagne, etc.- ou agrémentée de symboles - Brésil, Liban, etc. Un drapeau relève donc d'une création de type pictural à laquelle des significations historiques sont attachées. Ainsi considéré, il est le signe politique le plus simplement pictural : un état sous

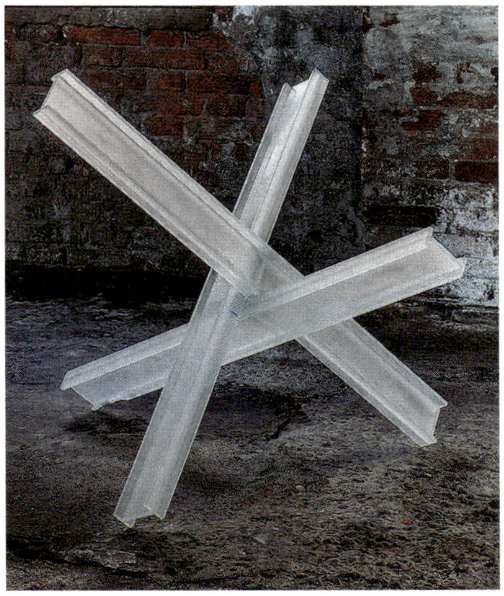

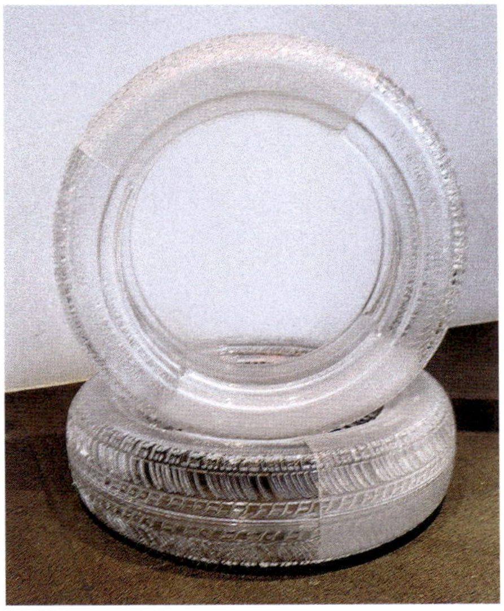

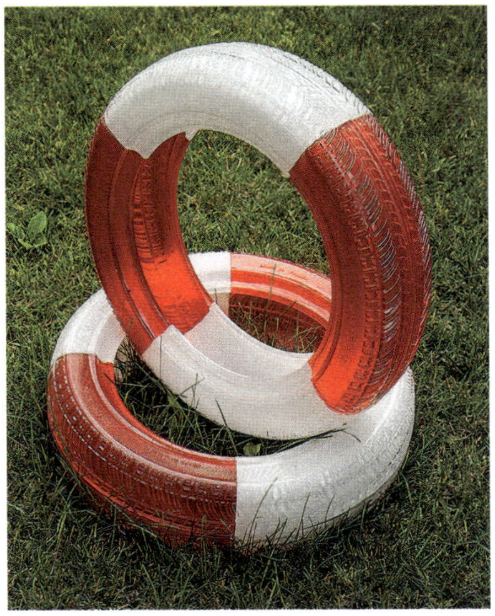

la forme de lignes et de couleurs. Il est donc un objet naturellement propice aux interventions artistiques, puisque celui où la proximité entre le pictural et le politique est immédiate. Baalbaki s'en saisit à son tour.

Il est loin d'être le premier, particulièrement quand il s'agit du drapeau américain. Le précédent le plus célèbre est celui de Jasper Johns. Ses variations sur le motif, dans la seconde moitié des années 1950, n'avaient une portée ni satirique ni patriotique, mais avaient le geste expressionniste abstrait pour victime. Le geste emphatique de l'action painting était figé dans l'encaustique, emprisonné dans les limites strictes des bandes et des étoiles et posé lentement sur du papier journal, dont les caractères transparaissaient par places. Le drapeau, comme la cible, est pour Johns une géométrie contraignante : un schéma carcéral dans lequel enfermer la peinture. Pour Baalbaki, il est une forme politique, qu'il ne copie pas, mais qu'il attaque. Plus précisément : dont il montre comment elle est attaquée et détruite aujourd'hui. Ainsi, les deux versions de *July 2012, Quetta* ont-elles pour source une photographie montrant des partisans du groupe Awami Majlis-e-Amal Pakistan brûlant un drapeau américain à Quetta (Pakistan), le 13 juillet 2012, cliché diffusé alors par l'agence Reuters. Les toiles de Baalbaki ne sont pas contemporaines de cette manifestation, ayant été exécutées en 2015 et 2016, de même que *November 2011, Tehran* l'a été en 2015, quatre ans après l'attaque de l'ambassade de Grande-Bretagne le 29 novembre 2011 par des miliciens islamistes et l'incendie de drapeaux américain et britannique, des images elles aussi diffusées par la presse internationale.

Depuis les débuts de la révolution iranienne, de telles destructions symboliques ont été fréquemment accomplies et leurs images diffusées. Elles n'ont, au demeurant rien de neuf, les premiers cas datant de 1896, aux États-Unis au cours d'une campagne présidentielle où le Parti républicain avait institué un *Flag Day* le 31 octobre. Durant les manifestations contre la guerre du Vietnam, bien des drapeaux ont brûlé à Central Park et sur des campus universitaires. Une loi fédérale a interdit leur profanation en 1968, mais une décision de la Cour suprême, en 1989, a considéré qu'il s'agissait d'une forme de

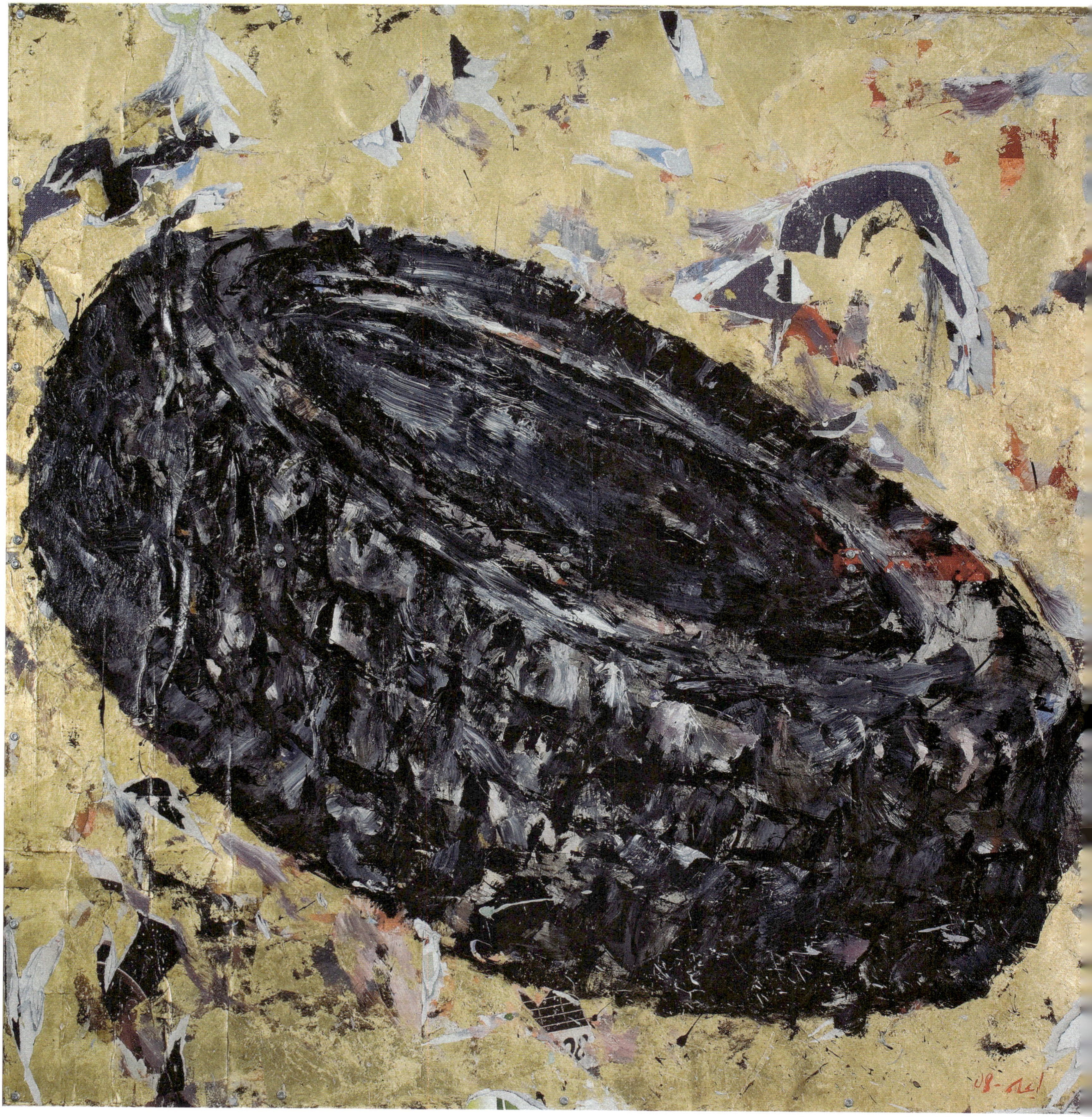

college campuses. A federal law banned their desecration in 1968, but a Supreme Court decision in 1989 ruled that it was a form of free speech, and, as such, legal, a decision that the Republican majority in Congress have failed to overturn since. This is to say how long and dense the history of the burned banner is, which Baalbaki obviously knows. When he gives himself this subject, enlarging it to the dimensions of 3-meter-long tarpaulins, he knows that he is intervening on a motif overloaded with historical references and political and religious symbolism. And he still knows that he is showing their destruction, that is, the collapse of the powers that these banners are supposed to manifest and exalt – as the war propaganda images that have been evoked above manifest a faith and a strength.
But he does not stop at the anti-Western riots in Tehran and Quetta and their clichés of angry arsonists. Since 2013, he has been accumulating the elements of a set called *No flag zone*. It consists of sheets of paper, all of the same size. On each one, Baalbaki paints with his recognizable gesture the desecration of a flag. An exhaustive inventory would be too long. One would find there countries whose international role is reduced, Norway, Sweden, Switzerland; the expected

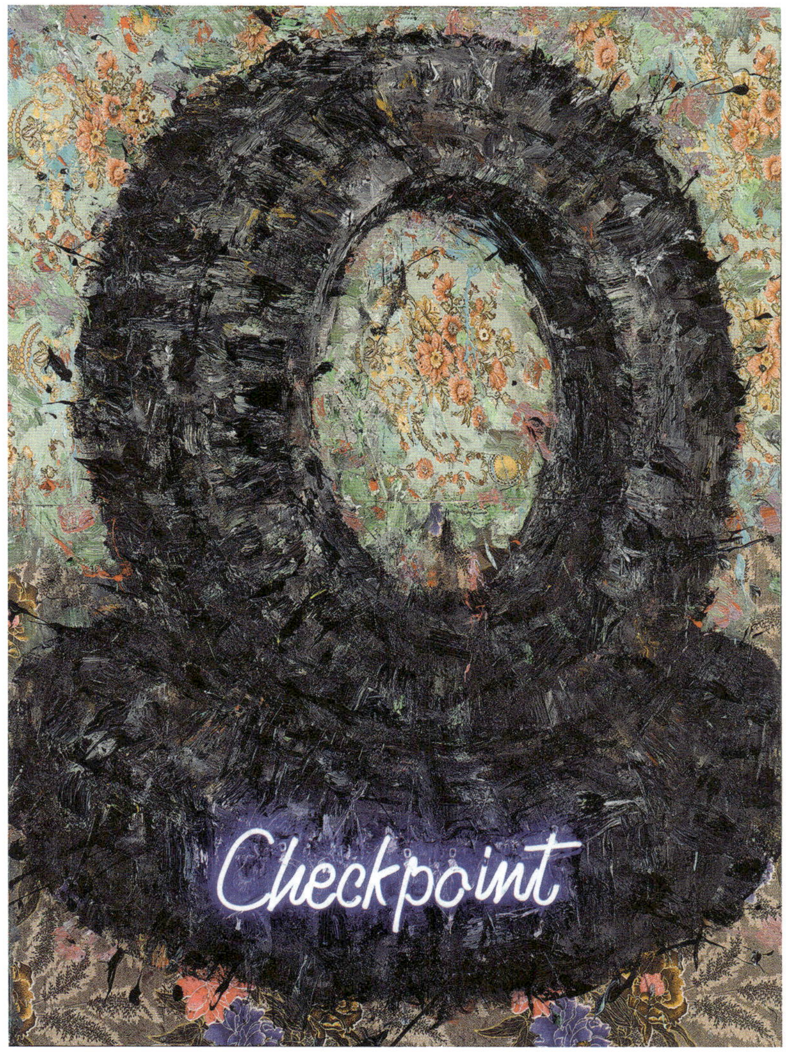

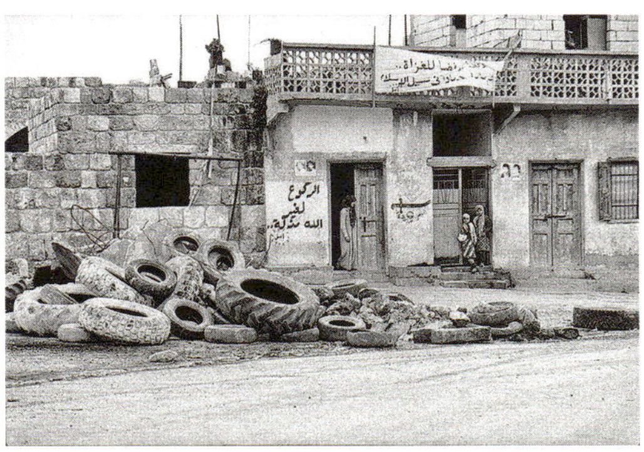

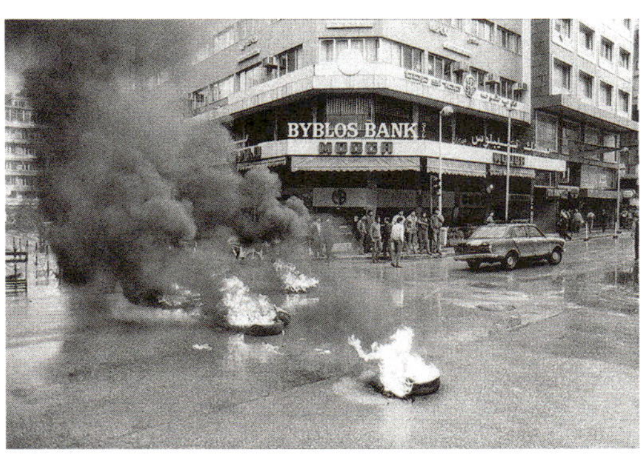

Aline Manoukian,
Tires and rubble piled up on a street,
27 January 1985, Lebanon
gelatin silver negative on 35mm film

Aline Manoukian,
Burning tires during a demonstration,
22 June 1985, Lebanon
gelatin silver negative on 35mm film

la liberté d'expression, légale comme telle, décision que les majorités républicaines au Congrès ne sont pas parvenues à annuler depuis. C'est dire combien est longue et dense l'histoire de la bannière incendiée, ce que Baalbaki sait évidemment. Quand il se donne ce sujet, l'agrandissant aux dimensions de bâches de 3 mètres de long, il sait qu'il intervient sur un motif surchargé de références historiques et de symboliques politiques et religieuses. Et il sait encore qu'il donne à voir leur destruction, c'est-à-dire l'effondrement des puissances que ces bannières sont supposées manifester et exalter – comme les images de propagande guerrière qui ont été évoquées précédemment manifestent une foi et une force.
Or il ne s'en tient pas aux émeutes anti-occidentales de Téhéran et de Quetta et leurs clichés d'incendiaires furieux. Depuis 2013,

Burn it II, 2008
mixed media on billboard, 195 x 190 cm
(opposite page)

Checkpoint, 2009
acrylic on fabric laid on canvas and neon,
200 x 150 cm

Burn it (diptych), 2010
acrylic on fabric laid on canvas and neon,
150 x 200 cm
(next page)

il accumule les éléments d'un ensemble intitulé *No Flag Zone*. Il se compose de feuilles de papier, toutes de même taille. Sur chacune, Baalbaki peint avec sa gestualité si reconnaissable la profanation d'un drapeau. Un inventaire exhaustif serait trop long. On y trouverait des pays dont le rôle international est réduit, Norvège, Suède, Suisse ; les « grandes puissances » attendues, États-Unis, Chine, Allemagne, France, Grande-Bretagne, Japon, Union européenne, mais aussi le Pakistan, la Turquie, Israël ; et encore, immédiatement identifiables, la bannière noire de l'EI et celle, à croix gammée, du IIIe Reich, seule intrusion du passé dans le présent. Tous, jetés à terre ou encore attachés à leurs mats, sont voués au même sort : ils brûlent, se déchirent, partent en lambeaux et cendres. Tous, pauvres morceaux de tissus colorés, sont victimes d'une lutte de symboles. En eux-mêmes, ils n'ont aucune valeur, aucune qualité particulière. Mais, instruments d'une politique internationale, signes d'un récit de gloire et d'ambition, ils sont pris dans la guerre des symboles, qui est l'une des formes visuelles de la guerre elle-même, l'une des plus simples et spectaculaires. Or, comme on l'a déjà dit, le drapeau est un objet quasi pictural. Il est donc logique que le peintre Baalbaki s'y intéresse tout particulièrement. Sa *No Flag Zone* est une utopie : celle d'un monde débarrassé des nationalismes et de leurs conséquences meurtrières.

En un autre sens, plus immédiatement artistique, en donnant à voir l'incendie de ces géométries, Baalbaki libère couleurs et lignes qui s'y trouvent captives. Les flammes jaillissent, touches jaunes et écarlates, irrégulières, imprévisibles – libres. Simple exercice de style d'un artiste qui, à son tour, s'attaque à une difficulté, la représentation convaincante du feu par la peinture malgré l'immobilité de celle-ci ? L'interprétation n'est pas suffisante. Au risque d'être accusé de s'avancer de façon aventureuse, on en suggère une autre. Un drapeau est un schéma conventionnel dont rien ne doit changer, ni les lignes ni les couleurs – ce que Hammons a mis en évidence en changeant les couleurs des *stars and stripes* américaines. Un drapeau est une abstraction géométrique signalétique, absolument contraignante. Ne pourrait-on penser que cet emploi de ses matériaux de création irrite Baalbaki ? Et

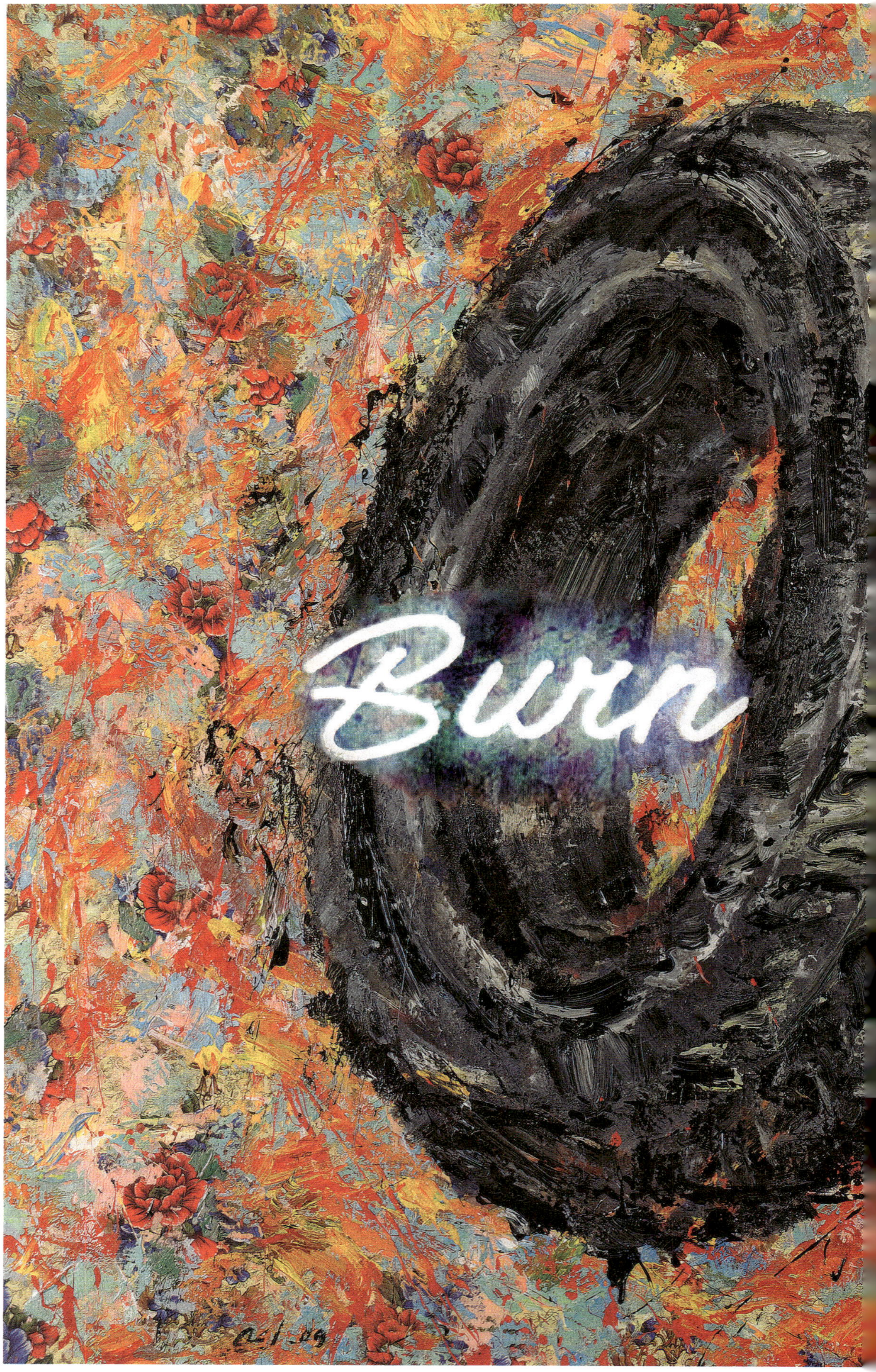

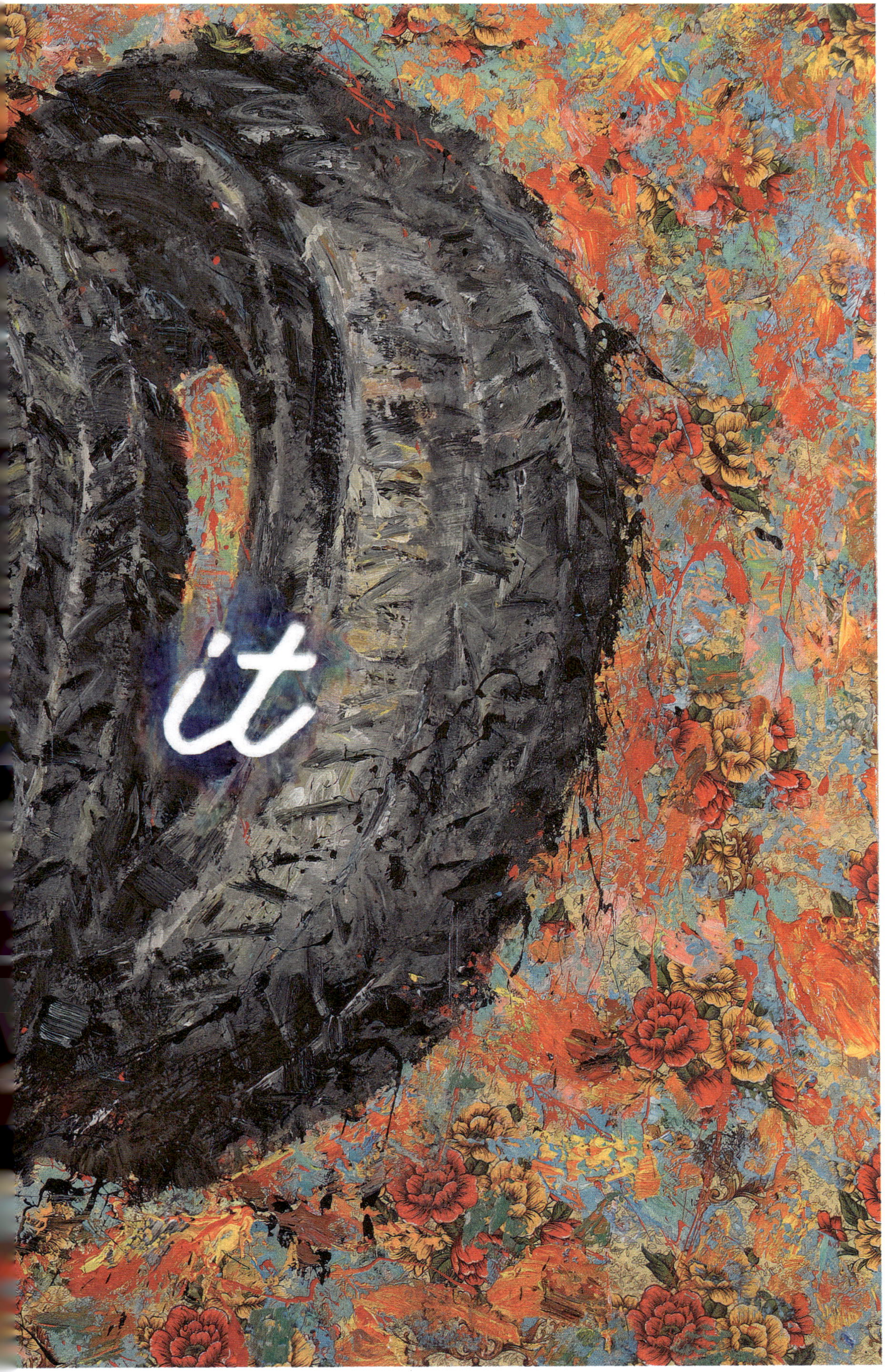

"great powers", the United States, China, Germany, France, Great Britain, Japan, the European Union, but also Pakistan, Turkey, Israel; and again, immediately identifiable, the black banner of ISIS and that, with swastika, of the Third Reich, the only intrusion of the past into the present. All, thrown to the ground or tied to their poles, are doomed to the same fate: they burn, tear themselves apart, fall to shreds and ashes. All of them, poor pieces of colored fabric, are victims of a struggle of symbols. Taken as objects, they have no value, no special quality. But, instruments of an international policy, signs of a story of glory and ambition, they are caught up in the war of symbols which is one of the visual forms of war itself, one of the simplest and most spectacular. However, as we have already said, the flag is an almost pictorial object. It is therefore logical that the painter Baalbaki is particularly interested in it. His *No flag zone* is a utopia: that of a world free from nationalisms and their deadly consequences.

In another way, more immediately artistic, by showing the fire of these geometries, Baalbaki frees the colors and the lines that are imprisoned there. Flames erupt, yellow and scarlet touches, irregular, unpredictable – free. A simple exercise in style of an artist who, in turn, tackles a difficulty, the convincing representation of fire by painting despite the immobility of the latter? This interpretation is not enough. At the risk of being accused of advancing in an adventurous way, we will suggest another one. A flag is a conventional scheme of which nothing should change, neither the lines nor the colors – something that Hammons highlighted by changing the colors of the American "*stars and stripes*". A flag is an absolutely restrictive and geometric signage abstraction. Couldn't one think that this use of his creative materials irritates Baalbaki? And whether he consciously or unwittingly associates all static geometry with a deprivation of liberty? If he had only tackled the banners, the hypothesis would be uncertain. But it is confirmed by a second series called *Blood borders*. According to the *No flag zone* device, it makes an inventory of the devices intended to mark a border and prohibit passage. They are either concrete blocks or metal bars welded into stars. All are painted: parallel red and white, blue and

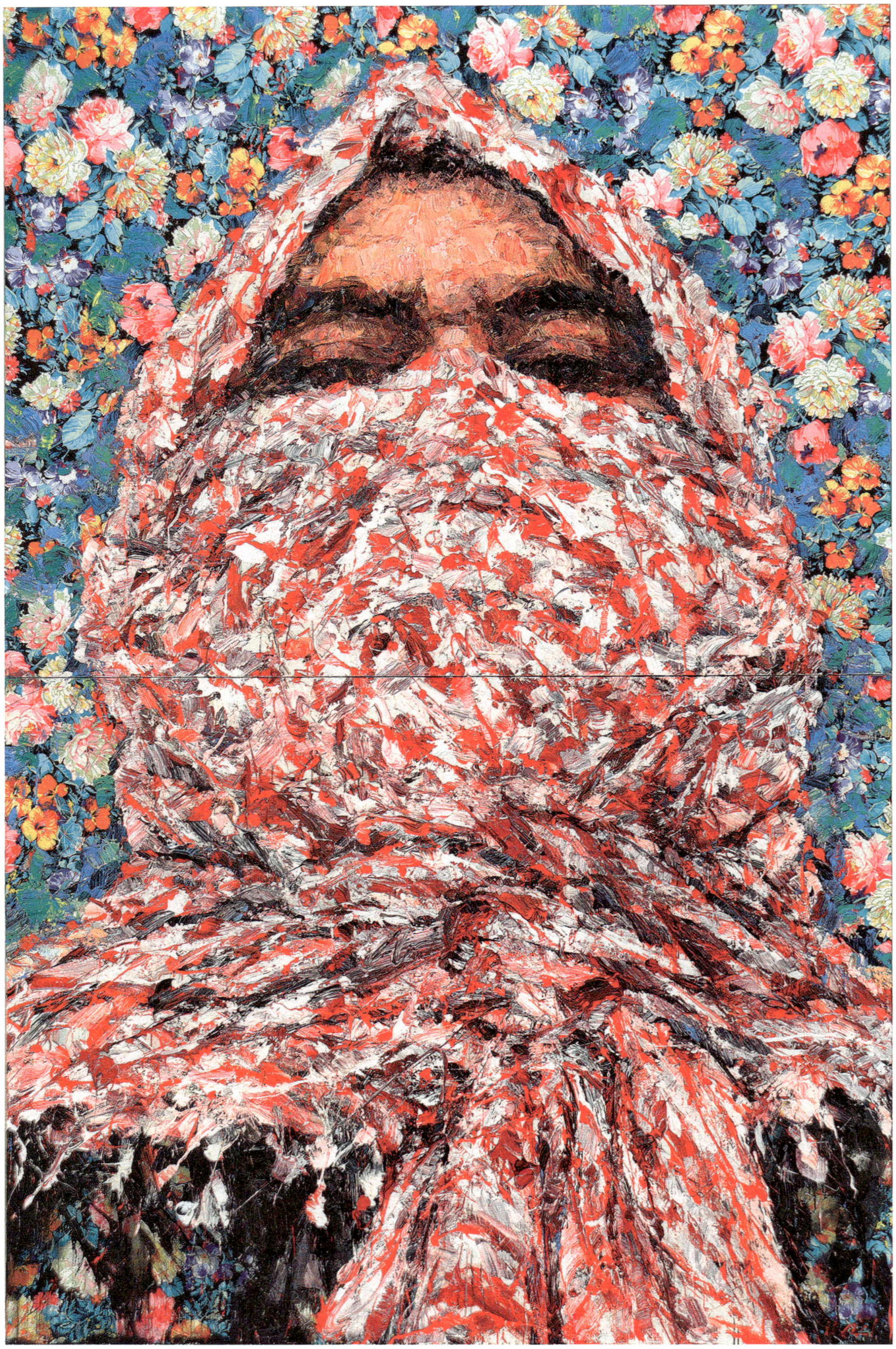

qu'il associe, consciemment ou à son insu, toute géométrie statique à une privation de liberté ? S'il ne s'était attaqué qu'aux bannières, l'hypothèse serait incertaine. Mais elle est confirmée par une deuxième série, nommée *Blood Borders*, frontières de sang. Selon le dispositif de la *No Flag Zone*, elle fait l'inventaire des dispositifs destinés à marquer une frontière et interdire le passage. Ce sont soit des blocs de béton, soit des barres métalliques soudées en étoiles. Tous sont peints : bandes parallèles rouges et blanches, bleues et blanches ou tricolores. Ces couleurs sont celles des pays qui protègent ainsi leurs territoires. Régulièrement, mécaniquement espacées, elles recouvrent des volumes réguliers, rectangulaires ou trapézoïdaux, géométrie sur géométrie. Cette dernière se trouve ainsi associée à nouveau ce qui relève de l'étatique, du militaire : de l'ordre. Ordre des bandes, ordre des lois, ordre irrésistible. Tracer une ligne droite revient à découper l'espace de façon autoritaire, ce qui est la fonction d'une frontière. Il n'est donc pas anodin que la plupart des blocs de béton figurés par Baalbaki s'écaillent et se fendent, moins éternels que ceux qui les ont déposés le voudraient.

Il ne l'est pas non plus que Baalbaki ait eu l'idée d'en faire des versions en verre de Murano. Ces *Checkpoints* n'arrêteraient personne, car ils casseraient au premier contact. Des chevaux de frise et des entassements de pneus en verre ? C'est absurde et plein de sens. Une fois de plus, on le vérifie : le travail de Baalbaki est d'abord affaire de matériaux et de leurs usages. Brouiller la belle apparence d'une image de propagande ou la pure géométrie d'un drapeau par une peinture gestuelle, convertir le fer et le béton en verre : ces décisions sont artistiques et politiques simultanément, inséparablement.

5
Ready-made

Ceci conduit à la dernière hypothèse que l'on veut avancer : Baalbaki est un artiste, si l'on peut dire, « post ready-made ». Il sait l'efficacité de l'objet ordinaire, quand ce dernier est extrait tel quel de son contexte habituel et présenté, soudain, sur le mode de l'objet d'art. Pas plus qu'aucun de ses contemporains, il n'ignore Duchamp, ses

white or tricolor stripes. These colors are those of the countries which thus protect their territories. Regularly, mechanically spaced, they cover regular, rectangular or trapezoidal volumes, geometry on geometry. The latter is thus associated again with what is a matter for the state, the military: order. Order of the bands, order of the laws, irresistible order. To draw a straight line is to carve out space in an authoritarian way, which is the function of a border. It is therefore not insignificant that most of the concrete blocks Baalbaki figured flake and split, less eternal than those who put them down would like them to be.
Nor is it insignificant that Baalbaki had the idea to make Murano glass versions of them. These *Checkpoints* would not stop anyone, because they would break on first contact. Frieze horses and piles of glass tires? This is absurd and full of meaning. Once again, we verify it: Baalbaki's work is first and foremost about materials and their uses. Blurring the beautiful appearance of a propaganda image or the sheer geometry of a flag with gestural painting, converting iron and concrete into glass: these decisions are artistic and political simultaneously, inseparably.

5
Ready made

This leads to the last hypothesis we want to put forward: Baalbaki is an artist who is, so to speak, "post ready-made". He knows the effectiveness of the ordinary object when it is extracted as it is from its usual context and suddenly presented in the mode of the art object. Like his contemporaries, he knows Duchamp, his followers, his commentators. *Fountain* and *In advance of the broken arm* are as familiar to him as the *combined paintings* of Rauschenberg (contemporaries of Johns' Flags) and the many post-Duchampian variations that have appeared in the last decades. But he makes a singular use of common objects, very comparable to that which he applies, in his painting, to the most common motifs, which unfortunately includes the Beirut building blown up by explosions. This use makes the object or objects manipulated into a thing – a deliberately vague word – which is reminiscent of relic and allegory, while often having undergone only slight modifications.
Destination X, the realization of which varies depending on the location, thus consists of an automobile and an assembly of luggage, furniture, blankets and various utensils. The car changes according to the circumstances of the exhibition, but must meet three conditions: be an ordinary model, have driven a lot, be registered in Lebanon. The accumulation perched

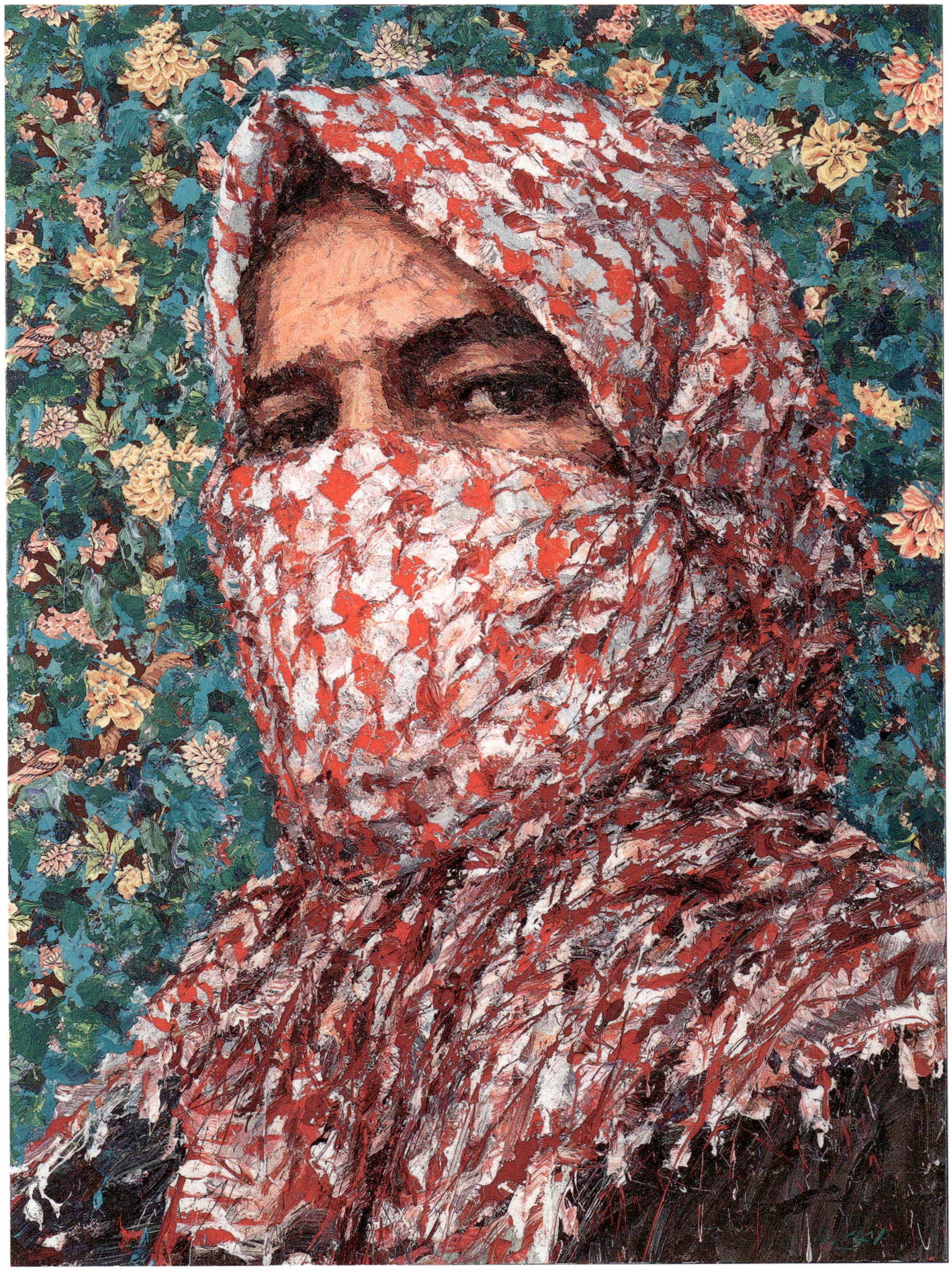

Al Mulatham, 2011
acrylic on fabric laid on canvas, 300 x 200 cm, Jameel Arts Center
(opposite page)

Al Mulatham, 2013
acrylic on fabric laid on canvas, 200 x 150 cm, Dalloul Art Foundation

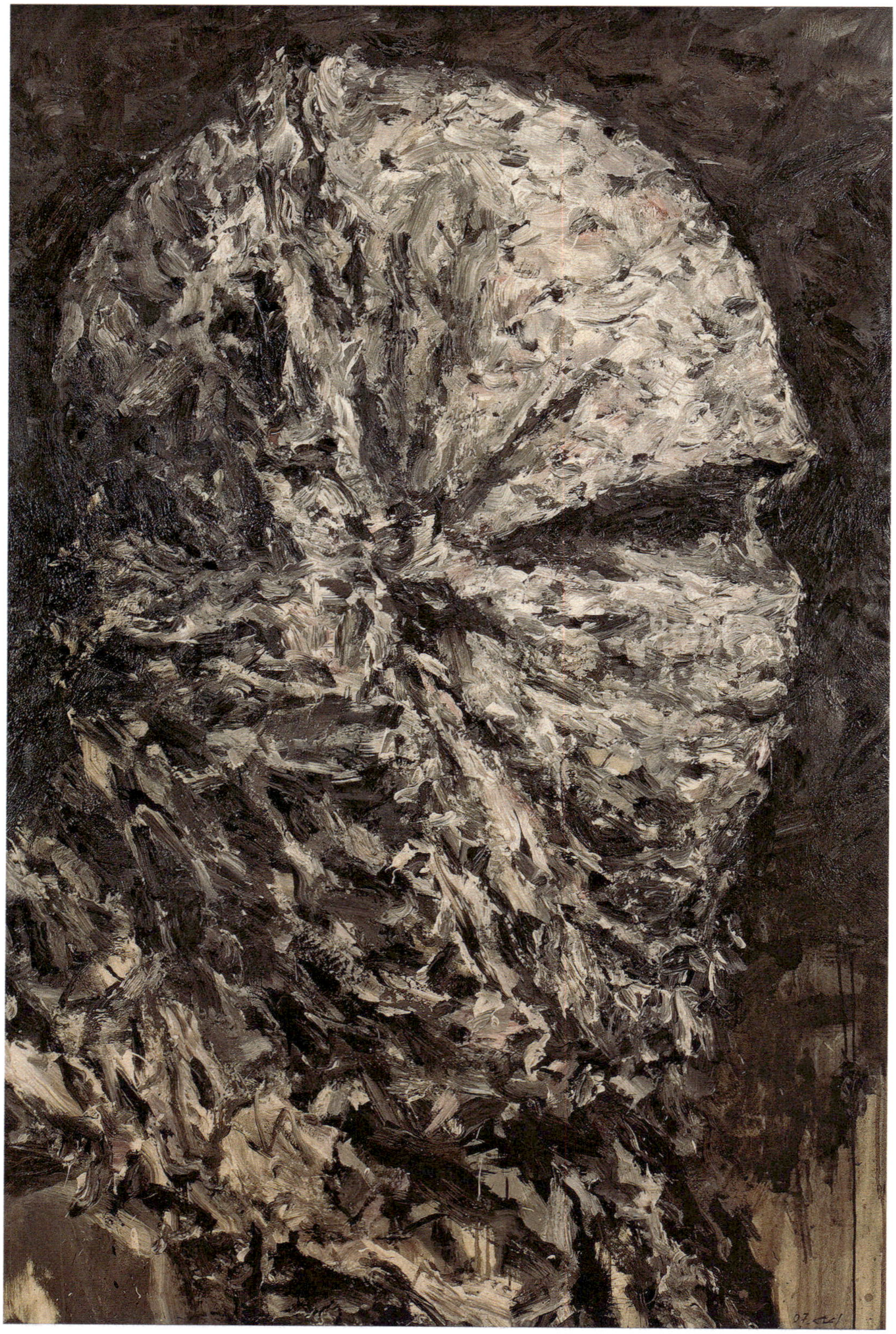

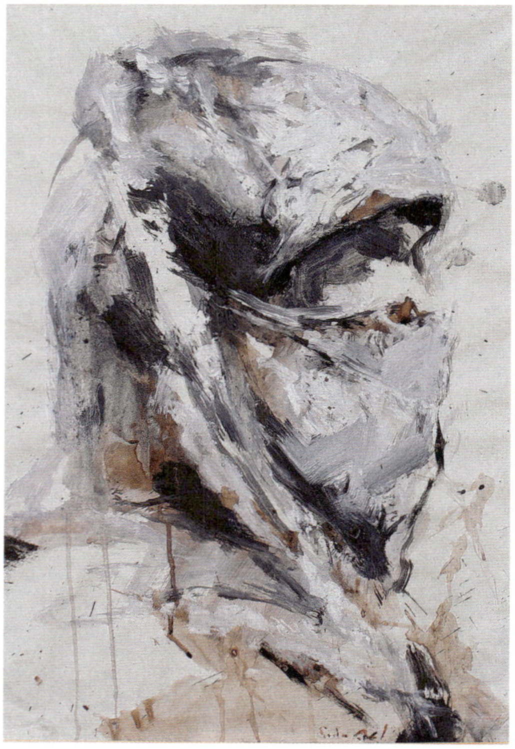

on its roof also changes, depending on the dimensions of the roof and of the gallery and, no doubt, also depending on the color of the bodywork. These details are less important than the idea itself: to exhibit in a center or an art gallery an old car whose owners have used it to flee their house, destroyed or threatened, taking away what could be attached to the vehicle and which refers to their domestic life before – before a disaster, the exodus, perhaps worse. It is therefore a kind of reliquary: a set of things which explicitly testify to a past event through their very presence, without the help of any representation, any image. Here, these tired and overloaded cars recall the exodus of Lebanese families whose homes were destroyed, beliefs persecuted, lives threatened throughout the war that began in 1975, the year of Baalbaki's birth. This "reliquary" aspect is even more sensitive when it comes to *Anatomy of wandering*, because the package, attached to the luggage rack of a car and held in place by a net so that neither the teapot nor the pan fall, has been entirely gilded, as were so often the precious boxes in which were kept the phalanx of a saint or the shred of a martyr's tunic. A strip of neon casts a red light on this gold which accentuates the allusion to the sacred and this formal

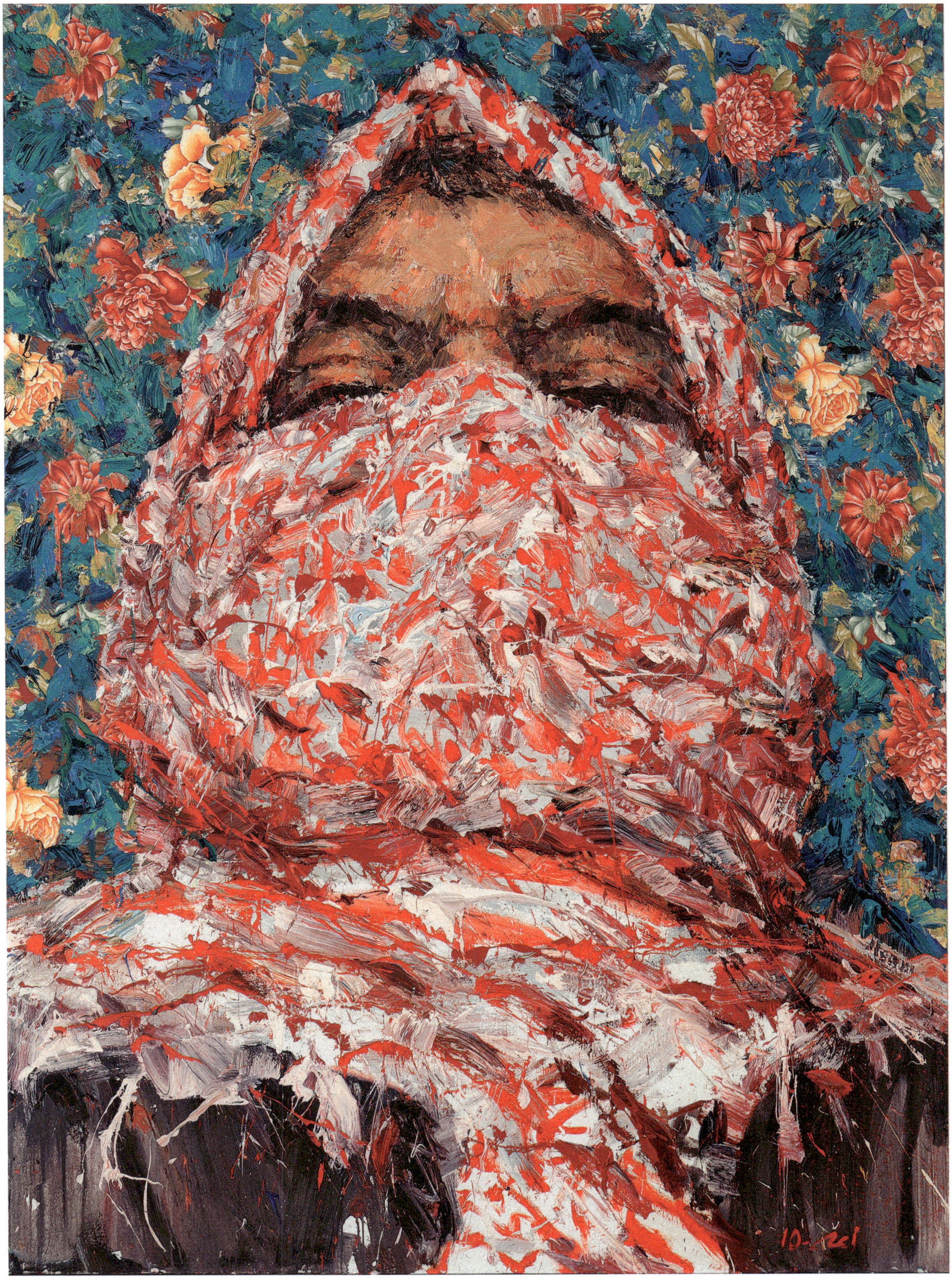

Al Mulatham, 2005
acrylic on canvas,
200 x 160 cm
(opposite page)

Al Mulatham, 2001
acrylic on paper,
60 x 40 cm
(opposite page)

Al Maw'oud, 2010
acrylic on canvas,
200 x 150 cm

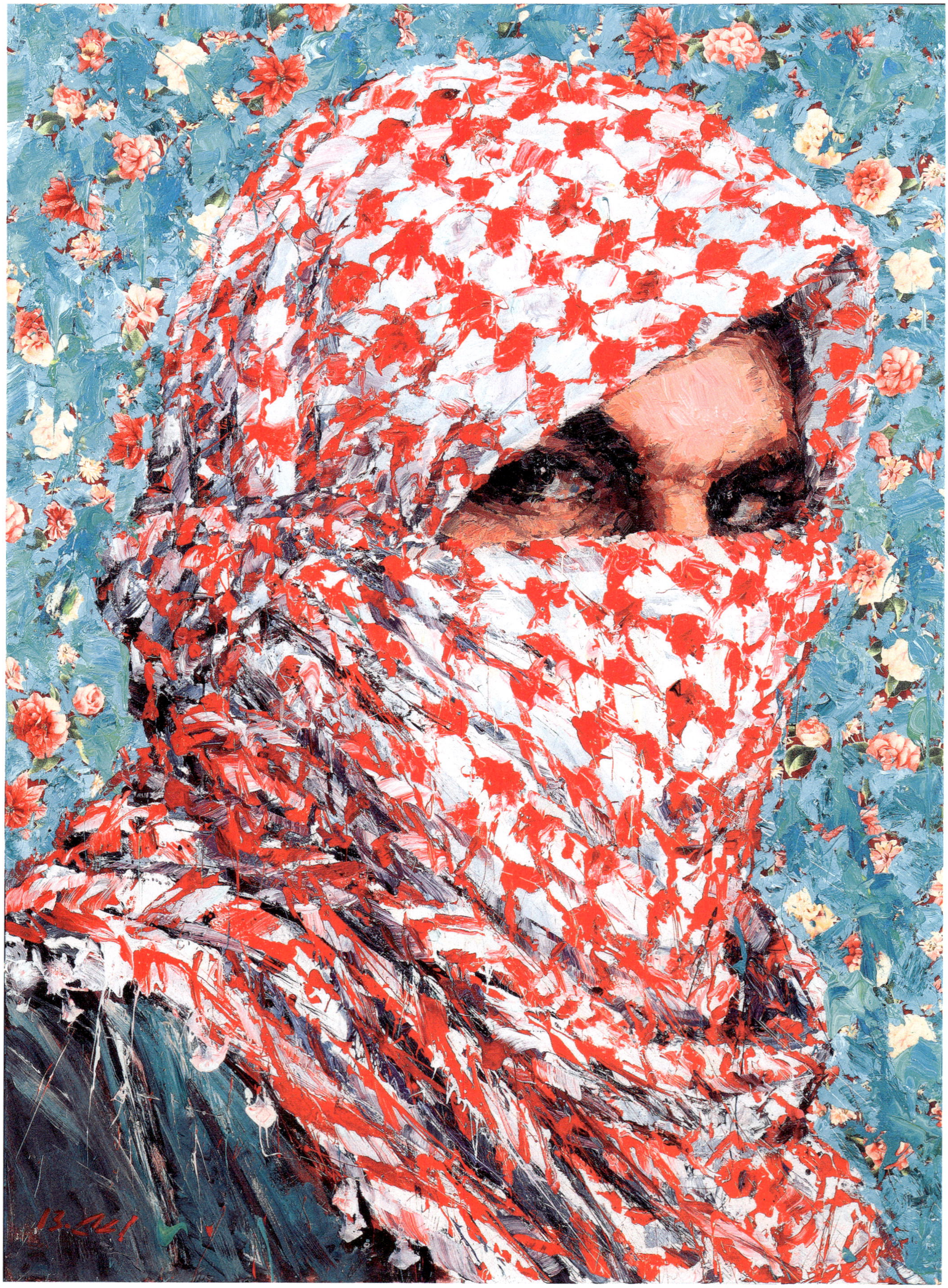

Al Mulatham, 2013
acrylic on canvas,
200 x 150 cm

Markabah, 2012
local vegetable
market cart,
mixed media,
234 x 252 x 88 cm
(opposite page)

continuateurs, ses commentateurs. *Fontaine* et *In Advance of the Broken Arm* lui sont aussi familiers que les *Combine Paintings* de Rauschenberg (contemporaines des *Flags* de Johns) et les nombreuses variations post-duchampiennes apparues dans les dernières décennies. Mais il fait un usage singulier des objets communs, très comparable à celui qu'il applique, dans sa peinture, aux motifs les plus communs, parmi lesquels figure malheureusement l'immeuble beyrouthin soufflé par des explosions. Cet usage fait de l'objet ou des objets manipulés une chose – mot délibérément vague – qui tient de la relique et de l'allégorie, tout en n'ayant subi souvent que de légères modifications.

Destination X, dont la réalisation évolue selon les lieux, se compose ainsi d'une automobile et d'un assemblage de bagages, meubles, couvertures et ustensiles variés. La voiture change au gré des circonstances d'exposition, mais doit satisfaire à trois conditions : être d'un modèle banal, avoir beaucoup roulé, être immatriculée au Liban. L'accumulation juchée sur son toit change aussi, selon les dimensions du toit et de la galerie et selon, sans doute aussi, la couleur de la carrosserie. Ces détails importent moins que l'idée même : exposer dans un centre ou une galerie d'art une vieille bagnole dont les propriétaires se sont servis pour fuir leur maison, détruite ou menacée, en emportant ce qui pouvait être attaché sur le véhicule et qui renvoie à leur vie domestique d'avant – avant un désastre, l'exode, pire peut-être. Il s'agit donc d'une sorte de reliquaire : un ensemble de choses qui témoignent explicitement d'un événement passé par leur présence même, sans le secours d'une quelconque représentation, d'une quelconque image. Ici, ces voitures fatiguées et surchargées rappellent l'exode de familles libanaises dont les maisons ont été détruites, les convictions persécutées, les vies menacées tout au long de la guerre qui a commencé en 1975, l'année de la naissance de Baalbaki. Ce côté « reliquaire » est plus sensible encore face à *Anatomy of Wandering*, parce que le paquetage fixé sur le porte-bagage d'une voiture et retenu par un filet pour que ne tombent ni la théière, ni la poêle, a été entièrement doré, comme l'étaient si souvent les coffrets précieux où étaient conservés la phalange d'un saint ou le lambeau de la tunique d'un martyr. Un néon projette sur cet or une lumière rouge

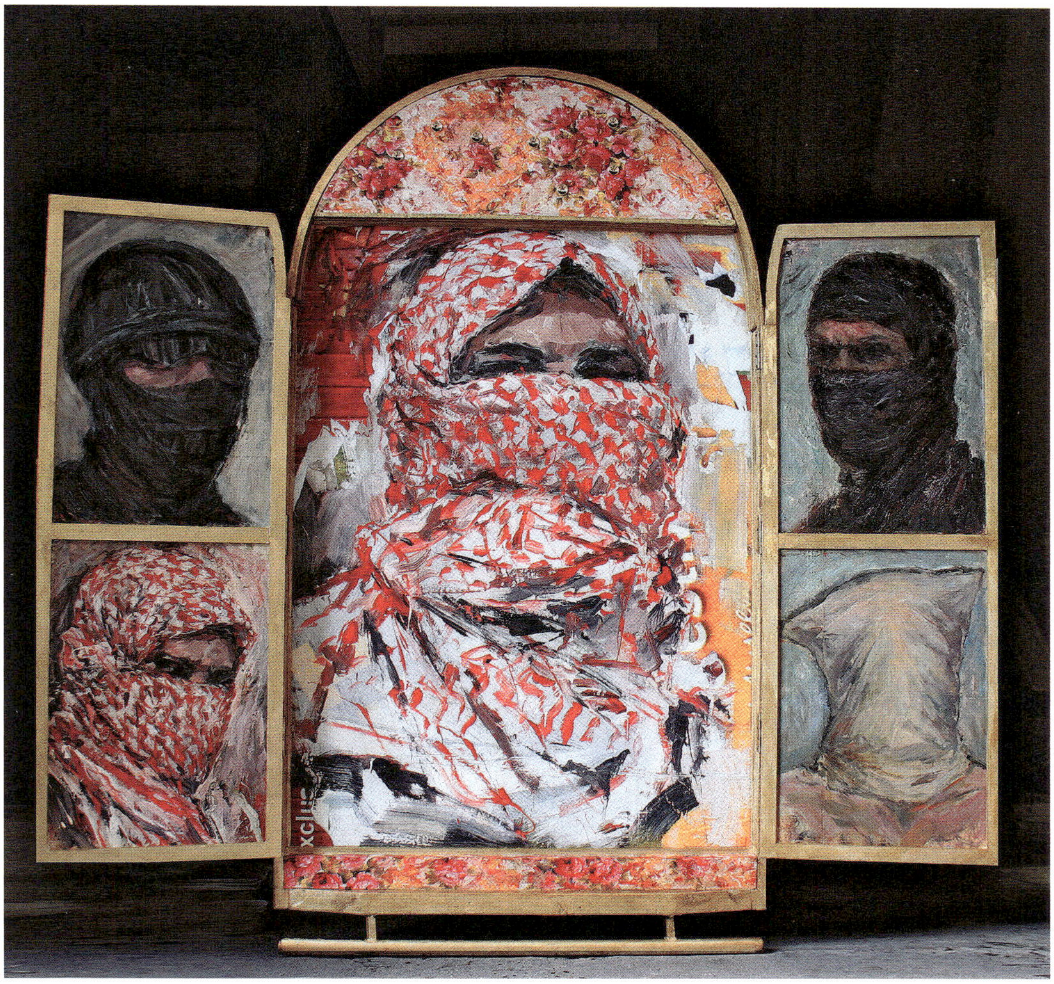

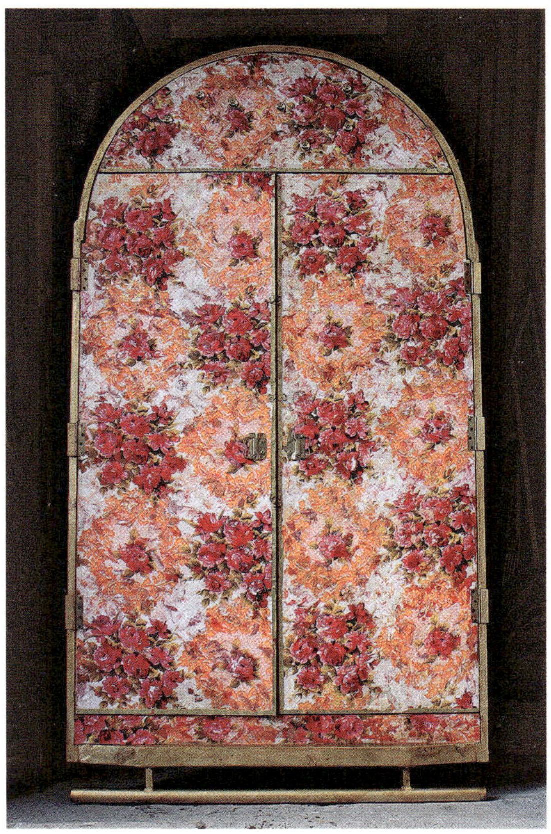

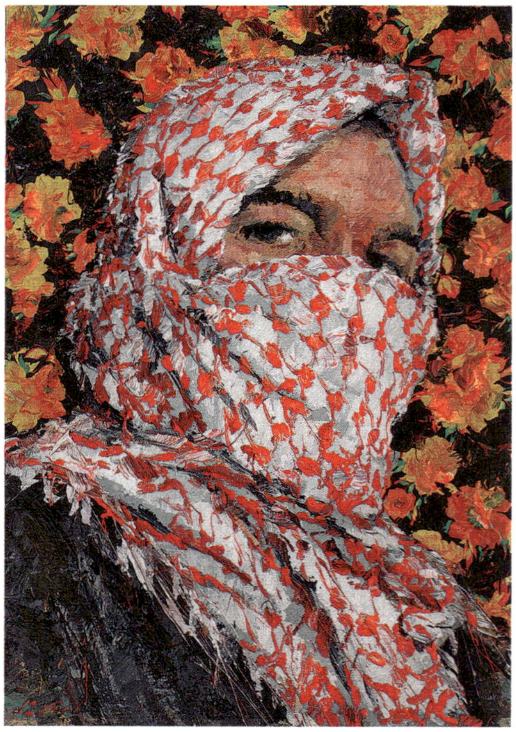

Al-Mulatham, 2012
acrylic on fabric laid on canvas, 100 x 70cm

Fedaï, 2001
ink and acrylic on paper, 160 x 115 cm

Fedaï, 2001
ink and acrylic on paper, 160 x 110 cm

An eye for an eye, 2008
old store metal curtain, mixed media and acrylic on canvas, 275 x 200 x 32 cm
(opposite page)

qui accentue l'allusion au sacré et cette référence formelle entre en contradiction avec la pauvreté des objets ainsi dorés et préservés, rien que le bagage d'un *Wanderer* – exilé, émigré, réfugié.

Destination X ou *Anatomy of Wandering* sont aussi des allégories de portée générale qui valent très au-delà du Liban. Un spectateur français peut ainsi y retrouver la mémoire de l'exode de juin 1940 au moment de la défaite face au IIIe Reich. Un Palestinien, un Bosniaque, un Croate, un Soudanais y reconnaîtraient leur histoire. Si nombreuses sont les populations civiles forcées de fuir au cours du XXe siècle une invasion ou une « épuration ethnique » que ces œuvres peuvent être interprétées de multiples manières, ce qui est la caractéristique des allégories politiques les plus marquantes.

Mais ces installations grandeur nature ont un troisième effet, que l'on a déjà étudié en observant les paysages de ruines de très grand format, dont on a dit combien les dimensions exigeaient que leur perception ne soit pas uniquement et pauvrement celle de l'œil, mais celle du corps entier. Il en va de même de la Peugeot, la Toyota et de la Mercedes de *Destination X*, des instruments de cuisine d'*Anatomy of Wandering* et des oreillers et couvertures roulées de *Good Morning Wadi Abou Jamil*, autre assemblage dont le titre fait référence au quartier juif de Beyrouth. Une fois encore, avec une cohérence presque obsédante, Baalbaki, dans le cadre paisible d'une exposition ou d'une collection, place le regardeur dans une situation inconfortable. Avec une insistance provocante et un humour noir qui se retrouvent dans les quelques œuvres où le néon intervient pour intimer un ordre – *Burn it*, *Wake up* –, il contraint l'amateur d'art à considérer ce dont, selon toute vraisemblance, il se détournerait dans la vie quotidienne, le véhicule d'une famille de réfugiés, le paquetage d'un migrant probablement clandestin. Dans la rue, il ne s'arrêterait pas et, même, il les trouverait désagréables, sales, encombrants. Il ne regarderait pas. Ici, comment pourrait-il éviter de tourner autour ? Impossible, de même qu'il ne peut éviter de marcher d'avant en arrière et le long de ces toiles hostiles et menaçantes qui lui infligent des sensations et des pensées douloureuses.

C'est la force de l'œuvre de Baalbaki : il est difficile d'en détourner le regard une fois que celui-ci a été capturé par l'une de ses peintures ou de ses installations. Il n'est pas plus possible de leur échapper qu'il n'est possible pout tout homme d'échapper à son passé et à son présent.

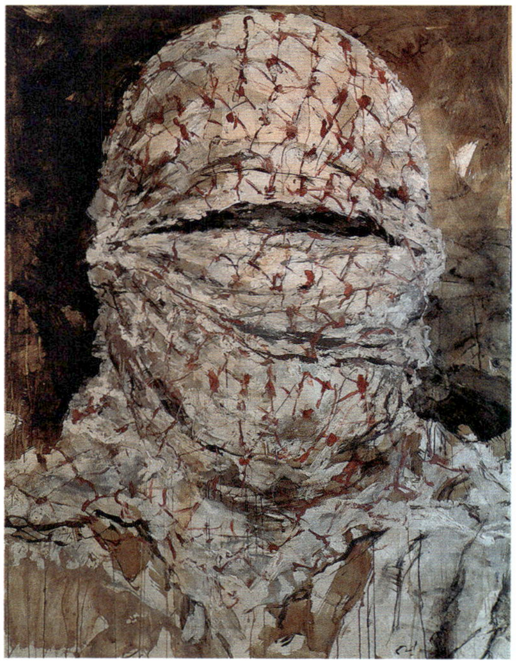

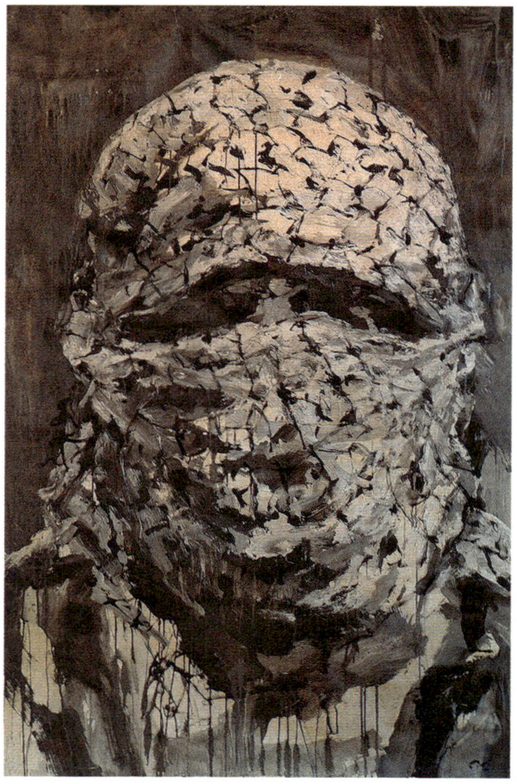

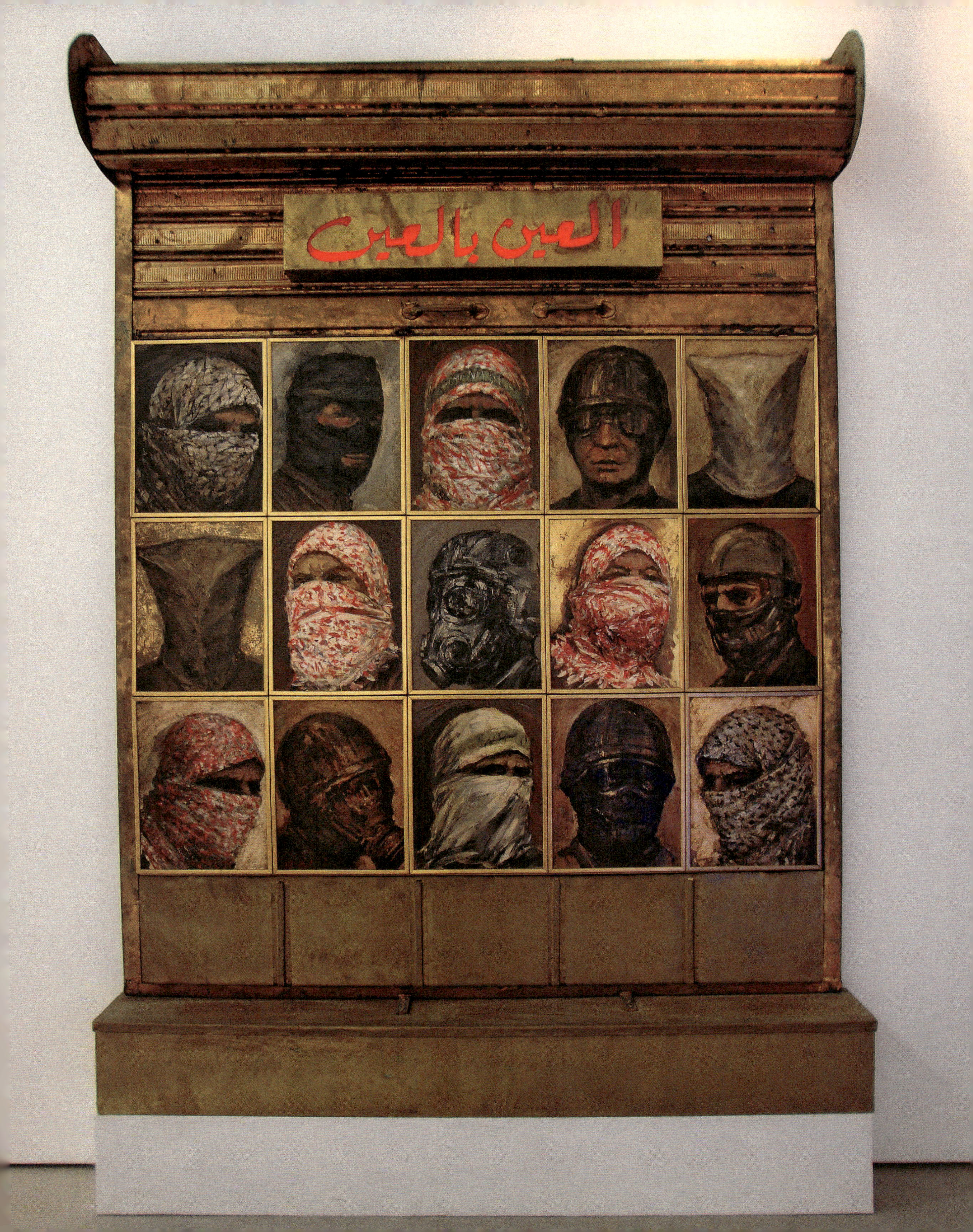
العين بالعين

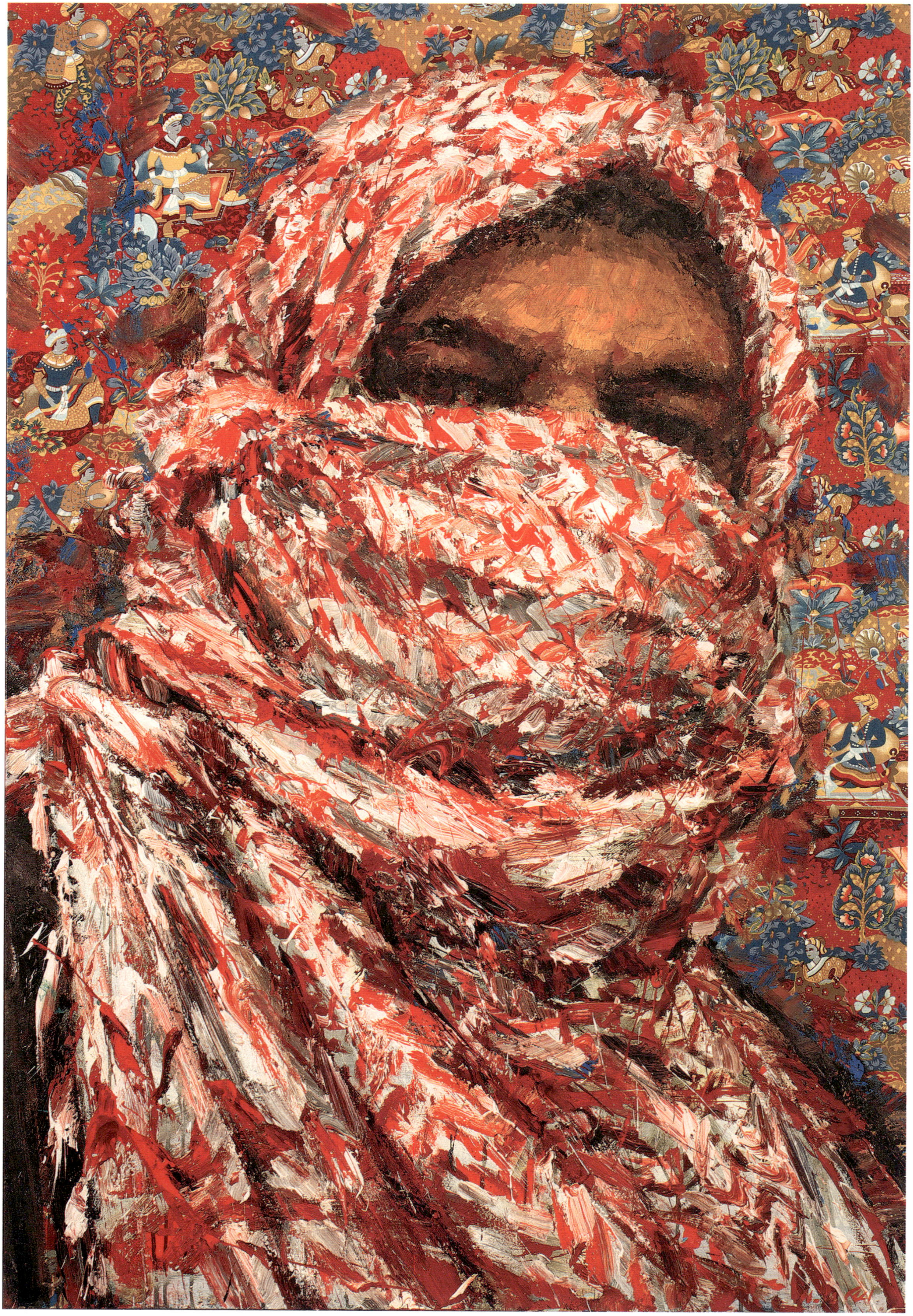

reference contradicts the poverty of the objects thus gilded and preserved, nothing but the luggage of a *Wanderer* – exile, emigrant, refugee.
Destination X or *Anatomy of wandering* are also general allegories that are valid far beyond Lebanon. A French spectator can thus find there the memory of the exodus of June 1940 at the time of the defeat by the Third Reich. A Palestinian, a Bosnian, a Croat, a Sudanese, would recognize their stories there. So many are the civilian populations forced to flee during the twentieth century from an invasion or an "ethnic cleansing" that these works can be interpreted in multiple ways, which is the characteristic of the most striking political allegories.
But these life-size installations have a third effect, which we have already studied by observing the landscapes of ruins in very large format, of which we have said how much their dimensions required that their perception not only be that of the eye, but that of the whole body. The same goes for the Peugeot, Toyota and Mercedes of *Destination X*, the kitchen tools of *Anatomy of wandering* and the pillows and rolled blankets from *Good morning Wadi Abou Jamil*, another assemblage whose title refers to the Jewish neighborhood of Beirut. Once again, with an almost haunting consistency, Baalbaki places the viewer in an awkward position, in the peaceful setting of an exhibition or a collection. With a provocative insistence and a dark humor that is found in the few works where neon intervenes to intimate an order – *Burn it, Wake up* – he forces the art lover to consider what, in all likelihood, he would turn away from in everyday life: the vehicle of a family of refugees, the package of a probably illegal migrant. In the street, he wouldn't stop and would even find them unpleasant, dirty, cumbersome. He wouldn't have a look. Here, how could he avoid turning around? Impossible, just as he cannot avoid walking back and forth and along these hostile and threatening paintings which inflict on him sensations and painful thoughts.
This is the strength of Baalbaki's work: it is difficult to look away once the gaze has been captured by one of his paintings or installations. It is no more possible to escape them than it is for any man to escape his past and his present.

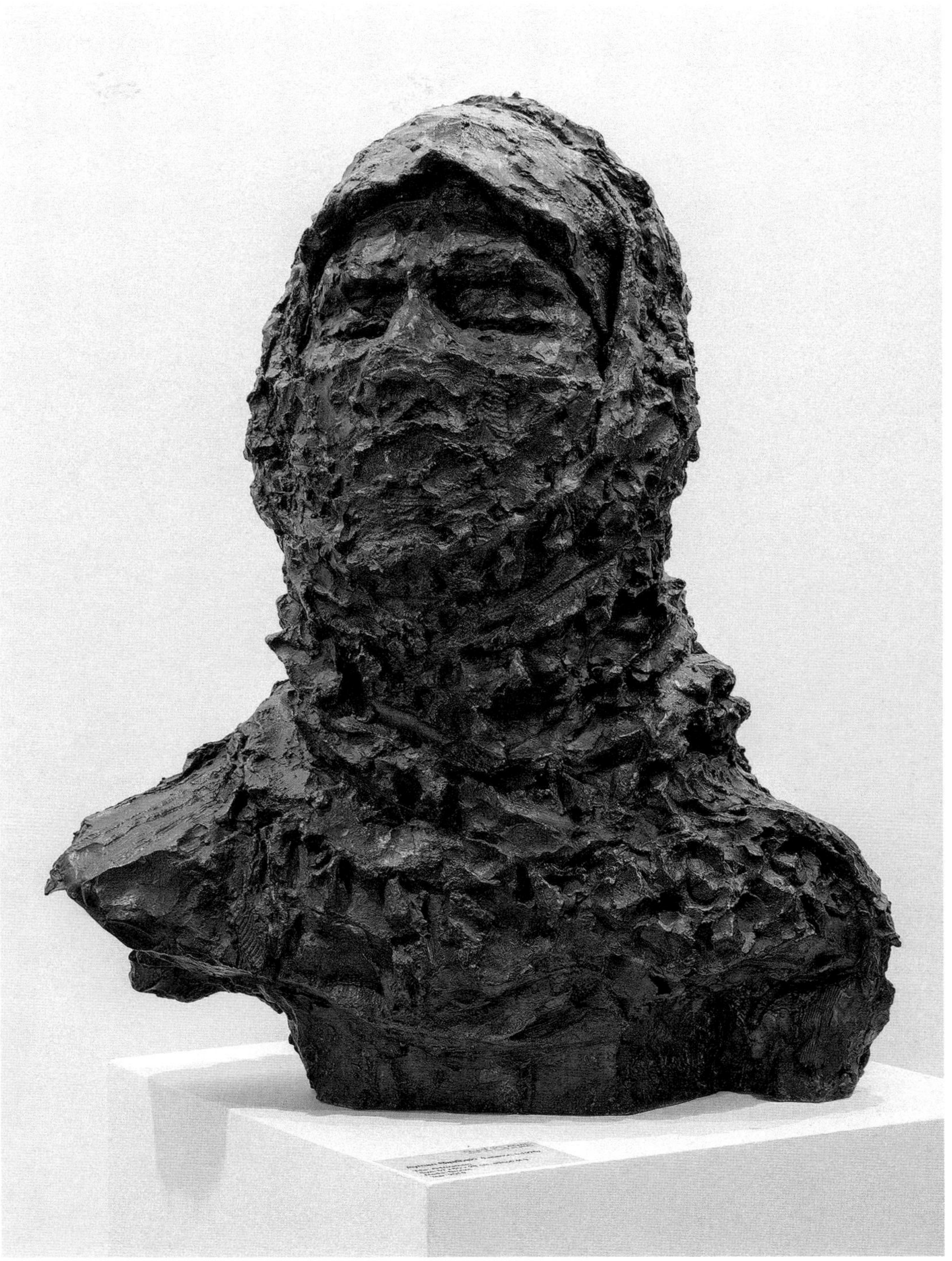

Al Mulatham, 2011
acrylic on fabric laid on canvas, 185 x 129.5 cm
(opposite page)

Al Mulatham, 2019
bronze, 57 x 50 x 28 cm, edition of 3 + 2 artist proof

Al Mulatham, 2019
resin, 140 x 120 x 65 cm, edition of 3 + 2 artist proof *(work in progress)*
(next page)

Baalbaki sleeping in his studio 2015 *(next page)*

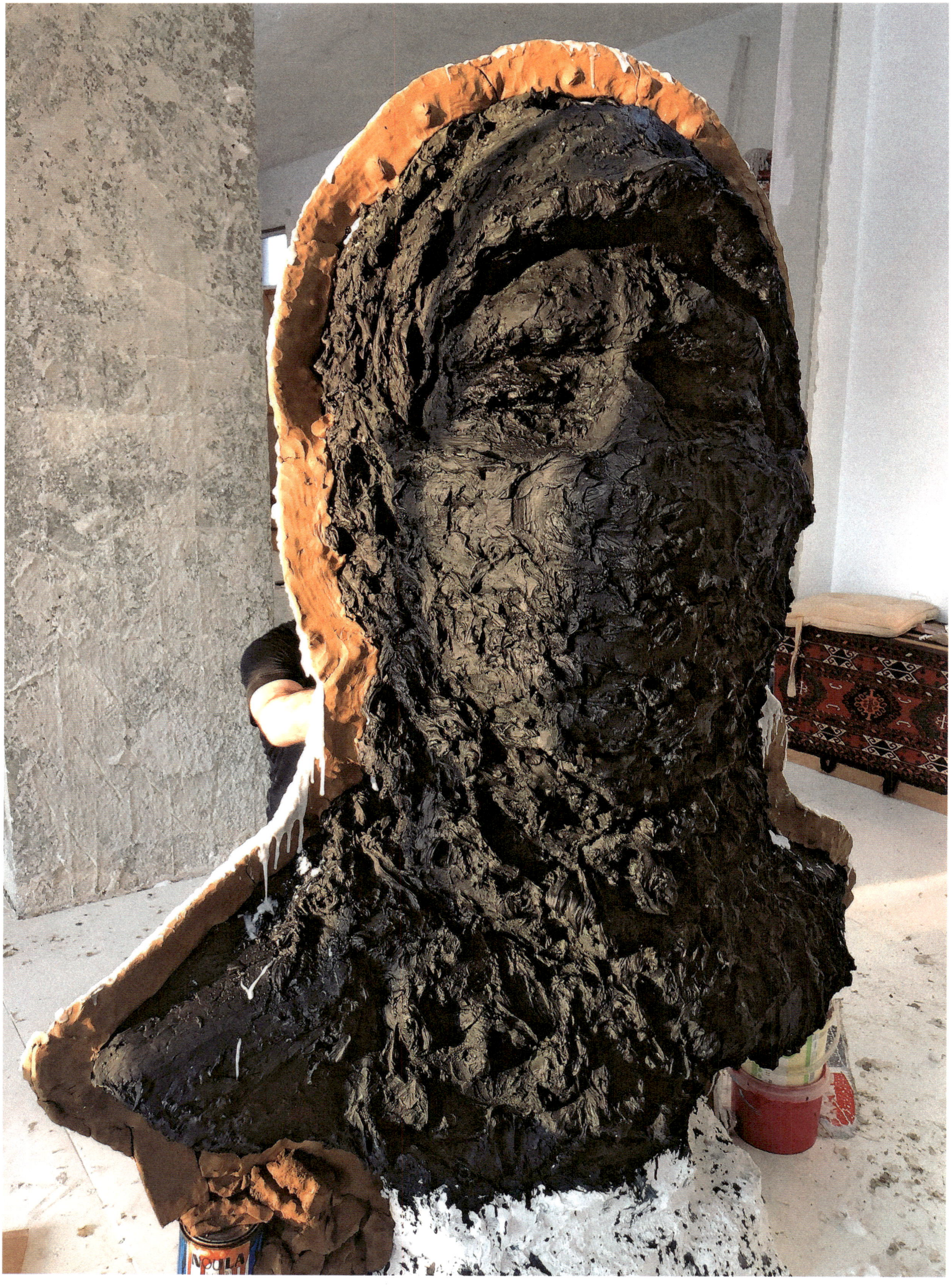

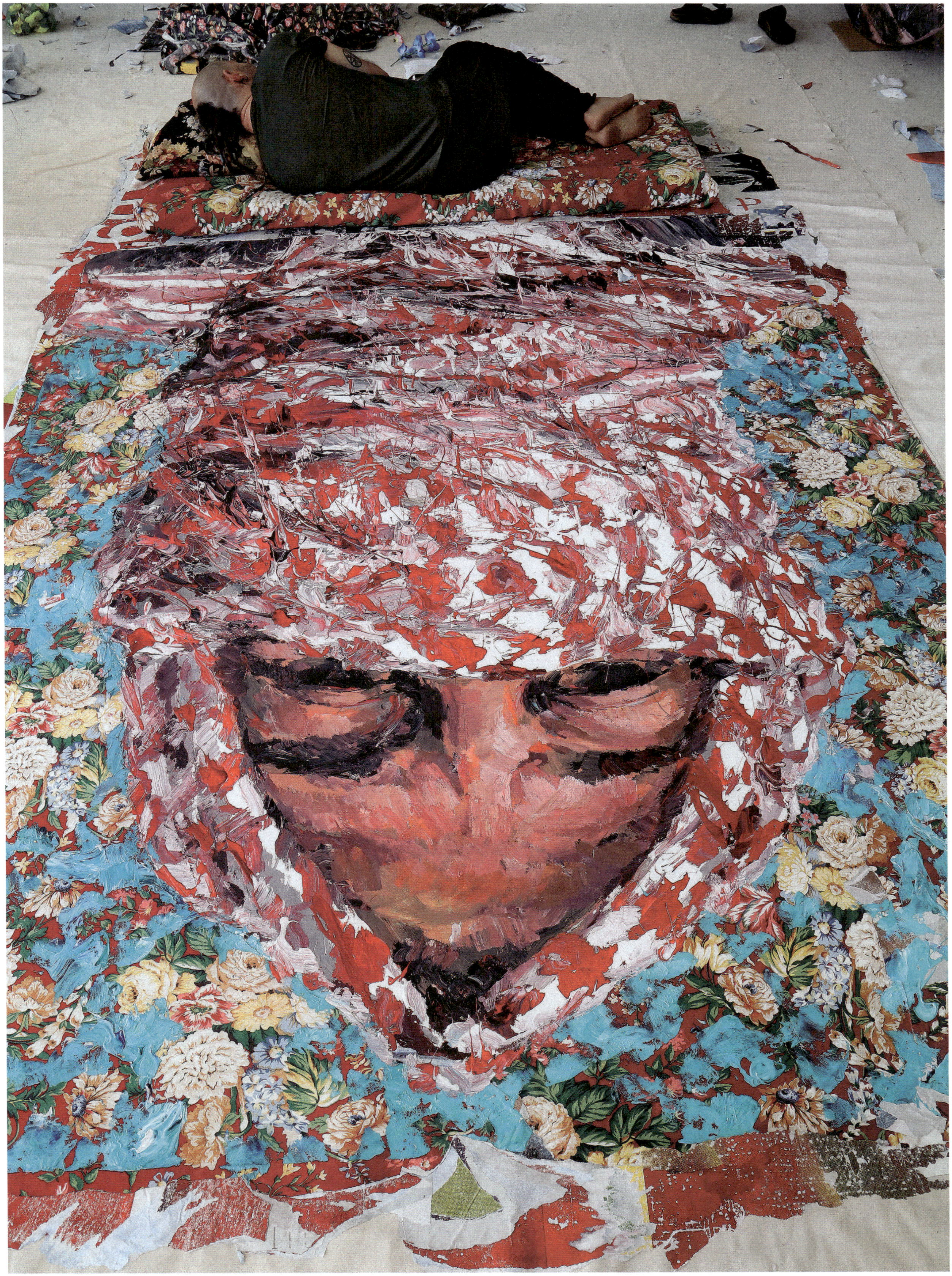

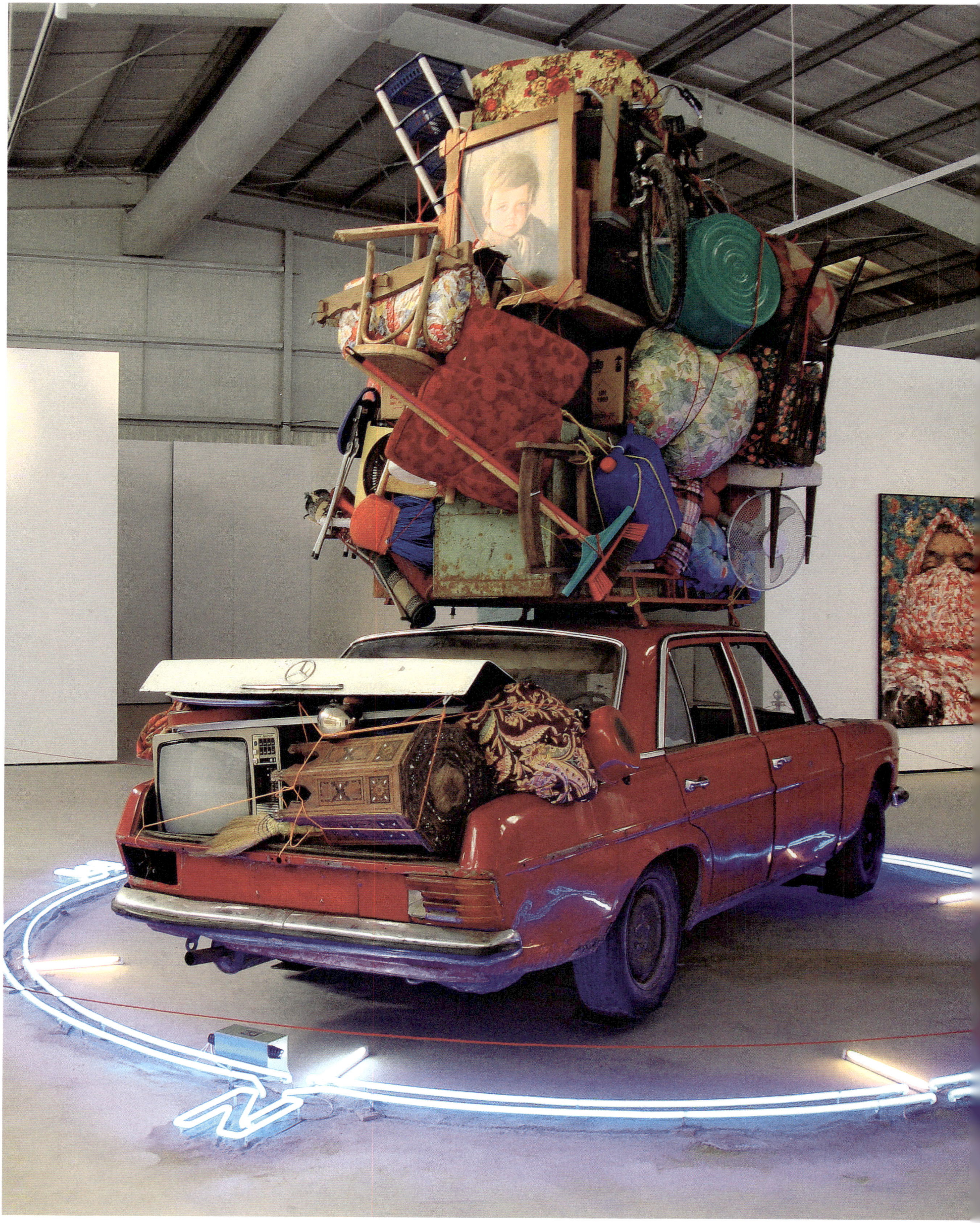

ayman baalbaki

l'artiste face au chaos

the artist facing chaos

thierry
savatier

(FR)

Historien de l'art et conférencier spécialiste du XIXe siècle.
Art historien and lecturer 19th century specialist.

**translated by
nayla tamraz**

Destination X II, 2010
Mercedes Car and blue neon and mixed media, variable size
Arabicity, Beirut exhibition center, Beirut.
Mathaf: Arab Museum of Modern Art, Qatar
(opposite page)

J'ai gardé un souvenir très précis de ma première confrontation aux œuvres d'Ayman Baalbaki. C'était en 2010 ; Fatima El Hajj, peintre qui compta Ayman parmi ses étudiants à l'Université libanaise, m'avait invité à visiter l'exposition « Arabicity » au Beirut International Exhibition & Leisure Center (BIEL). Celle-ci réunissait neuf artistes du monde arabe : égyptiens, palestiniens, syriens, libanais. Peintures, sculptures, photographies, vidéos et installations ponctuaient le parcours sur lequel me guidait la commissaire, Rose Issa, avec une précision et une érudition sans faille. Une allée aboutissait à un vaste volume au milieu duquel se trouvait une installation inattendue : une Mercedes hors d'âge, cabossée, telle qu'on en rencontre assez fréquemment au Liban, occupait le centre d'un cercle de néon bleu sur lequel figuraient les quatre points cardinaux. Des bagages débordaient de la malle du véhicule ; sur le toit s'amoncelaient, jusqu'à une hauteur vertigineuse et dans un équilibre précaire, cartons, matelas, meubles, bidons, ustensiles ménagers, bouteille de gaz. On devinait qu'il s'agissait du contenu, réduit à l'essentiel, de la maison d'une famille fuyant dans l'urgence vers l'inconnu, ce que confirmait le titre de l'œuvre, *Destination X* (2010).

I have vivid memories of my first encounter with the works of Ayman Baalbaki. It was in 2010; Fatima El Hajj, a painter who counted Ayman among her students at the Lebanese University, invited me to visit the "Arabicity" exhibition at the *Beirut International Exhibition & Leisure Center* (BIEL). This exhibition brought together nine artists from the Arab world: Egyptians, Palestinians, Syrians and Lebanese. Paintings, sculptures, photographs, videos and installations pointed the course on which the curator, Rose Issa, guided me, with unfailing precision and erudition. An alley led to a vast volume in the middle of which was an unexpected installation: an outdated, battered Mercedes, such as one meets quite frequently in Lebanon, occupied the center of a circle of blue neon on which appeared the four cardinal points. Luggage overflowed from the trunk of the vehicle; on the roof, piled up, to a dizzying height and in a precarious balance, cardboard boxes, mattresses, furniture, cans, household utensils, gas bottle. One guessed that it was the contents of the house, reduced to the essentials, of a family fleeing in a hurry towards the unknown, as confirmed by the title of the work, *Destination X* (2010).

Hanging on the walls, paintings of a very personal style, bordering on realism and expressionism, showed ruined buildings – notably *The Sniper* (2009), an interpretation of the famous *Holiday Inn* in Beirut which housed many snipers during the civil war. Next to it was the puzzling vision of a probably dead fighter, his face wrapped in a red and white keffiyeh painted on a gilded bronze background, surmounted by the stars of the Big Dipper, whose baroque feature was a surprising contrast with the subject (*Ya'illahi!*, 2008). I stopped for a long time in front of these paintings which sometimes called for mixed media, such as *Œil pour Œil* (2008), fifteen small portraits of soldiers, acrylics of police officers and prisoners or hostages, assembled on an antique storefront store whose iron curtain was gilded with leaf, a detail that recalled the Eastern Christian tradition of iconostasis. A certainty then appeared to me: in this exhibition, even if the eight other artists offered real qualities, the author of this installation and of these paintings was, in my opinion, the most talented, the most promising, both from the plastic point of view and the intellectual approach he was developing. Rose Issa told me that this artist was Ayman Baalbaki.
At the exit, I ran into him by chance and I found myself telling him only some quite dismaying trivialities: "I really like what you do, etc. ..." The aesthetic shock produced by this discovery had prevented me from going beyond; I felt that I had to assimilate what I had seen first, get out of the amazement, before attempting to express a more structured feeling. Since then, I have come to know the work and the artist, to meet him every year, to follow the evolutions of his creation. His last solo exhibition, at the Saleh Barakat Gallery ("/blobak/", 2016), whose large main room allows the showcasing of works of monumental dimensions, confirmed my initial opinion. Ayman Baalbaki is not one of those shooting stars who makes a dazzling impression at a specific moment, then passes out in a barren night; he is an artist who digs his furrow, with great regularity, relentlessly; he is inhabited by a real thought, served by a sure hand. Let's watch him at work.

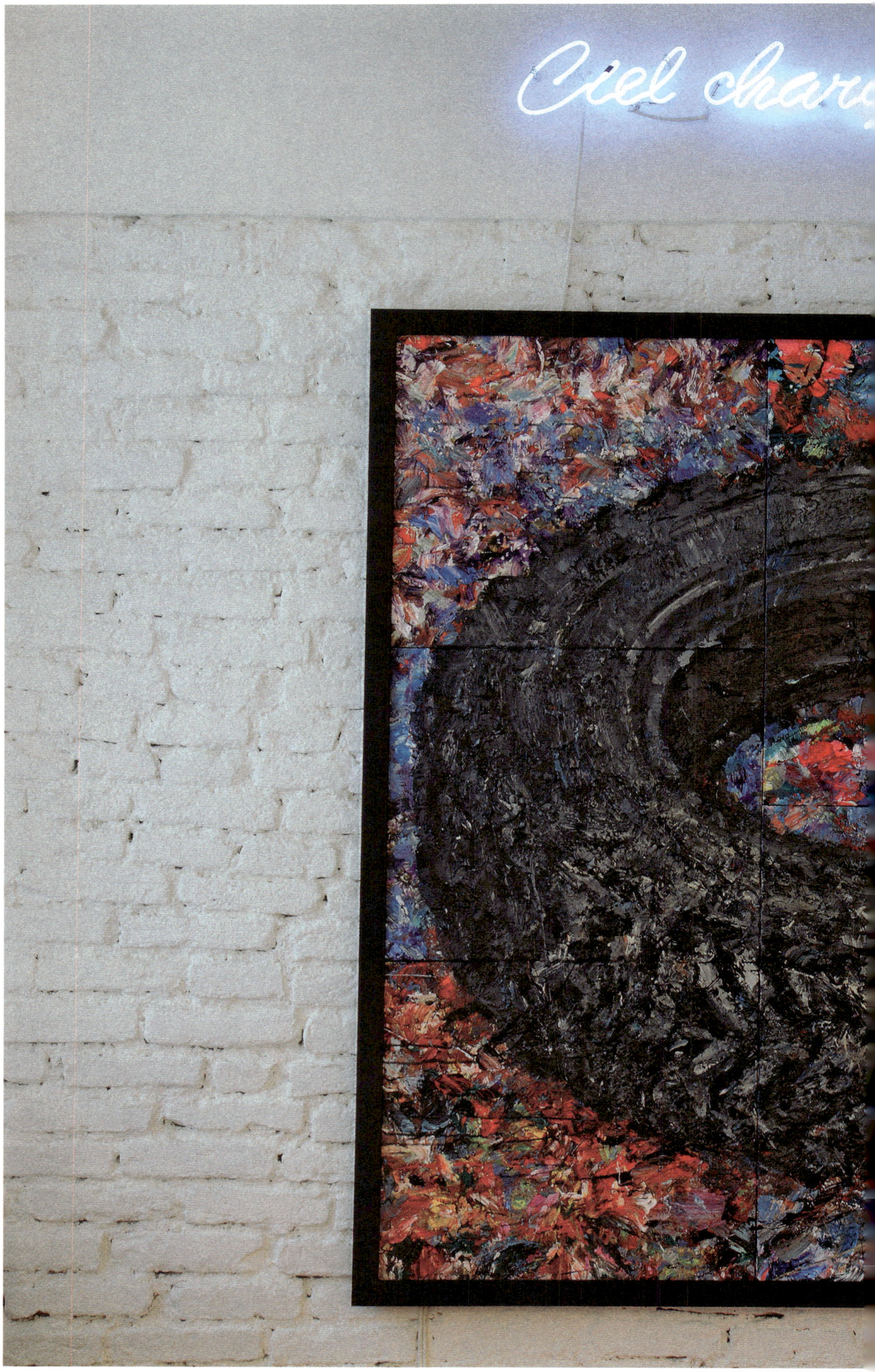

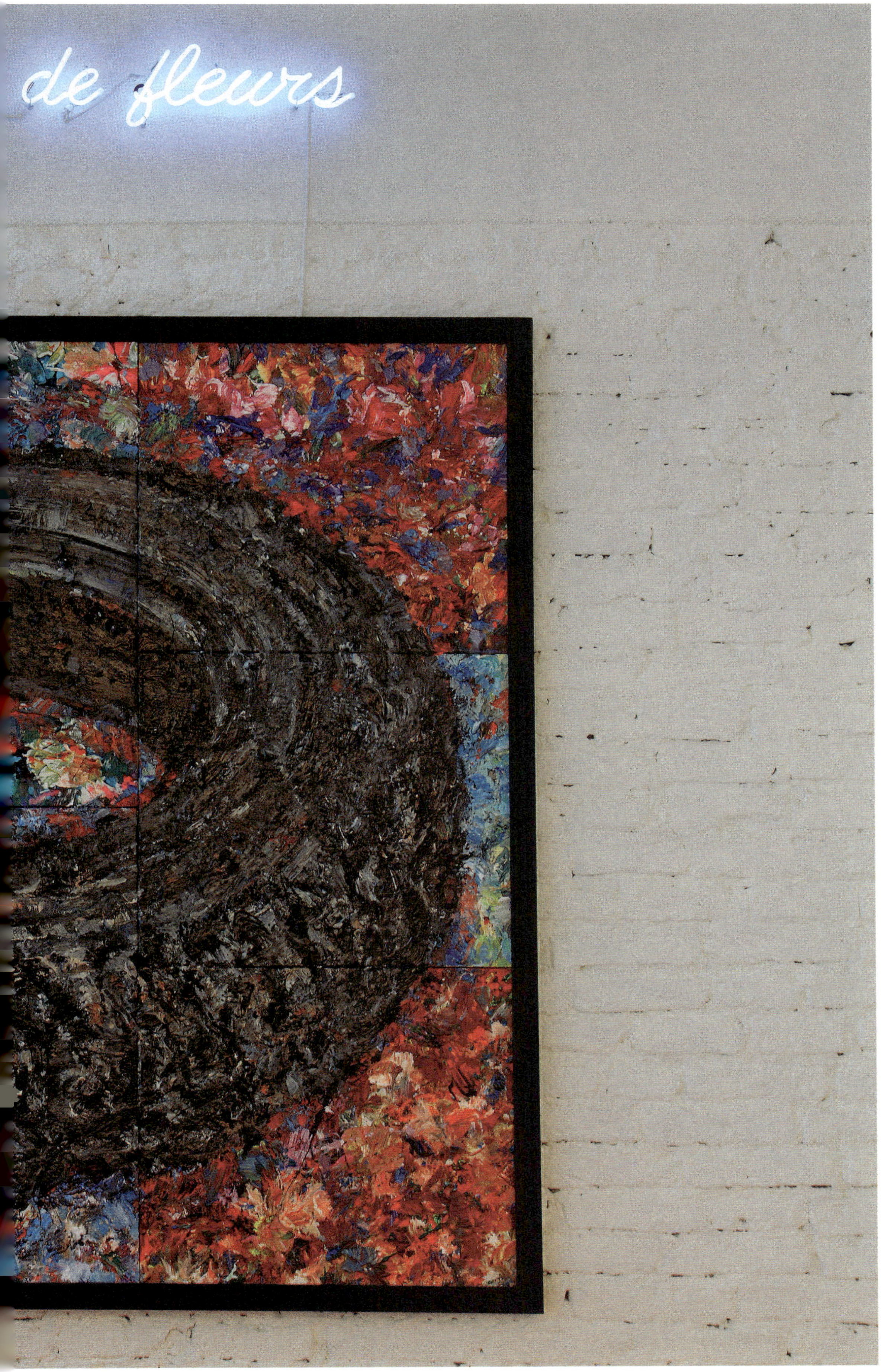

Accrochées aux murs, des peintures d'un style très personnel, aux frontières du réalisme et de l'expressionnisme, montraient des immeubles en ruine – notamment *The Sniper* (2009), interprétation du célèbre Holiday Inn de Beyrouth qui abrita nombre de tireurs isolés pendant la guerre civile. À côté, s'affichait la vision déroutante d'un combattant probablement mort, le visage enveloppé dans un keffieh rouge et blanc peint sur un fond de bronze doré, surmonté des étoiles de la Grande Ourse, dont le caractère baroque réservait un contraste surprenant avec le sujet (*Ya'illahi !*, 2008). Je m'arrêtai longuement devant ces tableaux qui faisaient parfois appel à des techniques mixtes, comme *Œil pour œil* (2008), quinze petits portraits de soldats, de policiers et de prisonniers ou d'otages à l'acrylique, réunis sur une antique devanture de magasin dont le rideau de fer était doré à la feuille, détail qui rappelait la tradition chrétienne orientale de l'iconostase. M'apparut alors une certitude : dans cette exposition, même si les huit autres artistes offraient de réelles qualités, l'auteur de cette installation et de ces peintures se montrait à mon sens le plus talentueux, le plus prometteur, tant du point de vue plastique que de la démarche intellectuelle qu'il développait. Rose Issa m'indiqua qu'il s'agissait d'Ayman Baalbaki. À la sortie, je le croisai par hasard et je me surpris à ne lui dire que des banalités assez consternantes : « J'aime beaucoup ce que vous faites, etc. » Le choc esthétique produit par cette découverte m'avait empêché d'aller au-delà ; je sentais que je devais d'abord assimiler ce que j'avais vu, sortir de l'effet de sidération, avant de tenter d'exprimer un sentiment plus structuré. Depuis, j'ai appris à connaître l'œuvre et l'artiste, à le rencontrer chaque année, à suivre les évolutions de sa création. Sa dernière exposition personnelle, à la Saleh Barakat Gallery (« /blobak/ », 2016), dont la vaste salle principale permet de mettre en valeur des œuvres de dimensions monumentales, m'a conforté dans mon opinion première. Ayman Baalbaki n'est pas l'une de ces étoiles filantes qui produisent une fulgurante impression à un instant donné, puis s'évanouissent dans une nuit stérile ; c'est un artiste qui creuse son sillon, avec une belle régularité, sans relâche ; il est habité d'une véritable pensée, servie par une main sûre. Voyons-le à l'œuvre.

Urban ruins

He paints canvases of all formats, with a predilection for the very large and polyptychs. His only spatial limit, he says, is the size of his studio because he does not work on the motif. Details taken from the street or photographs can serve as a reference, but the chain of action, between observation and realization, does not necessarily respond to urgency; some projects mature for a long time before they materialize, such as the series of flag autodafés which will be discussed later, which required five years of reflection.
He tackles the board directly, without bothering with preparatory work. For the historian, accustomed to the genetic examination of a work, it is a source of frustration, but for the observer who watches the painter in action (some videos available on the Web attest to this), this *ex nihilo*, spontaneous and yet obviously very thoughtful creation never ceases to amaze. The gesture is nervous, precise, the hand draws with a brush on the blank canvas, sometimes primed in dark brown (following a habit dear to Gustave Courbet) or already covered with torn posters, even with these astonishing floral fabrics that Shia women used for their dresses in the long gone past. These colorful, joyful, very kitschy fabrics, today marked with the seal of bad taste in clothing, maintain an oxymoric relationship with the gravity of the represented subjects.

Let's take a close look. Black lines stand out, crisscrossing on the medium. In the composition of urban ruins, they play a capital role. When, thinking of the architecture of Versailles, René Huyghe noticed that the right symbolized absolute power, he was naturally referring to the horizontals. Here, it is the vertical lines of the skyscrapers that clearly dominate the pictorial writing, all the more so when the framing, as often, is based on the low angle view.
These verticals are however permanently thwarted by horizontal intersections, collapses, concrete wounds, distorted lines, unexpected notes of a palette rich in dark tones in which the painter excels, sometimes raised with a livelier touch, red in particular. From then on, the illusion of absolute power directed towards the sky (which had so marked Le Corbusier when he visited New York for the first time) vanished into the chaos of reality. This is the case, for example, with the *Tammouz* series produced in 2006. Some paintings of this series are very elaborate, others synthesized, reduced to a succession of large brush strokes. These are reminiscent of a small series of studies entitled *Quartier de boeuf* carried out by Ayman Baalbaki in 2001. It is significant to note that most of the paintings representing collapsed buildings (even if he had already sketched this theme in 2000-2001) have been carried out since 2006 when, during the Israeli-Lebanese conflict, massive bombardments destroyed a large part of South Beirut. His eye could not escape the human and aesthetic shock that such an environment imposed.
A recurring gesture does not escape the observer who watches him paint: the artist affixes his notes of color, then takes a step back to assess the produced effect, which it would be impossible to measure otherwise. Then he rectifies, amplifies, completes. In front of the finished canvas which is, let us note, entirely covered with pigments, the spectator can greatly benefit from imitating him in this work of the gaze. From a distance, the subject seems almost realistic, figurative in any case – but a figuration that does not seek servile imitation, or even the embellishment of reality. At a shorter distance, expressionism comes to mind – how can one not find a gateway between the desolate scenes of gutted buildings and, for example, the paintings and engravings of Otto Dix illustrating the Great War or certain paintings by Willem de Kooning? Should we still detect the influence of his master and friend Marwan Kassab

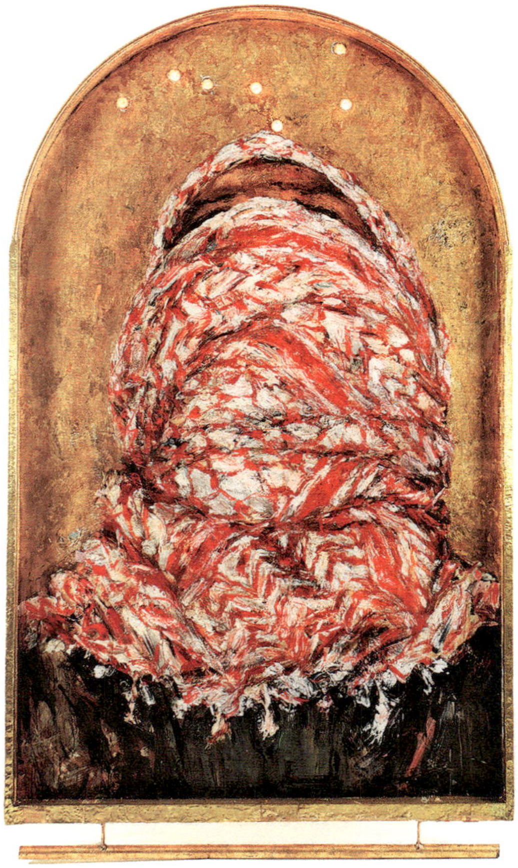

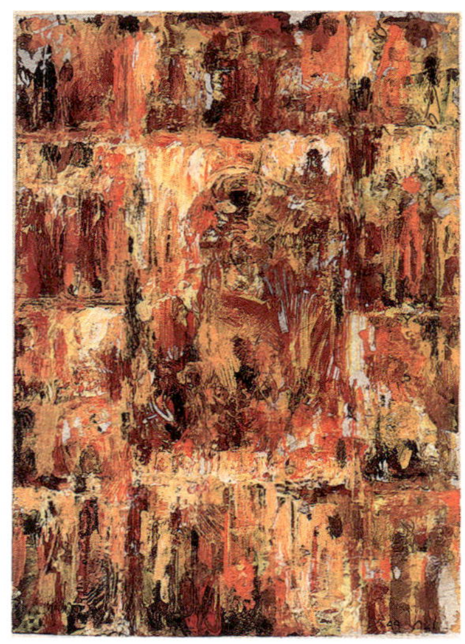

View of the exhibition
Ciel chargé de fleurs, 2010
neon sign and 'Tire' painting
Luce Gallery, Torino, Italy
(previous page)

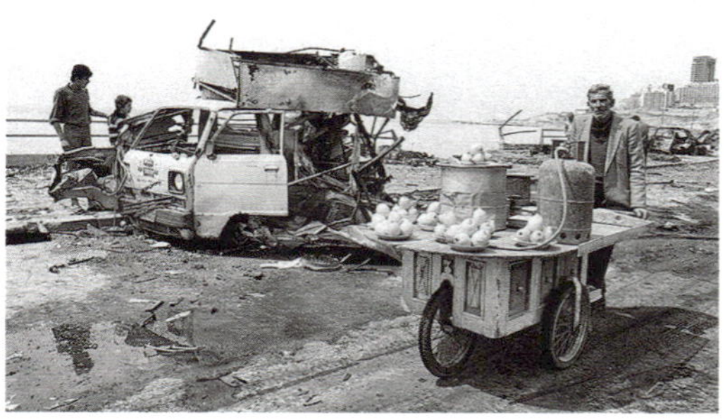

Aline Manoukian,
The corniche of Beirut during the War of Liberation,
between 1989 and 1990,
Beirut, Lebanon
gelatin silver negative on 35mm film

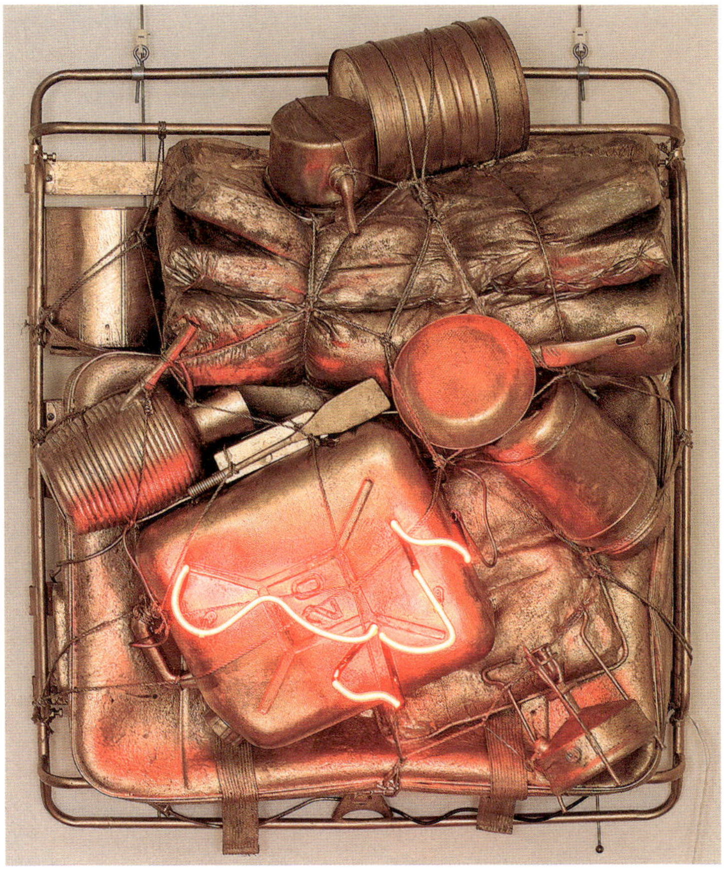

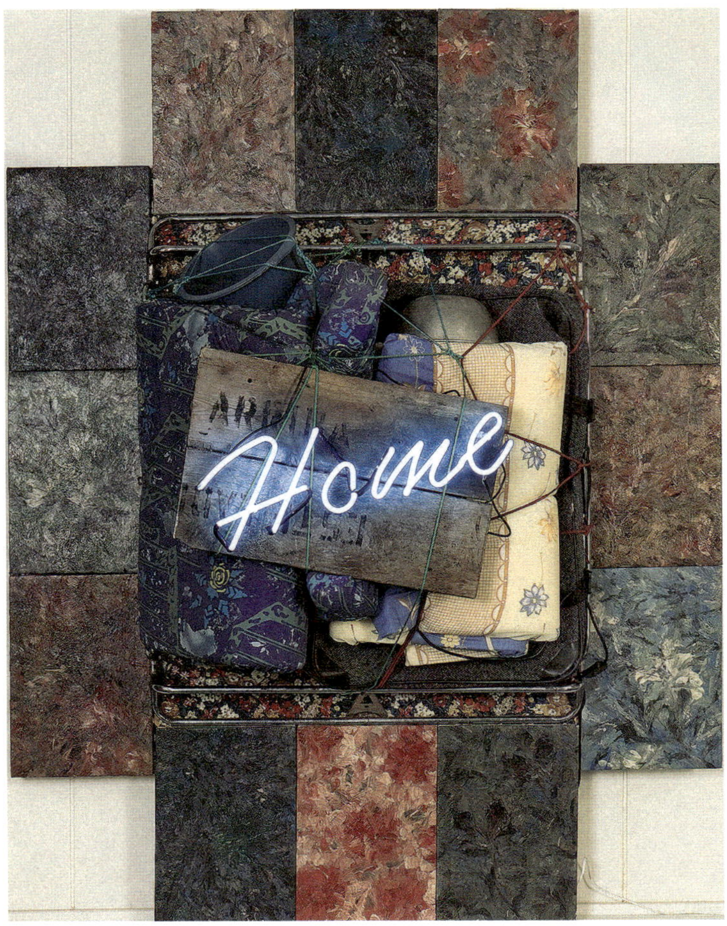

My God!!, 2008
acrylic on panel,
210 x 127 x 8 cm
(opposite page)

untitled, 1999
acrylic on paper,
26.5 x 19 cm
(opposite page)

Anatomy of Wandering, 2008
mixed media and neon,
105 x 90 x 45 cm

I built my Home, 2008
mixed media,
192 x 149 x 80 cm

Ruines urbaines

Il peint des toiles de tous formats, avec une prédilection pour les très grands et les polyptyques. Sa seule limite spatiale, dit-il, est la dimension de son atelier car il ne travaille pas sur le motif. Des détails relevés dans la rue ou des photographies peuvent lui servir de référence, mais la chaîne d'action, entre l'observation et la réalisation, n'obéit pas nécessairement à l'urgence ; certains projets mûrissent longtemps avant de se concrétiser, comme la série des autodafés de drapeaux dont il sera plus loin question, qui lui demanda cinq années de réflexion.
Il s'attaque directement au tableau, sans s'encombrer de travaux préparatoires. Pour l'historien, habitué à l'examen génétique d'une œuvre, c'est une source de frustration, mais pour l'observateur qui regarde le peintre en action (quelques vidéos disponibles sur la Toile en témoignent), cette création *ex nihilo*, spontanée et cependant à l'évidence très réfléchie, ne cesse de surprendre. Le geste est nerveux, précis, la main dessine au pinceau sur l'espace de la toile, vierge, parfois apprêtée de brun sombre (suivant une habitude chère à Gustave Courbet) ou déjà recouverte d'affiches déchirées, voire de ces étonnants tissus fleuris que les femmes chiites utilisaient pour leurs robes dans un passé depuis longtemps révolu. Ces tissus bariolés, joyeux, kitschissimes, marqués aujourd'hui du sceau du mauvais goût vestimentaire, entretiennent avec la gravité des sujets représentés un rapport oxymorique.

Regardons attentivement. Des lignes noires se dressent, s'entrecroisent sur le support. Dans la composition des ruines urbaines, elles jouent un rôle capital. Lorsque, pensant à l'architecture de Versailles, René Huyghe remarquait que la droite symbolisait le pouvoir absolu, il faisait naturellement référence aux horizontales. Ici, ce sont les droites verticales des gratte-ciel qui dominent nettement l'écriture picturale, *a fortiori* lorsque le cadrage, comme fréquemment, se fonde sur la contre-plongée.
Ces verticales sont toutefois en permanence contrariées par des entrecroisements horizontaux, des effondrements, les

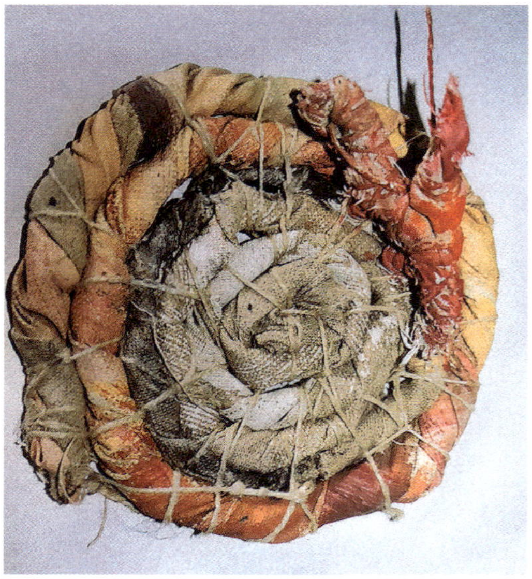

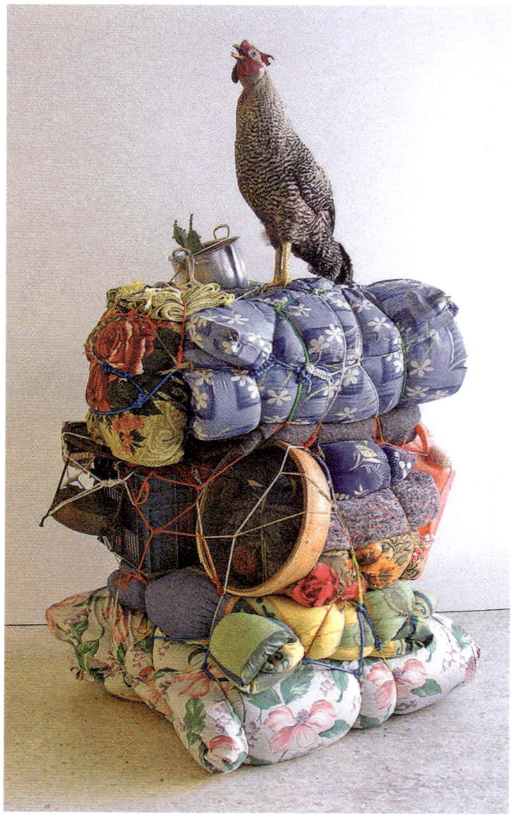

According to Kazimir Malevich the Red Cavalry, 2002
mixed media,
approx. D = 20 cm

Bonjour Wadi Abou-Jmil, 2005
mixed media, approx.
100 x 100 x 160 cm

Bachi (1934-2016), nourished by abstract expressionism? Maybe. One can find the same density in the expression. He also likes Markus Lüpertz whose disturbing and sometimes warlike figures belong to a related universe, and Shafic Abboud (1926-2004), a major reference of the New School of Paris, whose palette, however, generally comes in lighter tones.

However, it is from a very close perspective that the chaotic universe of the initial image takes on its full meaning. What we see is abstract: a hustle and bustle of colors, a cataclysm of material effects. The painter didn't just use his brush; he spread his paint by hand, projected it with a brush, even with a full handle; the paste asserts itself, generous as in a forest and mineral landscape by Gustave Courbet (whom Ayman Baalbaki admires). This voluptuousness of the material contrasts with the austerity of the subjects. Each jet plays a specific role because a trained eye can notice overlays which prove that retouching, which cannot be confused with overpainting, has been added. An improbable harmony is born from these strata, of which we gradually become aware; at first glance invisible details appear, colors that we never suspected. The act of creation is rapid, very physical; we are facing an assumed *dripping*. The aesthetic belongs to the post-Pollock figuration.

From these devastated, complex, striking landscapes, vegetation is constantly absent, unlike, for example, the ruins of Piranesi and Hubert Robert, where it gives the impression of gradually regaining its rights. Because what the painter represents, unlike a centuries-old tradition reflected in the history of art,[1] does not represent the slow wear of time, but the destruction, instantaneous or in a few years, of urban buildings, by the folly of men.

All these scenes, located in the heart of cities, bear witness to the continual internal and external conflicts which have been tearing Lebanon apart almost continuously since 1975, between war and terrorism. They occupy the mind and the universe of the painter who, born with the onset of the civil war, draws his inspiration from a historical or immediate daily life capable of enriching his imagination. The approach is both aesthetic and political in the noble sense of the term. However, and here lies in part the evocative force

blessures du béton, des lignes distordues, des notes inattendues d'une palette riche en tonalités sombres dans lesquelles le peintre excelle, parfois relevées d'une touche plus vive, le rouge notamment. Dès lors, l'illusion du pouvoir absolu dirigé vers le ciel (qui avait tant marqué Le Corbusier lorsqu'il visita New York pour la première fois) s'évanouit dans le chaos du réel. Tel est le cas, à titre d'exemple, de la série *Tammouz* réalisée en 2006. Certaines toiles y sont très élaborées, d'autres synthétisées, réduites à une succession d'amples touches de brosse. Ces dernières rappellent une petite suite d'études intitulée *Quartier de bœuf* réalisée par Ayman Baalbaki en 2001. Il est significatif de noter que la plupart des tableaux représentant des immeubles effondrés (même s'il avait déjà esquissé ce thème en 2000-2001) ont été réalisés depuis 2006, année où, lors du conflit israélo-libanais, des bombardements massifs détruisirent une grande partie de Beyrouth-Sud. Son œil ne pouvait se soustraire au choc humain et esthétique qu'imposait un tel environnement.

À l'observateur qui le regarde peindre, n'échappe pas un geste récurrent : l'artiste appose ses notes de couleur, puis prend du recul pour évaluer l'effet produit, qu'il serait impossible de mesurer autrement. Ensuite, il rectifie, amplifie, complète. Devant la toile achevée et, notons-le, entièrement recouverte de pigments, le spectateur a tout intérêt à l'imiter dans ce travail du regard. De loin, le sujet semble presque réaliste, figuratif en tout cas – mais une figuration qui ne recherche pas l'imitation servile, voire l'embellissement du réel. À plus courte distance, l'expressionnisme vient à l'esprit – comment ne pas trouver de passerelle entre les scènes de désolation d'immeubles éventrés et, par exemple, les peintures et les gravures d'Otto Dix illustrant la Grande Guerre ou certaines toiles de Willem de Kooning ? Faut-il encore y déceler l'influence de son maître et ami Marwan Kassab Bachi (1934-2016), nourri d'expressionnisme abstrait ? Peut-être. On y retrouve une même densité dans l'expression. Il aime aussi Markus Lüpertz, dont les figures inquiétantes et parfois guerrières appartiennent à un univers connexe, et Shafic Abboud (1926-2004), référence majeure de la nouvelle école de Paris, dont la palette, cependant, se décline généralement dans des tonalités plus claires.

C'est toutefois de très près que l'univers chaotique de l'image initiale prend tout son sens. Ce que l'on voit est abstrait : un tohu-bohu de couleurs, un cataclysme d'effets de matière. Le peintre n'a pas seulement utilisé son pinceau ; il a étalé sa peinture à la main, l'a projetée à la brosse, voire à pleine poignée ; la pâte s'affirme, généreuse comme dans un paysage forestier et minéral de Gustave Courbet (qu'Ayman Baalbaki admire). Cette volupté de la matière contraste avec l'austérité des sujets. Chaque jet joue un rôle précis, car un œil averti peut noter des superpositions qui prouvent que des retouches, qu'on ne saurait confondre avec des repentirs, se sont ajoutées. Une harmonie improbable naît de ces strates, dont on prend conscience progressivement ; apparaissent alors des détails au premier abord invisibles, des couleurs que l'on ne soupçonnait pas. L'acte de création est rapide, très physique ; nous faisons face à un *dripping* assumé. L'esthétique appartient à la figuration post-pollockienne.

De ces paysages dévastés, complexes, saisissants, la nature végétale est constamment absente contrairement, par exemple, aux ruines du Piranèse et d'Hubert Robert où elle donne l'impression de reprendre progressivement ses droits. Car ce que le peintre représente, à l'opposé d'une tradition plusieurs fois séculaire que reflète l'histoire de l'art[1], ne figure pas la lente usure du temps, mais la destruction, instantanée ou en quelques années, de bâtiments urbains par la seule folie des hommes.

Toutes ces scènes, situées au cœur des cités, témoignent des conflits internes et externes incessants qui déchirent le Liban pratiquement sans discontinuer depuis 1975, entre guerre et terrorisme. Elles occupent l'esprit et l'univers du peintre, qui, né avec le début de la guerre civile, puise son inspiration dans un quotidien historique ou immédiat apte à féconder son imaginaire. L'approche relève à la fois de l'esthétique et de la politique au sens noble du terme. Pour autant, et là réside en partie la force évocatrice de ses œuvres, il ne cherche pas à jouer la carte du misérabilisme, du pathos ni de l'esthétisation facile. C'est ainsi qu'au milieu de ces ruines, de ces terres ravagées, ne git aucun corps, ne déambule aucun blessé. Ayman Baalbaki n'a rien de commun avec ces « rossignols des charniers[2] » qui tentent

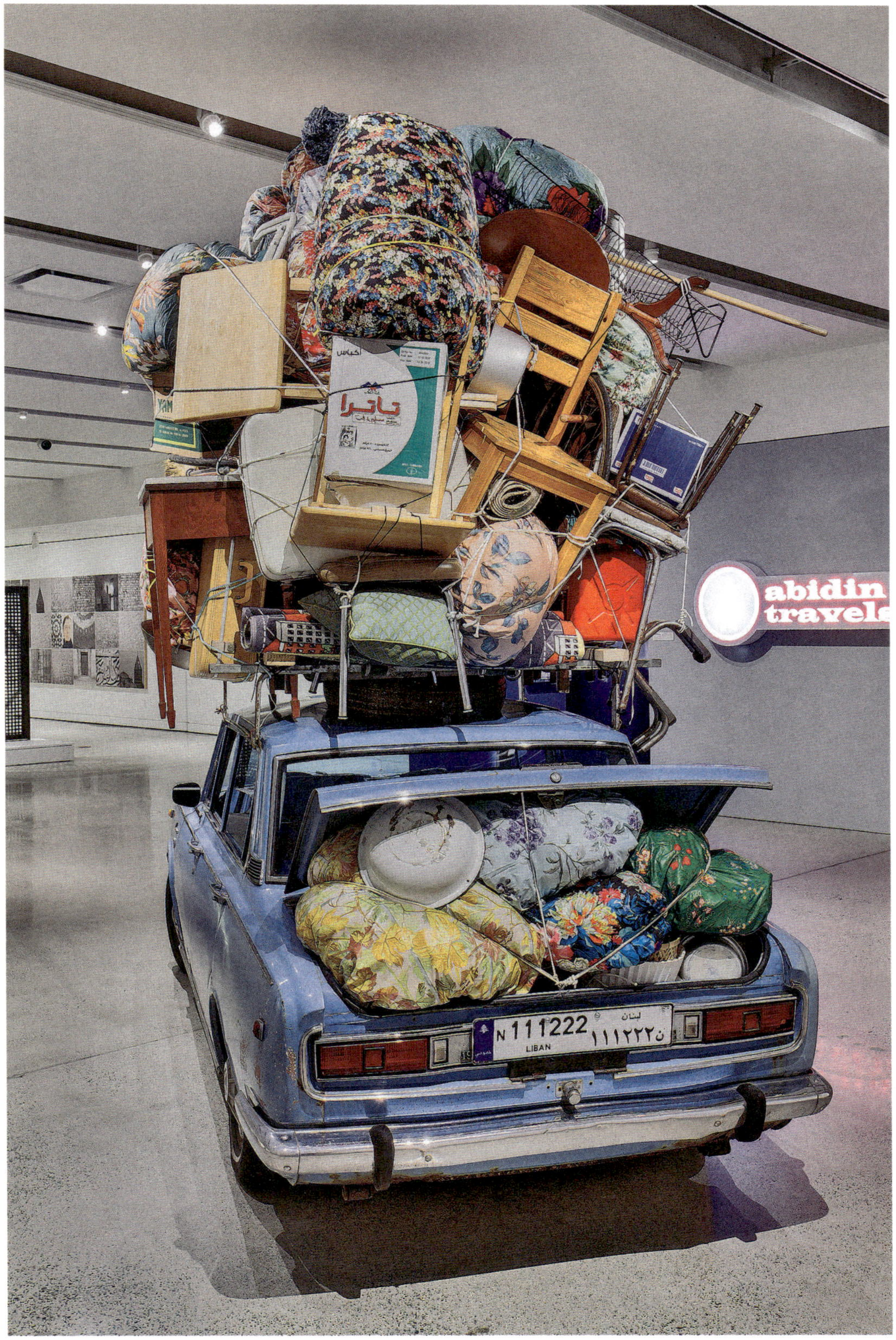

Destination X III, 2013
car and mixed media,
variable size,
Safar, Moa Museum,
Vancouver, Canada

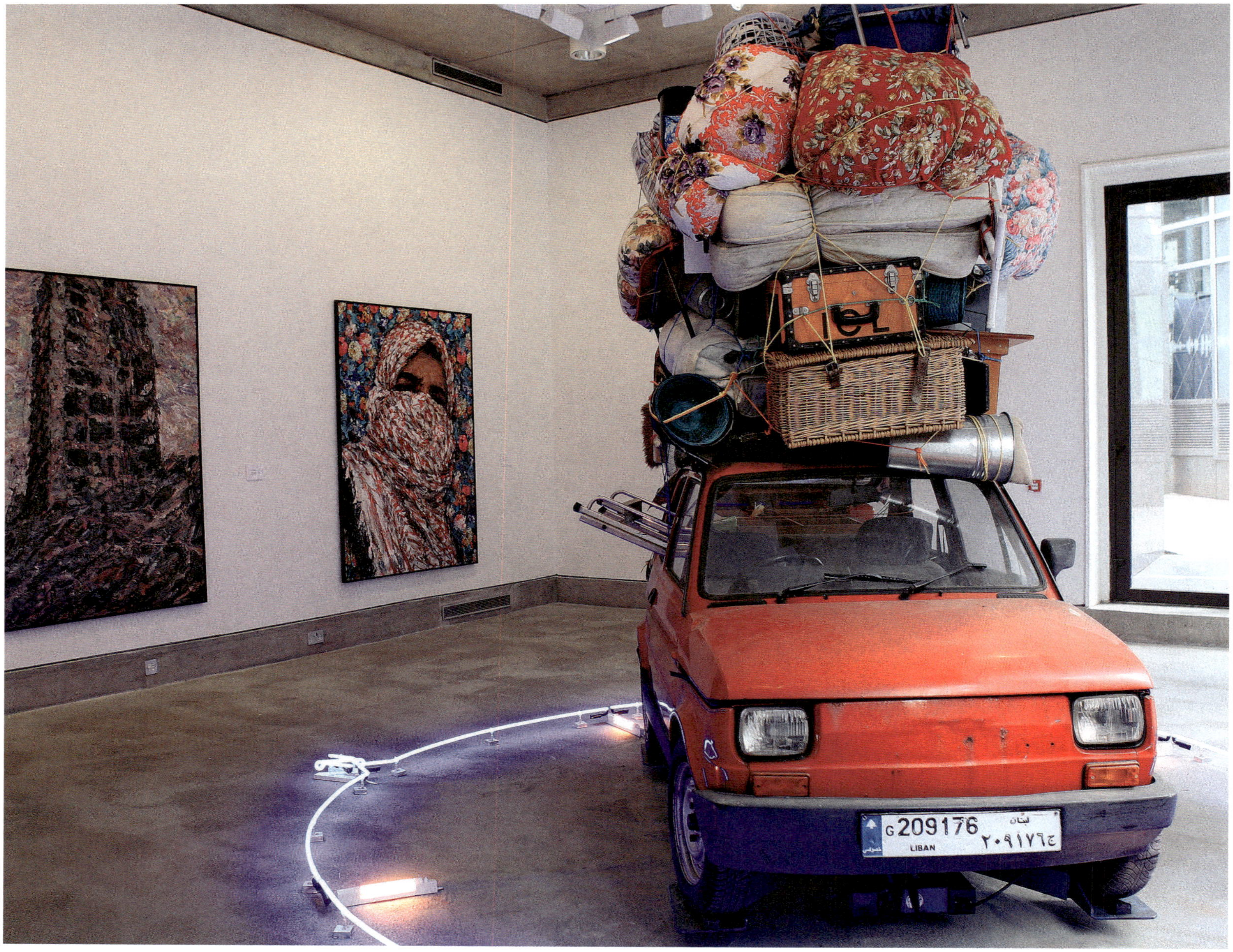

Destination X, 2010
car and blue neon and mixed media,
variable size
Arabicity, Bluecoat, Liverpool, UK.
The Farjam Foundation

d'asseoir l'indigence de leur pensée ou de s'attirer des sympathies à bon compte sur des monceaux de cadavres. Ses immeubles imposent un constat plus glaçant : les humains qui les habitaient ont fui ou ils ne sont plus.

Aucun pathos donc, mais une ironie grinçante émerge des indications écrites au néon souvent bleu – intrusion improbable du Pop Art – que l'artiste appose sur certains de ses tableaux ou juste au-dessus : « Home » (2008), « Sisyphos » (2008), « Checkpoint » (2009), « Ceci n'est pas la Suisse » (2009), « The End » (2016). Il prend le contrepied de Magritte et de son très surréaliste « Ceci n'est pas une pipe ». Car son humour, qui, selon le mot de Chris Marker, est la politesse du désespoir, puise sa force tragique dans un second degré très élaboré qui suggère au spectateur, un moment troublé, de réfléchir à ce qu'il découvre.

Ainsi, on peut voir en filigrane de *Wake up Sisyphus* (2008) le destin d'un Liban dont la fatalité consisterait à se reconstruire perpétuellement jusqu'au prochain cataclysme, comme le fils d'Éole et d'Énarété fut condamné à rouler éternellement une lourde pierre jusqu'au sommet d'une montagne d'où elle redescendait sans cesse. L'injonction au réveil – *Wake up* – résonne comme un appel à une prise de conscience de l'absurde. Albert Camus n'avait-il pas écrit : « À partir du moment où elle est reconnue, l'absurdité est une passion, la

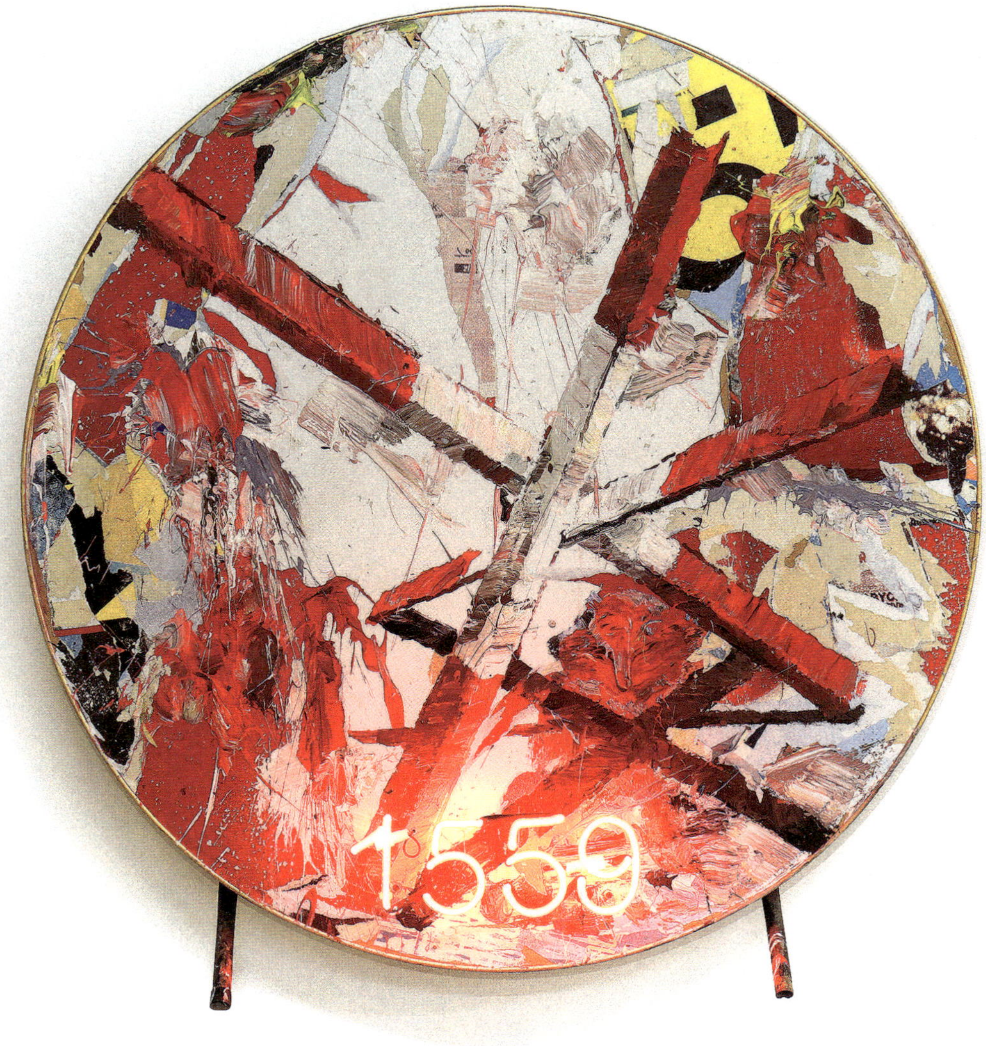

of his works, he does not seek to play the card of miserabilism, pathos or easy aestheticization. This is how, in the midst of these ruins, of these ravaged lands, no body lies, no wounded person wanders. Ayman Baalbaki has nothing in common with those "nightingales of the mass graves"[2] who try to settle the poverty of their thought or to gain sympathy cheaply over heaps of corpses. Its buildings impose a more chilling observation: the humans who inhabited them have fled or they are no longer.

No pathos therefore, but a creaking irony emerges from the indications written in often blue neon – an improbable intrusion of Pop Art – that the artist affixes on some of his paintings or just above: *Home* (2008), *Sisyphus* (2008), *Checkpoint* (2009), *This is not Switzerland* (2009), *The End* (2016). He takes the opposite approach to Magritte and his very surrealist *This is not a pipe*. His humor, which, in Chris Marker's words, is the politeness of despair, draws its tragic strength from a very elaborate second degree that suggests to the viewer, one moment troubled, to reflect on what he discovers.

Thus, we can see in the background of *Wake up Sisyphus* (2008) the destiny of a Lebanon whose fate would consist in perpetually rebuilding itself until the next cataclysm, as the son of Aeolus and Enarety was condemned to forever roll a heavy stone to the top of a mountain from which it kept descending again and again. The wake-up injunction – *Wake up* – sounds like a call to awareness of the absurd. Didn't Albert Camus write: "From the moment it is recognized, absurdity is a passion, the most heartbreaking of all"? What can we say also about the polysemy of the expression *The End* (2016) affixed to a representation of the *Dome City Center*, a famous cinema that Beirutis nickname "The Egg" in reference to its architecture, futuristic at the time it was built, whose ruins occupy the center of the capital? End of the film, end of the conflict, end of Humanity can, together or separately, be understood. As for the *Home* installation, made up of a few personal effects tied up on a support which constitutes a sad viaticum, it fits, like *Destination X*, in the theme of wandering, of forced nomadism. This theme of wandering expresses no more pathos than the representation of ruins. On the other hand, it reflects an experience

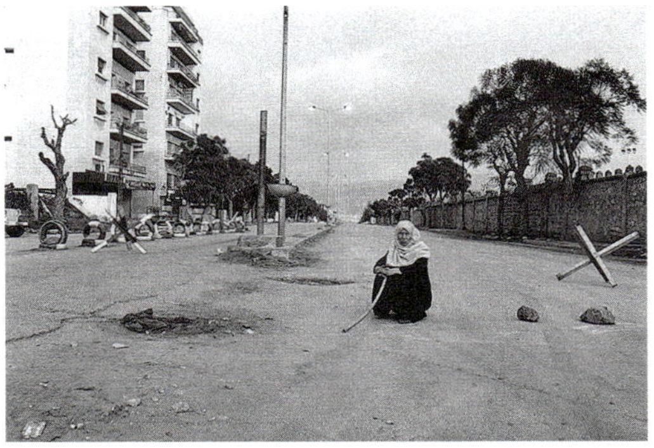

1559, 2016
mixed media on laminated table and neon, D = 116 cm

Aline Manoukian,
A woman sitting in the middle of the street following a demonstration by the families of missing people during the Lebanese Civil War,
1984, Beirut, Lebanon
gelatin silver negative on 35mm film

(next pages)

Concrete Lebanese Flag Barrier, 2013
acrylic on paper laid on canvas, 70 x 100 cm

MEA, 2016
mixed media on canvas, D = 120 cm

YUK, 2012
acrylic and mixed media on panel framed with antique cupboard, 235 x 230 cm, Institut du Monde Arabe, Paris

plus déchirante de toutes » ? Que dire encore de la polysémie de l'expression *The End* (2016) apposée sur une représentation du Dome City Center, célèbre cinéma que les Beyrouthins surnomment « L'Œuf » par référence à son architecture, futuriste à l'époque où il fut construit, dont les ruines occupent le centre de la capitale ? Fin du film, fin du conflit, fin de l'humanité peuvent, ensemble ou séparément, se sous-entendre. Quant à l'installation *Home*, composée de quelques effets personnels ficelés sur un support qui constitue un triste viatique, elle s'inscrit, comme *Destination X*, dans la thématique de l'errance, du nomadisme forcé. Cette thématique de l'errance n'exprime pas davantage de pathos que la représentation des ruines. Elle traduit en revanche une expérience vécue par le peintre qui dut, depuis sa naissance, fuir les théâtres de conflit pour s'établir dans des zones où régnait une paix temporaire et toute relative. Il ne puise donc pas son inspiration dans la seule observation de ce qui l'entoure, mais dans sa chair elle-même ; ceci n'est pas anodin, c'est ce qui contribue à donner à ses créations la force évocatrice qui fait sa singularité.

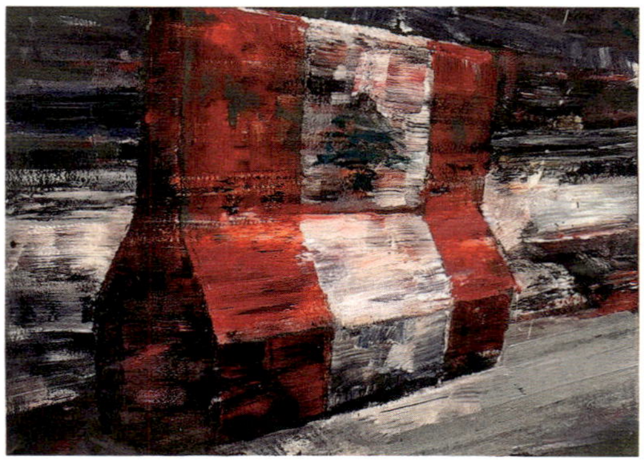

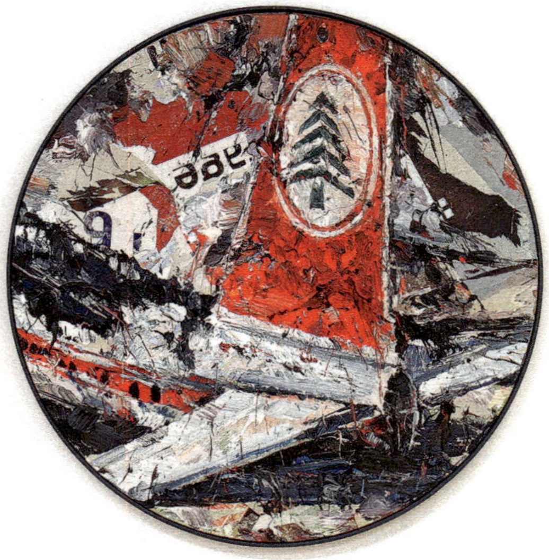

Fragments

À l'image de Goya (songeons à la suite d'estampes *Les Désastres de la guerre* de 1810-1815), Ayman Baalbaki crée des séries que l'on peut interpréter comme des variations sur un même thème. Il ne s'agit aucunement pour lui d'exploiter un filon, mais de rendre compte des différentes facettes signifiantes que peut offrir une situation donnée, un objet apparemment innocent, utilitaire. La série traduit aussi une idée de répétition que l'on retrouve dans les traditions musulmanes (arabesques, soufisme, danses) en tant que facteur d'harmonie, ce qui introduit ici un assez curieux paradoxe. Tel est le cas de la suite *Concrete barrier* (2013) consacrée aux plots de béton destinés, en particulier à Beyrouth mais, progressivement, partout dans le monde, à protéger les bâtiments publics contre les véhicules utilisés pour d'éventuels attentats suicides. Chacun présente une particularité sur sa surface (drapeau libanais peint, rayures, texte gravé...) mais tous répondent à une polysémie : ils protègent, certes, mais ils matérialisent tout autant une séparation. Une « fraternité », pour reprendre le mot cher à Romain Gary, existe-t-elle entre les individus qui se trouvent en deçà et au-delà de la barrière ? Rien n'est moins sûr. Le thème se décline aussi en chevaux de frise, avec une prédilection pour le « hérisson tchèque », dont *Czech Hedgehog* (2013) offre l'exemple, ou bien ce tondo (peint sur une table pliable) portant la mention « 1559 » au néon rouge, qui ne doit rien au hasard, puisqu'elle rappelle la résolution du Conseil de sécurité des Nations unies demandant, en 2004, le retrait des troupes syriennes et israéliennes qui occupaient le territoire libanais.

Plus récente, la suite *No Flag Zone* (2016), qui comprend plusieurs toiles d'assez petite taille, montre un autodafé des drapeaux de plusieurs nations. Là encore, la polysémie s'impose à nous, laissant au regardeur le choix de l'interprétation : est-

lived by the painter who, since his birth, had to flee theaters of conflict to settle in areas where a temporary and quite relative peace reigned. He therefore does not draw his inspiration from the mere observation of what surrounds him, but from his flesh itself; this is not trivial, it is what helps to give his creations the evocative force that makes them so unique.

Fragments

Like Goya (let's think of the series *Les Désastres de la Guerre*, 1810-1815), Ayman Baalbaki creates series that can be interpreted as variations on the same theme. It is not for him to exploit a vein, but to account for the different meaningful facets that a given situation can offer, a seemingly innocent, utilitarian object. The series also translates an idea of repetition found in Muslim traditions (arabesques, Sufism, dances) as a factor of harmony, which introduces here a quite curious paradox. This is the case with the *Concrete barrier* suite (2013) devoted to concrete blocks intended, in particular in Beirut, but gradually all over the world, to protect public buildings against vehicles used for possible suicide attacks. Each has a particularity on its surface (painted Lebanese flag, stripes, engraved text...) but all respond to a polysemy: they protect, of course, but they also materialize a separation. Does a "fraternity", to use the word dear to Romain Gary, exist between the individuals who are on this side and beyond the barrier? Nothing is less sure. The theme is also continued in frieze horses, with a predilection for the "Czech hedgehog", of which *Czech Hedgehog* (2013) offers an example, or a tondo (painted on a folding table) bearing the inscription "1559" in red neon, which owes nothing to chance, since it recalls the United Nations Security Council resolution calling, in 2004, for the withdrawal of Syrian and Israeli troops who were occupying Lebanese territory.

More recently, the series *No Flag Zone* (2016), which includes several relatively small canvases, shows a burning of the flags of several nations. Here again, polysemy is imposed on us, leaving the viewer the choice of interpretation: is it the symbolic and derisory destruction of an enemy country by demonstrators such

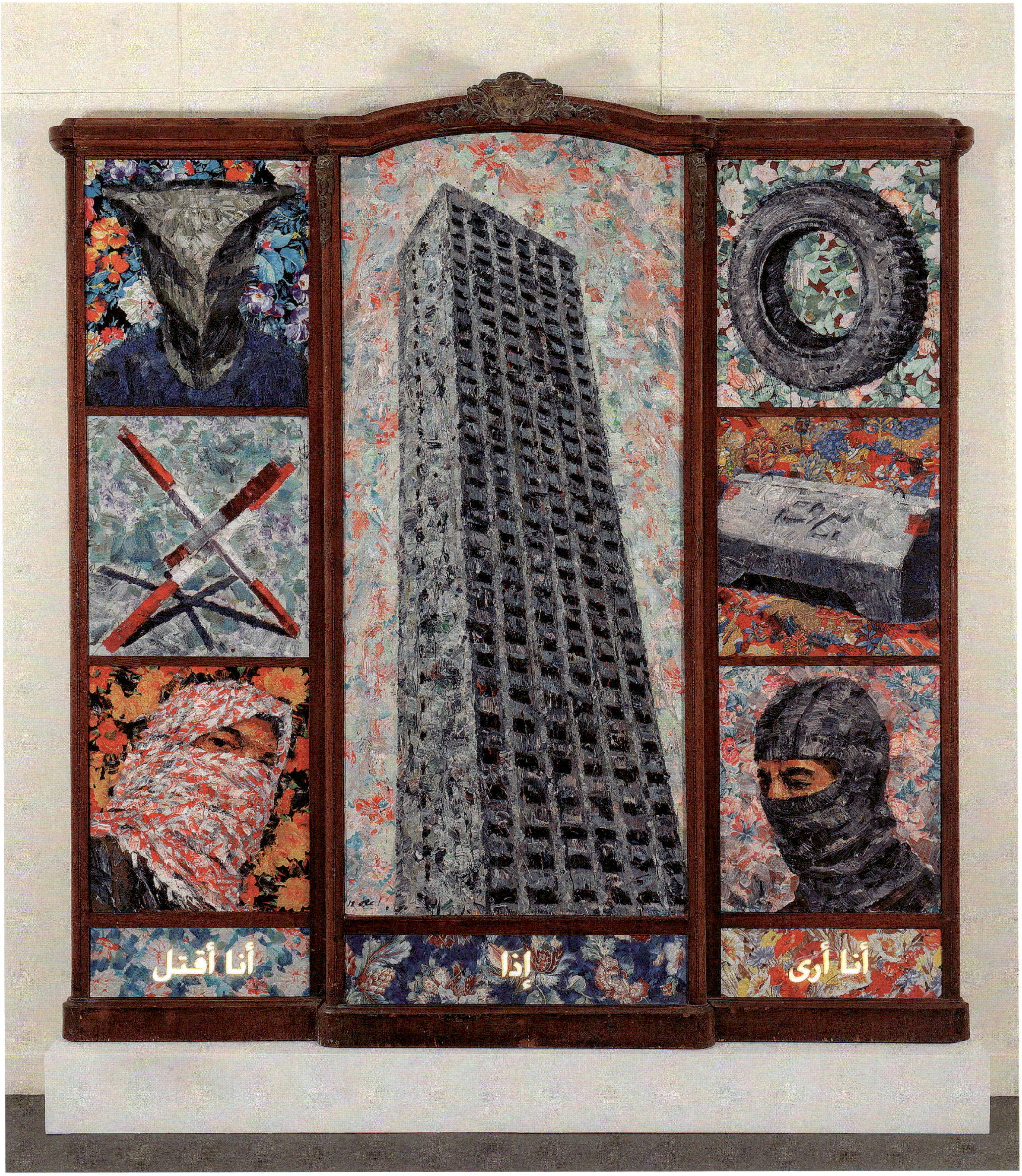
أنا أقتل
إذا
أنا أرى

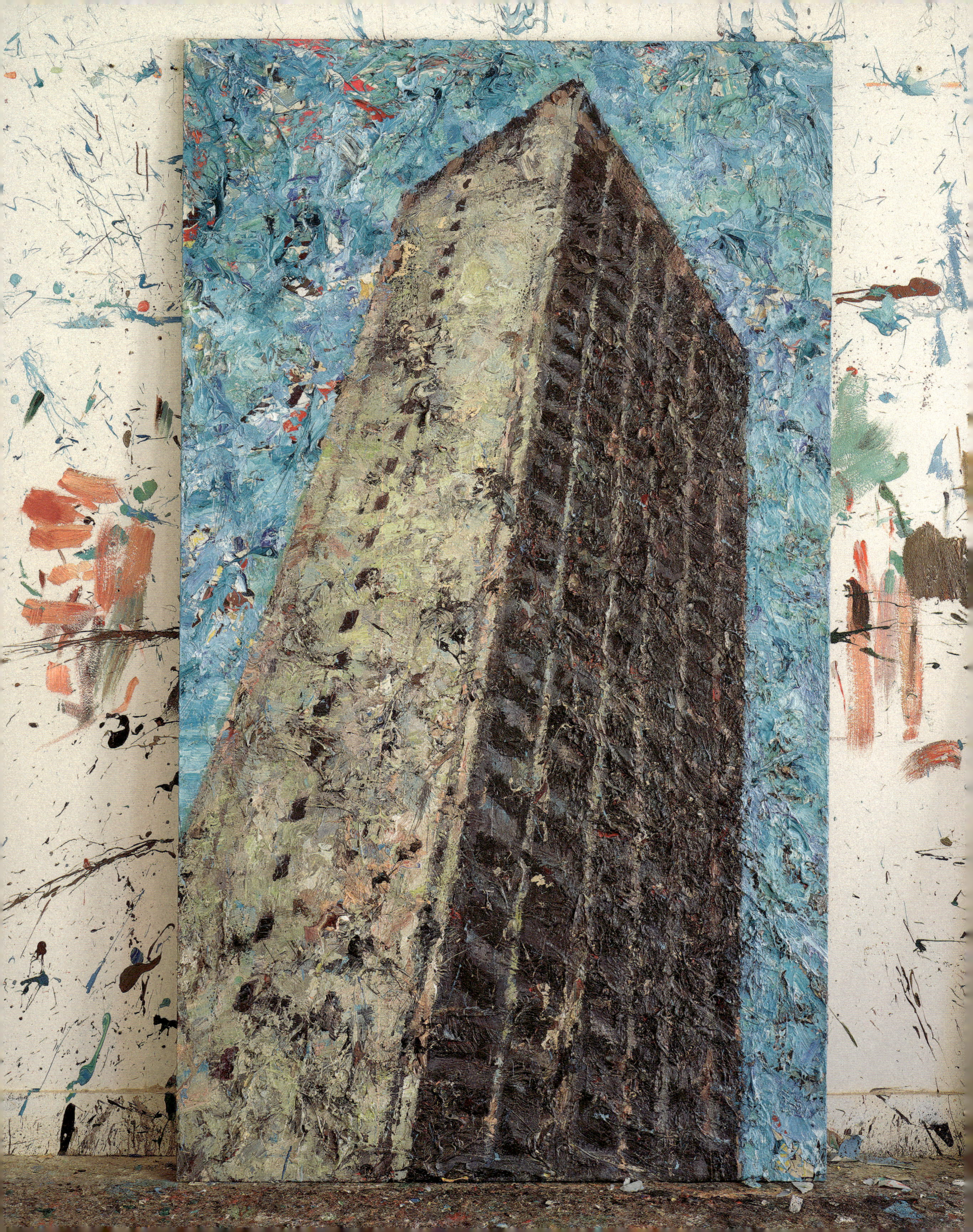

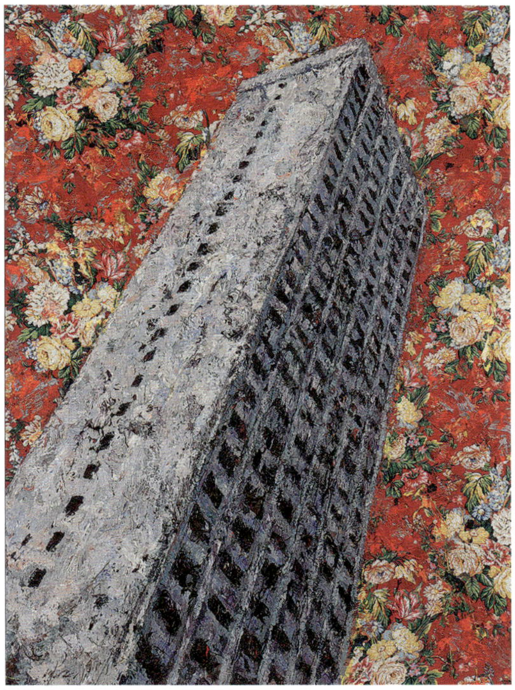

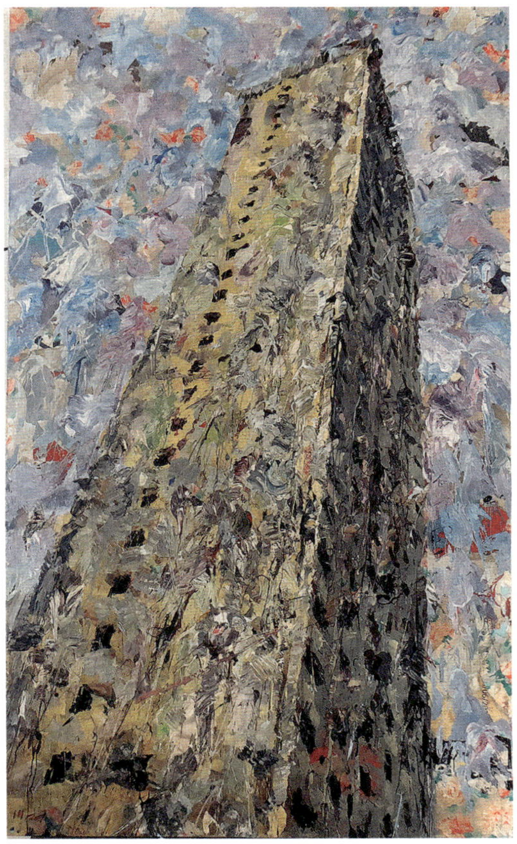

Burj El Mur, 2015
mixed media on canvas,
260 x 150 cm
(opposite page)

Burj El Mur, 2014
acrylic on canvas,
200 x 150 cm

Burj El Mur, 2014
acrylic on canvas,
197 x 133 cm

ce la destruction symbolique et dérisoire d'un pays ennemi par des manifestants comme la presse en diffuse à l'occasion du moindre conflit, ou bien le pays matérialisé par son étendard qui incendie le monde, ou bien encore la fièvre identitaire que le feu viendrait autant exalter que consumer ?
Ces fragments pourraient paraître anecdotiques, or il n'en est rien. Pris à l'unité, on y retrouve une puissance identique à celle que l'on relève dans les grandes toiles. Mais ils acquièrent un sens plus significatif encore lorsqu'ils sont réunis, accrochés sur un même mur, dans le cadre d'une installation. Ce sens, qu'il s'agisse des barrières ou des drapeaux, est lié au concept de frontières, de réflexes identitaires que le peintre rêve de voir disparaître. Perception utopique, intuition étrange d'un artiste visionnaire alors qu'autour de lui, les identités nationales, régionales et religieuses s'exacerbent, se confrontent, renaissent au cœur même des entités politiques (États, Union européenne, Mercosur, Ligue arabe, etc.) qui étaient supposées les réduire pour promouvoir un destin commun !

Portraits singuliers

Si les paysages urbains d'Ayman Baalbaki sont exempts de toute présence humaine, celle-ci est au centre d'un corpus pictural spécifique, une série de portraits de combattants, de policiers, de prisonniers dont le point commun est, curieusement, l'anonymat des modèles. En effet, tous les visages de ces hommes sont masqués par des casques, des cagoules, des sacs ou des keffiehs. Dans la plupart des cas, seuls les yeux se dévoilent, sans pour autant nous renseigner vraiment. Aucun de ces portraits ne représente une femme : la féminité est implicitement suggérée par les tissus fleuris qui rappellent la figure de la mère et, plus encore, compte tenu de la période où ils se portaient dans les campagnes, de la grand-mère.
Les portraits de la série *Face à face* (2006), de taille réduite, se caractérisent par une palette sombre ; pris à l'unité ou réunis, ils sont inexpressifs et surtout inquiétants. D'autres, à l'opposé, de la série *Al Mulatham* (2010-2011), peints en grand format, se distinguent par une surprenante luminosité, induite par le rouge vif des

as the press disseminates it on the occasion of the slightest conflict, or the country materialized by its banner which sets the world on fire, or even the fever of identity that the fire would come to exalt as much as to consume?
These fragments might seem anecdotal, but they are not. Taken individually, one can find in it a power identical to that found in large canvases. But they acquire an even more significant meaning when they are brought together, hung on the same wall, as part of an installation. This meaning, whether it is about barriers or flags, is linked to the concept of borders, of identity reactions that the painter dreams of seeing disappear. Utopian perception, strange intuition of a visionary artist while around him, national, regional and religious identities are exacerbated, confronted, reborn at the very heart of political entities (States, European Union, Mercosur, Arab League, etc.) which were supposed to reduce them to promote a common destiny!

Singular portraits

If Ayman Baalbaki's urban landscapes are free from any human presence, the latter is at the center of a specific pictorial corpus, a series of portraits of combatants, police officers, and prisoners whose common point is, curiously, the anonymity of the models. Indeed, all the faces of these men are masked by helmets, balaclavas, bags or keffiyehs. In most cases, only the eyes are revealed, without really informing us. None of these portraits represent a woman: femininity is implicitly suggested by the flowery fabrics which recall the figure of the mother and, even more, considering the period when they were worn in the countryside, of the grandmother.
The portraits of the series *Face à face* (2006), reduced in size, are characterized by a dark palette; taken individually or together, they are inexpressive and above all disturbing. Conversely, others from the *Al Mulatham* series (2010-2011), painted in large format, are distinguished by a surprising luminosity, induced by the bright red of the keffiyehs which hide their faces, but also by the flowery fabrics that serve as a background. An ambiguity makes a first interpretation random; are they alive or dead? The gaze of a few gives us a trail, but for others,

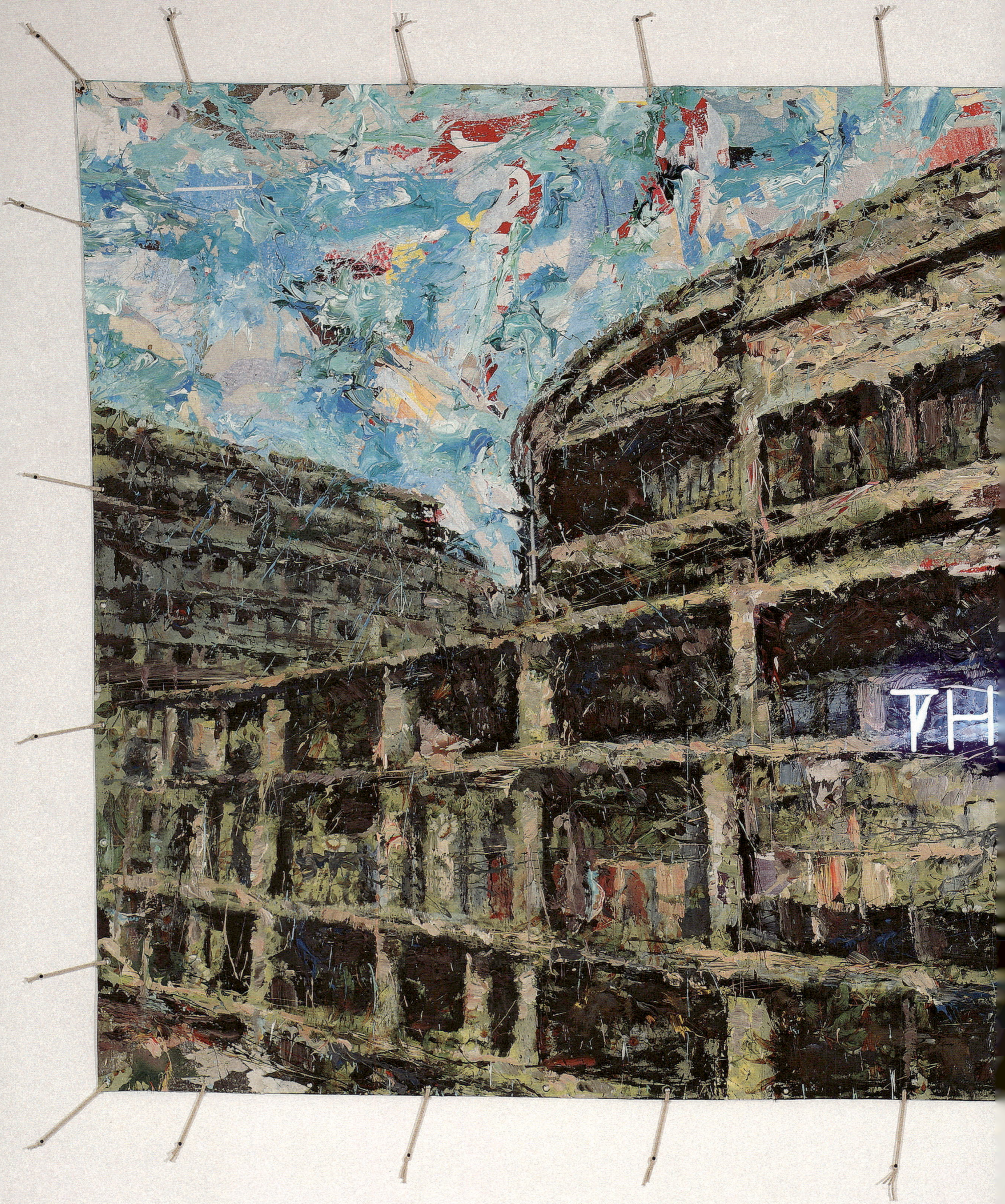

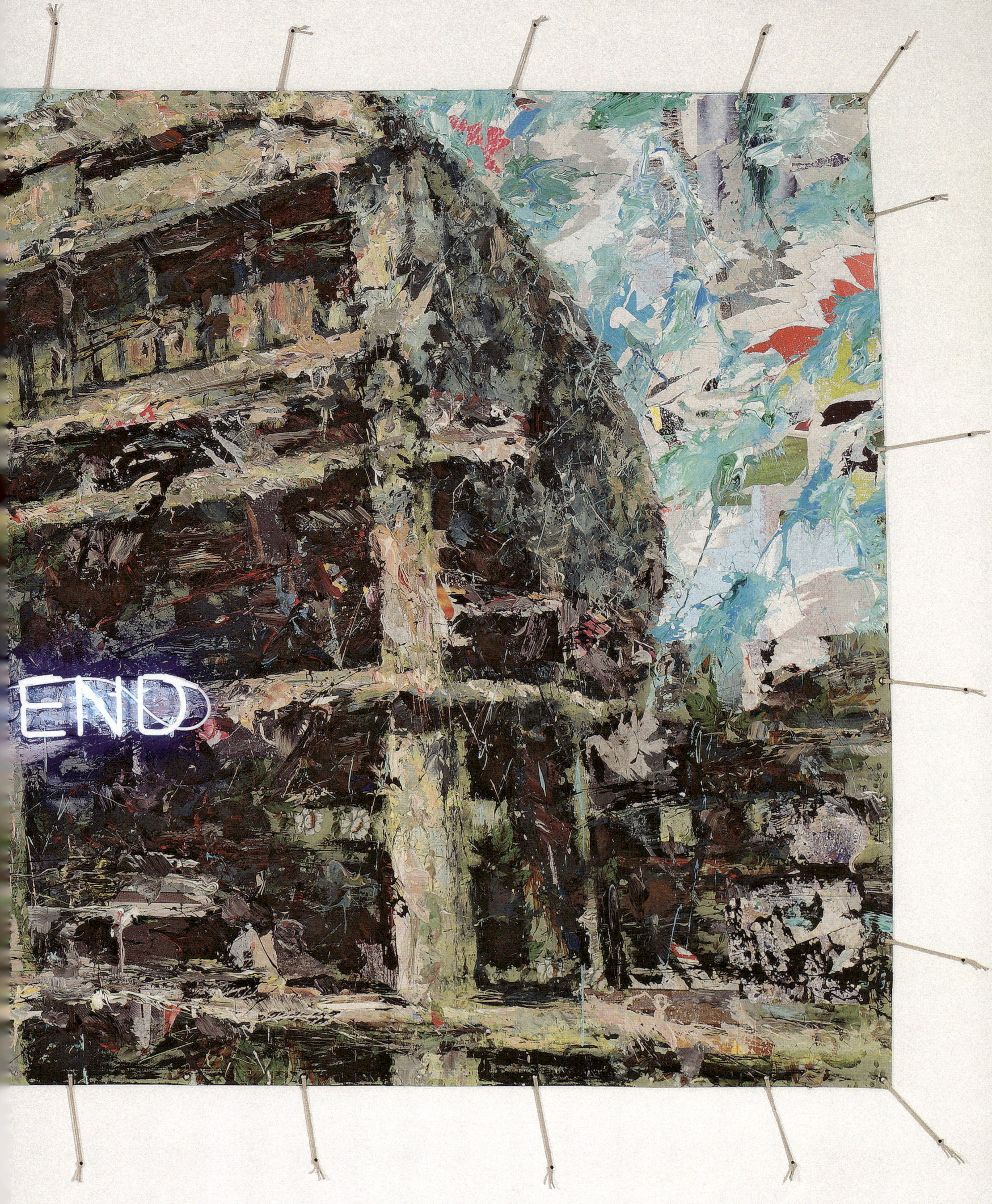
END

between the sleeper and the corpse (as in the Rimbaldian poem), there is still room for doubt. These portraits, just as anonymous as the previous ones and in tight framing on the face, suggest a romantic, even iconic vision of the fighter, more disturbing than one would have imagined, especially since no weapon comes to our help to establish our certainties on the warlike intentions of the man – is he an aggressor, a defender? But the artist warns the viewer: these faces reflect defeat and disillusion as much as heroism.[3] The image therefore does not convey any unambiguous message.

Another dimension disrupts our insights into understanding; it concerns our vision, not so much of "Good" and "Evil" which differs according to the camp to which we belong with the same deceptive conviction of a supposedly binary world, but of the nature of a death that we attempt by all means to conceal so much it seems to us, these days, disturbing. Shaped by Greek philosophy and Freudian psychoanalysis, the West still refers to the murder of the father through the Oedipus complex, although it is increasingly contested. But, as Ayman Baalbaki himself put it: "What defines the history of this region is the killing of the brother, not the murder of the father."[4] The reference to Cain, which is difficult to read or, at the very least, unfamiliar with the secularized West of today, makes sense in these lands which saw the writing of the biblical text, to which Sumerian influences, in particular, were not foreigners. However, between inter-state conflicts and founded civil wars, beyond external geopolitical interests, on identity clashes, it is indeed the killing of the brother that feeds the collective imagination of the Middle East. This fighter, alive or dead, ally or enemy, hero or not, sublimated in his plastic representation, questions the spectator.

Universality

Picasso confided to Simone Téry in 1945: "Painting is not made to decorate apartments. It is an instrument of offensive and defensive war against the enemy."[5] No doubt he was thinking of *Guernica*, but not only. It is such a painting, which one might qualify as "militant" if the term

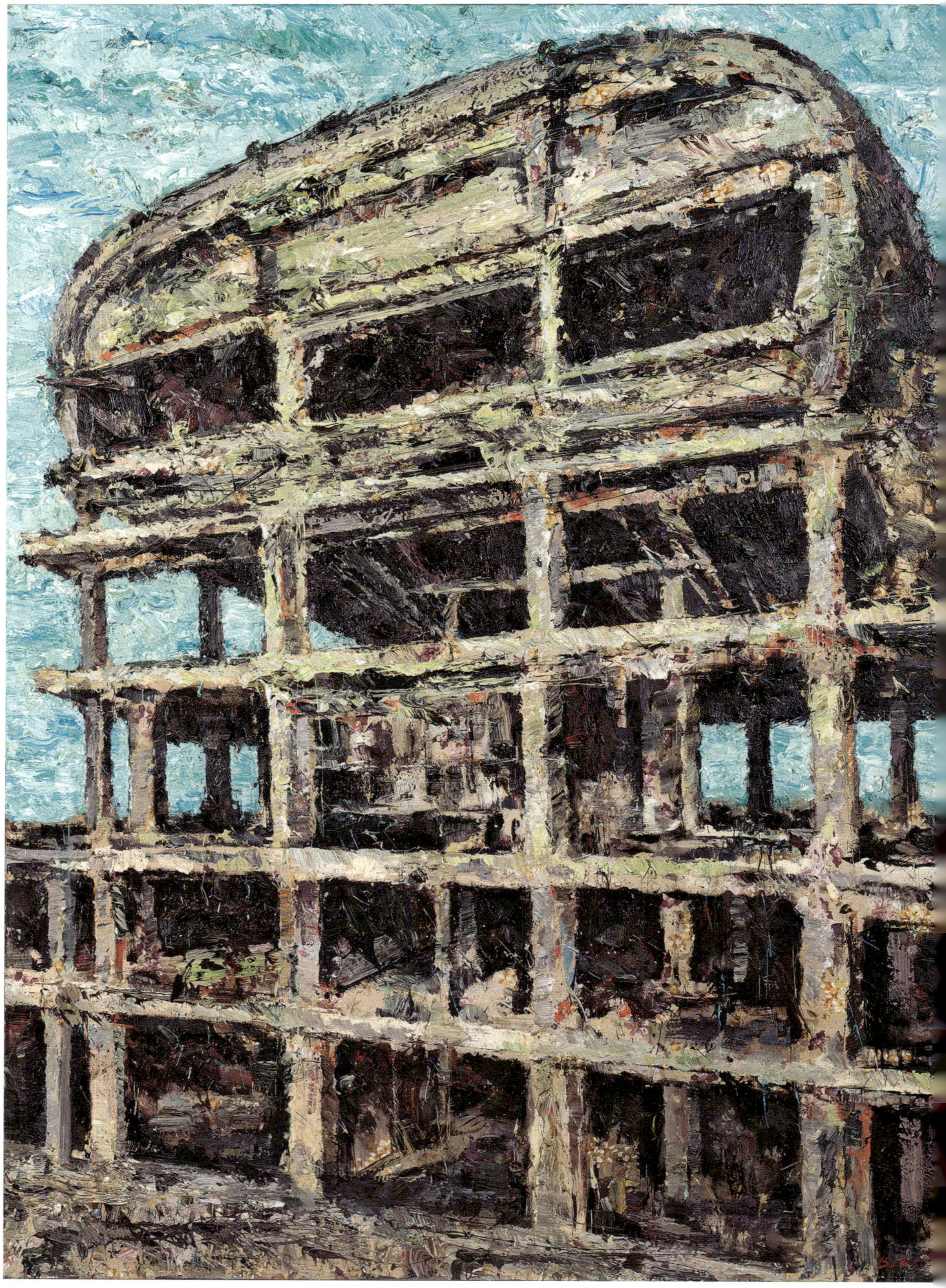

Draw the curtain, 2016
mixed media on canvas
tarp and neon,
220 × 400 cm
(previous page)

Beirut City Centre (The Egg), 2015
mixed media on canvas,
250 x 200 cm

The 'Sniper', 2009
acrylic on fabric laid
on canvas with copper
sheet laid on glass over
light box, 210 x 125 cm
(opposite page)

keffiehs qui dissimulent leurs visages, mais aussi par les tissus fleuris qui servent d'arrière-plan. Une ambiguïté rend une première interprétation aléatoire ; sont-ils vivants ou morts ? Le regard de quelques-uns nous livre une piste, mais pour d'autres, entre le dormeur et le cadavre (comme dans le poème rimbaldien...), le doute reste permis. Ces portraits, tout aussi anonymes que les précédents et en cadrage serré sur le visage, suggèrent une vision romantique, voire iconique du combattant, plus troublante qu'on ne l'aurait imaginée, d'autant qu'aucune arme ne vient à notre secours pour asseoir nos certitudes sur les intentions belliqueuses de l'homme – est-il un agresseur, un défenseur ? Mais l'artiste avertit le spectateur : ces visages traduisent autant la défaite et la désillusion que l'héroïsme[3]. L'image ne véhicule donc aucun message univoque.

Une autre dimension perturbe nos clés de lecture ; elle concerne notre vision, non pas tant du « Bien » et du « Mal » qui diffère selon le camp auquel on appartient avec la même conviction trompeuse d'un monde supposé binaire, mais de la nature d'une mort que l'on tente par tous les moyens d'occulter tant elle nous semble, de nos jours, perturbante. Pétri de philosophie grecque et de psychanalyse freudienne, l'Occident se réfère toujours au meurtre du père à travers le complexe d'Œdipe, bien que celui-ci soit de plus en plus contesté. Mais, comme le dit lui-même Ayman Baalbaki : « Ce qui définit l'histoire de cette région, c'est la mise à mort du frère, non le meurtre du père[4]. » La référence à Caïn, peu lisible ou, à tout le moins, peu familière à l'Occident sécularisé d'aujourd'hui, fait sens sur ces terres qui virent s'écrire le texte biblique, auquel les influences notamment sumériennes ne sont pas étrangères. Or, entre conflits interétatiques et guerres civiles fondées, au-delà des intérêts géopolitiques extérieurs, sur des affrontements identitaires, c'est bien la mise à mort du frère qui nourrit l'imaginaire collectif du Moyen-Orient. Ce combattant, vivant ou mort, allié ou ennemi, héros ou non, sublimé dans sa représentation plastique, interroge le spectateur.

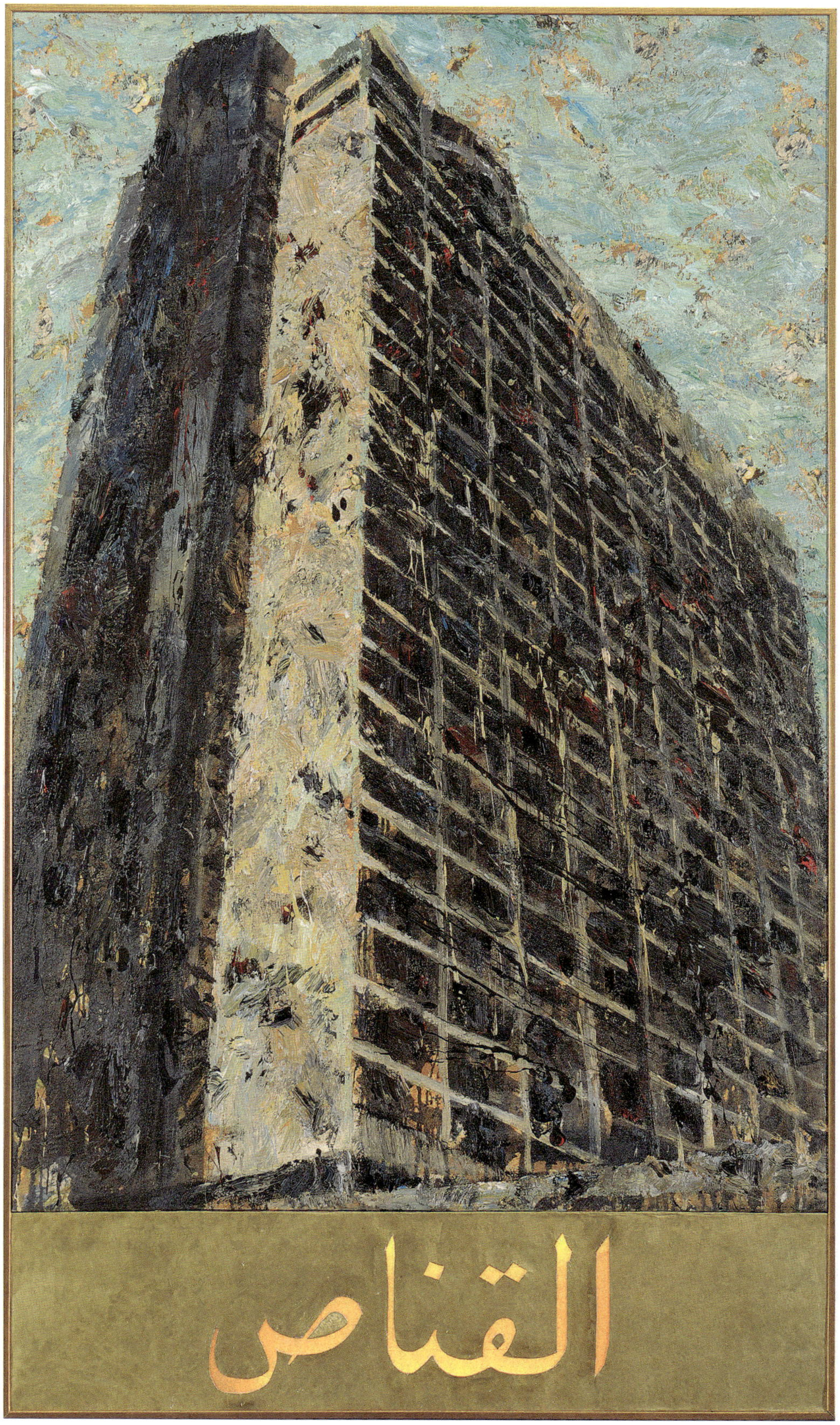

were not overused, that Ayman Baalbaki offers to the public. Having in-depth knowledge of history, witness to a present that constitutes its aftermath, he dusts off good conscience, and sheds light on what others would prefer to hide for essentially political reasons. Yet it always turns out to be delusive, even suicidal, to ignore history; nor is it courageous to refuse to face the present and its realities for the sole purpose of preserving social peace in the short term, for the effects produced will necessarily be counterproductive, and sometimes devastating. Wars and the advent of totalitarianisms, if only in the twentieth century, are a cruel reminder of this. Intellectual circles are sometimes, in this concern for silence, the accomplices of the princes. How else to explain that the works dealing with the history of Lebanon stop their narrative in 1975? Milan Kundera understood this when he wrote in *The Book of Laughter and Forgetting*: "The struggle of man against power is the struggle of memory against oblivion."[6]

This is why Ayman Baalbaki's approach, necessarily transgressive, appeals as much to ethics as it does to aesthetics. From his childhood, the painter was nourished by his parents with art and political conscience. By rubbing salt into the wound, by awakening collective memories, by taking a critical look at the world around him, by ignoring the reassuring rules of the established order, he fully plays his role of disruptor. No great artist has escaped this destiny. As Danny Mallat aptly wrote in an article in *L'Orient-Le Jour*,[7] "Governments bury and Ayman Baalbaki digs up." His paintings and his installations are weapons of mass subversion. And even if these overly cumbersome urban stigmas were to be razed to the ground, even if, instead, brand new buildings would rise – archaeologists know that Lebanese cities have always been built like this, by layering of stratas – they would remain the work of the artist as the ultimate proof of existence.

His paintings sometimes refer to events decades away, such as the theme of the American Embassy in Beirut, which was completely devastated during the terrorist attack of April 18, 1983 (*American Embassy*, 2011, *The Embassy*, 2016), or which even occurred before his birth but belong to a local memory, such as the attack by an Israeli commando team on the international

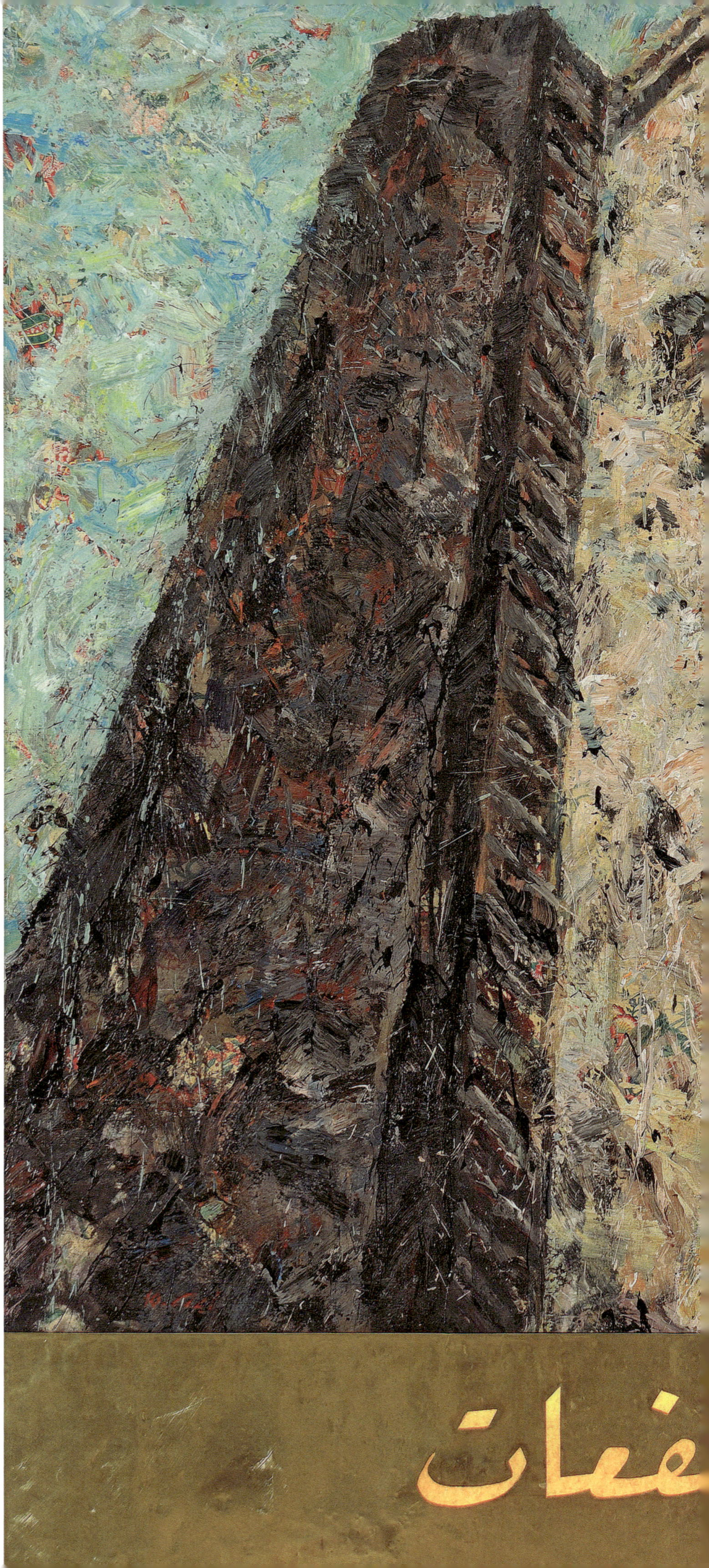

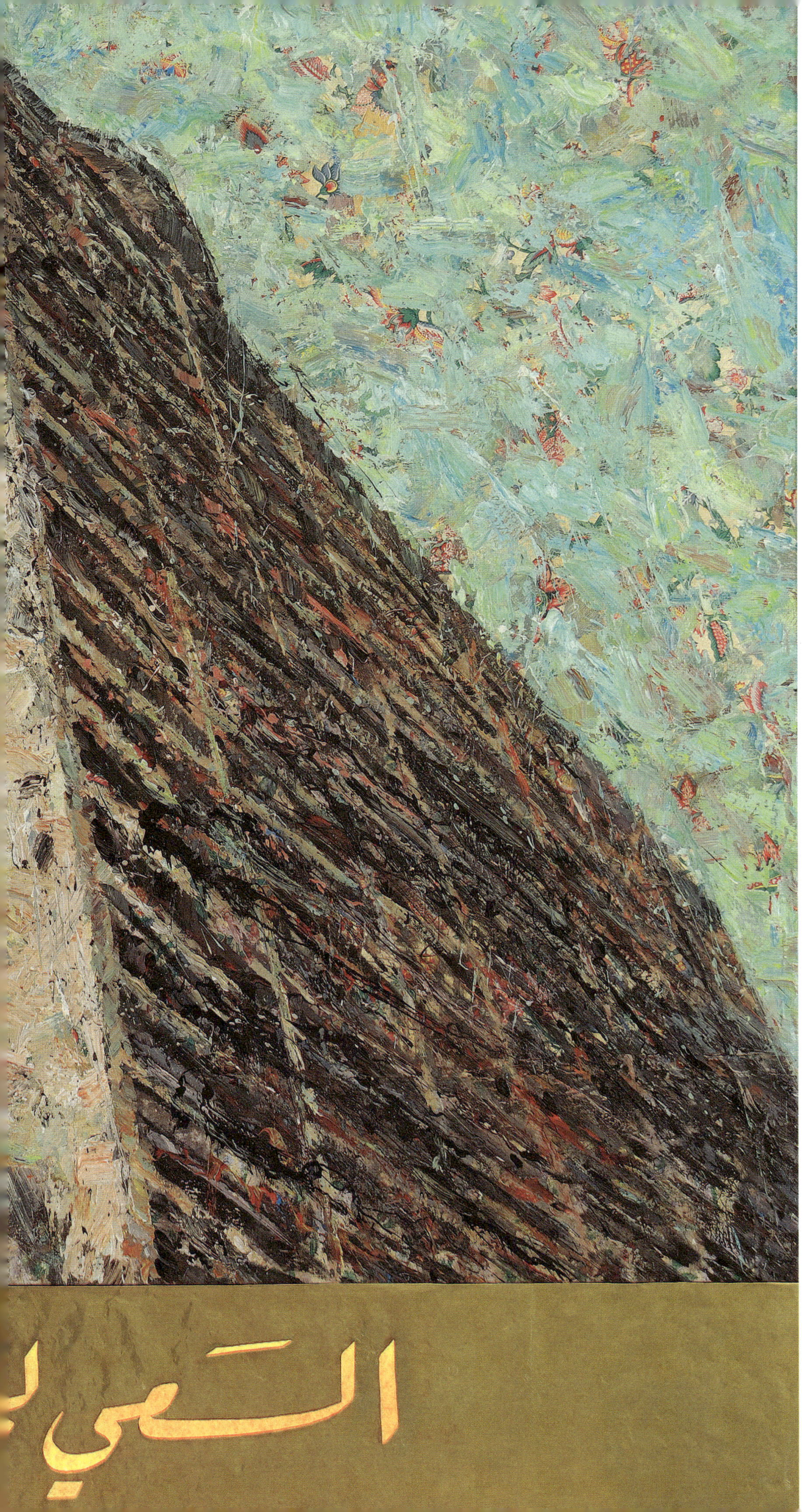

Universalité

Picasso avait confié à Simone Téry en 1945 : « La peinture n'est pas faite pour décorer les appartements. C'est un instrument de guerre offensive et défensive contre l'ennemi[5]. » Sans doute pensait-il à *Guernica*, mais pas seulement. C'est une peinture de cet ordre, que l'on pourrait qualifier de « militante » si le terme n'était pas galvaudé, qu'Ayman Baalbaki propose au public. Connaisseur de l'histoire, témoin d'un présent qui en constitue les séquelles, il dépoussière les bonnes consciences, met en lumière ce que d'autres préféreraient cacher pour des raisons essentiellement politiques. Il se révèle pourtant toujours illusoire, voire suicidaire d'occulter l'histoire ; il n'est pas davantage courageux de refuser d'affronter le présent et ses réalités dans l'unique but de préserver une paix sociale à court terme, car les effets produits seront nécessairement contreproductifs et parfois dévastateurs. Les guerres et l'avènement des totalitarismes, ne serait-ce qu'au XXe siècle, nous le rappellent cruellement. Des cercles intellectuels se font parfois, dans ce souci de silence, les complices des princes. Comment expliquer autrement que les ouvrages traitant de l'histoire du Liban arrêtent leur récit en 1975 ? Milan Kundera l'avait compris, lorsqu'il écrivait dans *Le Livre du rire et de l'oubli* : « La lutte de l'homme contre le pouvoir est la lutte de la mémoire contre l'oubli[6]. »

C'est pourquoi la démarche d'Ayman Baalbaki, nécessairement transgressive, fait autant appel à l'éthique qu'à l'esthétique. Le peintre, depuis son enfance, a été nourri par ses parents d'art et de conscience politique. En portant le fer dans la plaie, en réveillant les mémoires collectives, en jetant un regard critique sur le monde qui l'entoure, en faisant litière des règles rassurantes de l'ordre établi, il joue pleinement son rôle de perturbateur. Aucun grand artiste n'a échappé à ce destin. Comme l'écrivait fort justement Danny Mallat dans un article de *L'Orient-Le Jour*[7] : « Les gouvernements enterrent et Ayman Baalbaki déterre. » Ses tableaux, ses installations sont des armes de subversion massive. Et quand bien même ces stigmates urbains par trop encombrants viendraient à être rasés, quand bien même s'élèveraient, en lieu et place, des immeubles flambant neufs – les archéologues savent

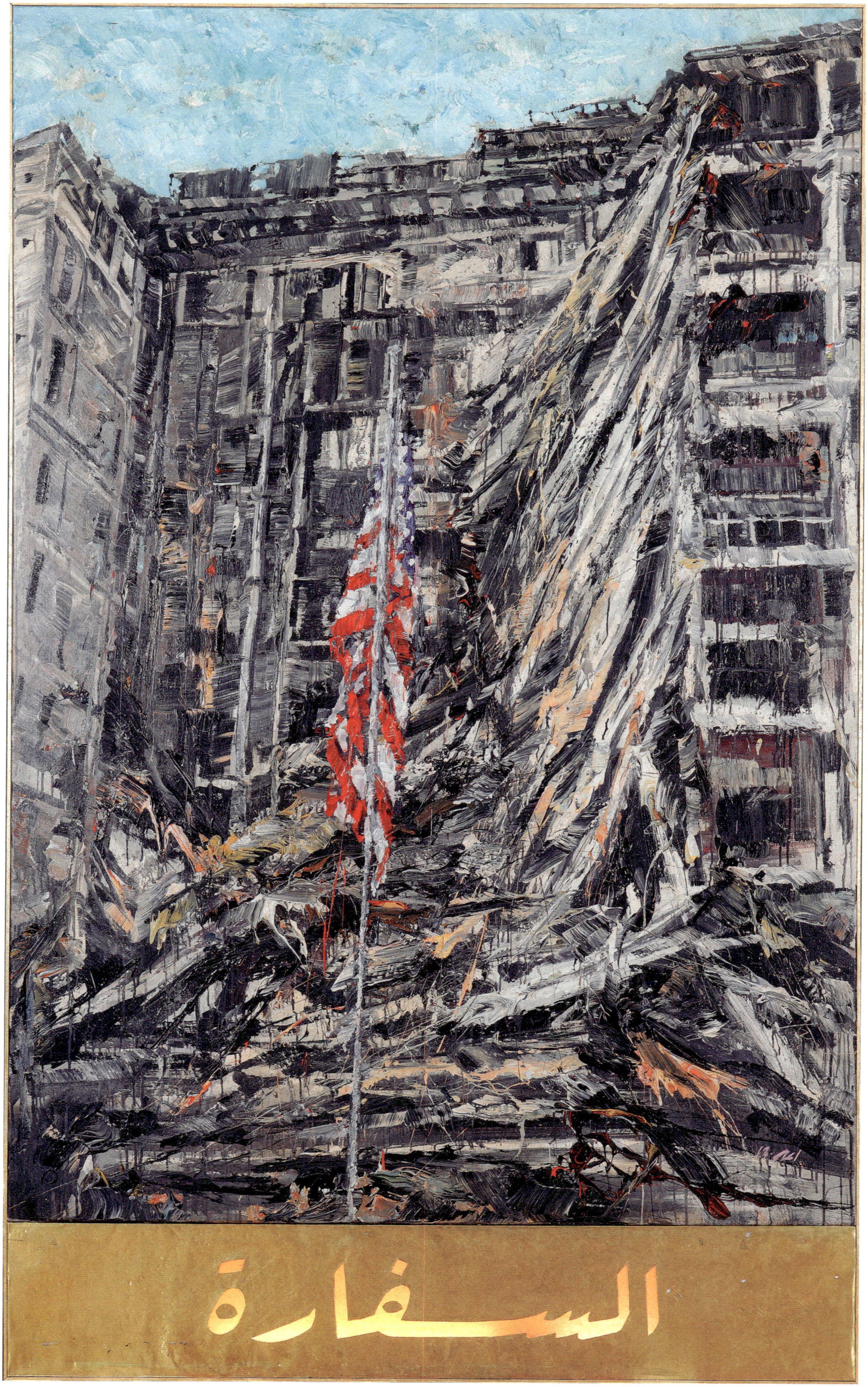

Seeking the heights, 2010
acrylic on printed fabric
with copper sheet laid on
glass over light box,
200 x 210 cm
(previous page)

Embassy, 2013
acrylic on canvas with
copper sheet laid on glass
over light box,
225 x 140 cm

The Embassy, 2016
acrylic on tondo canvas,
D = 120 cm
(opposite page)

The Embassy, 2016
acrylic on canvas,
250 x 400 cm
(next page)

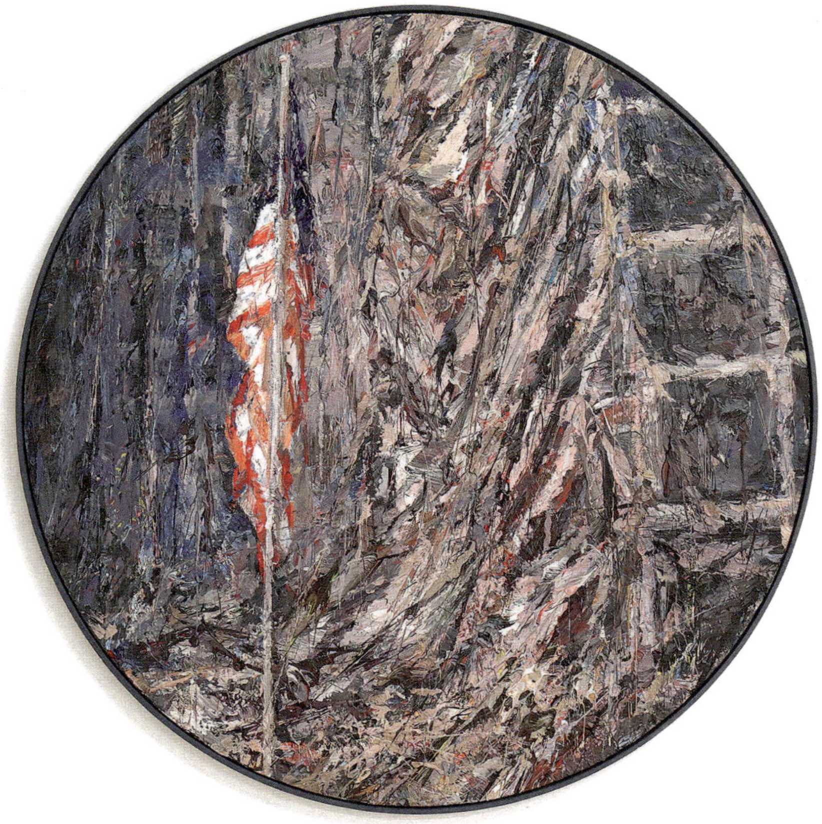

airport in December 1968, which destroyed several MEA planes (*The Middle East* and *MEA* series, 2014-2016).
However, two interpretations of Ayman Baalbaki's work should, in my opinion, be discarded. The first would be to see him as a "moralizing artist". The two terms are in essence contradictory. The artist's function is not to give lessons, to act as an auxiliary to the thought police. The young Émile Zola, in a text critical as much as luminous, rightly contested the role of "père fouettard" that the philosopher Pierre-Joseph Proudhon, on the occasion of an essay on art, attributed to Gustave Courbet: "Proudhon's Courbet is a singular man, who uses his brush like a village school master uses his stick."[8] While his paintings and his installations bear witness, draw up an observation, manage to translate into plastic harmony what is only chaos – probably the very nature of the artist takes shape in this faculty – they no doubt express the regret of observing the self-destructive consequences of what is nevertheless an (in)humanity. But he does not moralize, his creations cannot be compared to sermons, they are poles apart because their dimension is subversive.
It would be equally reductive to limit the art of Ayman Baalbaki to the unique Lebanese cultural universe, even that of the Middle East. The themes that run through his paintings and installations have a universal vocation; they transcend centuries as well as borders. Who, today, to cite emblematic paintings as an example, would risk limiting Picasso's *Guernica* or Goya's *Tres de Majo* to Spanish history only, or *Liberty leading the people* by Delacroix to the Parisian Revolution of 1830? The crumbling buildings he paints, admittedly in Beirut, could be in any capital city on the five continents. Nothing looks more like a bombed concrete building than another bombed concrete building; it has no nationality or identity. The narrative elements included in the paintings are also, most of the time, reduced to a minimum, which makes any precise identification quite uncertain. The large polyptych *All that remains* (2014-2016) which was the centerpiece of the "/blobak/" exhibition and represents a devastated land could be a Lebanese field of ruins, a bombed-out landscape of Verdun during the Great War, a Norman village after the landing of June 6, 1944, the view from a hill of Diên Biên Phu, a Syrian confrontation zone; it is up to each viewer to see what his imagination suggests to him.
Likewise, the issue of wandering, of nomadism, concerns all peoples, including those who one might think are most immune to the upheavals of history. The theme of the barrier, symbolized by concrete blocks or frieze horses, just as much. The artist also told me that he had created the wooden frieze horse exhibited at the Saleh Barakat Gallery by thinking of a poem from 1915 by Guillaume Apollinaire. And what about his series, already old, on the *Babel Tower* (2006), beyond the fact that it draws its sources from Bruegel the Elder or Lucas van Valckenborch, two painters of the Flemish school of the 16th century who have hardly any kinship with the Levant? Finally, the fighters, by their very anonymity, exalt a dimension of universality that we cannot miss.

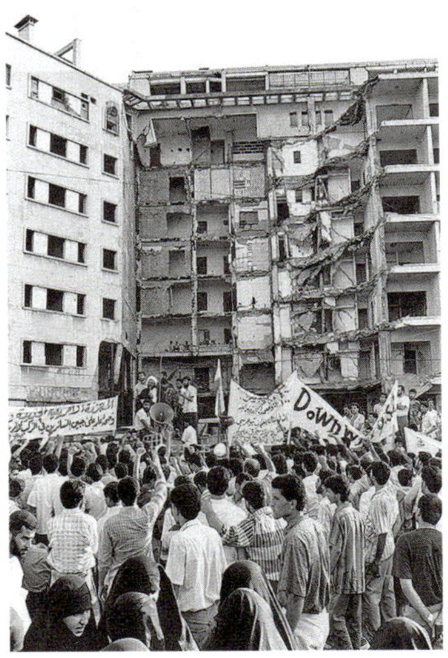

Aline Manoukian,
A demonstration in front of the destroyed US embassy in Ain Al Mraiseh,
1983, Beirut, Lebanon
gelatin silver negative on 35mm film

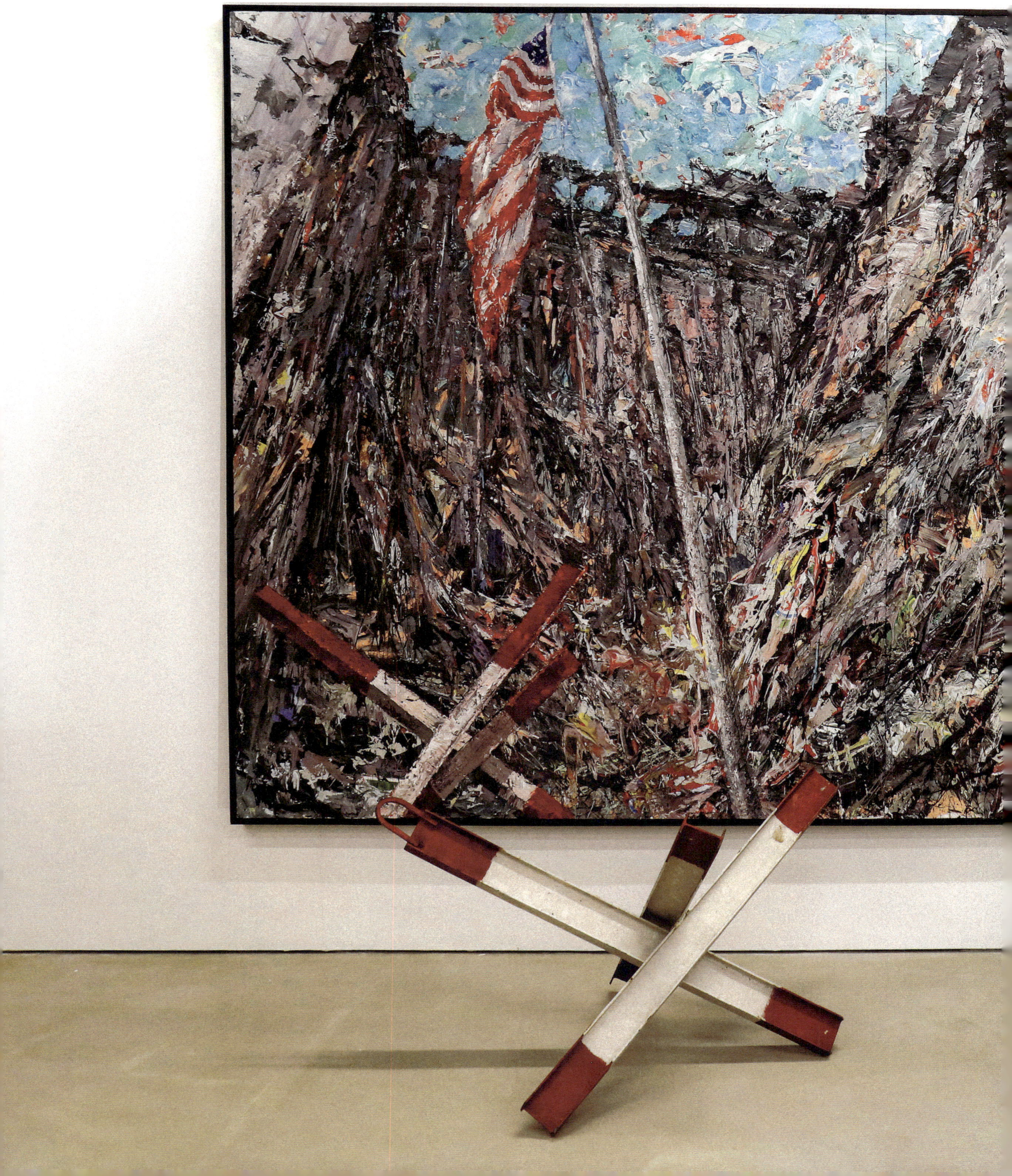

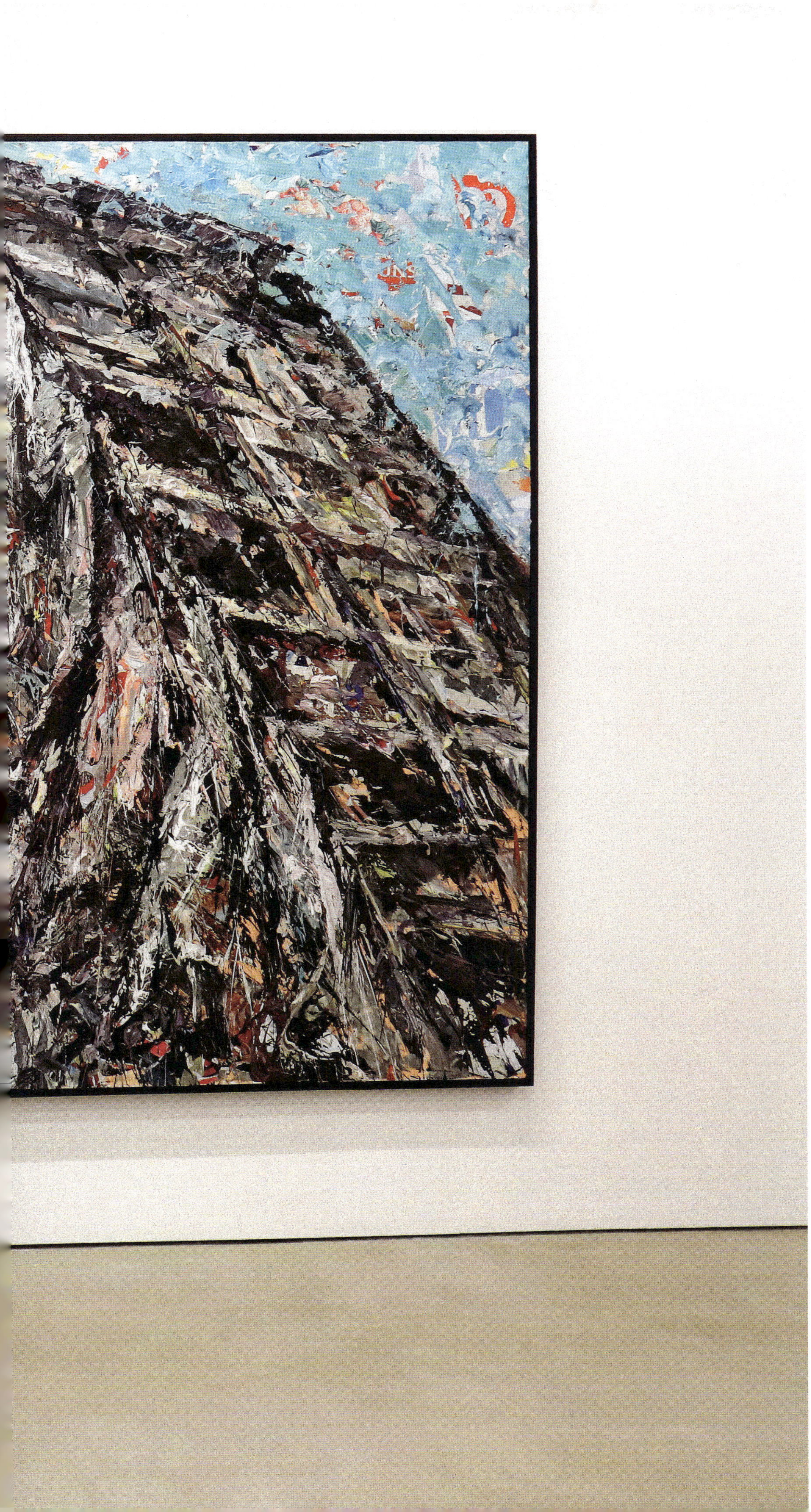

que les villes libanaises se sont toujours construites ainsi, par superpositions de strates – resterait l'œuvre de l'artiste comme ultime preuve d'existence.
Ses peintures font parfois référence à des événements distants de plusieurs décennies, comme le thème de l'ambassade américaine à Beyrouth, qui fut entièrement dévastée lors de l'attentat du 18 avril 1983 (*American Embassy*, 2011, *The Embassy*, 2016), voire survenus avant sa naissance mais qui appartiennent à la mémoire locale, comme l'attaque par un commando israélien de l'aéroport international en décembre 1968, qui avait détruit plusieurs avions de la MEA (séries *The Middle East* et *MEA*, 2014-2016).
Pour autant, deux interprétations de l'œuvre d'Ayman Baalbaki devraient, à mon sens, être écartées. La première serait de voir en lui un « artiste moralisateur ». Les deux termes sont par essence antinomiques. La fonction de l'artiste n'est pas de donner des leçons, de se poser en auxiliaire de la police de la pensée. Le jeune Émile Zola, dans un texte aussi critique que lumineux, contestait à bon droit le rôle de « père fouettard » que le philosophe Pierre-Joseph Proudhon, à l'occasion d'un essai sur l'art, attribuait à Gustave Courbet : « Le Courbet de Proudhon est un singulier homme, qui se sert de son pinceau comme un magister de village se sert de sa férule[8]. » Ses peintures et ses installations témoignent, dressent un constat, parviennent à traduire en harmonie plastique ce qui n'est que chaos – probablement se dessine dans cette faculté la nature même de l'artiste –, expriment sans doute le regret d'observer les conséquences autodestructrices de ce qui est pourtant bien une (in)humanité. Mais il ne moralise pas, ses créations ne sauraient s'apparenter à des sermons, elles se situent aux antipodes car leur dimension est subversive.
Il serait tout aussi réducteur de circonscrire l'art d'Ayman Baalbaki à l'unique univers culturel libanais, voire à celui du Moyen-Orient. Les thématiques qui traversent ses peintures et ses installations ont une vocation universelle ; elles transcendent les siècles comme les frontières. Qui, aujourd'hui, pour citer en exemple des toiles emblématiques, se risquerait à limiter *Guernica* de Picasso ou le *Tres de Majo* de Goya à la seule histoire espagnole, ou *La Liberté guidant le peuple* de Delacroix à la révolution parisienne

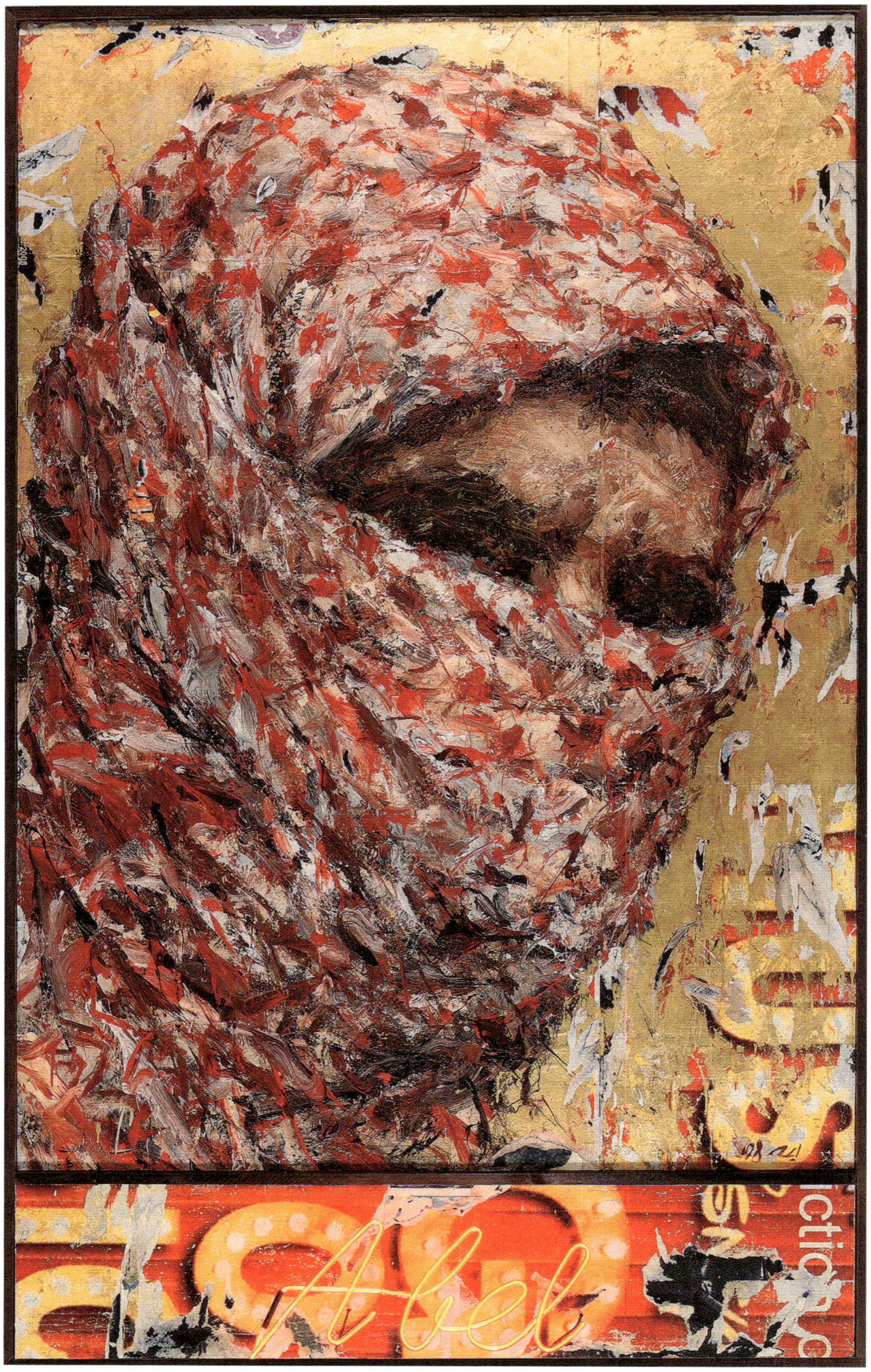

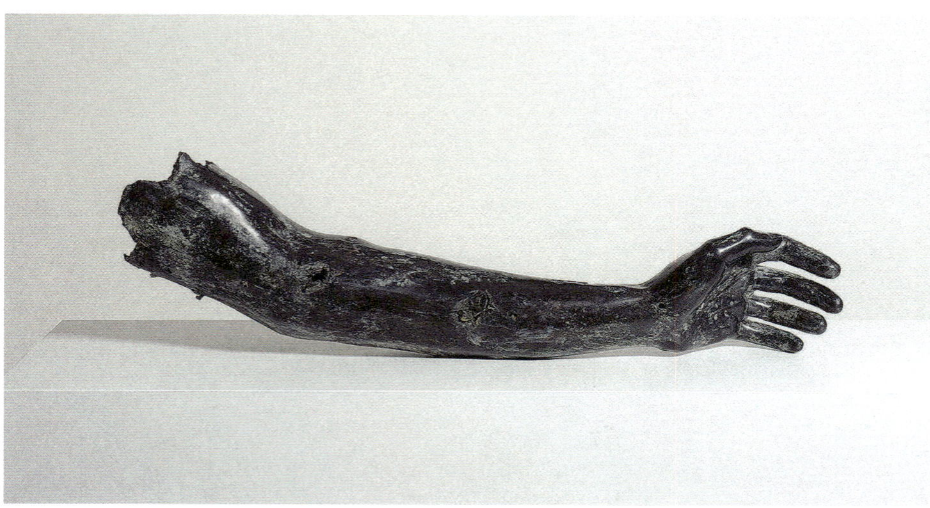

de 1830 ? Les bâtiments en ruine qu'il peint, certes beyrouthins, pourraient se situer dans n'importe quelle capitale des cinq continents. Rien ne ressemble plus à un immeuble de béton bombardé qu'un autre immeuble de béton bombardé ; il n'a ni nationalité ni identité. Les éléments narratifs inclus dans les toiles sont d'ailleurs le plus souvent réduits au minimum, ce qui rend toute identification précise assez aléatoire. Le grand polyptyque *All that Remains* (2014-2016), qui fut la pièce maîtresse de l'exposition « /blobak/ » et qui représente un terrain dévasté, pourrait être un champ de ruines libanais, un paysage bombardé de Verdun pendant la Grande Guerre, un village normand après le débarquement du 6 juin 1944, la vue d'une colline de Diên Biên Phu, une zone d'affrontement syrienne ; à chaque spectateur le soin d'y voir ce que son imaginaire lui suggère.
De même, la question de l'errance, du nomadisme, concerne tous les peuples, y compris ceux que l'on pourrait croire les plus à l'abri des soubresauts de l'histoire. La thématique de la barrière, symbolisée par les plots de béton ou les chevaux de frise, tout autant. L'artiste m'avait d'ailleurs précisé qu'il avait créé le cheval de frise de bois exposé à la Saleh Barakat Gallery en songeant à un poème de Guillaume Apollinaire daté de 1915. Et que dire de sa série, déjà ancienne, sur la tour de Babel (2006), sinon qu'elle puise ses sources chez Bruegel l'ancien ou Lucas van Valckenborch, deux peintres de l'école flamande du XVIe siècle qui ne présentent guère de parenté avec le Levant. Enfin, les combattants, par leur anonymat même, exaltent une dimension d'universalité qui ne saurait nous échapper.

En regardant les toiles d'Ayman Baalbaki, deux phrases d'un autre artiste qui l'a influencé tant il se trouve en communauté d'esprit hanté par le chaos, Anselm Kiefer, viennent à l'esprit, comme un rai de lumière au bas d'une porte, comme une infime mais solide note d'optimisme au cœur des destructions : « Il n'y aura jamais de catastrophe finale tant qu'il y aura des peintres et des poètes à l'œuvre, travaillant pour que le monde ne se défasse pas complètement. Si le monde écoutait l'art, peut-être pourrait-il, lui aussi, survivre à ses ruines. »

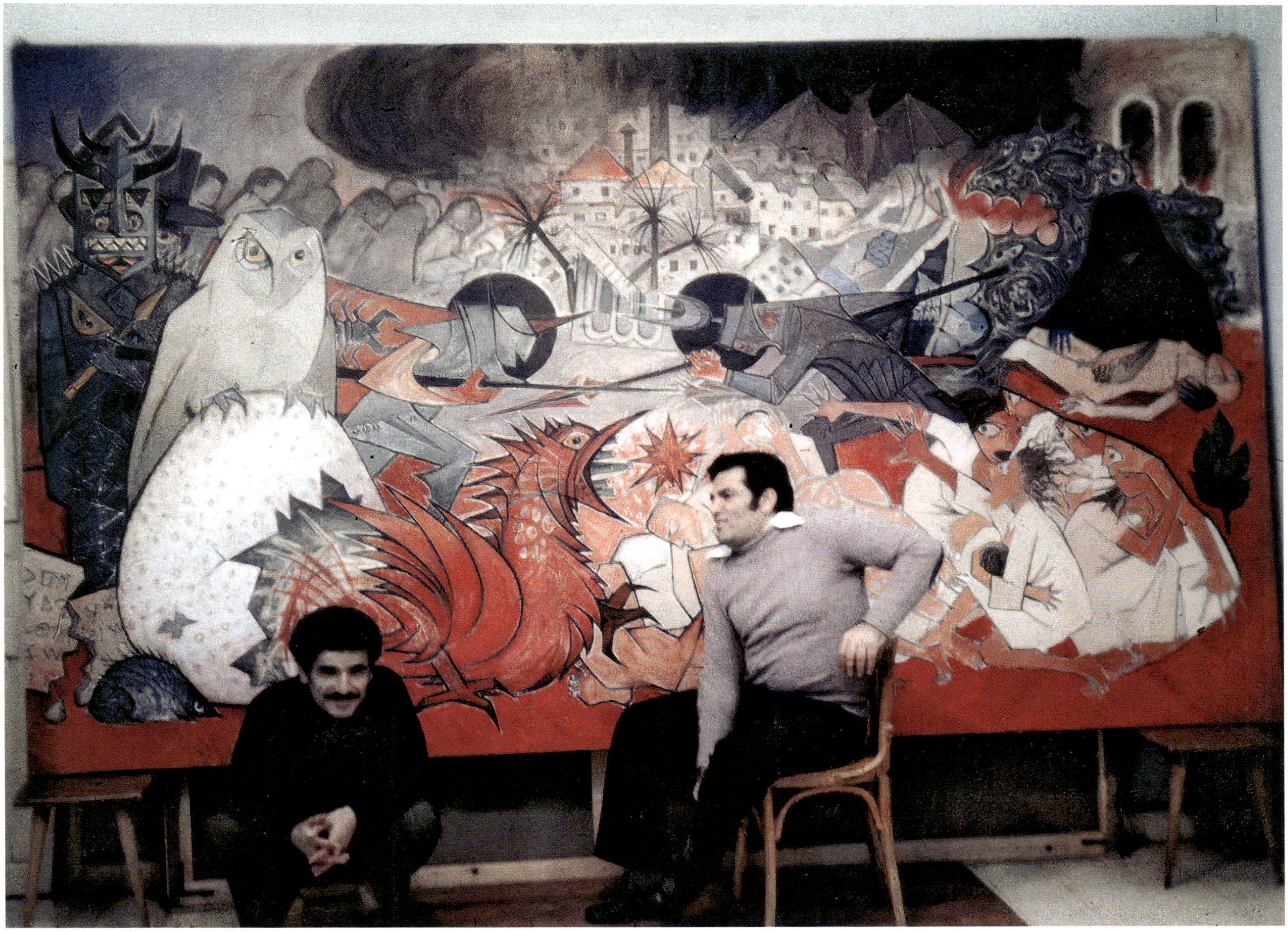

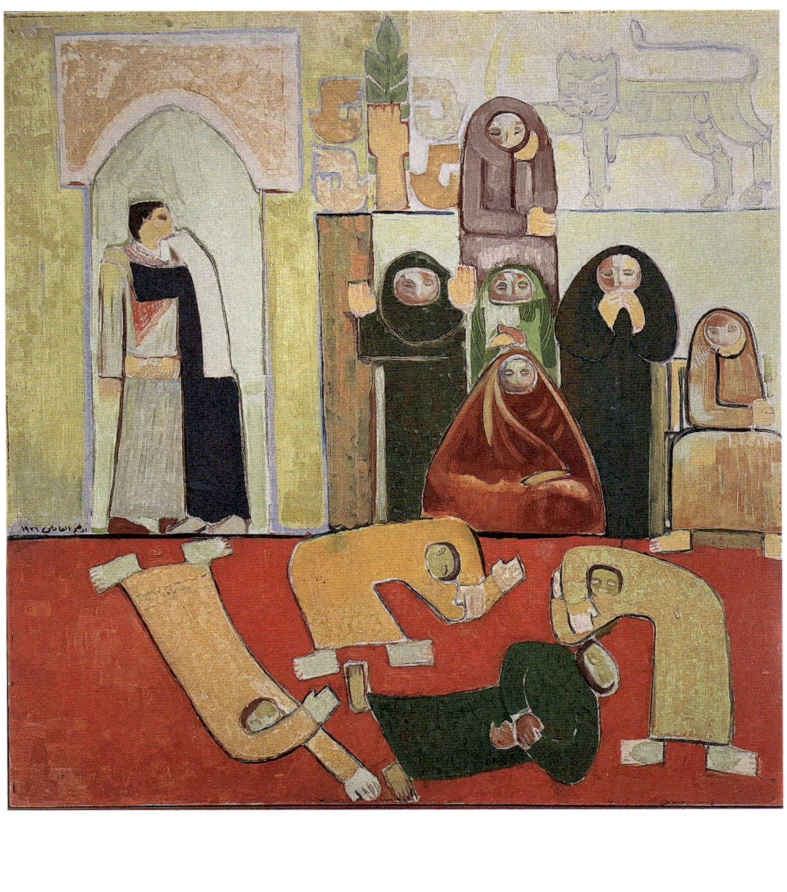

Abel, 2008
acrylic and gold leaf and neon on local vegetable market cart,
235 x 150 cm
(opposite page)

Said Baalbaki,
Arm, 2011
bronze, 90 x 26 x 14 cm,
edition of 8
(opposite page)

Fawzi Baalbaki (signed Adham El-Ameli), *The Martyr*, 1976
oil on canvas,
100 x 100 cm

Fawzi and Abdel-Hamid Baalbaki in front of the painting *the civil war* at Abdel-Hamid's studio in Chiah, 1976

Looking at Ayman Baalbaki's canvases, two sentences from another artist who influenced him so much that he finds himself in a community of spirit haunted by chaos, Anselm Kiefer, come to mind, like a ray of light at the bottom of a door, like a tiny, but solid note of optimism in the heart of destruction: "There will never be a final catastrophe as long as there are painters and poets at work, working so that the world does not completely come undone. If the world listened to art, perhaps it could too survive its ruins."

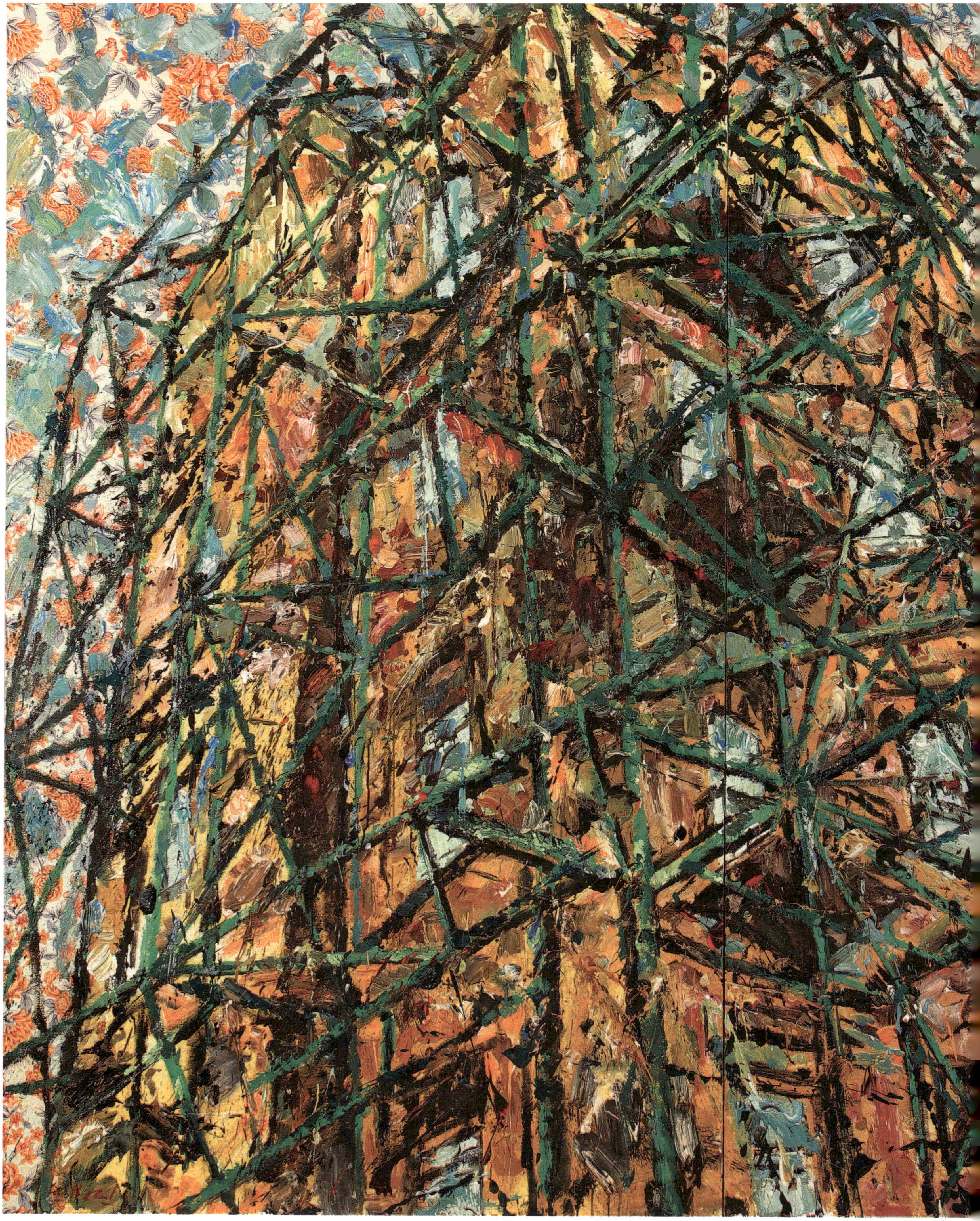

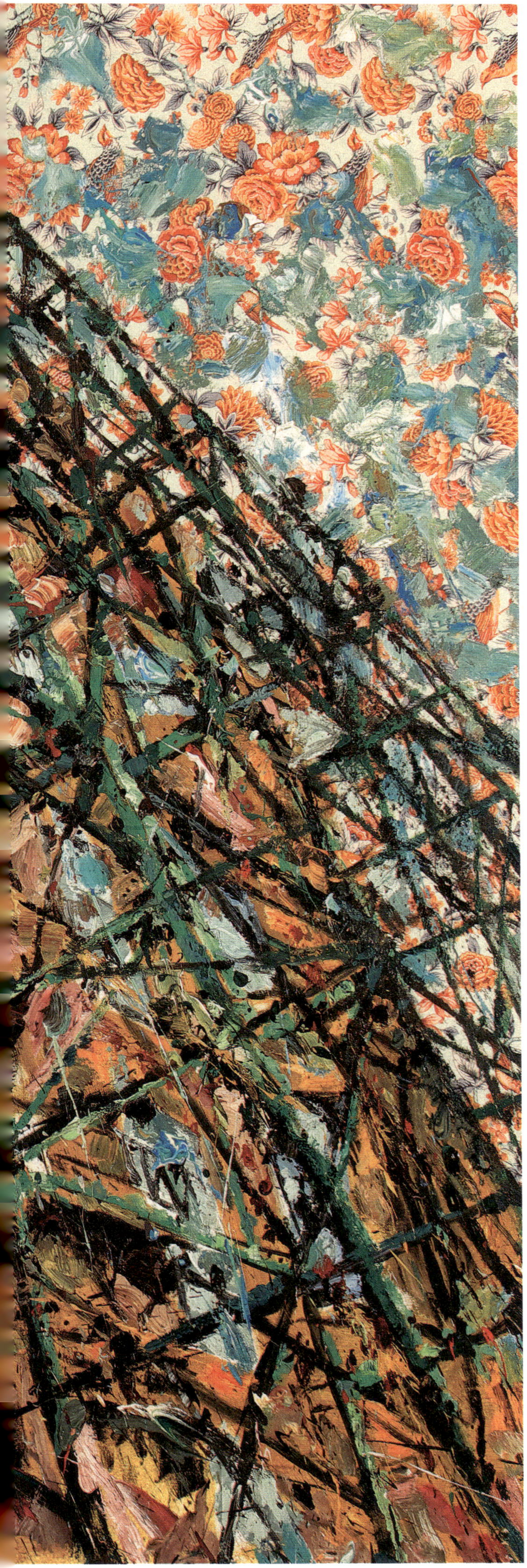

1 On peut situer à la Renaissance le goût occidental pour les ruines grecques et romaines.
2 L'écrivain Michel des Castillo désignait ainsi un médiatique « philosophe » français à chemise blanche...
3 *Ayman Baalbaki, Beirut again and again*, Rose Issa Project, 2011, p. 94.
4 Entretien avec l'auteur, 6 mars 2017.
5 Simone Téry, *Les Lettres françaises*, 24 mars 1945.
6 Propos rappelé par Ayman Baalbaki dans un texte publié dans le catalogue de l'exposition, *Arabicity*, Rose Issa Project, 2010, p. 26.
7 *L'Orient-Le Jour*, 22 septembre 2016.
8 Émile Zola, « Proudhon et Courbet », dans *Mes haines*, nouvelle édition, G. Charpentier, 1879, p. 32, 36-37.

1 Western taste for Greek and Roman ruins can be traced back to the Renaissance.
2 The writer Michel del Castillo thus referred to a French public figure "philosopher" with a white shirt...
3 *Ayman Baalbaki, Beirut again and again*, Rose Issa Project, 2011, p. 94.
4 Interview with the author, March 6, 2017.
5 Simone Téry, *Les lettres françaises*, March 24, 1945.
6 Comment recalled by Ayman Baalbaki in a text published in the catalog of the exhibition *Arabicity*, Rose Issa Project, 2010, p. 26.
7 *L'Orient-Le Jour*, September 22, 2016.
8 Émile Zola, "Proudhon and Courbet", in *Mes haines*, new edition, G. Charpentier, 1879, p. 32, 36-37.

'L'Armoniale' Building, 2011
acrylic on fabric laid on canvas, 255 x 305 cm

Beit Beirut, 2017
lithography, 75 x 106 cm
Tabor Presse, Berlin
(next page)

Barakat building, 2016
acrylic and mixed media on canvas, 250 x 400 cm,
Elie Khoury Art Foundation *(next page)*

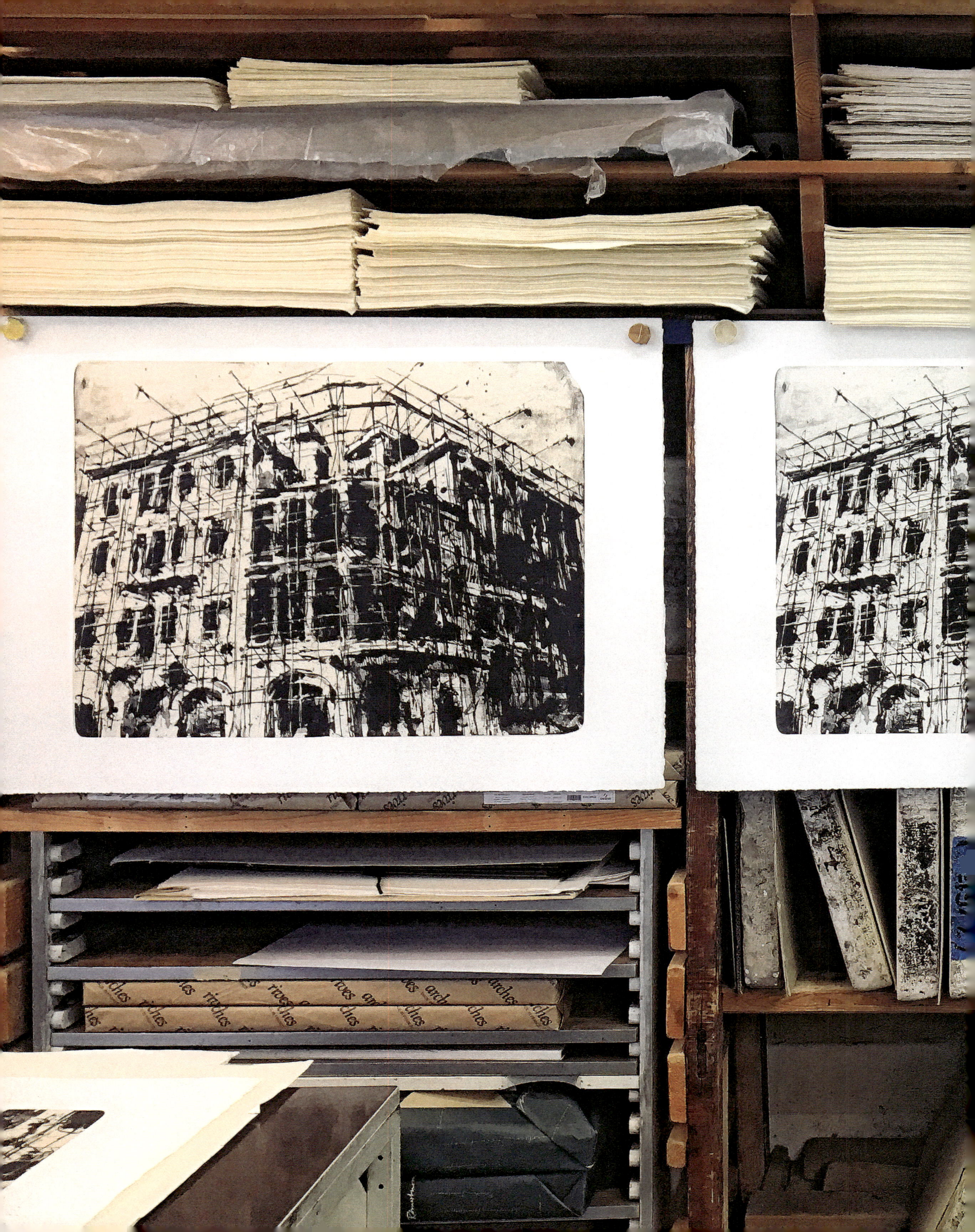

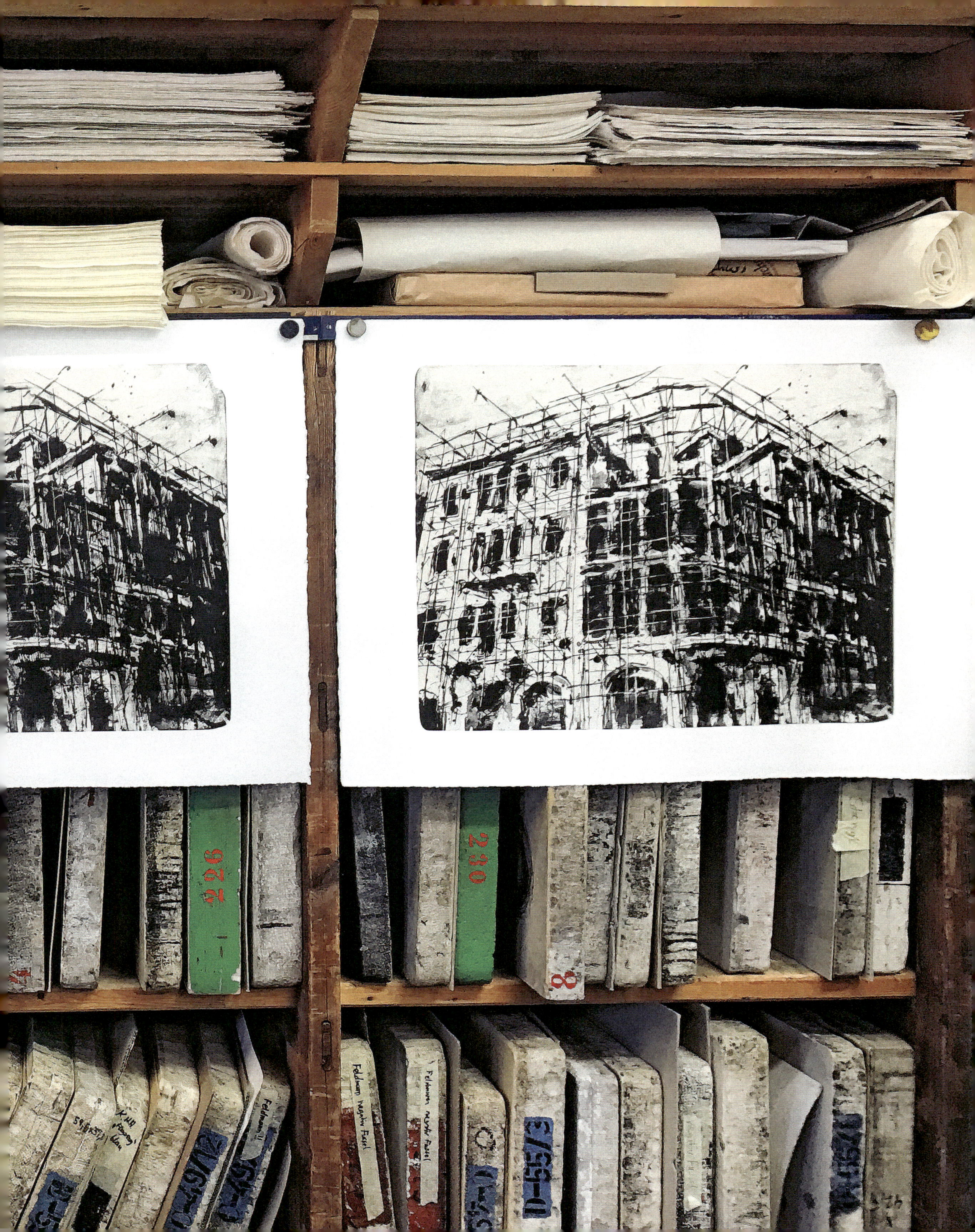
226
230

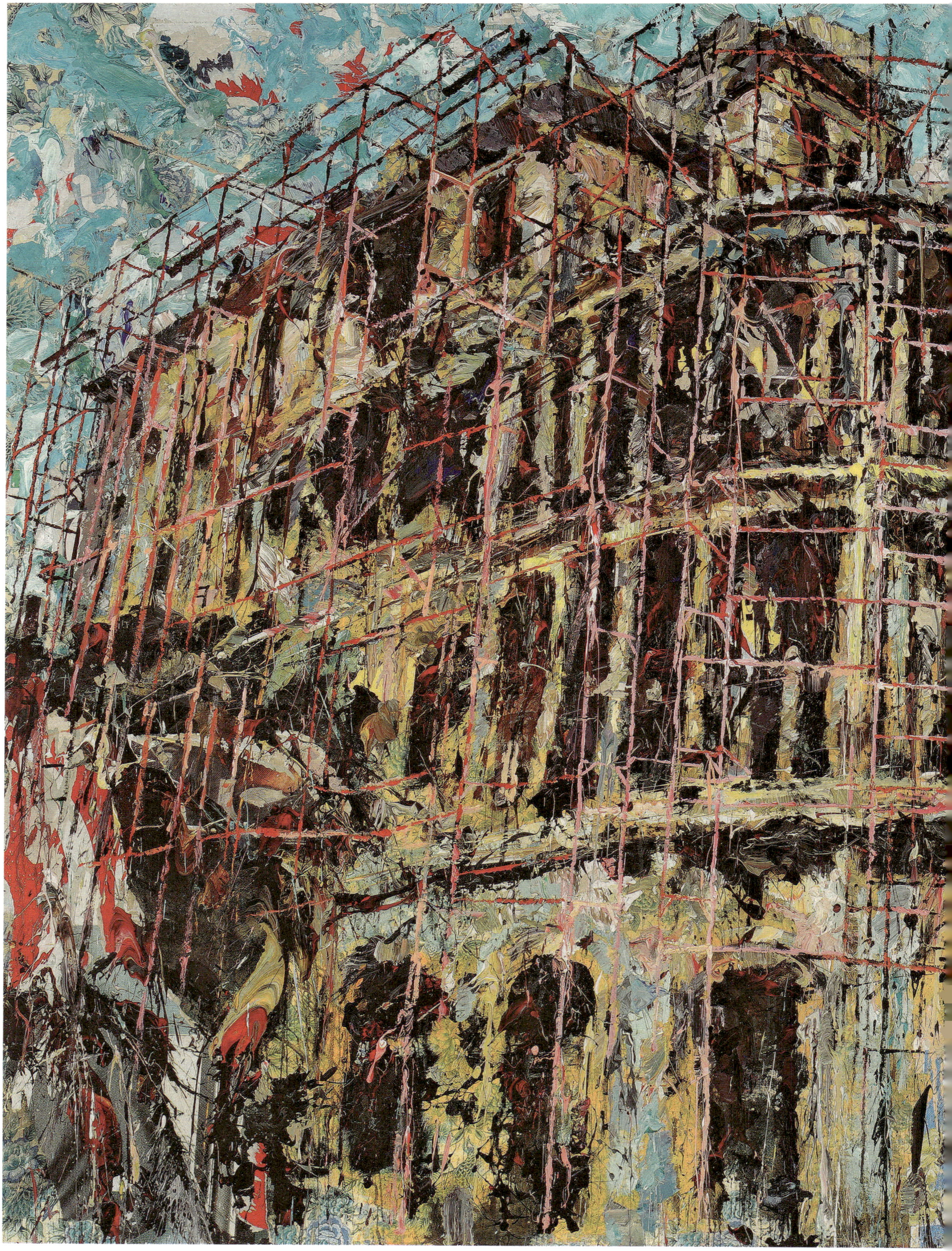

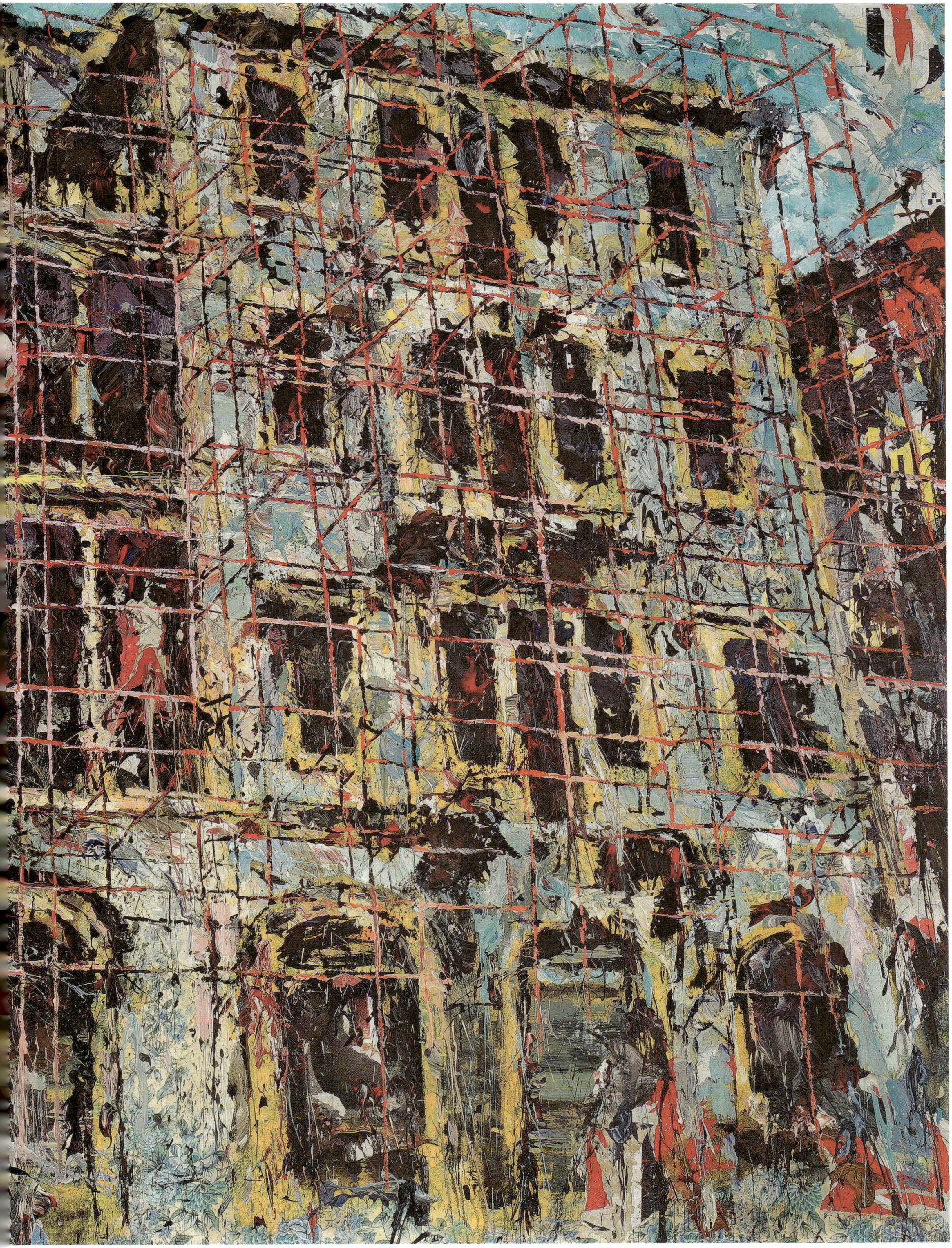

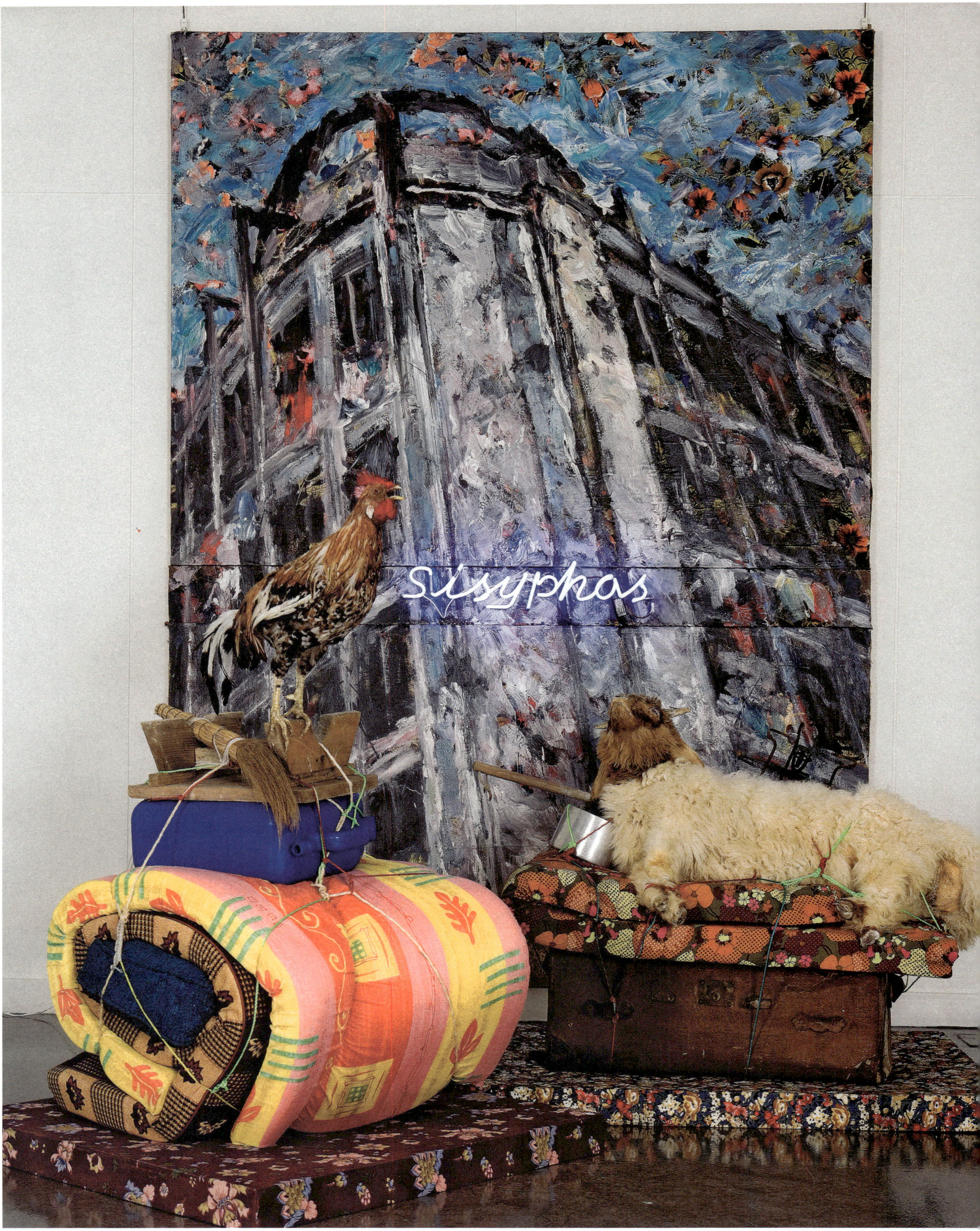
sisyphos

le *topos* de la ruine chez ayman baalbaki
the *topos* of ruins in ayman baalbaki's work

nayla tamraz
(LB)

Écrivaine libanaise, critique d'art, curatrice, chercheuse et professeure de littérature et d'histoire de l'art à l'Université Saint-Joseph de Beyrouth.
Lebanese writer, art critic, curator, researcher and professor of Literature and Art History at Saint Joseph University of Beirut.

Wake up Sisyphus, 2008
painting: 270 x 200 cm, mixed media and acrylic on canvas and neon
(opposite page)

J'ai connu Ayman Baalbaki un an avant les conflits de 2006, qui ont donné naissance à la célèbre série *Tammouz*. Notre rencontre fut assez brève, le temps d'un vernissage. Les expérimentations artistiques post-1990 avaient sensiblement glissé vers les pratiques contemporaines de l'art conceptuel. Ayman, lui, parlait de peinture, de la matérialité de celle-ci, de sa « pâte ». J'ai compris que cet élève de Marwan Kassab Bachi revendiquait la peinture comme moyen d'expression, tout en étant un artiste de son temps. En cela certes, et pour d'autres aspects aussi, il intéressait. Nous nous sommes rencontrés à plusieurs reprises, puis j'eus l'occasion d'écrire *Ayman Baalbaki's Mythological City*[1], un petit essai sur les ruines de la série *Tammouz*[2]. Nous étions en 2009.
Je reprendrai ici certaines considérations qui avaient fait l'objet de cet essai. J'y ajouterai ce que la distance du temps nous permet de restituer, de voir, de mieux voir, et sans doute aussi de mieux comprendre.

I met Ayman Baalbaki for the first time one year before the 2006 Lebanon War that engendered the famous *Tammouz* series. Our meeting was very quick, the time of an exhibition opening. The post-90s artistic experimentations had significantly shifted towards the contemporary practices of conceptual art. Ayman spoke about painting, about its materiality, its "paste". I realized that this student of Marwan Kassab Bachi claimed painting as a means of expression, while being an artist of his time. And this is one of the reasons why he was interesting. We met several times and then I had the chance to write *Ayman Baalbaki's Mythological City*,[1] a short essay on the ruins in the *Tammouz* series[2]. This was in 2009.
I will be taking up in the following certain considerations that have been the subject of this essay. I will also be adding what the distance of time allows to restitute, to see, to see better, and perhaps to understand better.

The *Topos* of Ruins in Ayman Baalbaki's Work

The topos of the ruin originates, in the occidental imaginary, from the vision of the city of Troy destroyed by a large fire.[3] It has also been active in Arab poetry[4] since the era called Jahiliya, or the "era of ignorance" that predates the arrival of Muhammad and Islam. The representation of ruins illustrates all at once a feeling of crisis and a meditation on human destinies and on history. Thus, the feeling of ruins inhabits the elegiac mentality since the day ruins existed, that is, since the day civilizations contemplated themselves, submitted to the destructive course of time or humanity; that is, since forever. Contemporary ruins are no exception. Although they conserve this elegiac power, their status is however associated with a reflection on today's world. They offer a spectacle that takes place in the context of major crisis in contemporary history where all certitudes are shaken. At the crossroads of those imaginaries, Baalbaki's lost city falls within a representation where the personal story joins the collective and draws from mythological and pictorial referents.

1
The Representation of the City

Two spaces structure Ayman Baalbaki's work: the rural world represented by aspects of domestic life (lamb, rooster, mattress...), or by the cretonne printed fabric imported from Africa and adopted by the women of southern Lebanon, and the urban world suggested metaphorically, as well as metonymically, by its buildings. These two spaces are linked together through themes of exodus and displacement,[5] and are invested successfully in the creation of an oxymoronic space where the cretonne print is superimposed on the city sky[6] and so as a pictorial space as well, where both worlds intermingle. To the aforementioned spaces, a third space is created: that of fantasy. Through the ironic hijacking of Magritte's slogan, in order to say "This is Beirut", where the latter is presented as the negative image of Switzerland, *Ceci n'est pas*

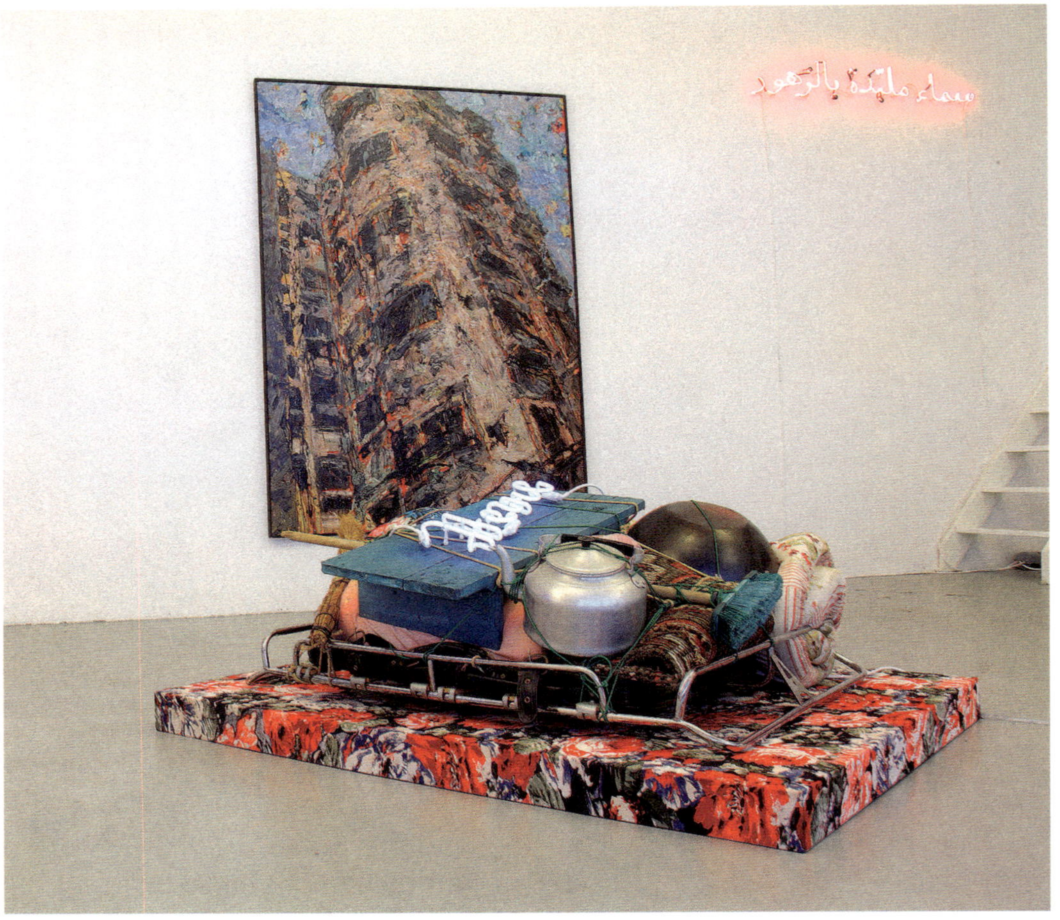

View of the exhibition
Ciel chargé de fleurs, 2010
Luce Gallery, Torino,
Italy

Being there, 2009
acrylic on fabric
mounted on canvas,
200 x 150 cm
(opposite page)

Le *topos* de la ruine chez Ayman Baalbaki

Le *topos* de la ruine procède dans l'imaginaire occidental de la vision de Troie anéantie par les flammes[3]. Il est de même actif dans la poésie arabe[4] depuis la période dite de la *Jahiliya*, ou « temps de l'ignorance », qui précède la venue de Mahomet et l'avènement de l'islam. La représentation des ruines y illustre tout à la fois un sentiment de crise et une méditation sur les destinées humaines et sur l'histoire. Aussi le sentiment des ruines habite-t-il la mentalité élégiaque depuis que les ruines existent, c'est-à-dire depuis que les civilisations se contemplent, soumises à l'œuvre destructrice du temps ou des hommes, c'est-à-dire depuis toujours. Les ruines contemporaines ne font pas exception. Si elles conservent cette puissance élégiaque, leur statut est toutefois associé à une réflexion sur le monde actuel.

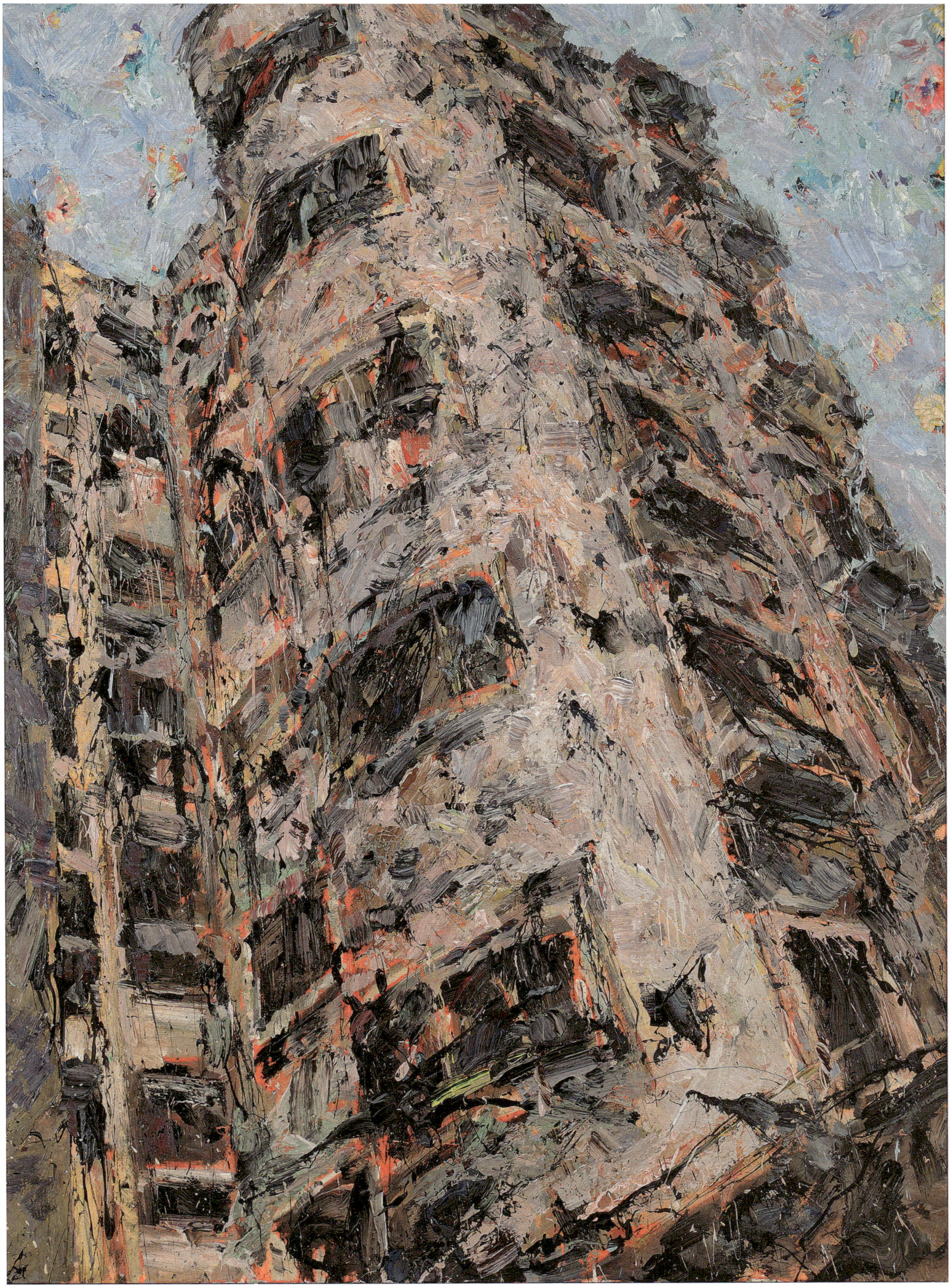

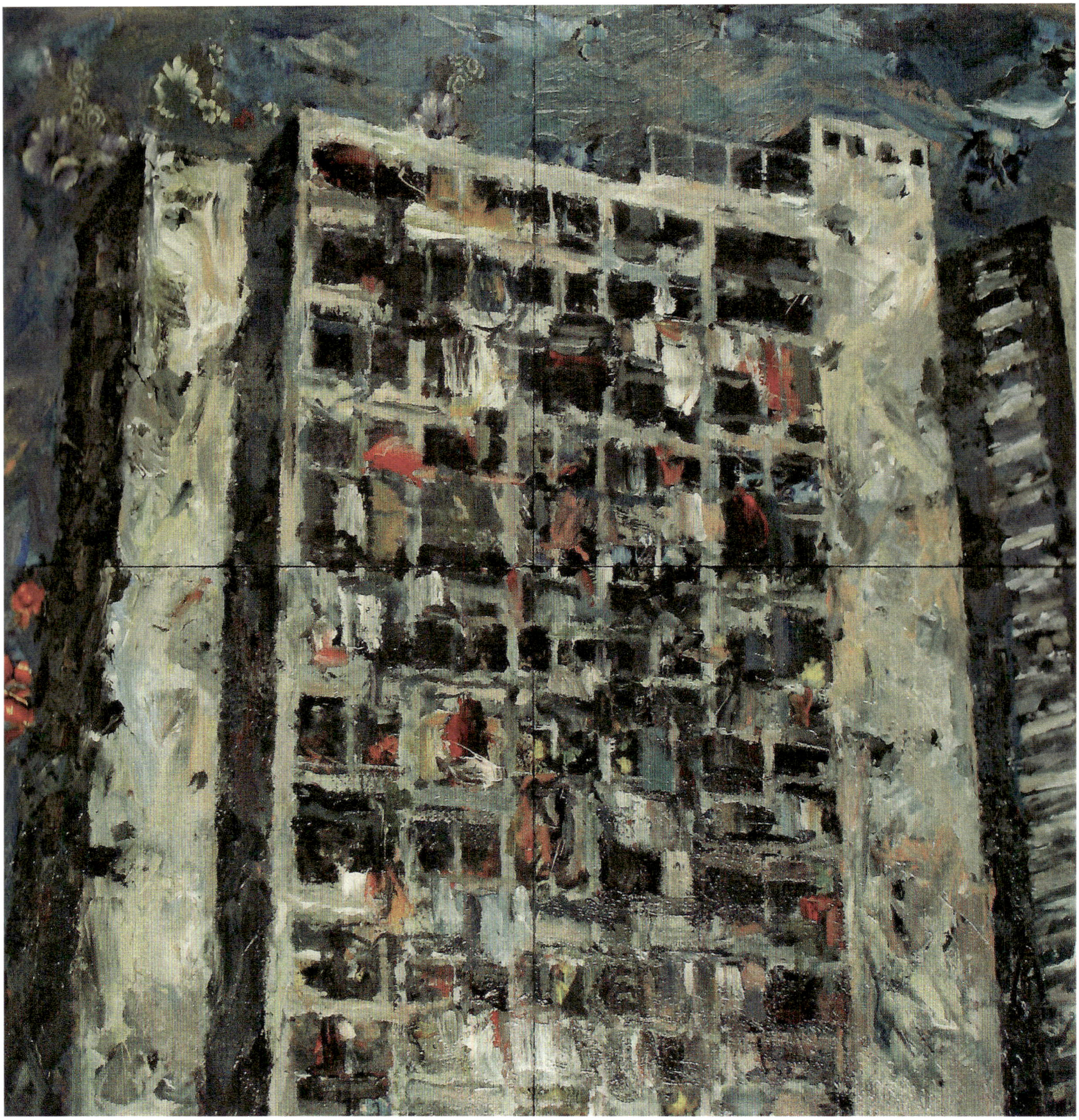

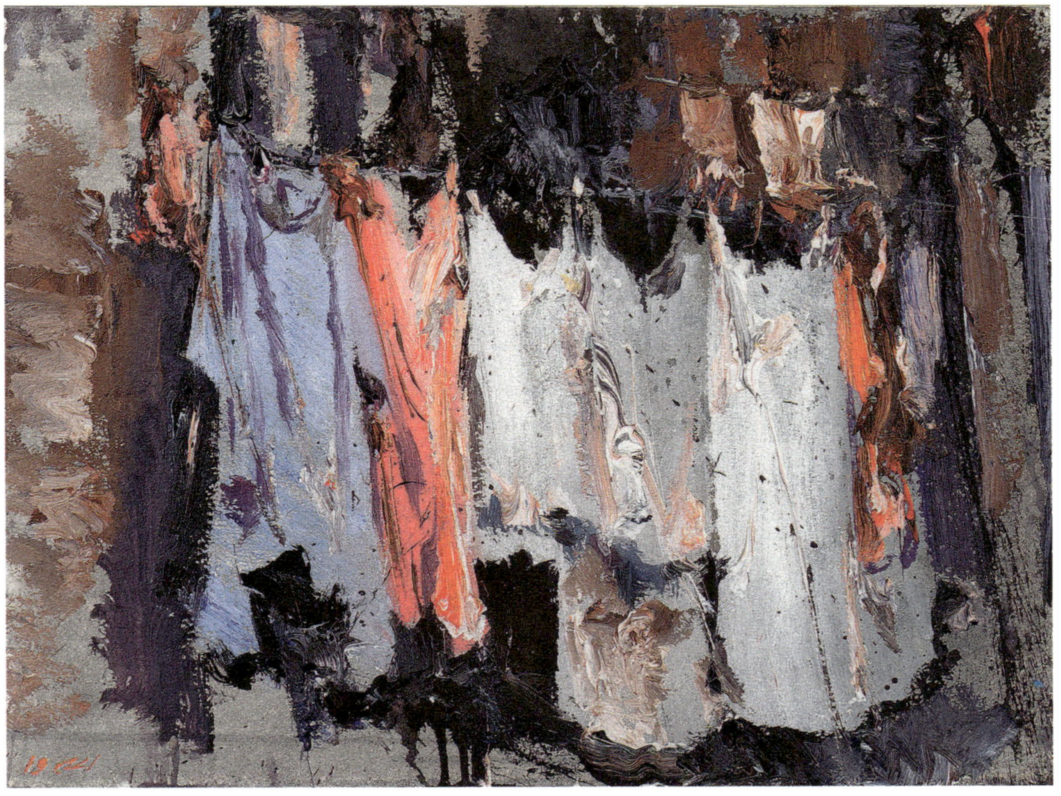

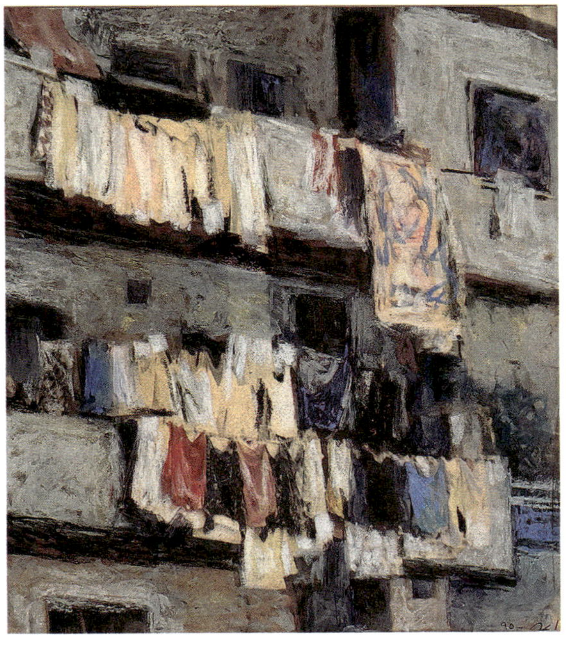

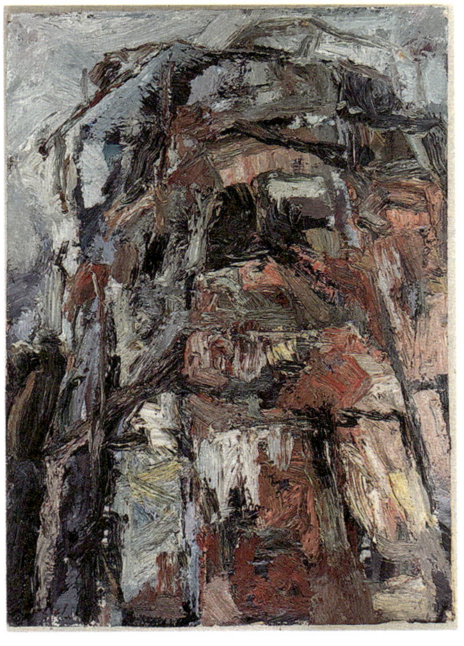

Ciel chargé de fleurs, 2004
acrylic on fabric laid on MDF, 180 x 180 cm
(opposite page)

Untitled, 2019
acrylic on paper laid on canvas, 50 x 70 cm

Wadi Abu Jmil, 1995
pastel on paper,
26.5 x 23.5 cm

Wadi Abu Jmil, 2001
oil on canvas,
70 x 50 cm

Le temps suspendu, 2020
mixed media with resin
(work in progress)
(next page)

la Suisse[7] (This is not Switzerland) condenses in fact, in the same representation, images of a "here" and those, fantasized, of an "elsewhere" that creeps up in the painting through the scriptural statement. Thus, all the while suggesting an ideal of order that is cruelly negated by images of "here", the reference to Switzerland obviously refers to a time of bliss, a golden age, a kind of a lost paradise, that which, in point of fact, is associated in the collective mind with a Lebanon from before the war. Through a process of displacement, the representation of paradise spreads to that of a flower-laden sky on which the built world, which destroyed, stands out, as in a projection of a utopian dream.
However, there is in Ayman Baalbaki's work a reflection on the city scape that predates the 2008 representations and takes its roots from his life: as soon as his displaced family arrived in Beirut, they settled in different urban environments. Baalbaki's painting draws from a life in which interest in buildings is synonymous with sedentariness and spatial stability. In point of fact, his early paintings betray this interest in the space of the city. Before 2008, he painted a number of urban landscapes[8] that would prove different from the subsequent ones in their colored expression of vital energy but where, nonetheless, one can notice a vision of chaos, and even that of a post-apocalyptic messy urbanism and of a world in disarray, through the settings of a human space that will be later deserted, dehumanized and where the same rhythm appears in the composition that will be witness, later on, to a heightening of the broken line of collapse.

2
The Mythological City

Under the impulse of Babel[9] no doubt – that seems to prefigure the *Tammouz series* that opens the way to a mythological dimension – the landscape becomes allegorical. Babel is the expression of the will to measure up to God. In that, it becomes the symbol of transgression and punishment. The Babel confusion in which men don't hear each other for not speaking the same language anymore is the punishment of a collective sin, that of a society prone to dispersal. As in other biblical narrative,

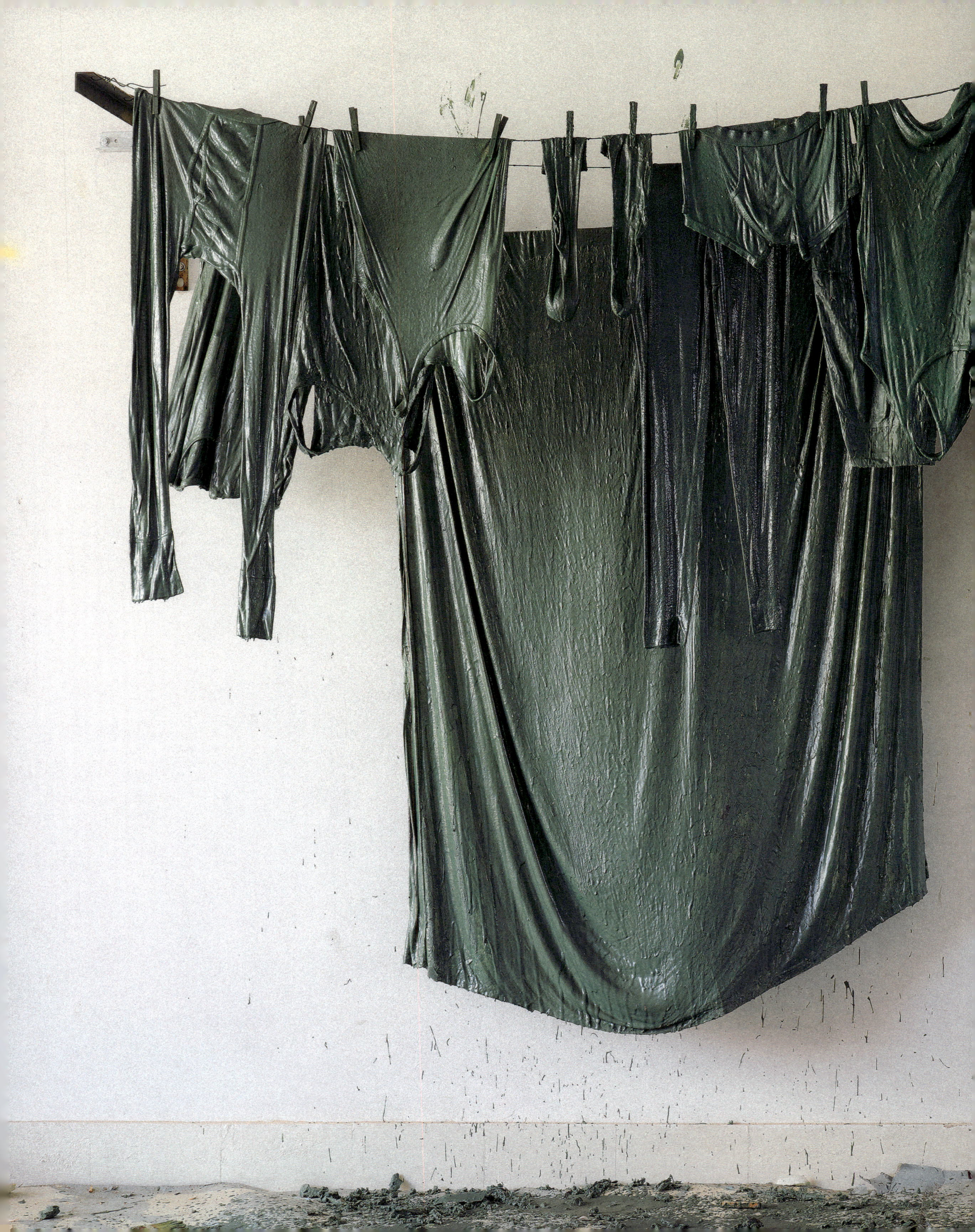

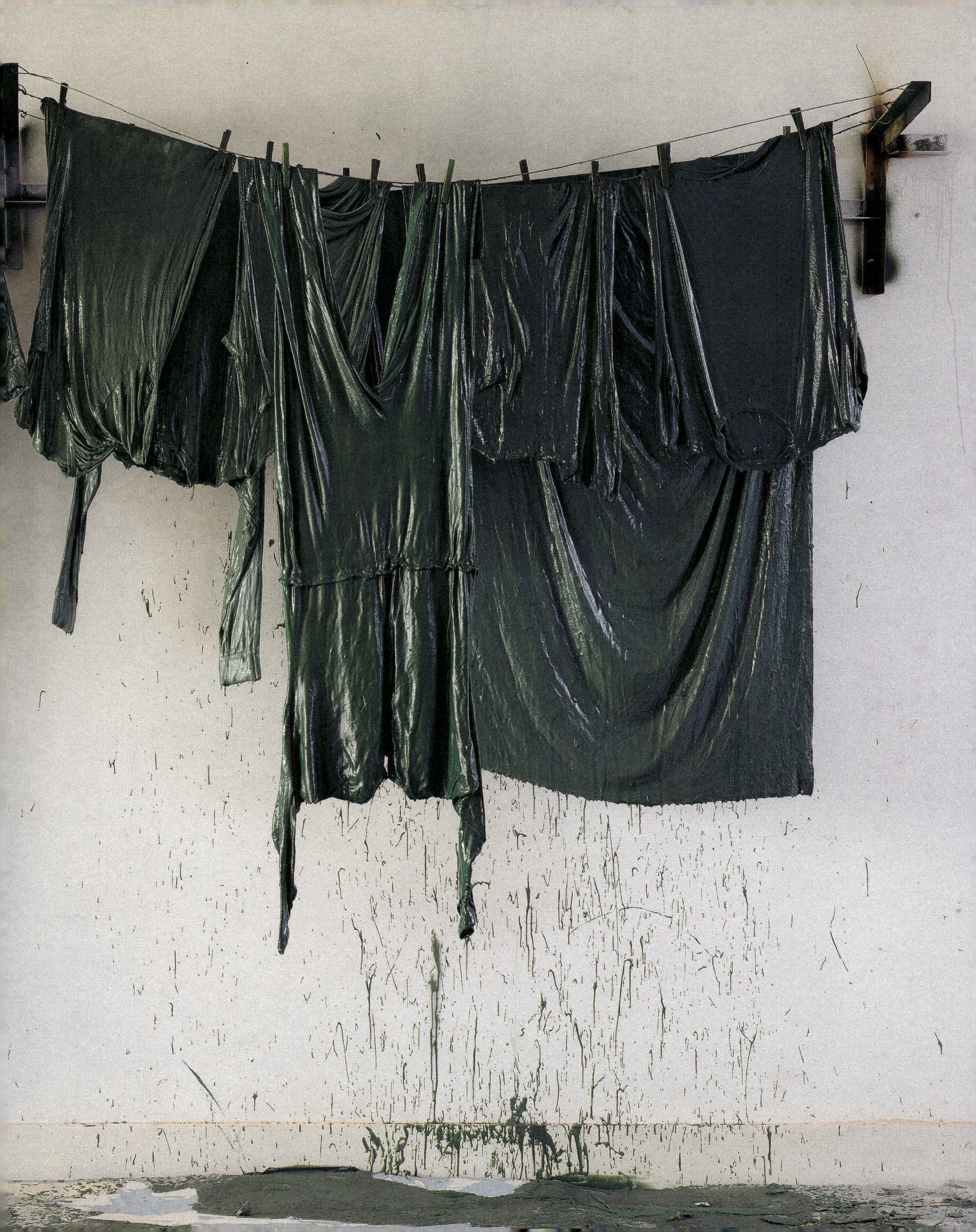

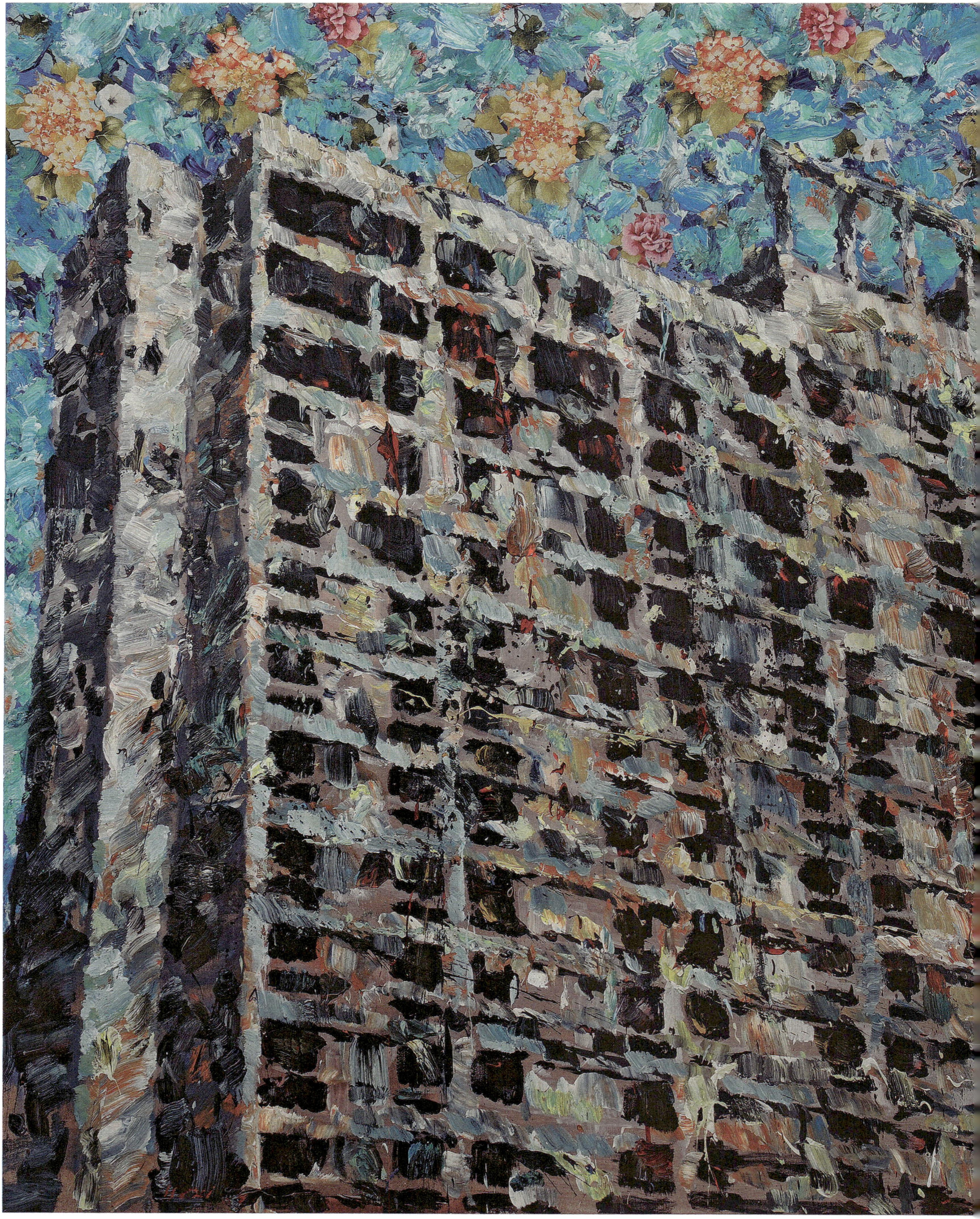

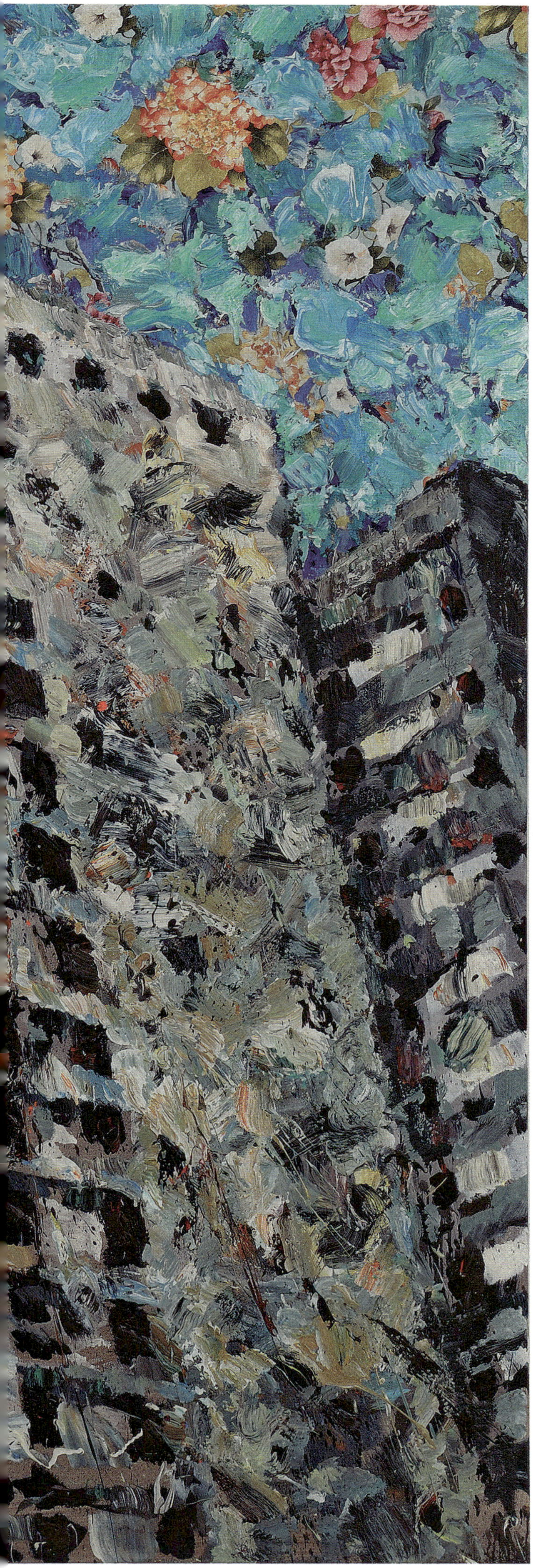

Hilton, 2011
acrylic on printed fabric laid on canvas, 176 x 210 cm, Charles-Henri Filippi Collection

Le spectacle qu'elles offrent prend place dans le contexte des grandes crises de l'histoire contemporaine et de l'ébranlement des certitudes qui en découle. À la croisée des imaginaires, la cité déchue de Baalbaki s'inscrit dans une représentation où le récit personnel se joint au collectif et puise dans des référents à la fois mythologiques et picturaux.

1
La représentation de la ville

Deux espaces structurent l'œuvre d'Ayman Baalbaki : le monde rural représenté par des motifs domestiques (mouton, coq, matelas...), ou par les imprimés du tissu « cretonne » importé d'Afrique qu'avaient adopté les femmes du Sud, et le monde urbain suggéré tout aussi métaphoriquement et métonymiquement par ses édifices. Ces deux espaces sont reliés entre eux par les thèmes de l'exode, du déplacement[5], et sont investis, de manière très aboutie, dans la création d'un espace oxymorique où les imprimés du « cretonne » se superposent au ciel de la ville[6], et d'un espace pictural donc où ces deux univers s'interpénètrent. À cela s'ajoute un troisième espace, celui du fantasme. En reprenant ironiquement le slogan magrittien pour dire « ceci est Beyrouth » et où cette dernière se présente comme l'image en négatif de la Suisse, *Ceci n'est pas la Suisse*[7] condense en effet dans une même représentation les images d'un ici et celles, fantasmées, d'un ailleurs, qui s'introduit dans le tableau par le biais de l'énoncé scriptural. Ainsi, en même temps qu'elle suggère un idéal d'ordre auquel les images d'ici offrent un cruel démenti, la référence à la Suisse renvoie de toute évidence à une période heureuse, à un âge d'or, une forme de paradis perdu, celui que, notamment, dans un imaginaire collectif, on associe au Liban d'avant-guerre. Par un procédé de déplacement la représentation du paradis s'étend à celle du ciel fleuri sur lequel se détache le monde construit, et d'ailleurs détruit, de la ville, comme la projection d'un rêve utopique.
Il y a toutefois chez Ayman Baalbaki une réflexion sur le paysage urbain qui est bien antérieure aux représentations de 2008 et qui prend racine dans son vécu : en raison des aléas de la guerre, sa famille s'installe dans des environnements urbains

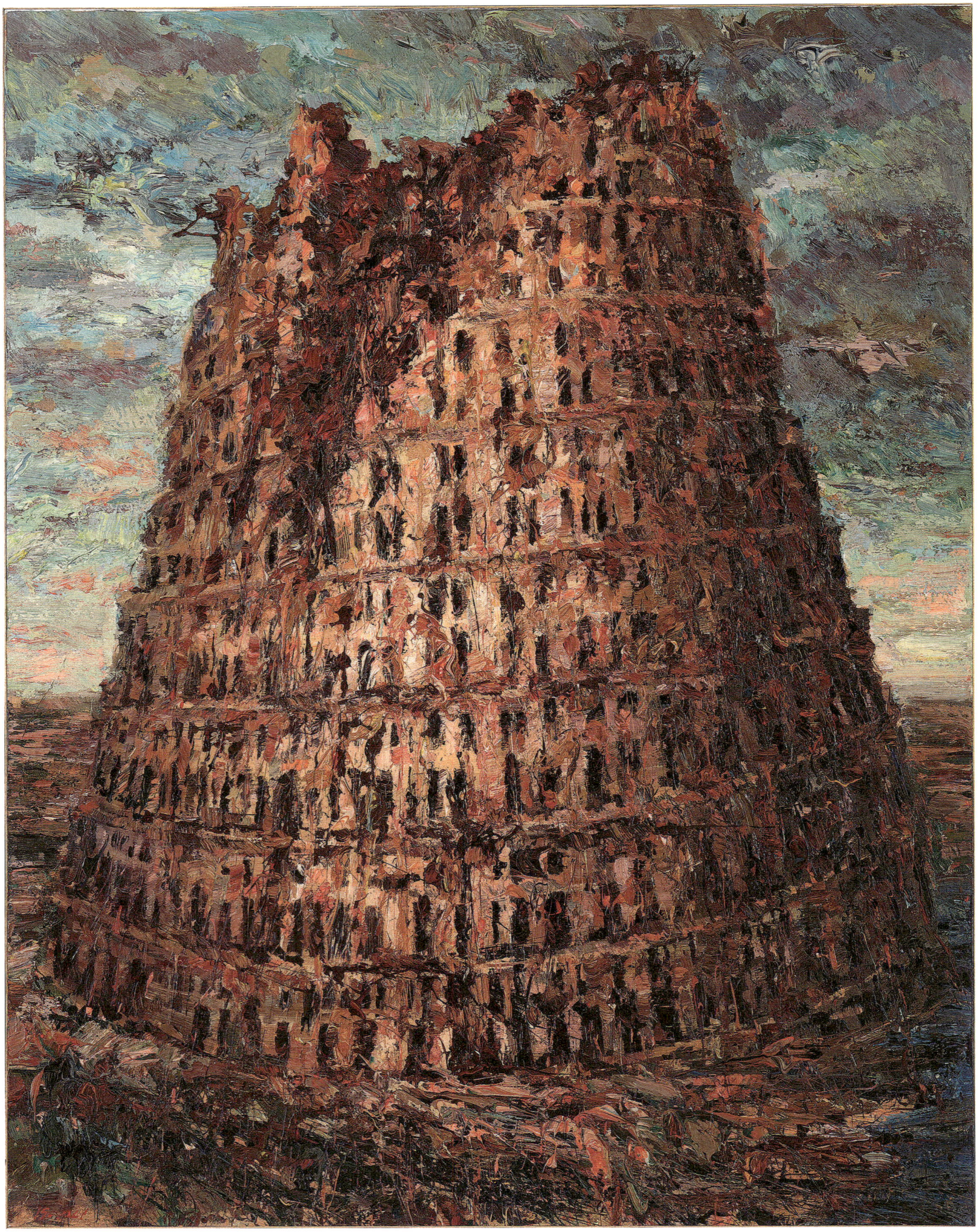

divers. Sa peinture puise donc dans un vécu où l'intérêt pour le bâti est synonyme de sédentarité et de stabilité spatiale. En effet, ses premières peintures témoignent de cet intérêt pour l'espace de la ville. Avant 2008 il peint un certain nombre de paysages urbains[8], qui se distingueront des suivants par l'expression colorée de l'énergie vitale, mais où point déjà la vision chaotique, voire post-apocalyptique, d'un urbanisme désordonné et d'un monde en désagrégation, par la mise en scène d'un espace humain qui dans les suivants sera déserté, déshumanisé, et où apparaît le même rythme dans la composition, qui verra plus tard une accentuation de la ligne brisée de l'effondrement.

2
La cité mythologique

Sous l'impulsion sans doute de Babel[9], qui semble annoncer la série de *Tammouz* et qui ouvre la voie à la dimension mythologique, le paysage devient allégorique. Babel est l'expression d'une volonté de se mesurer à Dieu. De fait, elle devient le symbole d'une transgression et d'un châtiment. La confusion babélique, où les hommes ne s'entendent plus, ne parlant plus la même langue, est le châtiment d'une faute collective, celle d'une société vouée à la dispersion. Comme dans d'autres récits bibliques, la ville, traditionnellement conçue comme étant l'expression d'un ordre cosmique et investie de la symbolique du centre (que l'on retrouve dans les mentions à un « centre-ville »), devient ici la métaphore d'un mal collectif. En ce sens, le mythe de Babel est un mythe profondément urbain. Il est significatif d'ailleurs qu'il se situe à la fin des chapitres concernant les origines de l'humanité (Genèse 11, 1-9) et précède le récit, plus circonstancié et plus chronologique, des Patriarches. Il traduit le passage du mythe à l'histoire et introduit à la dimension temporelle. Il n'est en ce sens pas anodin qu'une catastrophe sociale fasse basculer l'histoire des hommes de la période de sa fondation à celle, plus large, de son devenir.
Contrairement à la Babel de Breughel[10] dont il reprend le thème, celles de Baalbaki sont rongées de l'intérieur comme des termitières[11], vidées, érigées dans le brouillard d'un monde sans hommes. Il

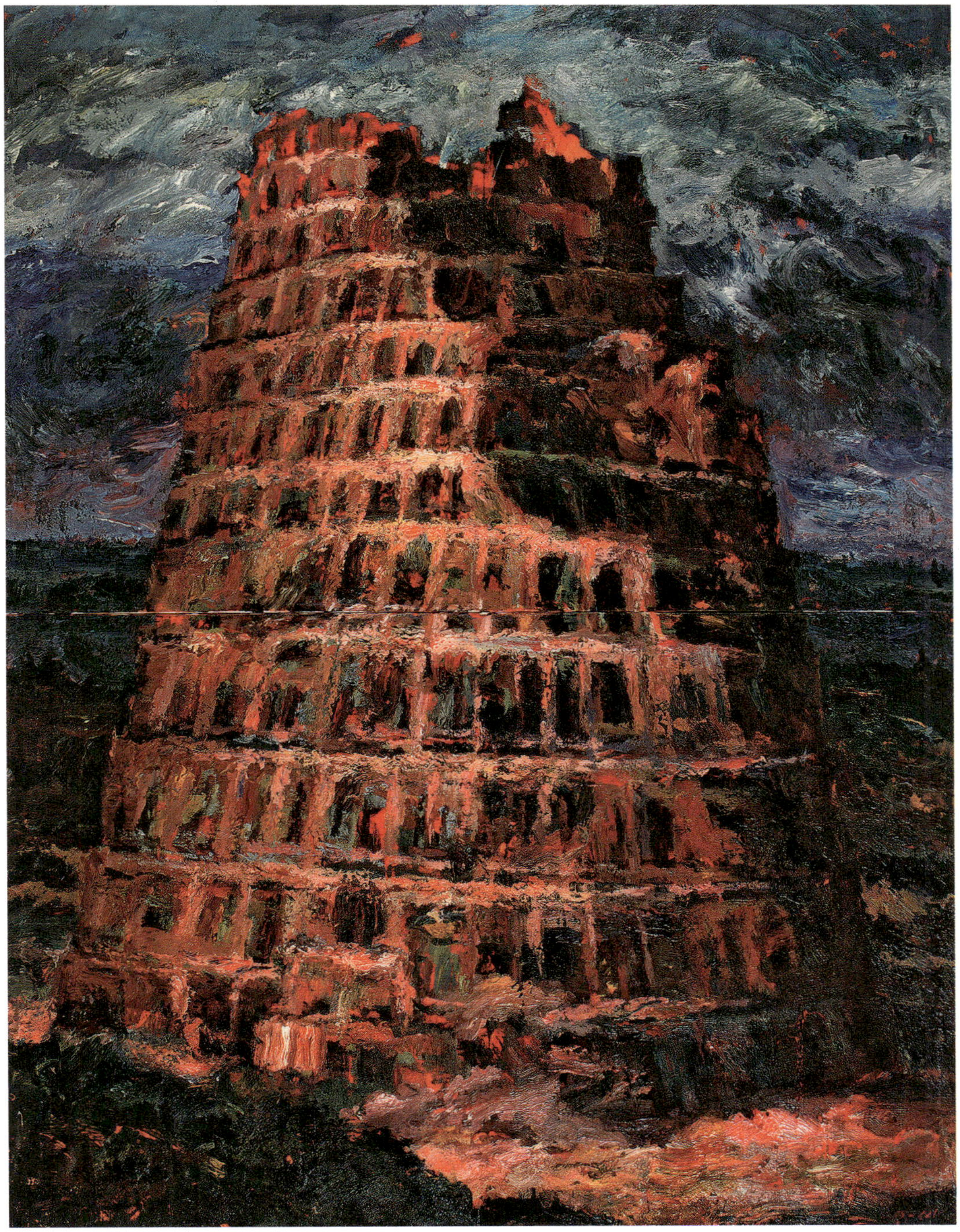

Babel, 2015
acrylic on canvas,
250 x 200 cm,
Dalloul Art Foundation
(opposite page)

Babel, 2005
acrylic on canvas,
260 x 200 cm

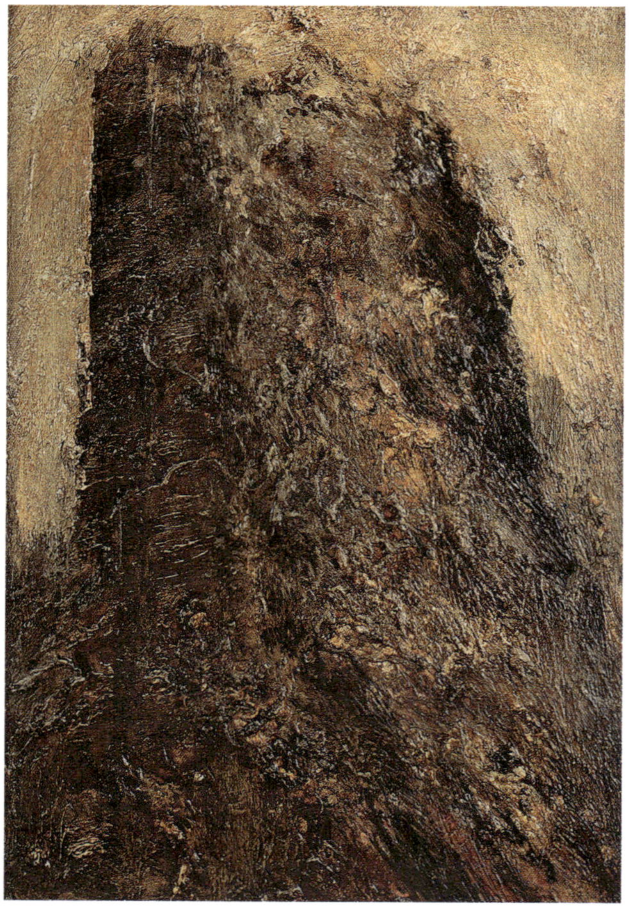

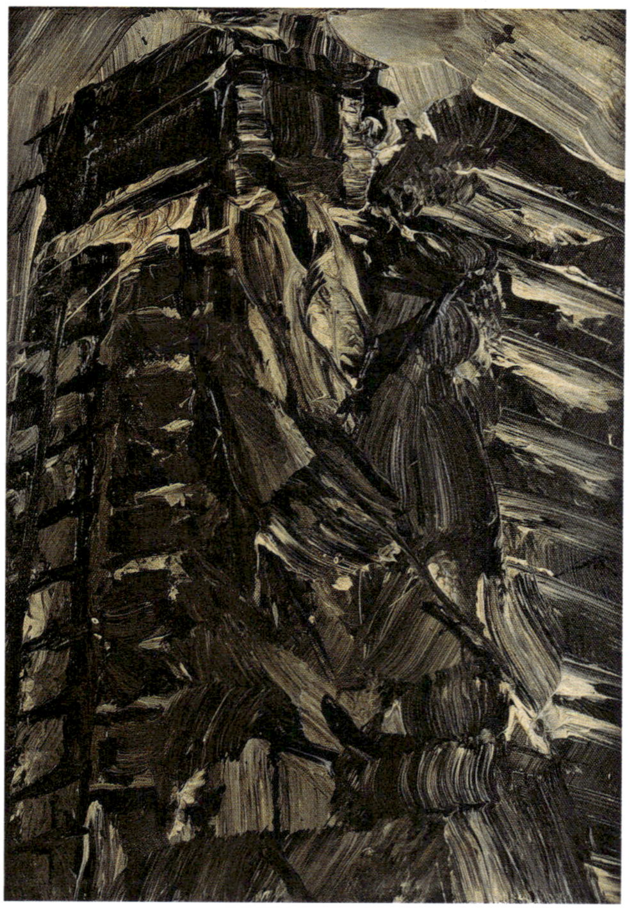

the city, traditionally conceived to be the expression of cosmic order and invested by the symbolism of the center (which is found in the mentions of the 'Central District') becomes here the metaphor for a collective evil. In that sense, the myth of Babel is a profoundly urban myth. The fact that it comes at the end of the chapters of the creation of mankind (Genesis 11, 1-9) and precedes the more detailed and more chronological narrative of the Patriarchs is quite significant. It translates the passage from myth to history and opens up a dimension of time. In that sense, it is not meaningless that a social catastrophe tips human history from its foundational period to the wider period of its becoming.

In contrast to Breughel's *Babel*,[10] the theme of which he resumes, Ayman Baalbaki's *Babels* are gnawed from within as termitaria,[11] hollowed out, and erected in the fog of a world without men. Only the symbol is left. In that sense, the artist goes farther than the myth itself to deliver an end-of-the-world vision of an abandoned land.

Ayman Baalbaki's urban landscapes take place in the mythological tonality, setting up archetypal figures that, erected in symbols, acquire an allegorical value. An axis mundi around which the universe organizes itself and makes sense, the vertical constructions connecting heaven and earth symbolize the spiritual link between God and man that is, in this case, broken. The world that the artist depicts is one from which the gods and meaning have retracted. His urban mythology expresses the tragic vision of an exploded collectivity. The ruins in Ayman Baalbaki's work designate a decaying world. They bear witness to the catastrophe.

3
The Imaginary of the Catastrophe

In *The Origin of German Tragic Drama*, Walter Benjamin says that "allegories are, in the realm of thought, what ruins are in the realm of things".[12] For Benjamin, who places the concept of catastrophe[13] at the heart of his philosophy of history, only the allegory would be capable of expressing the experience of a fragmented world in which the passage of time is not progress anymore

n'en reste plus que le symbole. En ce sens, le peintre va plus loin que le mythe lui-même pour nous livrer la vision eschatologique d'un monde inhabité.
Les paysages urbains de Baalbaki prennent place dans ce registre mythologique, mettant en scène des figures archétypales qui, érigées en symboles, acquièrent une valeur allégorique. *Axis mundi* autour duquel l'univers s'organise et prend sens, les constructions verticales reliant ciel et terre symbolisent le lien spirituel entre Dieu et l'homme qui, en l'occurrence ici, est rompu. L'univers décrit par l'artiste est celui d'où le sens et les dieux se sont retirés. Sa mythologie urbaine traduit la vision tragique d'une collectivité éclatée. Les ruines chez Ayman Baalbaki font signe vers un monde en décomposition. Elles témoignent de la catastrophe.

3
L'imaginaire de la catastrophe

Dans l'*Origine du drame baroque allemand* Walter Benjamin avance que « les allégories sont au domaine de la pensée ce que les ruines sont au domaine des choses[12] ». Pour Benjamin, qui place au centre de sa philosophie de l'histoire le concept de catastrophe[13], l'allégorie seule serait susceptible d'exprimer l'expérience d'un monde en fragments dans lequel le passage du temps n'est plus progrès mais désintégration[14]. La critique au nom de l'allégorie est donc un processus conceptuel « ruinant », qui fonctionne comme la destruction qui travaille dans les ruines. L'allégorie serait donc aussi une méthode critique, et la ruine le lieu où elle s'exerce de manière naturelle. La ruine est un lieu qui fait signe vers un temps passé et révolu, dont on ne peut que relever les traces.
Nous assistons chez Baalbaki à la mise en place d'un système rhétorique qui culmine avec la représentation allégorique. Le motif de la ruine y est central. Ainsi, comme l'allégorie de Babel, la référence à Sisyphe investit de manière tout aussi fondamentale l'imaginaire de Baalbaki. Le mythe nous raconte que, pour avoir osé défier les dieux, Sisyphe fut condamné par Zeus à pousser éternellement un rocher au sommet d'une montagne sans jamais y

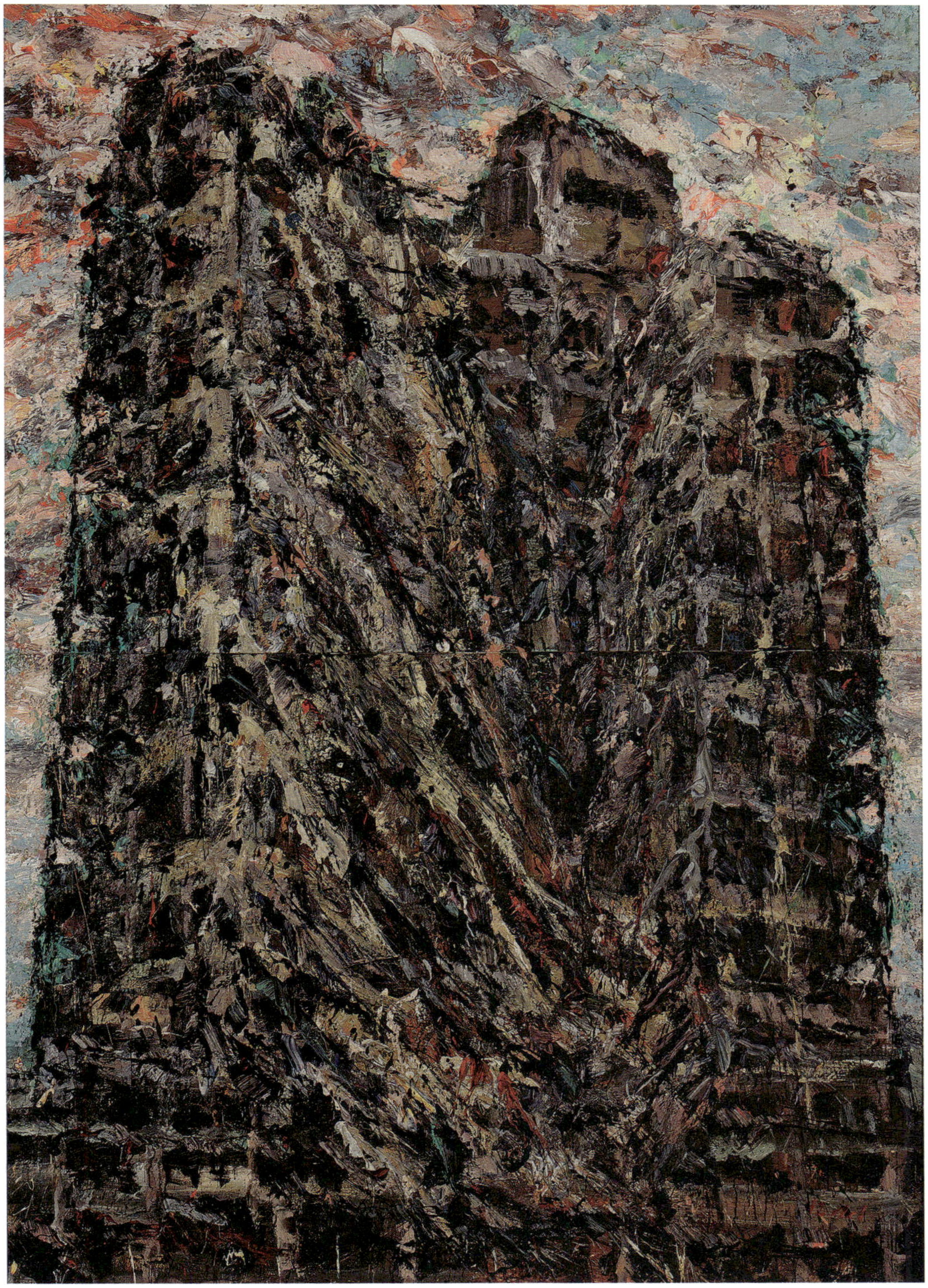

Tammouz (series), 2008
acrylic on canvas,
30 x 21 cm *(x2)*
(opposite page)

Untitled, 2012
acrylic on canvas,
250 x 180 cm

but disintegration.[14] Criticism in the name of allegory is then a "ruining" conceptual process that works as the destruction that operates in ruins. Therefore, the allegory is a critical method, and the ruin is the place where it operates most naturally. The ruin is a place that designates a past and bygone time, of which we can only reveal the traces.

We witness in Baalbaki's work the establishment of a rhetoric system that culminates with allegorical representation and where the motif of ruin is central. Thus, just like in Babel's allegory, the reference to Sisyphus has a fundamental place in Baalbaki's imagination. The myth tells the story of Sisyphus, condemned by Zeus, for having dared to defy the gods, to eternally roll a rock up to the top of a mountain without ever succeeding. As a matter of fact, in many religions, the mountain symbolizes the rebellion of man against God. The story of Sisyphus is also that of a transgression. Ayman Baalbaki's buildings – whether the one portrayed in *Wake up Sisyphus*[15], through the use of the high-angle shot that makes the building erected to the sky an imaginary equivalent of the mountain, or the other ones that he painted since 2008 – are avatars of the Sisyphean mountain. At the same time, the two tensions that define Sisyphus' trajectory – condemned to climb up, but also to climb down the mountain – equally traverse the pictorial space and its buildings that are destined to collapse: an upward tension in a dynamic of accomplishment, and a downward tension in a dynamic of fall.[16] Thus, the oblique composition of certain paintings[17] creates a dramatic tension, the feeling of collapse, the expression of a fall and the vision of a cataclysm.[18]

The allegory that is activated in the Baalbaki representation is also accompanied by visualization processes: arbitrary, savage and random framings that have the effect of shortening reality, cutting it up, mutilating it even, and sometimes also making the centers explode and delivering the vision of an off-center world, subject to chaos, while at the same time referring to an out-of-frame totality that, one would guess, suffers from the same devastation. The process is pushed to the limits: the image multiplies psychedelically and refers to a collapse, that of an eye submitted to multiplied points of view, that of the metaphor taken up

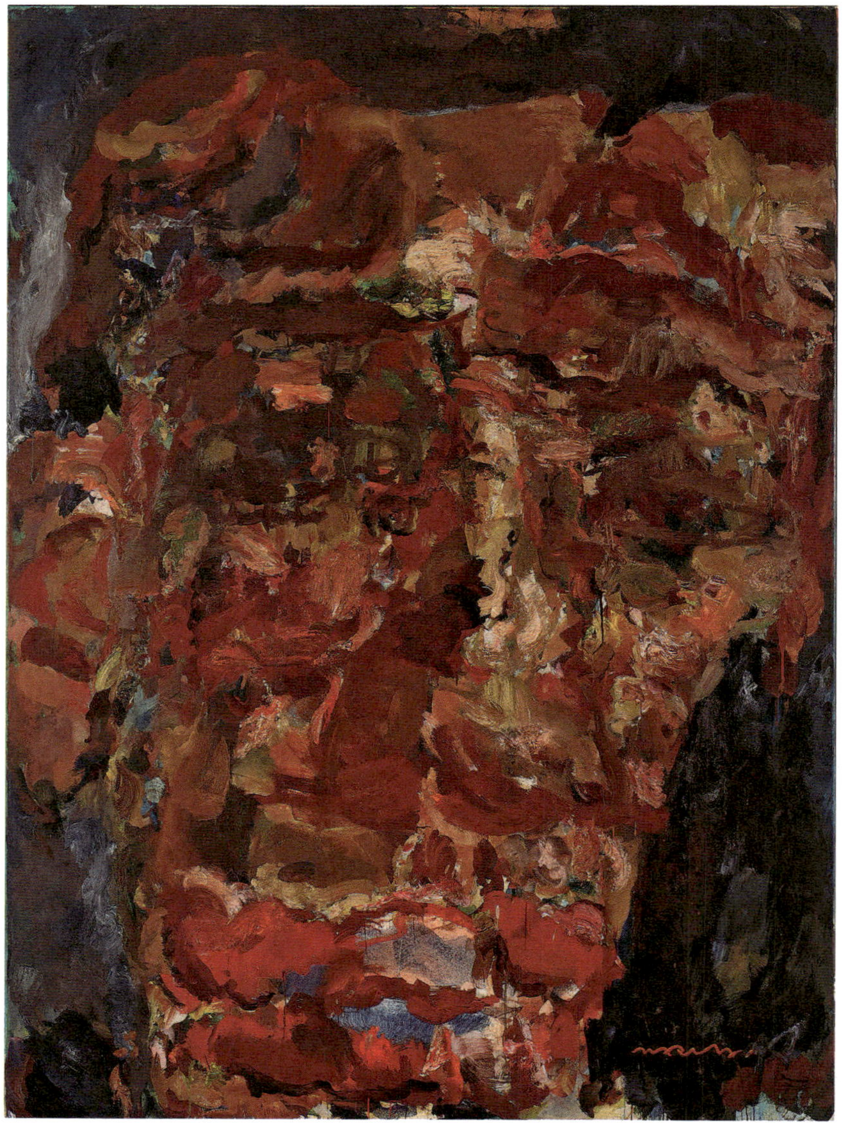

Marwan Kassab-Bachi,
Head, 1985
oil on canvas,
260 x 165 cm,
Dalloul Art Foundation

Quarter of beef, 2001
oil on cardboard,
50 x 34.5 cm
(opposite page)

Quarter of beef, 2001
oil on cardboard,
30 x 20 cm
(opposite page)

Quarter of beef, 2001
acrylic on cardboard,
49 x 32 cm
(opposite page)

(next page)

Quarter of beef, 2001
acrylic and oil on wood,
26.5 x 20 cm

Slaughtered Ox, 2001
oil on cardboard,
35 x 24 cm

Quarter of beef, 2001
oil on cardboard,
29 x 20 cm

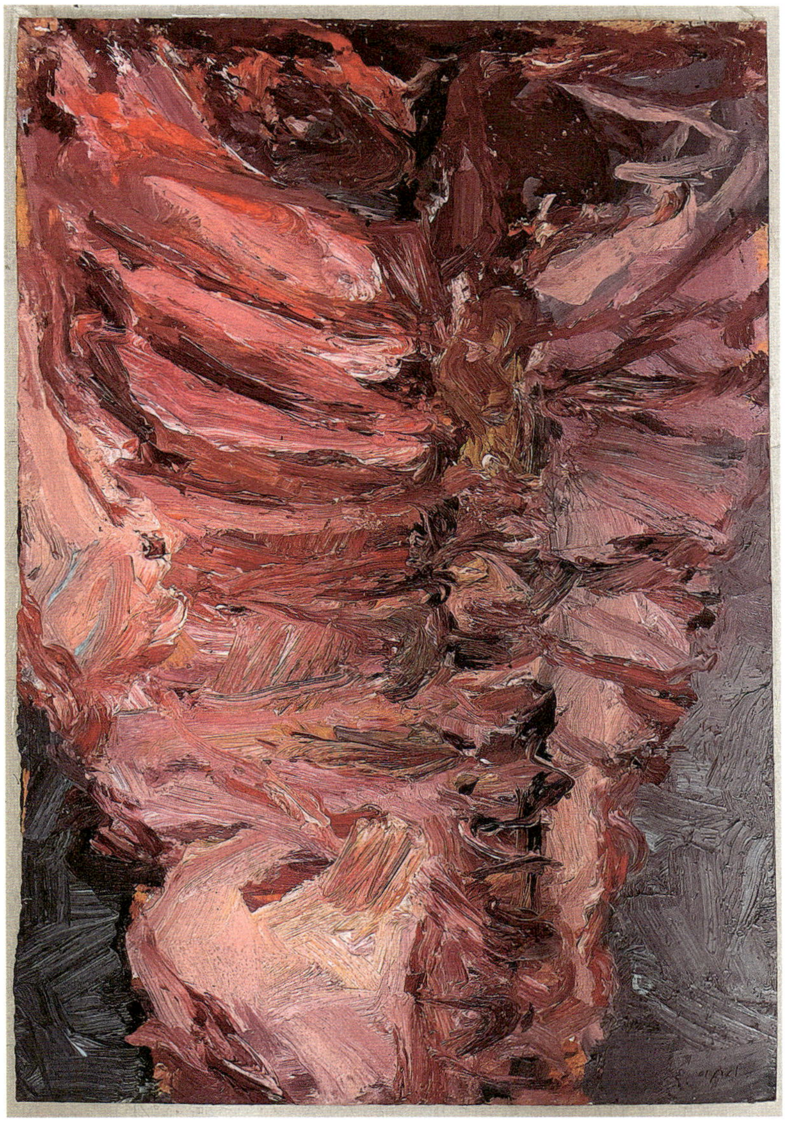

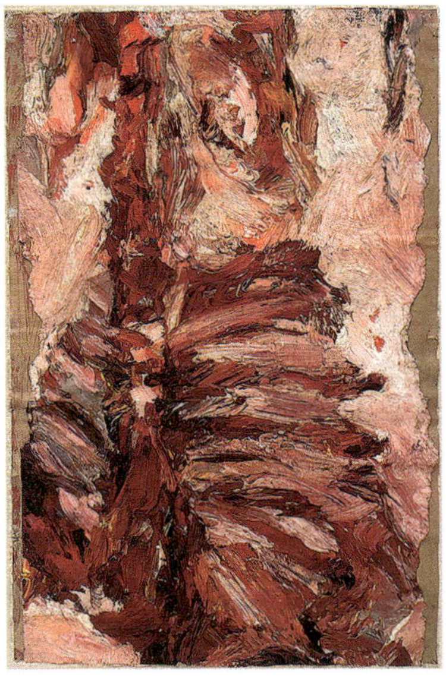

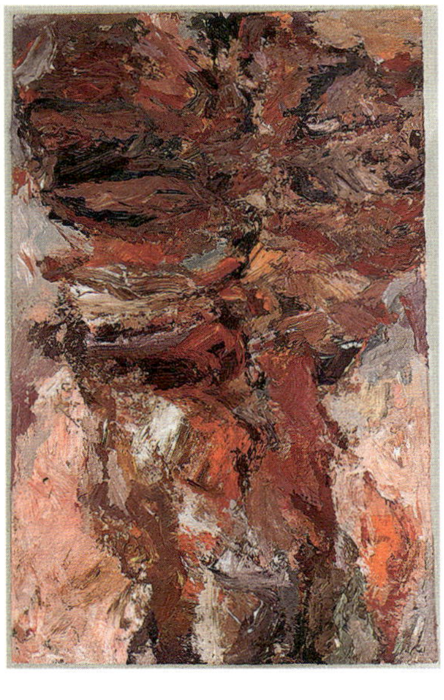

parvenir. De fait, dans certaines religions, la montagne symbolise la révolte de l'homme contre Dieu. L'histoire de Sisyphe, elle aussi, est celle d'une transgression. Les édifices de Baalbaki – dans *Wake up Sisyphus*[15], où l'effet de contre-plongée fait de la construction érigée vers le ciel un équivalent imaginaire de la montagne, mais aussi dans tous ceux qu'il a peints depuis 2008 – sont des avatars de la montagne sisyphienne. De même, les deux tensions qui définissent la trajectoire de Sisyphe – condamné à remonter mais également à redescendre la montagne – traversent pareillement l'espace pictural et ses édifices destinés à l'effondrement : une tension vers le haut, dans une dynamique d'accomplissement, et une autre vers le bas, dans une dynamique de chute[16]. Ainsi, la composition oblique de certains tableaux crée[17] une tension dramatique, l'impression d'un effondrement, l'expression d'une chute, la vision d'un cataclysme[18].

Aussi, le procédé allégorique qui est à l'œuvre dans la représentation baalbakienne s'accompagne de procédés de mise en images : cadrage arbitraire, sauvage et aléatoire qui a pour effet de tronquer la réalité, de la découper, voire de la mutiler et, parfois aussi, de décadrer le motif, faisant éclater les centres, nous livrant la vision d'un monde décentré, soumis au chaos, en même temps qu'il semble renvoyer l'image ainsi obtenue à une totalité hors champ que l'on devine victime de la même dévastation. Le procédé est poussé à son extrême : l'image se multiplie de manière hallucinée et renvoie à une débâcle, celle du regard soumis à des points de vue démultipliés, celle de la métaphore reprise à l'infini, celle d'un monde en désordre que l'artiste tente de montrer, la représentation de quelque chose qui se défait. La ruine est le lieu d'un désastre à la fois topographique et historique.

Plus largement, elle traduit également chez lui une certaine vision de l'histoire qui apparaît plus particulièrement dans l'un de ses travaux, *Wake up Sisyphus*. Ce dernier semble effectivement inscrire l'œuvre de l'artiste dans une temporalité cyclique et absurde où ce qui se construit se détruit, où la pierre sédentaire ouvre la voie à de nouveaux déplacements, où l'espace ouvert au voyage devient circulaire et se

to infinity, that of a messy world that the artist tries to represent, the representation of something that is falling apart. Ruin is the place of a topographic and a historical disaster.
More generally, it also represents a certain vision of history that is present more specifically in one of his works: *Wake up Sisyphus*. This painting seems to give to Ayman Baalbaki's work a cyclical and absurd temporality where what gets built gets destroyed, where the immovable rock opens the way to new displacements, and where the space open to travel becomes circular and closes on itself, negating progress, negating history. *Wake up Sisyphus* puts the viewer in front of a tragic vision where there are no other perspectives than that of a near-psychotic recovery, and in the background of which the central motif or that of the sky which, when it's not absent or laden with flowers of exile, takes on apocalyptic tonalities of fiery orange and soot grey. No other light than that of twilight.[19] One cannot tell if it refers to a real time or a mythical one, or to the twilight of a world where the gods, undoubtedly, have withdrawn.

4
Beirut and the Post-War Generation

The narrative of catastrophe is that which will mark, more generally, the post-war artists' generation. In *The Withdrawal of Tradition Past a Surpassing Disaster*,[20] Jalal Toufic, a reader of Benjamin, develops a thesis that stipulates that following what he calls the "surpassing disaster" of history, a "withdrawal of tradition" occurs. The role of art is to invest in this area of withdrawal that is invested with latent images that wait to also become intelligible. The war generation artists will find in Toufic's ideas an echo of their own concerns and experimentations.
Jalal Toufic has already formalized this idea in a short essay entitled "Ruins: places haunted by the livings who inhabit them"[21] in which he tells the story of a vampire who commissions a real estate agent in Lebanon to find him buildings ruined by war. Beyond the anecdote, the story helps Toufic build his theory on the figure of the revenant and so on the scheme of return that allows itself to be apprehended on the memory level (the ruin generates a past) as well as the psychoanalytic one:[22] return of the past, return of the repressed, return of what comes back to haunt us because it's not dead. Thus, Toufic explains that in countries in a post-war context, where civil wars or wars have left so many pending issues, it is suspicious, even dangerous not to have ghosts, both in reality (haunted houses) and in fiction. The virtual absence of literature and movies on revenants in Lebanon is also one of the signs of what he describes as "a post-traumatic collective amnesia". But we are in 2002 and the issue of ruins is accurate.
It is important to recall that in post-war Beirut, where ancient war remains lie next to various demolition or construction sites, where the catastrophic vision is cohabiting with the most outrageous progressivism, where the frontiers between a world-to-be and another world that is fading away are blurred and coexist in an extreme currency, and facing a prevailing rhetoric forgetful of memory, the issue of ruins is on the agenda.
In a collective work published in 1999, Elias Khoury portrays the ambiguous status of Beirut, caught in a double mythology: "On one hand, the mythology of war that made it a prototype of the city devastated by civil war, transfigured by death, dismembered; on the other hand, the mythology evoked by the recently uncovered ruins of an ancient Phoenician and Roman city."[23]
To this double mythology we can add the one of a "new city" that "doesn't resemble itself at all"[24] that gave up its points of reference and its memory.[25]
The embodiment of a polemic in the public space, but also a reconstructed space that invests in the territory of representation, the ruin is reintroduced in art and becomes the place of a discourse where the links between poetics and politics are activated. Many artists also work on the representation of the city and its ruins. Their work is accompanied by a question: how to display it without aestheticizing it.[26] Thus, the ruin imaginary addresses an issue and acquires a critical dimension.
A contemporary artist of the present generation, Baalbaki's painting is driven by the same concern, the same reflection. It is nevertheless apprehended through a

referme sur lui-même niant le progrès, niant l'histoire. *Wake up Sisyphus* met le spectateur face à une vision tragique où il n'est d'autre perspective que celle de la reprise quasi psychotique et en arrière-fond du motif central ou celui du ciel qui, quand il n'est pas absent ou chargé des fleurs de l'exil, prend des teintes apocalyptiques orange feu et gris fumée. Pas de lumière sinon crépusculaire[19]. On ne sait si elle fait référence à un temps réel ou mythique, ou au crépuscule d'un monde où les dieux, décidément, se sont retirés.

4
Beyrouth et la génération de l'après-guerre

Le récit de la catastrophe est celui dont va s'imprégner plus généralement la génération des artistes de l'après-guerre. Lecteur de Benjamin, Jalal Toufic développe, dans *Le Retrait de la tradition suite au désastre démesuré*[20], la thèse selon laquelle, suite à ce qu'il appelle les « désastres démesurés » de l'histoire, il se produit aussi un « retrait de la tradition ». L'art se donne pour rôle d'investir cette zone de retrait, investie d'images latentes qui attendent d'être à leur tour intelligibles. Les artistes issus de la guerre verront dans les idées de Toufic des propos qui font écho à leurs propres préoccupations et expérimentations.
Ces propos, Jalal Toufic les avaient déjà formalisés dans un petit écrit intitulé *Ruins: Places Haunted by the Living who Inhabit Them*[21]. Dans cet essai, il raconte l'histoire d'un vampire qui commissionne un agent immobilier au Liban afin que ce dernier lui trouve des bâtiments ruinés par la guerre. Au-delà de l'anecdote, l'histoire permet à Toufic de construire sa théorie sur la figure du revenant et donc sur le schème du retour qui se laisse appréhender aussi bien sur le plan mémoriel (la ruine sécrète du passé) que sur le plan psychanalytique : retour du passé, retour du refoulé, retour de ce qui revient nous hanter parce qu'il n'est pas mort. Ainsi, dans les pays en contexte d'après-guerre, explique Toufic, où les guerres civiles ou les guerres ont laissé tellement d'affaires en suspens, il est suspect, voire dangereux, qu'il n'y ait pas

de revenants, tant dans la réalité (maisons hantées) que dans la fiction. Aussi, l'absence virtuelle d'une littérature et de films sur des revenants au Liban est l'un des signes de ce qu'il qualifie comme étant « une amnésie collective post-traumatique[22] ». Mais nous sommes en 2002, et la question des ruines est à l'ordre du jour.
Il faudrait sans doute rappeler que dans le Beyrouth de l'après-guerre, où les vestiges anciens ainsi que ceux de la guerre se juxtaposent à des chantiers divers en démolition ou en construction, où la vision catastrophique cohabite avec le progressisme le plus outrancier, où les frontières entre un monde en devenir et un autre qui s'efface sont brouillées et se côtoient dans une extrême actualité, et face à une rhétorique dominante oublieuse de la mémoire, la question des ruines est à l'ordre du jour.
Dans un collectif paru en 1999 Elias Khoury fait état du statut ambigu de la ville de Beyrouth prise dans une double mythologie : « D'une part, la mythologie de la guerre qui fit d'elle un prototype de la ville déchirée par la guerre civile, transfigurée par la mort, démembrée ; d'autre part, la mythologie évoquée par les ruines récemment mises au jour d'une ancienne cité phénicienne et romaine[23]. »
À cette double mythologie s'ajoute celle d'une « nouvelle cité » qui « ne présente plus aucune ressemblance avec elle-même[24] », qui se déleste de ses repères et de sa mémoire[25].
Espace réel d'une polémique dans l'espace public, mais aussi espace reconstruit qui investit les territoires de la représentation, la ruine se réintroduit dans l'art et devient le lieu d'un discours où les liens entre poétique et politique sont activés. Aussi, nombreux sont les artistes qui travaillent sur la représentation de la ville et de ses ruines. Ils en font la matière de leur travail qu'ils tentent d'accompagner d'un questionnement : comment mettre en scène les ruines sans les esthétiser[26]. L'imaginaire ruiniste se met donc au service d'une problématique et acquiert une dimension critique.
Contemporain de cette génération, Baalbaki propose une peinture travaillée par la même inquiétude et la même réflexion. Celle-ci se donne toutefois aussi à appréhender dans un écart par rapport aux pratiques conceptuelles dominantes et le système

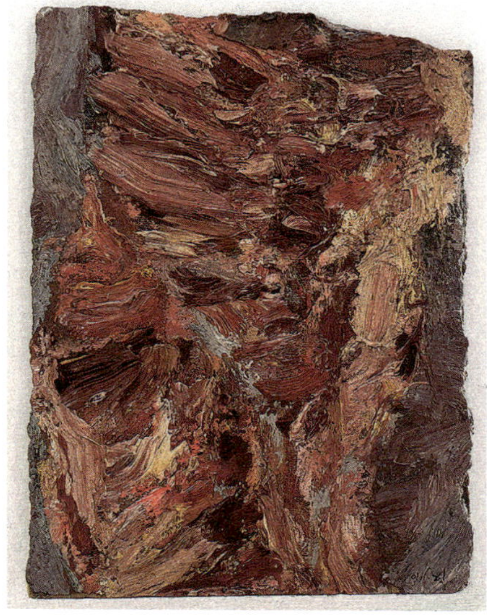

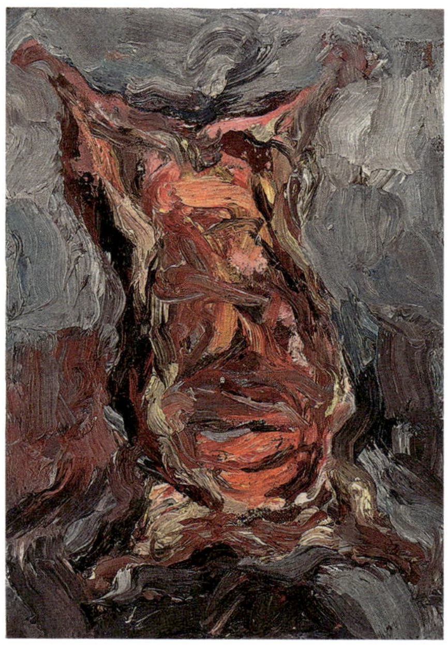

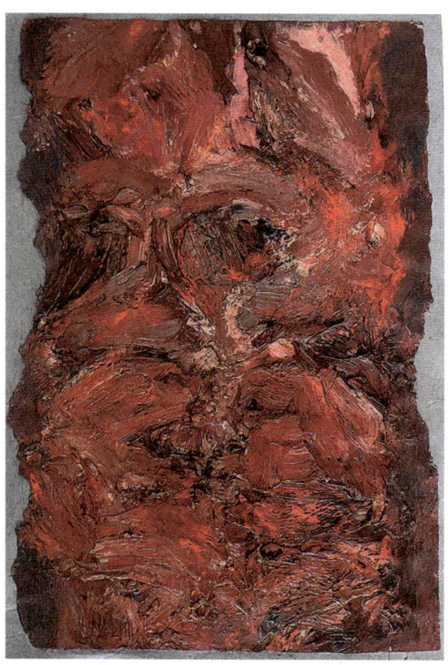

d'évaluation sécrété par elles. Associée à une modernité révolue, la peinture comme pratique, chez Baalbaki, est néanmoins le lieu où cet écart se pense. Elle est donc également le lieu où la contemporanéité se redonne à penser.

5
La ruine comme figure

La démarche de Baalbaki consiste à décomposer une réalité elle-même en décomposition et à en faire l'autopsie pour l'exposer, ouverte, au regard du spectateur. Aussi la vision des édifices éventrés, ressemblant à un massacre, renvoie-t-elle à une dimension anatomique où on reconnaît l'influence de ses travaux sur le *Bœuf écorché*[27].
Car la démarche de Baalbaki est avant tout plastique. Et elle consiste d'abord à interroger un motif en le faisant dialoguer avec les figures picturales avec lesquelles il interagit. Aussi la dimension intellectuelle (qui s'alimente des rapports aux multiples références mythologiques) se double-t-elle d'une perspective analytique qui trouve écho dans les correspondances qu'il met en place avec la tradition picturale. Tout en s'inscrivant dans la mouvance d'artistes de l'après-guerre, Baalbaki donne à contempler une ruine qui se dresse pourtant, sur un ciel empli de fleurs ou de fumée, pareille à nulle autre. Car entièrement absorbée, et pour ainsi dire *engluée*, par la peinture et par sa texture, la ruine chez Baalbaki transcende le discours qui lui est habituellement associé pour se développer en une figure, une étude. L'introduisant dans un espace temps autre qui est celui de la peinture et de sa matière, il l'inscrit dans une dimension esthétique sans pour autant l'*esthétiser*.
La représentation des ruines est alors le lieu où se développe un dialogue avec la peinture qui reste son propos majeur.
Ce dialogue, Ayman le poursuit bien au-delà de la série *Tammouz*, jusque dans les œuvres qui ont fait l'objet de sa dernière exposition à la galerie Saleh Barakat (2016), soit une dizaine d'années après les premières ébauches. Dialogue impressionnant à dire vrai tant la peinture est écrasante, tant par la générosité de sa matière que par le format de ses supports et par la quantité

deviation from the prevailing conceptual practices and the evaluation system they generate. Associated with an achieved modernity, Baalbaki's painting as a practice is, however, the place where this deviation is thought. It is then also the place where the contemporaneity is *re*-thought.

5
The Ruin as a Figure

Baalbaki's approach consists in decomposing a reality, itself in decomposition, and performing its autopsy to offer it, quartered, to the viewer. As such, the view of the gutted buildings, closely resembling a slaughter, refers to an anatomical dimension where one recognizes the influence of his work on the *Boeuf écorché*.[27]

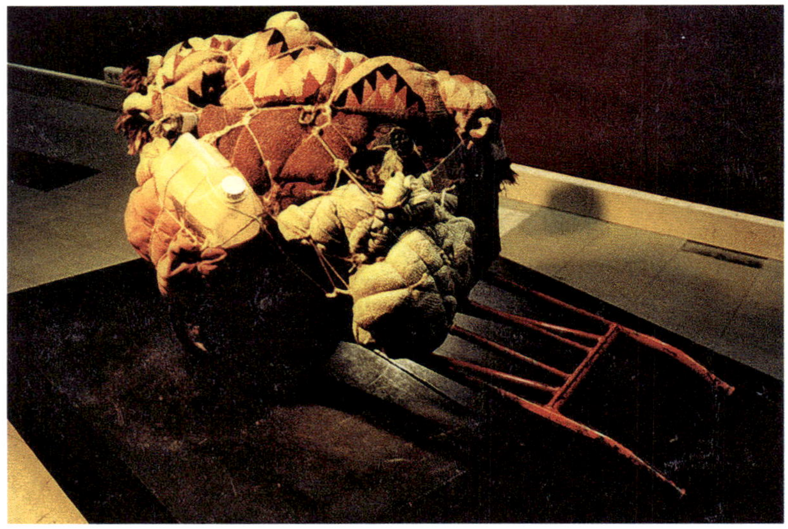

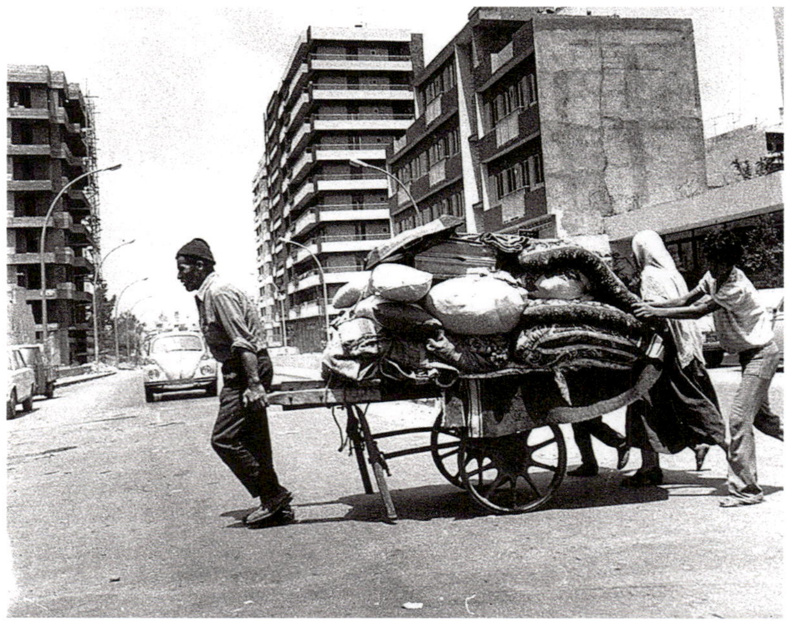

No place like home, 2003
mixed media, approx. 140 x 70 x 100 cm

Abbas Salman, *Civil war refugees in Aicha Bakkar*, 1977, Beirut, Lebanon
Assafir newspaper archive

Wake up, 2012
mixed media, approx. 100 x 100 x 160 cm
(opposite page)

Because Baalbaki's approach is above all a plastic one, it consists first in questioning a motif by engaging it in dialogue with the pictorial figure it interacts with. Thus, the intellectual dimension (which is fed by the links to multiple mythological references) is doubled by an analytic perspective that finds its echo in the connections to the pictorial tradition that it creates. While being part of the post-war generation of artists, Baalbaki shows us a ruin that rises, however, to a sky full of flowers or smoke, like no other. Because it is fully absorbed and *glued*, so to speak, by the painting and by its texture, Baalbaki's ruin goes beyond its usual associated discourse to develop in a figure, a study. By introducing it in a different space-time of that of painting and its materiality, Baalbaki gives the ruin an aesthetical dimension, yet without aestheticizing it. Therefore, the representation of ruins is the place where a dialogue with painting is developed, painting remaining its main subject.

Ayman continues this dialogue way beyond the *Tammouz* series. He even pursues it in the works that were displayed in his latest exhibition at the Saleh Barakat Gallery (2016), a decade after the first drafts. Impressive dialogue, indeed, so much that the paint is overwhelming, by the generosity of its material, the format of its supports and the amount of scenographed paintings all at once. Again, those paintings allow us to contemplate buildings whose presence is more and more hallucinated, but also government buildings (the parliament building), sites (the stadium), landmarks, all melted in the same dough that works them again into figures. The formats grow or get round, taking a tondo shape, in an almost epic gesture, Ayman Baalbaki quoting himself permanently in order to surpass himself and to open other spaces where these effects are amplified. The ruins in Ayman Baalbaki's work point to this space where painting quotes itself.

de tableaux scénographiés. Ces derniers donnent ainsi à contempler des édifices, encore, à la présence de plus en plus hallucinée, mais également des bâtiments officiels (le parlement), des sites (le stade), monuments tous fondus dans la même pâte qui les retravaille en figures. Les formats grandissent ou s'arrondissent en tondo, dans un geste quasi épique, Ayman Baalbaki se citant en permanence pour se dépasser et ouvrir d'autres espaces où les effets sont amplifiés. Les ruines, chez Ayman Baalbaki, font signe vers cet espace où la peinture se cite.

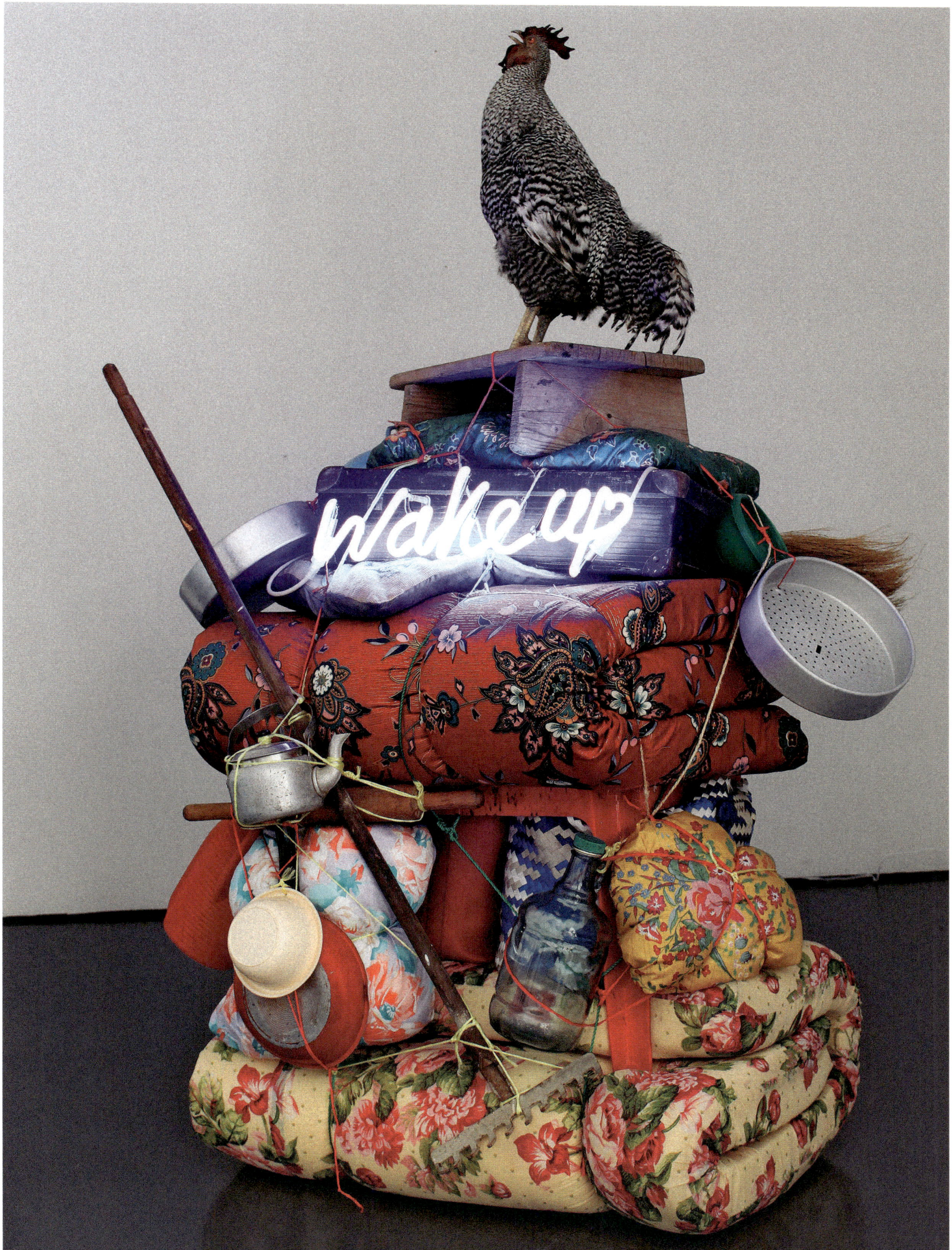
wake up

1 *Beirut*, Alarm Editions, 2009.
2 Ayman Baalbaki, *Tammouz Series*, 2008.
3 A vision that we find in the Latin Pagan literature and which develops in the Renaissance and the Classical period.
4 The ruins mentality is indeed present and crystallizes in the poems of Imrou'l Qays (around 500-525), especially in the renowned *Hanging poem* that made the poet famous. Imrou'l Qays is in fact behind the very beautiful poetry of ruins that initiated a poetic tradition called "Al wouquouf 'ala al-atlal" in Arab poetry, which literally means "the fact of standing up on ruins", involving a nostalgic posture that characterizes this poetry facing a lost world. It was then the ruin of the Kingdom of Saba, the decline of the Sabaeans and the beginning of what Muslim Arabs called Jahiliya (ignorance), which describes their condition when Muhammad was born. More broadly, this posture refers to the contemplation of a world considered as decadent, a world that, in the context of wars among the tribes of the Arabian Peninsula, struggles to recover from the ruins of history.
5 *I built my home*, 2006, 192 x 149 x 80 cm, neon assemblage and objects.
6 *Ciel chargé de fleurs*, 2004, 180 x 180 cm, acrylic on tissu marouflé. *Wake up Sisyphus*, 2008, 266 x 200 cm, acrylic on canvas and neon.
7 *Ceci n'est pas la Suisse*, 2009, 190 x 180 cm, acrylic on canvas and neon.
8 *Wadi Abou-Jmil*, 1995, 26.5 x 23.5 cm, pastel on paper. *Wadi Abou-Jmil*, 2001, 70 x 50 cm, oil on cardboard. *Casse militaire*, 2001, 50 x 70 cm / 60 x 80 cm, oil on paper. *Ciel chargé de fleurs*, 2004, 180 x 180 cm, acrylic on fabric.
9 *Tour de Babel*, 2005-2006, 275 x 200 cm / 100 x 170 cm / 4 x (30 x 21 cm), acrylic on canvas.
10 *La tour de Babel*, 1563, 114 x 155 cm, oil on panel, Kunsthistorische Museum.
11 The artist seems to have been inspired by the termitaria he encountered during his stay in Africa.
12 Walter Benjamin, *The Origin of German Tragic Drama*, New York and London: Verso, 1977, pp. 177-178.
13 The past is not, from the point of view of the oppressed, anything but an endless series of catastrophic defeats: "A Klee painting named 'Angelus Novus' shows an angel looking as though he is about to move away from something he is fixedly contemplating. His eyes are staring, his mouth is open, his wings are spread. This is how one pictures the angel of history. His face is turned toward the past. Where we perceive a chain of events, he sees one single catastrophe which keeps piling wreckage and hurls it in front of his feet. The angel would like to stay, awaken the dead, and make whole what has been smashed. But a storm is blowing in from Paradise; it has got caught in his wings with such a violence that the angel can no longer close them. The storm irresistibly propels him into the future to which his back is turned, while the pile of debris before him grows skyward. This storm is what we call progress." – Walter Benjamin, "Theses on the Philosophy of History", Illuminations, trans. Harry Zohn, New York, Schocken Books, 1969, p. 249.
14 Read on this issue Naomi Stead, "The Value of Ruins: Allegories of Destruction in Benjamin and Speer" in Form/Work, Number 6, October 2003, p. 51-64.
15 *Wake up Sisyphus*, 2008, 266 x 200 cm, acrylic on canvas and neon.
16 *Diptyque*, 2009, 180 x 250 cm, acrylic on canvas.
17 *Tammouz* series, 2008, 42 x 30 cm, acrylic on canvas, no 001.
18 *Tammouz* series, 2008, 42 x 30 cm, acrylic on canvas, no 034. *Ceci n'est pas la Suisse*, 190 x 180 cm, acrylic on canvas and neon.
19 *Tammouz* series, 2008, 42 x 30 cm, acrylic on canvas, no 001, 013, 018, 021, 026, 027, 035.
20 *The Withdrawal of Tradition past a Surpassing Disaster, Forthcoming Books*, 2009.
21 Jalal Toufic, "Ruins", Tamass, Contemporary Arab Representation, 1, p. 19-25.
22 It should be noted, however, that Jalal Toufic claims that his work on this issue is not psychoanalytic.
23 Elias Khoury, "La mémoire de la cité (Beyrouth ville dépotoir)" in *La mémoire des déchets. Essais sur la culture et la valeur du collectif*, Montréal, Editions Nota Bene, 1999, p. 151.
24 Ibid., p. 152.
25 "(...) The project of reconstruction offered an incredible chance to archaeologists to uncover ancient historical foundations of Beirut, buried in its empty spaces, be they the Roman school of law, Berytus, Byzantine mosaics or the Phoenician city... A historical past back to the surface in the form of a legend, related to a confused and uncertain future. Ancient structures, witnesses of a vanished long history, hidden behind fences next to strange modern structures witnessing a future to be." (Ibid., p. 157).
26 In *The Genius of Christianity* Chateaubriand distinguishes two types of ruin: that of men, images of the nothingness – so modern ruins identify with the revolution – and the ruins of nature, poetic and charming. In his *Mémoires d'Outre-tombe* he writes: "I would like to have been born an artist; solitude, independence, sunlight among the ruins and masterpieces, would have suited me."
27 *Quartier de boeuf*, 26.5 x 20 cm, acrylic on wood/ 30 x 20 cm, acrylic on paper/ 20 x 20 cm, acrylic on paper. *Tammouz* series, 2008, 42 x 30 cm, acrylic on canvas, no 005.

1 *Beirut*, Alarm Editions, 2009.
2 Ayman Baalbaki, *Tammouz Series*, 2008.
3 Vision qui trouve sa matière dans la littérature latine païenne et se développe durant les époques suivantes.
4 La mentalité ruiniste y est effectivement à l'œuvre et se cristallise dans les poèmes de Imrou'l Qays (vers 500-525), dans le célèbre *Poème suspendu* notamment qui fit sa renommée poétique. Imrou'l Qays est en effet à l'origine de la très belle poésie des ruines, au demeurant fondatrice d'une tradition poétique, et baptisée dans le registre de la poésie arabe « Al wouquouf 'ala al-atlal », c'est-à-dire textuellement « le fait de se tenir debout sur les ruines » impliquant une posture nostalgique caractéristique de cette poésie face à un monde qui n'est plus. Ce fut alors la ruine du royaume de Saba, la décadence des Sabéens et le commencement de ce que les Arabes musulmans appelèrent *Jahiliya* (ignorance), état dans lequel ils se trouvaient à la naissance de Mahomet. Plus largement, cette posture renvoie à celle de la contemplation d'un monde perçu comme décadent et qui, dans le contexte des guerres entre tribus de la péninsule arabique, éprouve de la difficulté à se relever des ruines de l'histoire.
5 *I Built my Home*, 2006, 192 x 149 x 80 cm, assemblage néon et objets.
6 *Ciel chargé de fleurs*, 2004, 180 x 180 cm, acrylique sur tissu marouflé sur MDF. *Wake up Sisyphus*, 2008, 266 x 200 cm, acrylique sur toile et néon.
7 *Ceci n'est pas la Suisse*, 2009, 190 x 180 cm, acrylique sur toile et néon.
8 *Wadi Abou-Jmil*, 1995, 26,5 x 23,5 cm, pastel sur papier. *Wadi Abou-Jmil*, 2001, 70 x 50 cm, huile sur carton. *Casse militaire*, 2001, 50 x 70 cm / 60 x 80 cm, huile sur papier. *Ciel chargé de fleurs*, 2004, 180 x 180 cm, acrylique sur tissu marouflé sur MDF.
9 *Tour de Babel*, 2005-2006, 275 x 200 cm / 100 x 170 cm / 4 x (30 x 21 cm), acrylique sur toile.
10 *La tour de Babel*, 1563, 114 x 155 cm, huile sur panneau de bois de chêne, Kunsthistorische Museum.
11 L'artiste semble d'ailleurs s'être inspiré des termitières qu'il aurait eu l'occasion d'observer lors d'un voyage en Afrique.
12 Walter Benjamin, *Origine du drame baroque allemand*, Paris, Champs-Flammarion, 2000, p. 191. Benjamin prend pour modèle la Vanité baroque.
13 Le passé n'est, du point de vue des opprimés, qu'une série interminable de défaites catastrophiques : « Il existe un tableau de Klee qui s'intitule *Angelus Novus*. Il représente un ange qui semble avoir pour dessein de s'éloigner du lieu où il se tient immobile. Ses yeux sont écarquillés, sa bouche ouverte, ses ailes déployées. Tel est l'aspect que doit avoir nécessairement l'ange de l'histoire. Il a le visage tourné vers le passé. Là où se présente à nous une chaîne d'événements, il ne voit, lui, qu'une seule et unique catastrophe, qui ne cesse d'amonceler ruines sur ruines et les jette à ses pieds. Il voudrait bien s'attarder, réveiller les morts et rassembler les vaincus. Mais du paradis souffle une tempête qui s'est prise dans ses ailes, si forte que l'ange ne les peut plus refermer. Cette tempête le pousse incessamment vers l'avenir auquel il tourne le dos, pendant que jusqu'au ciel devant lui s'accumulent les ruines. Cette tempête est ce que nous appelons le progrès » (Walter Benjamin, « Sur le concept d'histoire », thèse IX, *Œuvres III*, Paris, Gallimard, 2000, p. 434).
14 Lire à ce propos Naomi Stead, « The Value of Ruins: Allegories of Destruction in Benjamin and Speer » dans *Form / Work*, numéro 6, octobre 2003, p. 51-64.
15 *Wake up Sisyphus*, 2008, 266 x 200 cm, acrylique sur toile et néon.
16 *Diptyque*, 2009, 180 x 250 cm, acrylique sur toile.
17 *Tammouz Series*, 2008, 42 x 30 cm, acrylique sur toile, n.001.
18 *Tammouz Series*, 2008, 42 x 30 cm, acrylique sur toile, n.034. *Ceci n'est pas la Suisse*, 190 x 180 cm, acrylique sur toile et néon.
19 *Tammouz Series*, 2008, 42 x 30 cm, acrylique sur toile, n.001- 013- 018- 021- 026- 027- 035.
20 Traduit de l'anglais par Omar Berrada et Ninon Vinsonneau, Paris, Les prairies ordinaires, 2011.Titre original: *The Withdrawal of Tradition Past a Surpassing Disaster*, Forthcoming Books, 2009.
21 Jalal Toufic, « Ruins », *Tamass, Contemporary Arab Representation*, 1, p. 19-25.
22 « In post-war countries, fiction is too serious a matter to be left to « imaginative » people. The ghost is often fictional, not in the sense that he is merely « 1. a. An imaginative creation or a pretense that does not represent actually but has been invented. 2. A lie » (American Heritage Dictionary) ; but in the sense that one of the main loci for his appearance is fiction, whether novels, short stories, films or videos. It is too dangerous after a civil war or a war, which produce so much unfinished business, for there to be no ghosts both in reality (haunted houses) and in fiction that presents a « universe that does not fall apart in five minutes » (Philip K. Dick) – the current virtual absence of novels and films about revenants in Lebanon is one of the signs of a collective post-traumatic amnesia » (Jalal Toufic, « Ruins », *Tamass, Contemporary Arab Representation*, 1, p. 24-25).
23 Elias Khoury, « La mémoire de la cité (Beyrouth ville dépotoir) », dans *La Mémoire des déchets. Essais sur la culture et la valeur du collectif*, Montréal, Editions Nota Bene, 1999, p. 151.
24 *Ibid.*, p. 152.
25 « (…) Le projet de reconstruction a fourni aux archéologues une occasion incroyable de mettre au jour les anciennes fondations historiques de Beyrouth enfouies dans le ventre de ses espaces vides, qu'il s'agisse de l'école romaine de droit, Berytus, des mosaïques byzantines ou de la cité phénicienne… Un passé historique restitué sous forme de légende, lié à un futur confus et incertain. Des édifices anciens, témoins d'un long passé disparu, cachés derrière des clôtures à côté d'étranges structures modernes témoignant d'un futur à être ». (*Ibid.*, p. 157).
26 Dans le *Génie du christianisme* Chateaubriand distingue deux sortes de ruines : celles des hommes, images du néant – ainsi les ruines modernes s'identifient-elles à la révolution –, et les ruines ouvrages de la nature, poétiques et charmantes. « Je voudrais être né artiste : la solitude, l'indépendance, le soleil parmi des ruines et des chefs-d'œuvre, me conviendraient » écrit-il dans les *Mémoires d'outre-tombe*, t. III, 1848, p. 211.
27 *Quartier de bœuf*, 2001, 26,5 x 20 cm, acrylique sur bois / 30 x 20 cm, acrylique sur papier / 20 x 20 cm, acrylique sur papier.

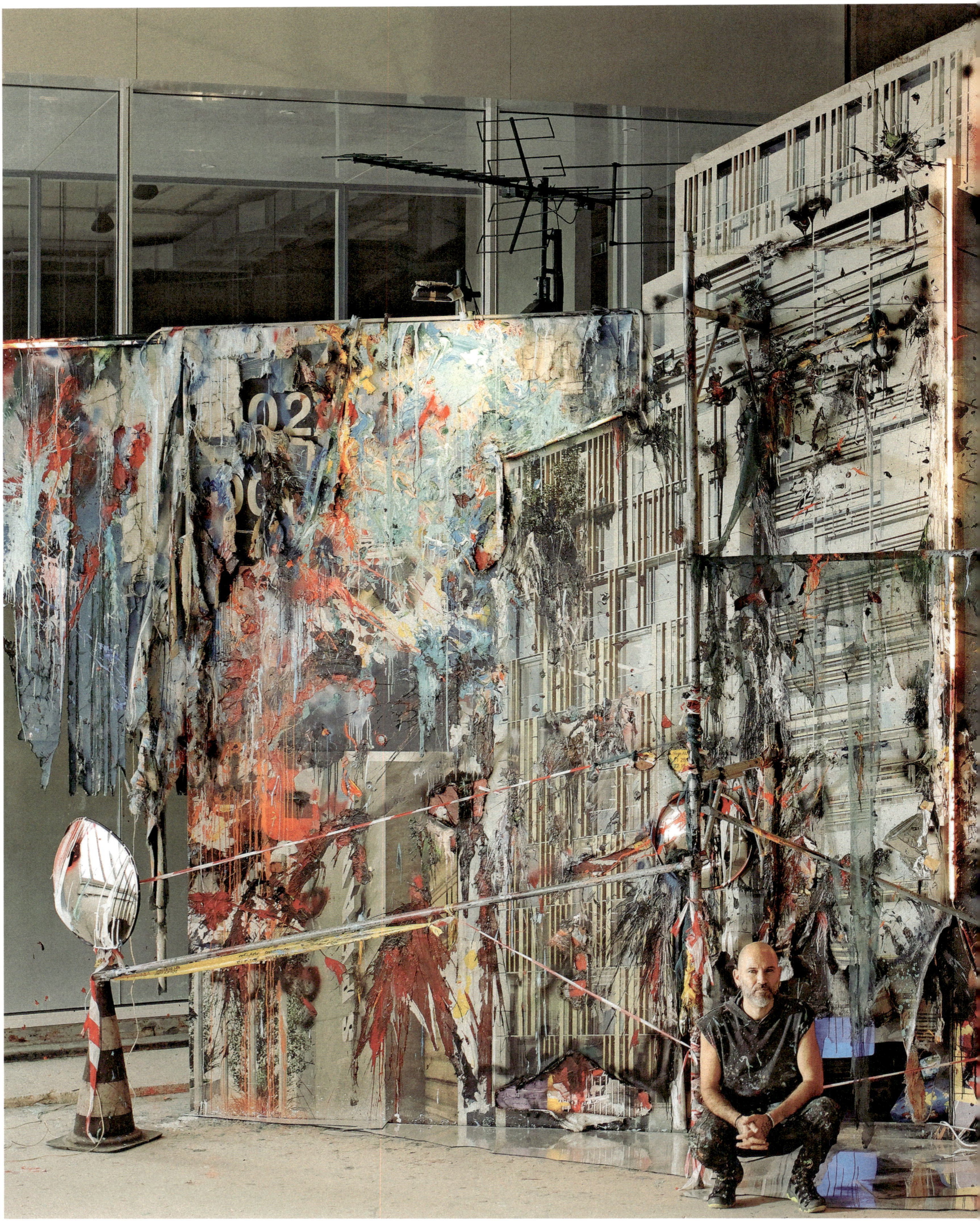
02

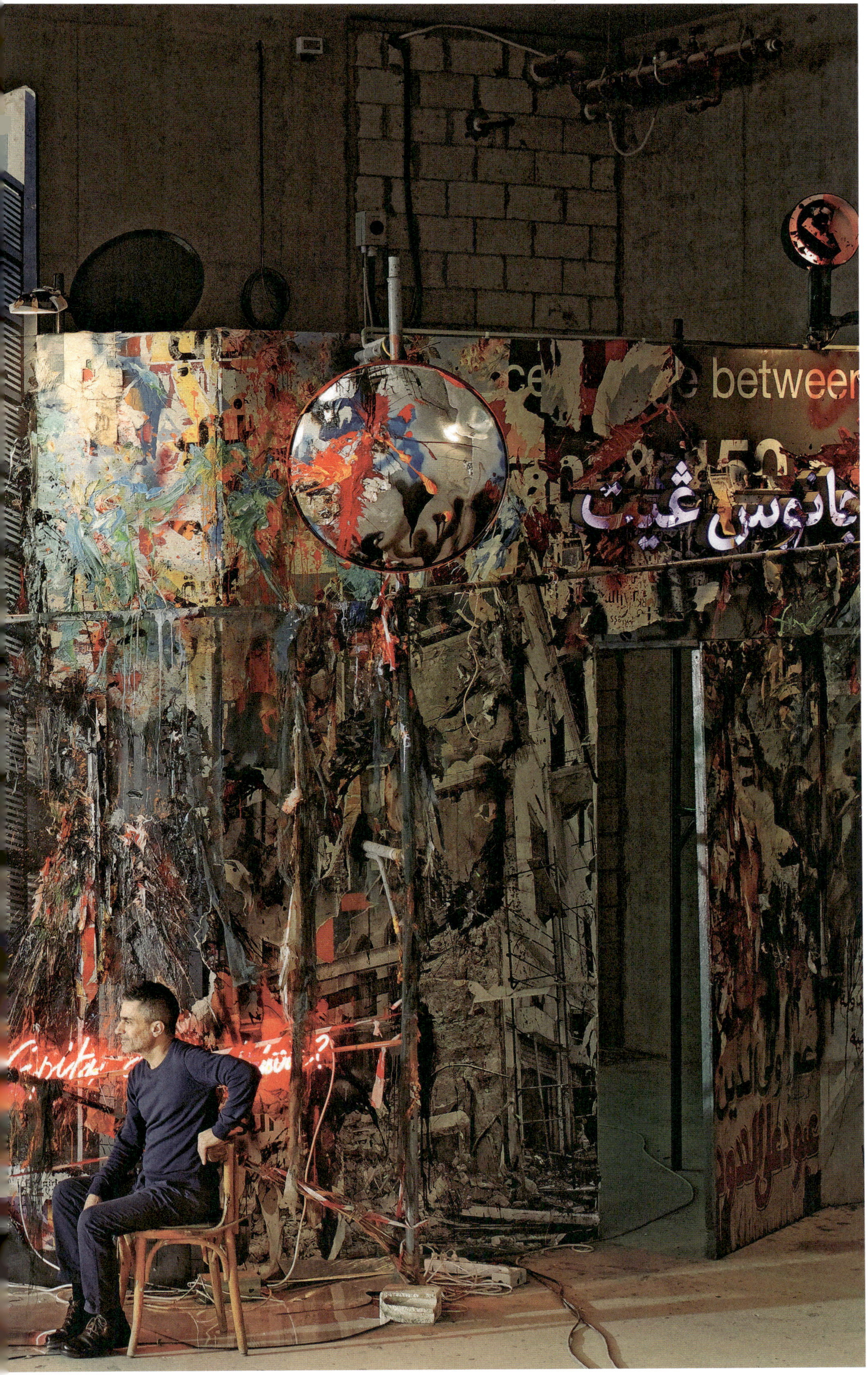

Janus Gate (front), 2021
mixed media,
4.85 x 11 x 2.9 m

Janus Gate (back), 2021
mixed media,
4.85 x 11 x 2.9 m
(next page)

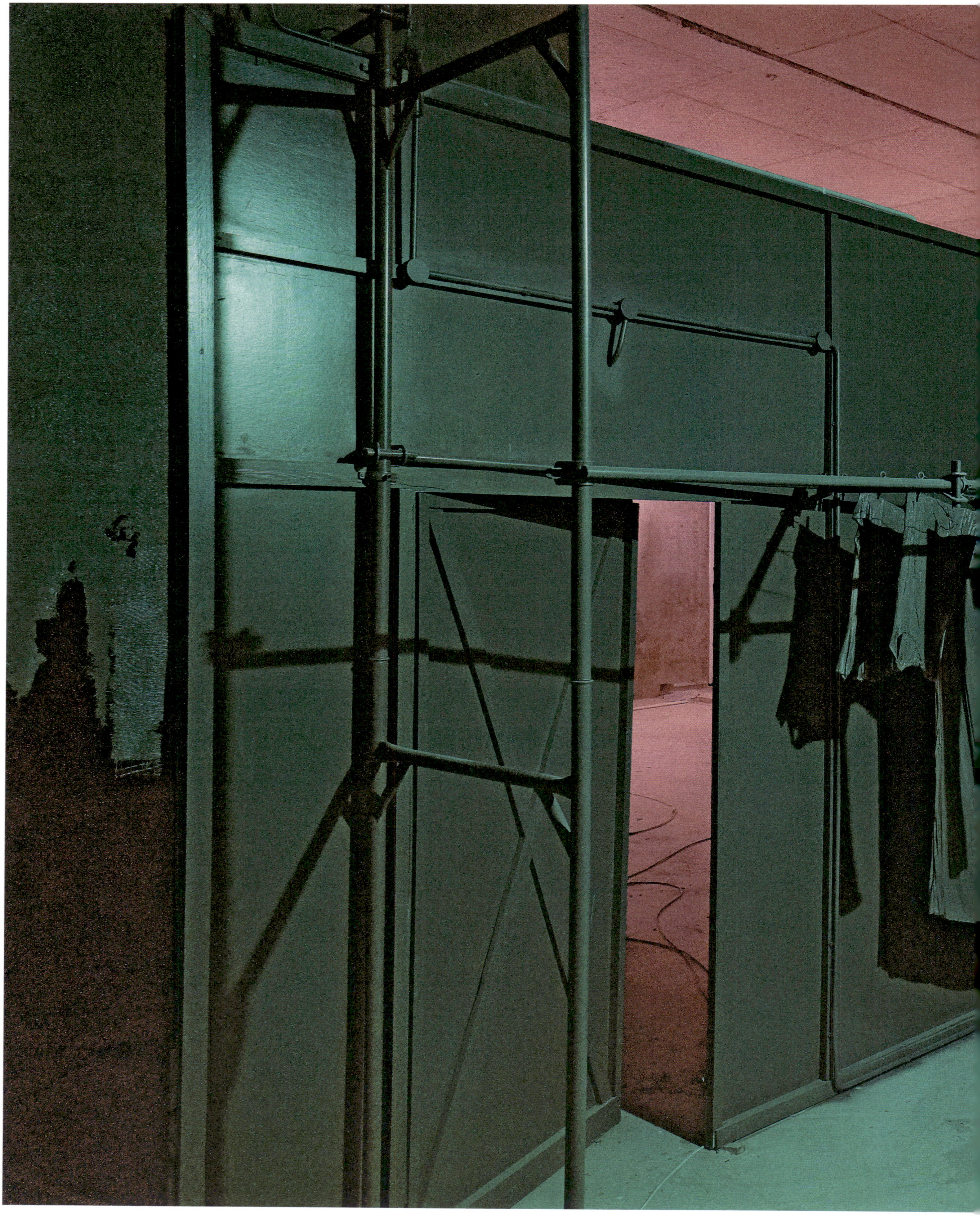

أيمن بعلبكي
في مواجهة الـ KO

ملحق الترجمات العربيّة

توطئة

إنّ براعة أيمن بعلبكي وجرأته تبنيان تهشيمات بصريّة نابضة متأرجحة بين الشفافيّة والصفاقة، وبتلك الخشونة البصريّة الخاصّة بالصبّار، تتحدّث لغة عزلةٍ متكبّرة، لغة حطام حيث تتحاور «شموسٌ ومجصّصات» بحسبِ «مبحث في الأسلوب» لأراغون. بالمقدار الكافي لتحدّي، كما لكشف، ذلك الصخب الموضوعيّ للعالم ضدّ واقعيّته المفرطة. العواصف الباذخة، الحماسات المضبوطة، والتشظّيات مثل انبهارات خفيّة للوحات أيمن بعلبكي لا تخشى مواجهة ليل الفكر، ولا تخشى لا وقف سباقِ التسارع المتمادي لسيرورات الاتّصال ولا المجاورة الهيّنة للهاوية وغير المتوقّع والشّك.

هنا الألوان وانفعال الرسّام ومشاعره تقيم رهان المستقبل القُبْلي حيث تتصالح شفافيّة الانتقال إلى الفعل والرغبة في توسيع الأفق.
الرسم كفوضى ليس مستعدًّا، بالتأكيد، للاعتراف بهزيمته بالضربة القاضية (KO) التقنيّة! والبرهان: البداهة الوقحة لهذه الرسوم الغضّة، الشهيّة بمقدار ما هي شائكة.

جان لوي برادیل / باريس ٢٠٠٢/٠٤/٠١
ترجمة بسام حجار

جان لوي برادیل (١٩٤٦-٢٠١٣)، كاتب وناقد ومؤرّخ فنّيّ فرنسيّ، أستاذ محاضر في المدرسة الوطنية العليا للفنون الزخرفيّة في باريس.

ليست هذه دراسة أو أفرودة، بل هي مسيرةُ عقدٍ من الأعمال مجتمعةً. ما يتجلّى هنا إنّما هو حصيلةُ مقاربة غير منتظمة تمامًا لموضوعة تشكّل نقطة انطلاق لعملي ولا أنفكّ أعود إليها مسخّرًا لها مختلف الأدوات، موضوعة القدر الذي يساوم الفوضى أينما تطلّعتُ من حولي. طلبتُ في العام ٢٠١٧ من أولئك الذين رافقوني في رحلة أعمالي أن يرووا قسطًا من هذه القصّة، إنّما قبع في ظلال الجَمع الآتي غبارُ سنواتٍ أربع من التضعضع ما بين ثورة ولدت ميتة وانهيار سياسيّ واقتصاديّ ووباء لا يهجع ومأساة انفجار بيروت المُفجِعة. على غرار لوحاتي، يتجاوز هذا الجمع أيّ نهج أفقيّ. فكشف فيليب داجين عن تعرّجات إنتاجي وعلاقته بالصورة، كما توقّف تييري سافاتييه عند تطوّر عملي مُحلّلاً المراحل التي مرّ بها، أمّا بول أردان فوظّف ملكة المؤرّخ التي لديه ليفهم رؤيتي للأنقاض والدمار، بينما فنّدت نايلة تمرز التمثيلات الطبوغرافيّة لبيروت في لوحاتي بإلفة الصديقة المقرّبة التي هي عليها. والحقّ يُقال، إنّ الشخصيّات التي تُحتتني على صعيدَي المفاهيم والتقنيّات لا تزال عصيّةً على الإرضاء. فقد شكّل كلٌّ من والدي فوزي وعمّي عبد الحميد مصدر إلهامي الأوّل، أمّا جان لوي برادیل فقد شرّع ليَ الآفاق وحضّني على الرسم بجلالة وبجرأة، فيما خلّف مروان قصّاب باشي أثرًا لا يُمّحى هو الذي تقصّى الأسئلة الشائكة وطرحها. لقد كان هؤلاء المنارة لدربي.

أيمن بعلبكي

أيمن بعلبكي
التلذّذُ بالسلبيّ والنماءُ فيه

بول أردان

مؤرّخ فرنسيّ في الفنّ المعاصر ومؤلّف كتب متعدّدة عن جماليّات الجسد والفنّ السياسيّ والعمارة الحديثة والمدينيّة.

ترجمة: ثائر ديب

طوّر أيمن بعلبكي (لبنان، ١٩٧٥)، منذ مطلع القرن الواحد والعشرين، متنًا من الأعمال خاصًّا وشخصيًّا للغاية يجمع فيه بين الرسم والنحت والتركيب. ويتجلّى بعلبكي رسّامًا محلّيًّا وعالميًّا في الوقت نفسه. محلّيّ، لأنّ تاريخ لبنان وفلسطين القريب العهد والحرب الأهليّة اللبنانيّة (١٩٧٥-١٩٩٠) والآثار المدمّرة للعمليّة العسكريّة الإسرائيليّة «الرصاص المصبوب» (الهجوم الوحشيّ على جنوب لبنان في تمّوز/ يوليو ٢٠٠٦)، هي من بين مواضيعه المتكرّرة، إلى جانب صراعات أخرى وما تحمله من إرهاب ودمار وتهجير للسكّان. كما أنّه عالميّ، لأنّ حضور هذه الوقائع المترابطة وتداعياتها يتعدّيان منطقة الشرق الأوسط ويتصدّران مشهد الاهتمامات الدوليّة منذ عقود.

في باكورة معارضه الكبرى، أقام بعلبكي في بيروت عام ٢٠٠٨ معرضًا جعله بعنوان «تحوّلات قياميّة» (Apocalyptic Transfiguration)[١]، وقد حدّدت هاتان الكلمتان على نحوٍ موجزٍ إنّما محمّل بالمعاني، نهج المسيرة الإبداعيّة التي سيعتمدها هذا الفنّان الشابّ المولود في منطقة مترعة المجبولة على التوتر: تحويل الطين إلى ذهب، بحسب تعبير الشاعر شارل بودلير، بالأحرى: تحويل عالمٍ مشبع بالعنف واللا إنسانية إلى عالم فنّي.

مسألة تبدّل وانقلاب

كيف يمكن لامرئ ترعرع في مكان مثقلٍ بالحرب والتمرّد والذلّ والموت أن ترضيه تلك الأشياء التي هي الأعمال الفنّيّة، تلك الأشياء التي هي بطبيعتها صنعٌ غير واقعي أكثر منها واقعيّ؟ إجابة أولى عمليّة بالنسبة لأيمن بعلبكي هي تبنّي مقاربة قائمة على المحاكاة في عدد من أعماله: إعادة الإنتاج. موضوع العمل التركيبيّ «B١١٠٠٣٧» مثلًا هو الخروج على عجلة: التهجّر. واقعيّة لا هوادة فيها في هذا العمل المؤلّف من سيّارة بيجو ٤٠٤ قديمة (رقم لوحتها هو عنوان العمل)، يكاد سقفها يئنّ تحت ثقل الأغراض المنزليّة من صناديق وحقائب ومفارش وقطع أثاث صغيرة تتكدّس بعضها فوق بعض بهشاشة. لا أوضح حين يتعلّق الأمر بنقل الإحساس الفجّ بوحشية التهجير، ذلك الاقتلاع المفاجئ من دون

أمل بعودة مضمونة[٢]. وقد أعاد الفنّان طرح هذا الموضوع وبالشكل ذاته في «وجهة مجهولة» (Destination X) (٢٠١٠)، إنّما مع سيارة فيات هذه المرّة، وُضِعَت على منصّة دوّارة وأُحيطت بحلقة من النيون على الأرضية على نحوٍ يُشعر بالتناقض والحدّة في آن معًا[٣]. وهذا إلماعٌ يكاد لا يخفى إلى ما يحيط بجماليات الألم والمعاناة من سحر مريب.

من بين الوسائل الأخرى لتحقيق «التحوّل» المرغوب، الاستفادة من «الجاهز المعدَّل»، كما كان مارسيل دوشامب ليسمّيه هو الذي أطلق مطلع القرن الماضي، هذا الشكل من الفنّ الذي يجمع موضوعًا أو شيئًا عاديًا، من الذخيرة اليومية، مع عناصر وظيفيّة وتدخّل فنّي. ويمكن أن نورد هنا العمل «١٨٥٨٦»: خوذة عسكريّة مطليّة بالورنيش وبلون قاتم ومزيّنة بورق الذهب، نُقشَت عليها توريقات وزخارف متشابكة الخطوط على الطراز العربيّ. وقد ركّبها بعلبكي على قاعدة داخل واجهة، كما لو أنّ هذا الشيء البلاستيكيّ الذي أعيد صوغه هنا جوهرة لا تقدّر بثمن تقدّس بمجازاتها العنف والحرب. أو لنأخذ مثلا آخر: «الرزق على الله» (٢٠١٢-٢٠١٦): قناع لحّام معادن مزيّن بورق الذهب والفضّة ومغطّى بأرابيسك ومقبوسات دينيّة تخلط العلاقة بين الله والعمل وكسب العيش؛ وهذه مشكلة كبيرة في الأنظمة الثيوقراطيّة التي تفتقر في بعض الأحيان إلى الكفاءة اللازمة للإدارة الاقتصاديّة. وهذا اللجوء إلى «الجاهز المعدّل» هو ما نلحظه، أيضًا، في «العين بالعين»، وهو عمل آخر من أعمال «التحوّل» كالأعمال السابقة. والعنصر الرئيس هنا هو الغَلَق الحديديّ لواجهة دكّان، وقد رُفِعَ إلى آخره ليبدي عن جدار عليه صور وكأنّه الجدار بالنسبة إلى لوحة جداريّة أو خلفيّة صورة بالنسبة إلى رسم تصويريّ. يقوم هذا الغلق الحديديّ الذي كساه الفنّان بورق الذهب مقام خلفيّة لمجموعة من بورتريهات متساوية في الحجم ومرصوفة في مربّعات وكأنّها لوحة شطرنج. تمثّل كلّ صورة من هذه الصور التي تعلوها بالنيون عبارة «العين بالعين» المستلّة من العهد القديم وجهًا يعتمر خوذة أو وجهًا ملثّمًا بكوفيّة، فهناك وجه رجل الشرطة ووجه خصمه المعهود، الفدائيّ أو غيره من الناشطين المتمرّدين، في ثنائيّة غير قابلة للاختزال. فهل يعمد الفنّان إلى تقديس العنف والحرب والفداء والاستشهاد؟ لعلّنا نلجأ في ما يتعلق بهذا الأيقونسطاس الفريد إلى التحليل الجافّ إنّما الثاقب الذي قدّمه جوزيف طرّاب حين قال: «لا يبيع متجر الشرق الأوسط والعالم سوى سلعة واحدة: العنف. إنّ توظيف الواجهة والإفراط في استعمال القشرة المذهّبة إنّما هو دليل ازدراء وتحقيرلعمليّة تقديس ما هو تجاريّ وإضفاء الطابع التجاريّ على ما هو مقدّس»[٤].

أخيرًا الطريقة الثالثة للانخراط في عمليّة «التحوّل» المنشودة، هي الرسم. ورسوم بعلبكي، المنجزة بالأكريليك، تلك المادّة التي تجفّ بسرعة ما يجعلها تناسب العمل السريع، بل المُلْزِم، عادة ما تنضوي في مجموعات فنّيّة متنوّعة الأحجام تقع في فئتين رئيستين. الفئة الأولى هي الصور الشخصيّة (البورتريهات) المقدّمة بأحجام صغيرة أو متوسّطة، نذكر من بينها قابيل والموعود و«يا أبتي»، وهذه الأخيرة إنّما هي صورة فدائيّ مستعدّ للشهادة، رُسمت على سطح عربة بائع متجوّل وزُيّنت هنا أيضًا بورق الذهب. نذكر كذلك سلسلة «وجهًا لوجه». أمّا الفئة الثانية فهي صور مشاهد مدينيّة، بأحجام كبيرة أو حتى ضخمة. من بين هذه المناظر المدينيّة التي غالبًا ما تكون هائلة وثقيلة الوطأة، يمكن أن نذكر سلسلة «وادي أبو جميل» (ابتداءً من عام ١٩٩٥) وسلسلة «تمّوز» (ابتداءً من عام ٢٠٠٧)، وغيرها، حيث يُظهر معظمها مشاهد ما بعد المعركة، وقد دُمّرت المدينة وأُفرِغَت من ساكنيها، شاهدةً على واقعٍ نالت فيه الصراعات العسكريّة والاشتباكات التي لا ترحم من الساكنين الذين تلاشوا واضمحلّوا من اللوحات. وهذه التكوينات التي يتهيّأ لنا أنّها رُسمت سريعًا بالأكريليك، لا تُعنى بالتفاصيل المُغرقة بالواقعيّة. فالأسلوب المعتمد هنا إنّما هو أسلوب تعبيريّ. وكأنّ اللوحة مسوّدة حافلة بالخطوط التقريبيّة، وتراكم المادّة اللونيّة المختلطة عشوائيًا عمدًا، وكأنّ الهواء ثقيل يرزح عاجزًا عن التنقّل بين المباني التي كان من المفترض أن تكون أوسع وأشرح في رسم مدينيّ رحب الفضاء.

تخلّف الصور التي يرسمها بعلبكي والتي تواجه المتفرّج وتتحدّاه بشيء من التسلّط، إحساسًا بالبدائيّة: إذ تبدو تقريبيّة فجّة، أوليّة، أساسيّة. واللجوء إلى الأنماط النموذجيّة واضح وجليّ، كما لاحظت نايلة تمرز[٥]. من النماذج البشريّة المقدّمة نذكر المقاتل والشرطيّ والجندي. أمّا من النماذج التي تصوّر المباني، الـdomus، فتُجَرَّد من المكانة والمنزلة، ويُحَوَّل مكان الحياة الاجتماعية من الحياة إلى الموت، ويُسْحَق بلا رحمة، وبِقَدْرٍ يقلّ مثيله من الطاقة السلبيّة، حيث الإقفار والدمار الشامل. ويمكن لنا أن نشير بالأسماء إلى المباني التي رسمها بعلبكي عامدًا متعمّدًا (تشير عناوين اللوحات إلى مبانٍ محدّدة في بيروت أو جنوب لبنان دُمِّرت خلال الحرب اللبنانيّة أو بعدها)، لكنَّ ثمّة مظهرًا موحّدًا يجمع بين هذه المباني: مظهر الكارثة، حيث الشرور ذاتها تسفر عن العواقب الوخيمة ذاتها .

مشاهد ذهنيّة

ما يلفت مباشرةً في عمل بعلبكي هو قدرته على مواصلة العودة إلى الأشياء ذاتها، إلى المواضيع ذاتها، فنقع على نماذج المحارب والجندي والدمار. وما يلفت أيضًا هو التركيز المتطرّف في ما يتعلّق بالمواضيع. فليس ثمّة تشتّت: ثمّة تقلّص دلاليّ وليس العكس. و«إعادة النظر» المستمرّة هذه واضحة في صور الاشخاص الذين يُعَرَّفون على الدوام من خلال الوظيفة لا بالإشارة إليهم بأسماء العلم (الأمر الذي يعني أنّهم لا يُعَرَّفون قطّ)، كما هي واضحة في التكوينات المدينيّة: أنقاض، المزيد من الأنقاض، أنقاض على الدوام وإلى الأبد.

هذا الهوس بالأنقاض الذي يُرْفَع هنا إلى مرتبة المجاز (figura) ويغدو شخصيةً بحدّ ذاته، هو ما أرسى سمعة بعلبكي كرسّام للأنقاض المعاصرة، على غرار الألمانيّ أنسِلم كيفر، إن شئنا إقامة مقارنة مع فنّان أوروبّيّ يعود إلى جيل أقدم. وتطرُّقُ بعلبكي للدمار ليس محصورًا بالإطار المحلّيّ

وحده بل ينتمي إلى جغرافيا دقيقة ومحدّدة. وهي، في الواقع، عضويّة: الخراب بوصفه العضويّة الكونيّة التي تدلّ بأشدّ ما تكون المباشرة على انتصار الموت والاضمحلال. وإذا ما كانت المدينة التي عادة ما يتّخذها الفنّان موضوعه الرئيس هي بيروت، فإنّ العاصمة اللبنانيّة التي ترسمها فرشاته وخطوطه تظهر كأنّها ضرب من اللامكان، محلّ لعنف واسع النطاق، ظاهرة عامّة، نوع من الغرغرينا. فينتج عن هذه التكوينات المستوحاة من الكارثة انطباع الانتزاع من المكان، انطباع «الانتزاع من المنطقة» (بحسب مصطلح جيل دولوز). وإذا ما كانت الرواية رواية «مكان ما»، مكان يمكن تحديده بدقة في أطلس العالم (المحلّيّة)، فإنّ ذلك ليس إلا بالحدّ الأدنى، وما يسود رؤيتنا كمشاهدين هو التعبير عن «كلّ مكان» (الكونيّة). لا شكّ أنّه يبقى ممكنًا ومعقولًا أن نرى هنا صورًا لدمارٍ شرق أوسطيّ فقط، لكنّ نظرتنا سرعان ما تسرح في الخيال ذلك السَرَحان الذي يضفي الكونيّة على فكرة نهاية العالم؛ فهذه النظرة ستحملنا إلى غير مكان، أبعد بكثير، وأعمق بكثير، وأكثف بكثير، في قلب فضاء ذهنيّ من الدمار والخراب.

الدمار بوصفه ذلك الشيء البارز في عمل بعلبكي، وبوصفه ذلك الشيء الساحر الذي يعترف حياله بعاطفةٍ لا مجال لنفيها، هو قوّة جذب لا يمكن إنكارها تشدّ هذا الفنان، كما هو واضح أشدّ الوضوح في معرضه «بلوباك» («/blobak/») ٢٠١٦ في غاليري صالح بركات (بيروت). فبدلًا من برج بابل المستوحى من بروغل والذي تمتّع الفنان بتكراره قبل عقد من الزمان في لوحته «بابل» (٢٠٠٦)، بما لها من مظهر أعشاش النمل[٦]، لدينا هنا لوحات ضخمة، من قماش تقليديّ وعسكريّ، مستطيلة أو مستديرة، مثل شاشات أو دوائر، معلّقة على الجدار أو مشدودة بالحبال على طول الجدران، وجميعها مكرّسة للإطناب في تكرار مجاز الدمار الكبير. أيّ «دمار» على وجه التحديد؟ لن يصعب تمييز مباني بيروت على مرتادي تلك المدينة شرق المتوسط: سينما السيتي سنتر، الملقبة بـ«البيضة» والتي بقيت في حال من الخراب منذ نهاية الحرب اللبنانيّة (لوحة «النهاية»)؛ مبنى بركات، في حالته المؤسفة ذاتها، ذلك المبنى الذي انتهت بلديّة بيروت، في وقت كتابة مادّتي هذه، من تحويله إلى متحف للحرب «لوحة مبنى بركات».

هل ثمّة دمار غير هذا؟ ثمّة طائرات شركة طيران الشرق الأوسط البالية وهي تجثو وقد انتزعت الصواريخ الإسرائيلية أحشاءها خلال عمليّة «السلام في الجليل» في عام ١٩٨٢، وقبل ذلك بكثير، خلال الغارة الإسرائيليّة على لبنان في عام ١٩٦٨ (لوحة «MEA»). وثمّة أعلام كثير من الدول، في جنس مختلف جديد، تُقدَّم كشيء من الماضي (بما فيها العلم النازيّ الذي يستحضر ألمانيا ثلاثينيّات القرن العشرين والذي أُحرِق خلال مظاهرة يونانيّة مناهضة للتقشّف ردًا على زيارة المستشارة الألمانيّة ميركل لأثينا)، وتُصَوَّر وهي تحترق أو تُحرَق بغضب في مظاهرات التكفير عن الذنب القوميّة (لوحة منطقة حظر أعلام)...

والتعبير «/blobak/» هو نسخة صوتية من التعبير blowback الذي يشير إلى النتائج السلبية المترتّبة على وضع سياسيّ معيّن (قياسًا على سلوك الطائرات النفّاثة). وهو يحكي، أولًا وقبل كلّ شيء، عن تكرار الصراع، أو عوده الأبديّ. لكن دعونا نمعن النظر أبعد من ذلك. إذ يمكن لهذا الـ blowback أن يشير أيضًا إلى الطريقة التي يمكن بها للدمار أن يلهم الخلق، أبعد من التناقض الواضح والمعتاد بين هذين المصطلحين.

السلبيّ بوصفه طاقةً خلّاقة محفّزة

تبقى هنالك حاجة إلى قول المزيد عن الدمار الذي رسمه أيمن بعلبكي. هل لأنه يكثر في عمله؟ هل لأنه يشكّل موضوعه الذي يكاد يكون حصريًا، وإمضاءه الرئيس؟ لا، ليس لذلك فحسب. ففي تعبيره المجازيّ عن الدمار، يبدي بعلبكي ذلك السعي الكيانيّ (الأنطولوجي) الذي تنكبّ عليه كينونته برمّتها والذي يذكّره بشرطه بوصفه فانيًا مكرهًا على الحياة، فإن لعلّه ليس كباقي الفّانين تمامًا، هو المولود في عالم من الأنقاض منذ حوالي ثلاثين عامًا، لكنه قرّر بقوّة ألا يَقْصر نفسه على رؤية للعالم نهائية، وعلى دلالةٍ وحيدة للكارثة.

لطالما كان الدمار مجازًا فنيًّا كلاسيكيًّا. وقد تزايد رواج ذلك منذ عصر النهضة، إذ كان الهدف الرئيس من موضوع الدمار استحضار مرور الوقت. Tempus fugit: الوقت يطير. هذا ما يَسِمُ جميع أنواع الخلق، من الأشكال الطبيعيّة -الحياة النباتيّة المتنامية، زوال المشاهد الطبيعيّة، وتقدّم البشر في السنّ- إلى أشدّ الأشكال االتي خلقها الإنسان صلابة. وهذا ما تتردّد أصداؤه في تصوير دمار إمبراطوريّات الماضي العظيمة، بعد قرون متعدّدة من زوالها، سواء أكانت مصر الفرعونية أو أثينا بيركليس أو روما القياصرة. لقد زالت الأنظمة الأشدّ رسوخًا، والمؤسّسات الصلبة التي وقفت على رأس تلك الحضارات الرائعة وحياتها السياسية. زالت، وفقدت مكانتها. لقد أخفقت في الوقوف بوجه الزمن الذي فرض نظامه، وإيقاعه الخاص، واتّبع تحوّلاته الخاصّة وتقويمه الخاصّ، وقدرته على إعادة التشكيل والتكوين بعيدًا عن الحلم الإنسانيّ بطول العمر أو الأبدية، ذلك الحلم الذي يكاد يكون عبثيًا وسخيفًا. يكافئ تمثيل الخرائب، على المستوى الرمزيّ، أن تغمد في رسمٍ أو على قماشةٍ زمنًا خطيًّا، مكوَّنًا من ثالوث الماضي والحاضر والمستقبل، لكنّه زمن معقّد لا تمكن السيطرة عليه ولا يتواصل سلميًا في أيّ حال من الأحوال. ما الذي يقوله رسّام الدمار؟ إن كان يرعى الحنين، فقد فقدنا عالمًا بأكمله. إن كان يرعى الفناء، فلا شيء يصمد في وجه أيّ شيء، وأيّ ادّعاء غير هذا، في السياسة أو في أي مجال آخر، هو باطل صرف. وأخيرًا، إن كان كرونولوجيًّا ومتخصّصًا بالزمن، فإنّه ينتج، بصورته التي يرسمها للماضي، لحظة راهنة على هيئة لوحة لليوم، اليوم الذي يُقدَّم على اللوحة على أنه ليس له أيّ غد إيجابي. ولأنّ الدمار لن ينهض من جديد، ولن يُصَحَّح، ولن يتطوّر إلى عمارة جديدة أو متجدّدة، فإنّه لا يمكن أن ينحو إلّا إلى انهياره المبرمج، صوب العدم التام.

نظرت الكلاسيكيّة إلى الدمار، مع بوسان وكلود وباتيه أو بعدهم، نظرة حنوّ. أمّا الرومانسية، بعد مونسو ديزيديريو ومع ترنر وفريدريش وهوبرت روبرت وفيكتور هيجو، فأضفت طابعا دراميًا على مشاهد الدمار التي خلّفها لنا الماضي، إلى درجةٍ باتت معها تلك المشاهد مخيفةً. وسعى رسّامو الخط، بوصفهم رسّامين توثيقيّين مدقّقين، مثل فالنسيان وأشيل إتنا ميشالون وتوماس كول، إلى إضفاء الطابع الموضوعيّ على الدمار، وجعله عنصرًا عاديًا في المشهد الإنساني. لكن النزعة الأداتية كانت حاضرة في جميع هذه الحالات، في خدمة الاستعارات والتلميحات التي يمضي محتواها أبعد من مناظر الدمار العادية أو أبعد من شكل الدمار وحضوره البسيطين داخل تلك المناظر. وحين كان الدمار يُستدعى في رسومات أو لوحات، لم يكن يحضر لذاته -نتيجة الافتقار إلى الدّوام أو نتيجة تنوّع أشكال الخراب أو نتيجة الإنتروبيا البسيطة- بل كعنصر مجازي؛ إمّا كمجاز للماضي الفردوسي الجليل عند الكلاسيكيين، وللمستقبل المزعزَع، المضطرب، وحتى المأساوي عند الرومانسيين، أو كدليل على العالم وعلى الـ Es ist so (هي هكذا) الهيغلية عند الرسّامين التوثيقيين.

كيف يجدر بنا، إذًا، أن نصف «دمار بعلبكي»؟ ليس من المجازفة القول إنّه مجازيّ على نحوٍ لا سبيل إلى إنكاره، فهو واقعيّ وكئيب على السواء، إنّما له رَجْعٌ خيالي قويّ. وهو ينفتح على سجلّات متعدّدة تتراكم وتتضافر. فلننظر عن كثب. هذا الدمار يتحدّث عن عصر سريع، تُدَمَّر فيه الأشياء بسرعة، بالمدفع والهاون والمتفجرات. ولعلّنا نقول إنَّ هذا الدمار لم «يأخذ وقته»؛ لم يأخذ وقته من الزمن؛ لا يبدي مظاهر القِدَم، لكنه يبدي بالمقابل علائم الدمار الفوريّ والجذريّ وأماراته الطاغية. ودمار بعلبكي قويّ، لا بمعنى أنّه وافر فحسب بل بمعنى أنّه غازٍ واقتحاميّ: يحتلّ اللوحة على نحوٍ لا يتداخل فيه مع حضوره أيّ موضوع آخر، ويجزم أنّه النمط البدئي الذي سبق ذكره، وأنّه، إذًا، نموذج حياة البشر وشكلها الذي يجب القبض على جوهره وماهيّته، من دون الإفراط في تقويمه. وأخيرًا، فإنّ دمار بعلبكي موضوع لذّة خلّاقة. وتكفي نظرة مقرّبة إلى اللوحات كي توضح هذا تمامًا (في حين يمكن للنظرة البانوراميّة والبعيدة أن تكون خادعةً). ما الذي تكشفه النظرة المقرّبة؟ آثار انبجاسات من عبوات الألوان. لعب الألوان والآثار الذي يسفر عن تراكم وتغطية وألوان فوق ألوان. أمّا على سطوح اللوحات التي أعيد صوغ تفاصيلها على نحو غير ملحوظ، فلا تشير تلك التفاصيل إلى الكلّ، بل توفّر ملاذات، لوحات صغيرة، هنا وهناك، ضمن اللوحة العامّة. وهذا يطرح السؤال عن الوقت الذي يقضيه الفنّان في صحبة الدمار الذي يصوّره، تلك الصحبة الودودة الملهمة التي تحرّك اليد المسلّحة بالفرشاة وتدفعها لساعات وساعات ثم لأيّام وأيّام. هل الدمار صنيعٌ سلبيّ؟ بلا أدنى شكّ. لكنه يغدو إيجابيًا حين يستولي عليه فنّ بعلبكي ويتّخذه ذريعة للإبداع، محوّلًا إيّاه إلى «حقيقة» فنّيّة: بُرعمُ لحظة إبداعية وشبكتها اللذان يُعاشان حتى الثمالة، بفعل إرادي يمكن أن نحسّه وأن نفترض أنّه سارّ.

ما يبقى هو الحاضر

هل نجد، إذًا، شيئًا من اللطف في فنّ أيمن بعلبكي، بصرف النظر عن عنف ما يسجّله ويرسمه؟ بلا شكّ. وهذا ما يمكن يمكن أن نقرره بالنظر إلى عمله «إفريز الخيل» (Cheval de frise)، تلك المنحوتة الزجاجيّة الرائعة التي أبرع في صنعها للفنان صنّاعُ الزجاج في موروانو، البندقية. وهذا الإفريز بحجمه الفعليّ هو شيء على شكل صليب القدّيس أندراوس مضاعفًا، يُستخدم لصدّ الهجمات والمهاجمين في معركة أو ردعهم، ويتصادى بقوة مع الخوف والتوتّر والتهديد بالحرب. ومن ثمّ، فإنّ لا شيء، في الوقت ذاته، يمكن أن يكون أكثر حساسيّة من المنحوتة الزجاجيّة الشفّافة والهشّة التي تمثّل الآن هذا الشيء، بجمالها النفّاذ وقوّة جذبها التي لا تُضاهى.

لا يبدع المرء قطّ من دون أن يعبّر عن تصوّر للعالم، من دون الأمل بإضافة معنى إلى العالم يربو على ما هو موجود بالفعل. ولفتة الإبداع هي أيضًا لفتة إفصاح. وهنا يمكن أن ننسى، كما أحسب، تلك المحاولة التي قام بها منذ وقت ليس ببعيد بعض رسّامي الحركة التقليليّة ونحّاتيها لتحدّي هذا الواقع الجليّ. «موضوعية» العمل الفني: «ما تراه هو ما تراه» وليس أيّ شيء آخر. هذا اقتراح جماليّ لافت، وسخيف في الحقيقة. فلا مجال لأن نصدّق أنّ العمل الفني هو

فضاء تركيز مطلق، مثل ثقب أسود، محتوى داخل ذاته ولا يشعّ أبعد من ذلك أو يقدّم أيّ شيء للتأويل. ولا مجال لأن نشتبه في أنّ كلّ عمل فنّيّ يدلّ على ما هو أبعد من شكله الدقيق. ولا مجال لأن نشكّ في أنّ المشاهدين هم الذين يصنعون العمل ويكملونه، مع الفنّان وبالإضافة إليه حينًا، وبالابتعاد عن اقتراحه الأصلي حينا آخر.

ما الذي يبدو أنّ أيمن بعلبكي يفضي به إلينا، بقدر ما يمكن لنا أن نقرر ذلك بأيّ قدر من اليقين نحن المشاهدين؟ ما هو تصوره عن العالم، ما الـ Weltanschauung (رؤية العالم) التي لديه؟ أولًا، العالم مكان عسير. ثانيًا، العنف والدمار عاملان قويّان يعيدان تشكيل المشهد المعاصر، وعاملان جماليّان قويّان، قادران على بناء المعنى الذي ننسبه إلى عالمنا الحالي. ثالثًا، التعبير عن عالمٍ عسير، والتعبير عن الذات من داخل عالمٍ عسيرٍ، لا يؤدّيان دومًا إلى فنّ الألم، والتخلّي، واليأس. وإذا ما كانت «الأغاني اليائسة هي أجمل الأغاني»، كما قال في أيامه ألفريد دي موسيه، الكاتب الأشدّ رومانسية بين الكتّاب، فإنّ بمقدورها أيضًا أن تكون الأقوى في مخاطبتها العقل والحواس. عالمٌ عسير؟ سوف يشتدّ الإبداع إذًا. هذا ما يبدو أنّ بعلبكي يقوله لنا. الإبداع بوصفه شكلًا من أشكال البقاء؟ أم بوصفه إظهارًا للقوّة في الشدائد، وتجاوزًا للشدائد؟ لعلّ الأمر على هذا النحو، لكنّه لا يقتصر عليه البتّة، بل يتعدّاه إلى أن نكون حاضرين في العالم كما يحضر العالم فينا، بكلّ مداه المستعمِر. ما يتبقّى هو الحاضر؛ البقيّة ليس لها مكان -أو ليس لها سوى أقلّ القليل من المكان- في لحظة الإبداع المفعمة بالطاقة والتوتر.

كلُّ عمل فنيّ هو صورة ذاتية، كما يقول الرسام الإنجليزيّ لوسيان فرويد. لا يمكن أن يكون ثمّة شكّ في ذلك. وإذا ما نظرنا في أعمال بعلبكي، يمكن أن نجد بالفعل بورتريه بالإكريليك بعنوان «غفليّة ذاتيّة» (Auto-Anonyme)، مرسوم على الخشب، متوسط الحجم، يعود تاريخه إلى عام ٢٠٠٦. والرجل المصوَّر هنا، كما نراهن، هو بعلبكي نفسه، معصوب العينين. هل للحيلولة دون رؤيته العالم وأهواله؟ ربما. أم كي يراه بشكل أفضل، إذ يسلّح نفسه بوسائل ابتداعه، من خلال طبعته الداخليّة ومعها؟ هذا أيضًا ليس موضع شكّ.

ليست المسألة أن نرى فحسب، بل أيضًا أن نرى من الداخل، في مسرحٍ شخصيّ نعيد فيه تكوين كلّ شيء، وتنهض فيه صور العالم الباطنيّة، وقد أعاد الإبداع الحيّ صوغها؛ وبذلك لا يكون الفنّ نظيرًا لما هو واقعيّ، واستحضارًا دقيقًا له، بل يمضي أبعد من ذلك ليكون حلمًا من الداخل، تعبئةً لتكويناتٍ تجمع بين الواقع والخيال، بين الفانتازيا والفزع، بين البهجة والانهيار، على نحوٍ ديناميّ ملؤه الحماس. لذلك ليس العالم الذي يُرينا إيّاه بعلبكي في أعماله ذلك العالم الذي قد نميل إلى التفكير فيه، العالم المدحور لفنان مكتئب متعثّر في الشرق الأوسط الذي أحاقت به جميع صنوف التوتر منذ انهيار الإمبراطوريّة العثمانيّة واختفائها، قبل حوالى القرن، بل شيء مختلف للغاية: عملٌ على الذات يتضاعف فيه الإيجابيّ والسلبيّ اللذان هما جزء من العيش، ويتوسّعان ويبرران الحياة، على قدم المساواة وفي آنٍ معًا.

١ في صالة أجيال.
٢ عُرض هذا العمل بعنوان وجهة مجهولة (Destination X) في مركز بيروت للمعارض ٢٠٠٤.
3 Destination X, installation for «Arabcity: Such A Near East, Bluecoat Arts Centre,» Liverpool., 2010.
4 Joseph Tarrab, «Ça suffit,» catalogue Ayman Baalbaki. Transfiguration apocalyptique, Agial Art Gallery, 2008, SP.
5 Nayla Tamraz, «Ayman Baalbaki's Mythological Cities» in G. H. Rabbath, Can One Man Save The Artworld ?, Human & Urban and Alarm Editions, 2009, p. 17.
٦ أدين بهذه المقارنة الألمعية بين برج بابل في لوحة أيمن بعلبكي وأعشاش النمل إلى نايلة تمرز، المصدر السابق.

أيمن بعلبكي
للرسم الكلمة الفصل

فيليب داجين

أكاديميّ وناقد فنّيّ وروائيّ فرنسيّ. كاتب عمود فنّيّ في صحيفة لموند الفرنسيّة منذ ١٩٨٥.

ترجمة: كاتيا الطويل

دعوني أشارككم تجربة قلّ نظيرها: جاءني يومًا زائرٌ، وعلى طاولتي مجموعة من فهارس أعمال أيمن بعلبكي مرصوفة تحضيرًا لهذا المقال. كان زائري واسع المعرفة ومؤرّخًا للفلسفة وللآداب الأوروبّيّة بين القرنين السابع عشر والثامن عشر. وعلى أنّه «ليس صغيرًا في السنّ»، كما هو التعبير السائد، لم يكن على معرفة بالفنّ الحديث. بالأحرى، كان ينظر إليه بتوجّس، هو المتضلّع من فنون القرن العشرين. فوقع نظره على الفهارس الموجودة أمامه وتصفّح أحدها، وهو لا يعرف اسم بعلبكي. علت أمارات الدهشة والتساؤل وجه زائري، وما لبث أن تناول فهرسًا آخر وقلّب صفحاته معبّرًا عن مفاجأته للقوّة البصريّة الأخّاذة التي تمتلكها هذه اللوحات. استوقفته الموضوعات واعترف بأنّه لم يسبق له أن وقع عليها بشكلها هذا في أيّ موضع آخر. فعلى غرار غيره من الناظرين إلى الفنّ، عمد زائري إلى المقارنة، وعندما لم يجد إليها سبيلاً، اتّضح له أنّه لم يرَ شيئًا مماثلاً لما بين يديه. طال الحديث بيننا بين أخذ وردّ خاليين من أيّ تخيّليّة حالمة. كان حديثًا مثقّفًا منوّرًا قطفت ثماره بعد مرور عدّة أيّام. كان زائري مأخوذًا بلوحات بعلبكي، مع أن نظره لم يقع عليها فعليًا، وبالتالي لم يختبر إلّا جزئيًا حضورها الحسّيّ وكثافة مادّتها التصويريّة وأحجامها التي تكبر مع كلّ عمل وتوهّج ورق الذهب الموظّف فيها أو النيون أحيانًا، ولم يكوّن سوى إدراك جزئيّ للّوحات، وهو ما تتيحه صور الفهرس.

فما الذي يمنح لوحة بعلبكي هذه القدرة الهائلة على الاستحواذ على النظر؟ أنا نفسي أذكر عندما مررتُ بالتجربة ذاتها منذ سنوات متعدّدة، حينذاك تعرّفت إلى أعمال بعلبكي عبر تصويرات لها قبل أن أكتشفها مباشرة وجهًا لوجه ومن دون وسيط. يتهيّأ لي أنّ سؤالاً من هذا النوع لا تمكن الإجابة عنه بشكل كامل، إن لم يكن لشيء إلّا لاعتبار الذائقة مسألة شخصيّة ولاعتبار كلّ ناظر إلى اللوحات راسمًا جديدًا لها بالانطلاق من هويّته ومعرفته وترسّبات ذاكرته.

١
بين الإبانة والمواراة

من المتعارف عليه أنّ بعلبكي في الأساس رسّام بالأكريليك أو بمزج موادّ متعدّدة وهو ما يُسمّى بالإنكليزيّة mixed media. فبينما يرسم بعلبكي على قماش القنّب معظم الأحيان، يختار أن يجعل بعض أعماله على الخشب أو على قماش مشمّع أو على قماش مطبّع. يصل به الأمر حدّ توظيف خوذة عسكريّة ليرسم عليها، إنّما لنا عودة إلى هذه المسألة لاحقًا. هذه التقنيّة مجازيّة تتطلّب أحيانًا ثواني معدودة فقط ليكتشف الناظر رأسًا أو مبنًى أو طائرة. يعود هذا الأمر عمومًا إلى أنّ بعلبكي لا يلتزم تقديم موضوعاته بشكل دقيق ومفصّل. إنّ ضربات فرشاته على أعماله واضحة وصارخة الأثر: تشظّيات، خيوط، لمسات متجذّرة في المادّة، تمعجنات. مادّة سطح اللوحة نفسها ليست مستوية ولا موحّدة. حتّى عندما يعمد بعلبكي إلى الأكريليك عوضًا من الرسم الزيتيّ الذي قد يكون أسهل لهذه المهمّة، تأتي النتيجة أنّ مساحات سطح اللوحة كثيفة خشنة غير منتظمة. تحدّد العين حينئذٍ آثار مرور أدوات الرسم وحركيّتها التي غيّرت في اللون أو اجتثّته بعض الاجتثاث بينما كان لا يزال رطبًا.
يتولّد تعارضٌ حادّ بين تقديم الأشكال وتنفيذها تصويريًا. وعندما تتضاءل حدّة هذا التعارض تصبح عمليّة تبيّن موضوعة اللوحة أسهل. هي حال رؤوس رجالٍ ناتئة على خلفيّة أفتح منها لونًا أو أغمق مثلًا، أو كذلك وفي معظم اللوحات، هي حال مبانٍ بيروتيّة، تتميّز بتصميمها الهندسيّ الذي يبقى واضحًا لا مجال للشكّ فيه مهما تخلّلته تهشيمات ناتجة من القذائف التي أصابته. لوحة «كلّ ما بقي» مثلًا، ليست لوحة محفوفة باللبس وإن كانت المباني فيها مجرّد أنقاض والروافد المعدنيّة ملتوية. ففي هذه اللوحة، كما في غيرها من اللوحات الأكثر حداثة، تزداد حدّة التعارض عمّا كانت عليه في العقد الماضي، فقد تضاءل التزام الفنّان بحذافير أصول ما يُعرف بالتيّار الواقعيّ. لوحة «البرلمان» على سبيل المثل لم تكن لتتّضح لولا عنوانها. وفي الحالات القصوى لا يحتلّ المجاز إلّا مساحة ضئيلة من اللوحة، ففي النسخ المتعدّدة للوحة «خطوط شركة طيران الشرق الأوسط» يمكن التعرّف إلى الطائرة بفضل بقايا شكلها الأوّل، كالذيل وأسطوانة المُفاعل وأحمر الطائرة وشارة أرزة لبنان التي تحوّلت إلى مجرّد خطوط خضراء، وهي طبعًا عناصر كافية لمن يرتاد المطارات بشكل منتظم. إنّ الوظيفة المجازيّة للفنّ لم تعد تقتصر على محاكاة الأشكال المتعارف عليها كشكل طائرة إيرباص أو مبنى باطونيّ، بل تعدّت ذلك إلى إدخال عناصر معبّرة كرموز أو أحرف أو نتف كلمات. سنعود في ما يأتي إلى هذه النقطة التي باتت تحتلّ مؤخّرًا ورويدًا رويدًا حيّزًا أكثر أهمّيّة. هي في الواقع مرتبطة وثيق الارتباط برمزيّة الأعلام في مجموعة لوحات «منطقة خالية من الأعلام» ورمزيّة الحواجز في مجموعة لوحات «حدود الدماء»، كما أنّها من أهمّ النقاط التي لا بدّ من معالجتها.
ملاحظة ثانية تظهر على صعيد إبانة موضوعة اللوحة بوضوح أو مواراتها، وذلك إذا نظرنا إلى مجموعة لوحات «الملثّم». تعني الكلمة الرجل المحجّب، وهو اسم موظّف هنا للدلالة على أولئك الذين باتوا يُعرفون منذ سنوات طويلة بمختلف اللغات، وبالفرنسيّة ضمنًا، بالفدائيّين. لقد انتشر هذا المفهوم منذ عقود متعدّدة وتحوّل إلى رمز بصريّ للمقاتلين الفلسطينيّين برؤوسهم المغطّاة بكوفية، على غرار ياسر عرفات الذي جعل الكوفية موضة زاخرة بالرمزيّة حتّى قبل أن يروّج لها مصمّمو الأزياء. تتميّز لوحات «الملثّم» بتناوب الأبيض مع لون آخر وفق شبكة مربّعات لا تعود مرئيّة تمامًا عندما تلفّ قماشة الكوفيّة الرأس. وفي مفهوم الفلسطينيّين إنّ اللون الثاني الذي يتمّ إدخاله مع الأبيض ليس محايدًا بتاتًا، فهو يدلّ على انتماء صاحب الكوفية إلى دين أو إيديولوجيا معيّنين. فالأسود مع الأبيض يشير إلى الانتماء إلى منظّمة «فتح»، والأخضر مع الأبيض يشير إلى الانتماء إلى «حماس»، أمّا الأحمر مع الأبيض فيشير إلى الانتماء إلى «الجبهة الشعبيّة لتحرير فلسطين». تُباع هذه الكوفيات على الانترنت بحسب هذه الانتماءات المذكورة. إذًا، ليس من المستغرب أن تكون كوفيات لوحات بعلبكي حمراء وبيضاء، فهما لونا اليسار الماركسيّ العلمانيّ. وليس من المستغرب أيضًا أن يرسم هذه اللوحات على قماش مطبّع بمختلف الأشكال،

فهناك القماش المطبّع بالأسلوب الفارسيّ، عليه مثلاً رسومات مغوليّة، وهناك ذاك المطبّع بورود أو بزهور عود الصليب أو القرنفل الأحمر أو الأصفر، على غرار شراشف الطاولات وأغطية الأسرّة. تراكمُ الطبقات، يُفعم العينَ بآثار مزعزعة تتضاعف عندما يطغى اللون الأحمر على الخلفيّة. حينئذٍ، يتعثّر فصل طبقات اللوحة في مواضع متعدّدة، عدا عن أنّ سطح اللوحة يصبح ذا بعدين وقد يصل إلى ثلاثة كذلك. إنّ طيّات الكوفيّة غير كافية لخلق أثر الضخامة في المساحة، كما أنّ ما يظهر من وجوه المقاتلين محصور بالجبهة وخطّي الحاجبين والجفنين. بالكاد هي وجوه، هي بالأحرى رمز تقليديّ، رمز متعارف عليه. يولد حينئذٍ تعارض مربك بين بساطة الرسم وتراكم الرموز الملوّنة والمتوهّجة والساحرة. تعارضٌ يزداد إقلاقًا مع ازدياد حجم اللوحات التي قد يصل ارتفاع الواحدة منها إلى المترين أو الثلاثة أمتار. فما تراها الرمزيّة السياسيّة والتاريخيّة خلف هذه التراكمات المتعارضة، فدائيّ على خلفيّة من الورود؟

إنّه لمن الواضح إذًا أنّ المجاز لدى بعلبكي هو مجاز مزعزع، متحرّك، قد يصل حدّ المراوغة أحيانًا. تفرض الموضوعة نفسها ثمّ لا تلبث أن تتوارى. وإن أردنا إقامة مقارنة بين رسم بعلبكي التمثيليّ للمقاتلين والرسم الأيقونيّ لهم المتعارف عليه في الحملات الإعلاميّة على أساس كونهم «شهداء»، وجدنا من دون أدنى شكّ أنّ محاكاة سمات البطولة وتجلّياتها في وجوه المقاتلين ليست هدفًا من أهداف بعلبكي. يتعارض فنّه مع الصورة النمطيّة المعطاة لهم بما اعتمده من تراكم موادّ وتمازج ألوان. ملاحظة تنطبق بحذافيرها على الوجوه في مجموعة لوحات «وجهًا لوجه» (٢٠٠٦)، فلا تشكّل هذه المجموعة بتاتًا عرضًا لبورتريهات، فالوجوه بالكاد تبان في معظم الأحيان، هي بالأحرى مجموعة وجوه نمطيّة: وجوه نمطيّة لذكور هذه البقعة من العالم: فدائيّون بالكوفيّة السوداء والبيضاء، أو الحمراء والبيضاء، موضوعون إلى جانب جنود ذوي خوذات تخفي عيون عدد كبير منهم؛ رجل مقنّع بالأسود، قد يكون شرطيًا أو ميليشيويًا أو جلادًا، وآخر مقنّع بالأبيض، قد يكون سجينًا أو رهينةً أو محكومًا بالإعدام. هيئات تمثيليّة متطابقة في الحجم على خلفيّات مصمّمة خصّيصًا لإبرازها. كأنّ بعلبكي باعتماده منهجيّة عالِم اجتماعٍ في عمله، يجمع أكبر عدد ممكن من النماذج، ما يدعو إلى الاعتقاد بأنّ أيّ رجل ثلاثينيّ في لبنان لا يملك إلاّ أن يكون منخرطًا في جيش أو في مجموعة مسلّحة، لينتهي به الأمر مسجونًا أو مقتولاً. شعورٌ مضنٍ ينشأ عن هذا الجرد البشريّ، سخرية مأسويّة لا تخلّف أيّ وهم ولا أيّ أمل بإمكان الفرار من الحرب. سخرية لاذعة تتجلّى في أوجها في لوحة ثلاثيّة الأجزاء بعنوان «عربة البائع» وتمثّل خمسة شخوص في عربة بضائع كأنّهم بعبارة أخرى معروضون للبيع. إليكم الخيارات: جنديّ وفدائيّ ورهينة. يمثّل القسم الأوسط من الثلاثيّة رسم فدائيّ بالأحمر والأبيض تعلوه بشكل ربع دائرة ورود زهريّة، ويبدو الفدائيّ كأنّه مرسوم على مجموعة ملصقات متراصفة لا تزال تظهر منها نتف من الكلمات على الأطراف. إنّ تراكم الطبقات هذا، بالإضافة إلى الترتيب العامّ الذي تقوم عليه اللوحة بأجزائها الثلاثة، والذي يذكّر بمذبح مسيحيّ إنّما مرفق بعنوان عاديّ، يرمي اللوحة الثلاثيّة في فضاء من السخرية والتهكّم. فتفقد الوجوه شموخها العسكريّ الذي تمنحها إيّاه الحملات الإعلاميّة وتتحوّل إلى نسخ مبتذلة عن السائد، مبتذلة بشكل متعمّد. نسخة أخرى لهذه المجموعة نفسها من الرؤوس بعنوان «العين بالعين» تظهر على غلق معدنيّ لواجهة دكّان، غلق مذهّب وملصق مسبقًا على اللوحة. مزيج متفجّر من الرمزيّات المتراكمة تصعب مضارعته. فالذهب يُذكّر على حدّ سواء بهالة التبجيل التي تحيط عمومًا بالأيقونات الدينيّة، كما يذكّر بالتبادلات التجاريّة. واجهة الدكّان تشير هي الأخرى إلى مبدأ التجارة ومبدأ الشراء، وإن عنى الشراء في هذه الحالة شراء دور: دور جنديّ من المشاة بقناع مضادّ للغاز، أو دور جنديّ بنظّارات يقود دبّابة، أو دور فدائيّ يرتدي الكوفيّة، أو دور رهينة مغطّاة الوجه. اختاروا الدور الذي يلائمكم من دكّان الموت هذا!

نصل هنا إلى استنتاج أوّل لا مجال للشكّ حوله: لا يمكن اعتبار بعلبكي مجرّد فنّان يحاكي الواقع وينقله في لوحاته، لا يمكن اعتباره رسّامًا واقعيًا ينقل عصره ككثر غيره مرّوا في تاريخ الفنّ.

٢
بين نقل التاريخ رسمًا وعدمه

يخطئ من يرى في لوحات بعلبكي نقلاً لحدث تاريخيّ بالمعنى الذي حمله الفنّ المحاكي للواقع في عصور النهضة وبخاصّة في القرن التاسع عشر، لكنّ ذلك لا يعني من ناحية أخرى أنّ الأحداث التاريخيّة مغيّبة تمامًا عن إنتاج بعلبكيّ الفنّي. هي ببساطة غير مطروحة على شكل سرد أو تسلسل أحداث أو وقائع معيّنة. إنّ فدائيّي بعلبكيّ لا يقاتلون إنّما يراوحون أماكنهم ليتمّ رسمهم. هنا لا محاولات لنقل انفجارات وقذائف، لا محاولات لنقل لحظات مفتاحية ممّا سمّاه الغرب في مرحلة من المراحل «الربيع العربيّ»، لا محاولات لنقل الإجراءات التي اتّخذتها «الدولة الإسلاميّة» وحروب العراق وسوريا. تشكّل هذه الأحداث واقع بعلبكيّ من دون أدنى شكّ، فهو لا يجهل أيًا منها، إنّما كيف تراه لا يقدّمها في أزمنة المجازر التي نعيشها؟ كيف تراه في ظلّ هذه الظروف الكارثيّة المستمرّة لا يستمدّ موضوعات لوحاته من المعارك ولا من عمليّات الإعدام؟

يقودنا ما سبق إلى التساؤل عن كثب حول المكانة التي يحتلّها فنّ الرسم في زمن تطغى عليه الصور الرقميّة والفيديوهات والصور على مختلف أنواعها. وما سنبيّنه في ما يأتي لا ينطبق على بعلبكيّ دون غيره بل يقع في الحيّز العامّ، ويتناول حال الفنّ في الظروف التي تفرضها عولمة الصور وانتشارها السريع. لقد بات أمرًا واقعًا أنّ العالم - الشرق الأوسط كما آسيا مرورًا بأوروبا فالحواضر الأفريقيّة- ومنذ حوالى العقدين، ومع امتداد شبكة الانترنت وشيوع آلات التصوير كالهاتف المحمول وكاميرات المراقبة والطائرات من دون طيّار، غرق بدفق متواصل من المقاطع واللقطات القصيرة أو الطويلة التي شكّلت فحوى نشرات الأخبار العالميّة. أينما كنّا نعيش، تمكّنا جميعنا من متابعة أحداث ١١ أيلول/ سبتمبر، كما تمكّنا من مشاهدة سقوط النصب التذكاريّ لصدّام حسين، وكذلك عمليّات الإعدام التي قامت بها «الدولة الإسلاميّة» واعتداءات باريس وبرشلونة. لقد تابعنا هذه الأحداث على شاشات تلفزيوناتنا، أو بالأحرى، على شاشات حواسيبنا ولوحاتنا الرقميّة وهواتفنا

الذكيّة. لم تعد هناك حدود لهذه القوّة الطاحنة التي يشكّلها استعراض العالم لنفسه بنفسه: ضرب من النرجسيّة اللامحدودة التي تخطّت المحظور. لقد تحوّلت صور جثث المقاتلين المشوّهة وصور أطفال المهاجرين الغرقى، ومنذ زمن بعيد، إلى أمور مبتذلة بشكل رهيب، باتت مادّة إباحيّة خاصّة بالموت تضارع موادّ الأفلام الإباحيّة الخاصّة بالجنس. ولم نُقِم هذه المقارنة لمجرّد إثارة صدمة وإنّما إثباتًا لها كواقع جديد: إنّ هذين الحقلين الإنتاجيّين ينتظمان وفق المنطق نفسه: منطق الكشف الفاضح الذي ينطبق على عمليّة إعدام بقطع الرأس كما ينطبق على مشهد جماع. يمكن إنتاج هذه الصور في استديوهات مجهّزة تجهيزًا متفاوتًا، كالصور التي تنشرها «الدولة الإسلاميّة» مثلاً والتي لا بأس بها، وكذلك الصور التي ينشرها محترفو صنع أفلام البورنو الأميركيّون والمجر. كما يمكن أن ينشرَ هذه الصور هواة، كمثل الصور التي يلتقطها شهود عيان صادف أن وجدوا في مكان حادثة اغتيال، أو أيّ ثنائيّ مجهول ينشر صورًا خاصّة به من المضجع. لقد بات العالم محكومًا بالتحوّل إلى مجموعة صور «تمّت مشاركتها» بين «المتابعين»، كما بات يُقال في يومنا هذا، وبوتيرة فائقة السرعة من التجدّد والانتشار بهدف إشباع الفضول، سواء أكان فضولاً منوطًا بالموت أو بالفاحشة.

تبقى هذه الأمور كلّها هامشيّة، ليُطرح السؤال الأبرز في هذه الحالة: لماذا فنّ الرسم إذًا؟ الصور الرقميّة افتراضيّة، سريعة الانتشار، صاخبة، غير متوقّعة، سهلة الإنتاج، قابلة للتجدّد إلى ما لا نهاية، متوفّرة للجميع. وهي، لهذه الصفات كلّها، آسرة. بينما فنّ الرسم محسوس، بطيء، صامت، صعب، وغالبًا بعيد المتناول. من هنا، يبدو أنّ فنّ الرسم عاجز عن دخول المنافسة مع الصورة الرقميّة في معالجة الأحداث المستجدّة، وبشكل أوسع، في تقديم الواقع. فللصورة التي يلتقطها الهاتف المحمول أو الطائرة التي تعمل من دون طيّار، خاصّيّة أخرى أكبر وقعًا ممّا ذُكر أعلاه وهي أنّها أمينة للحقيقة. الصورة الرقميّة نتاجُ آليّة بصريّة ومعلوماتيّة تتخطّى بأشواط أداء العين البشريّة، وبالتالي تتخطّى حتمًا أداء فرشاة الرسم التي تنشر الألوان على مساحة لوحة. في المقابل إنّ كلّ لوحة إنّما هي نتاج ضربات فنّيّة وخيارات فرديّة قام بها الرسّام، ولا يمكنها بالتالي أن تدّعي بأيّ شكل من الأشكال الأمانة للحقيقة. هي على الأكثر صادقة، إنّما يبقى ذلك بلا قيمة تمامًا. إنّ بين العالم وشاشة هاتف الأي فون الذكي مجرّد عين زجاجيّة وعمليّات ترميزيّة وعمليّات بثّ تتمّ عبر برامج ورقاقات لا تفكّر ولا تشعر. إنّما بين العالم وفنّ الرسم رسّام وأدواته وموادّه وأحاسيسه ومشاعره وآراؤه، إلخ.

إذًا، عندما يقدّم بعلبكي لوحة تمثّل مباني دمّرتها القذائف أو حادثة اغتيال، يمكن أن نرى في ذلك مضيعة للوقت. فأيّ سلسلة صور معروضة في عشر ثوانٍ خلال إحدى نشرات الأخبار أو على موقعٍ إلكترونيّ ستكون كافية لنقل الخبر، وبشكل أكثر دقّة، علاوة على ذلك. الملاحظة نفسها تنطبق على لوحاته التي تمثّل وجوه فدائيّين أو شركة خطوط طيران. لكنّ هذه المسألة لم تخفَ على بعلبكيّ. فهو، على غرار غيره من الفنّانين المعاصرين له، يدرك أنّ ظروفه لم تعد هي نفسها ظروف جيريكو ومانيه. فعندما رسم جيريكو لوحته «غرق الميدوزا» قدّم لجمهوره حدثًا لم يكن معروفًا آنذاك ومن نسج خياله بمعظم تفاصيله، وبفضل لوحته بات هذا الحدث متداولاً بين الناس. لقد منح جيريكو الحدث صورته الحسّيّة المرئيّة، صورة وثبت من كونها سردًا صحافيًا لما وقع فعلاً لتصبح تقديمًا أخّاذًا له. مانيه من ناحيته هو الآخر، اغتنم عمليّة إعدام أمبراطور المكسيك ماكسيميليان منجرفًا خلف الرغبة نفسها، وقدّم الخبر للجمهور ونقله من حادثة مقروءة إلى حادثة مرسومة، من خبر سردي تتطلّب معرفة تفاصيله وقتًا لا بأس به من القراءة، إلى رسم مقدّم بمشهديّة مذهلة وفوريّة. أمّا اليوم فقد انقلبت الآية: إنّ فنّ الرسم بات متأخّرًا بالضرورة وحكمًا عن الصورة الرقميّة. لم يعد فنّ الرسم يسدّ ثغرة أو يروي غليلًا. لقد خلق جيريكو لوحة في ظلّ تعتيم تاريخيّ تمثيليّ لحادثة وقعت، أمّا بعلبكي فهو يخلق في فضاء مشبّع بصور تنقل أحداث الواقع.

لتكون صياغة الإشكاليّة بهذه الطريقة تمهيدًا لأطروحات تجيب عن التساؤل المطروح أعلاه: لماذا فنّ الرسم إذًا؟ فإن أردنا تقديم رؤوس أقلام، قلنا إنّ جيريكو رسم ليحارب غياب الصور بينما بعلبكي يرسم ليحارب فائض الصور وعواقبه. فيصبح فنّ الرسم من هذا المنظار، الرغبة في انتشال نظرنا من مستنقع العادات البصريّة الذي خلقته الصور الرقميّة. معارضة منتصبة إزاء نظام الصور السائد.

٣
بين اللوحة والصورة

بيّننا إذًا وفي مرحلة أولى أنّه من غير المجدي رسم أنقاض بيروت، لما وُضع فيها من صور وتقارير وفيديوهات وأفلام. تبدو هذه الحجّة مقنعة للوهلة الأولى، إلّا إذا تساءلنا عن آثار هذا الفيض من الصور. هذه الأبراج المشلّعة، هذه المباني المدمّرة، لهي أمور مبتذلة. هي بيروت نعم، لكنّها قد تكون كذلك حلب أو الموصل. إن عدنا في التاريخ إلى الوراء ظننّاها بغداد أو نيويورك أو ساراييفو. منذ سبعين سنة كانت هي برلين أو كولونيا أو درسدن. حتّى آنذاك كانت الصور شديدة الانتشار مذهلة، لكنّ ذلك لم يمنع الفنّان جيرارد ريختر المولود في درسدن والمقيم في كولونيا من أن يرسم لوحاته في ستّينات القرن السابق ويطلق عليها عنوان «مناظر المدينة». بمجرّد النظر إلى هذه اللوحات تتجلّى المباني المتضرّرة والشوارع الرازحة تحت الأنقاض. يُبرز اللونان الأسود والأبيض نقاط الالتقاء مع كليشيه المدن الألمانيّة المسحوقة والقابعة تحت نير القذائف والتي تكثر صورها في كتب التاريخ. تُلهم هذه اللوحات مصمّمي ألعاب الفيديو التي تدور في أجواء حربيّة والذين يسعون إلى تقديم أكبر قدر ممكن من الواقعيّة، بعدما حذا هذا الحذو مصمّمو ديكور ومتخصّصون في المؤثّرات السينمائيّة. رسم ريختر مناظر هذه المدن المتهالكة من أعلى، وبعد نصف قرن جاء بعلبكي ليرسم هو الآخر أنقاض بيروت، فلماذا؟ ماذا لو كان السبب هو أنّ الصور باتت مبتذلة في بيروت كما في كولونيا المدمّرة؟ مبتذلة بمعنى أنّها تحوّلت إلى أمر عاديّ وسُلبت تدريجيًّا قدرتها الخارقة على تحريك المشاعر. لقد بات من الممكن تقديم صور من دون التفكير بالموتى، ولا بروائح الجثث تحت الأنقاض، ولا بالرعب الذي تثيره القذائف المتساقطة من السماء.

إنّما إزاء اللوحات، فلا مفرّ من التفاعل الجسديّ

والنفسيّ، وذلك لسببين اثنين: حجم اللوحة والموادّ المستعملة لإنجازها. إنّ حجم الصور المعاصرة يتوافق مع حجم شاشات الهاتف الجوّال أو الحاسوب، وهو إذًا في معظم الأحيان حجم ضئيل، فيكون التلقّي مقتصرًا على حاسّة النظر وكأنّ علاقة المرء بمحيطه تنحصر بهذه الحاسّة دون غيرها. هذا الأمر مستحيل الوقوع مع لوحات بعلبكي. فلوحة «كلّ ما بقي» مثلاً عرضها ستّة أمتار وارتفاعها متران ونصف المتر. لوحات كثيرة أخرى بالكاد تقلّ حجمًا عنها، لتكون في معظمها بقياس مترين بأربعة. فيجد الناظر نفسه إزاء لوحة تفوقه حجمًا، ما يضطره إلى الرجوع إلى الوراء ليتمكّن من احتوائها بمجملها ليعود فيقترب متى أراد معاينة الاختلاف في استعمال الأقمشة وكذلك الموادّ المذكورة أعلاه. لا يمكن لسلوك الناظر إلى لوحة بعلبكي أن يشابه سلوك المنحني على لوحته الرقميّة أو سلوك ذاك الجالس أمام شاشة حاسوبه، بل يجب أن يتحرّك من مكانه: جسده بأسره محفّز في عمليّة التلقّي، حاسّة اللمس نفسها موظّفة هنا عبر التمعجنات وتضاريس الألوان التي تجسّد مساحات حُبيبيّة أو مساحات مخمّشة من الباطون أو المعدن. تصبح الأحاسيس التي تعتمله أكثر تنوّعًا وحدّةً واتّقادًا. فإن كان معظم الرسّامين المعاصرين يتّجهون بشكل واضح نحو اعتماد لوحات كبيرة الحجم، سواء أكانوا من الألمان أو الصينيّين أو الفرنسيّين، أفلا يدلّ هذا الخيار على الرغبة في كسر أنماط الإدراك البصريّ العاديّة التي تفرضها الشاشات بصورها الصغيرة التي يُنظر إليها بجمود؟ إنّ هذه الأخيرة لهي صور أمينة للحقيقة بمعنى أنّها متولّدة من مجموعة عمليّات ميكانيكيّة تمّت خارج إطار أيّ تدخّل بشريّ، لكنّها كذلك صور مختزلة أكثر منها شاملة. إنّ فنّ الرسم يحيي مشاعر لا يمكن لهذه الصور أن تحرّكها، وبالتالي تكون العلاقة التي يخلقها فنّ الرسم مع الموضوعة التي تقدّمها اللوحة متكاملة كثيفة مؤثّرة. صحيح أنّ اللوحة ليست أمينة للواقع أمانة سلسلة صور مأخوذة بطائرة من دون طيّار أو كاميرا مراقبة، لكنّ وجودها الحسّيّ وبالتالي العاطفيّ أشدّ وقعًا بفضل خصالها هذه. إذًا هي واحدة من الاثنتين: إمّا أن يقرّ المرء بأنّ إدراكه للعالم هو بصريّ فحسب، وبالتالي يكتفي بالصور الرقميّة، وإمّا أن يرفض الاقتصار على حاسّة البصر وحدها وكأنّ جسده منوط بها، وبالتالي يؤثر حضورًا ملموسًا كحضور لوحة (من المفضّل أن تكون كبيرة الحجم) أو نُصب فنّيّة كتلك التي يقدّمها بعلبكي بين حين وآخر والتي يجمع فيها قطعًا من الواقع اليوميّ برمزيّة متّسقة. إنّ الشعور بالاقتلاع والتفتّت إزاء لوحة «أسدل الستارة» مثلاً، أعمق بكثير منه إزاء صورة للمبنى نفسه في جريدة أو على التلفاز، لأنّ على الناظر أن يرفع نظره إلى أعلى، أن ينتقل من اليمين إلى اليسار والعكس، أن يبذل جهدًا ليمتنع عن لمس طبقات اللوحة المجرّحة. يتيح فنّ الرسم إذًا فرصة إدراك الواقع بزخم أكبر.

والواقع في هذه الحالة مصنوع من الخوف والسخط والموت: أمور لا يمكن إلّا أن تؤخذ على محمل الجدّ. أمورٌ ليس من المقبول أن يعتادها المرء. إنّما هذا بالتحديد هو ما يحصل، بات الوجع مبتذلاً لكثرة ما تكرّرت مشاهد الجثث والدمار في نشرات الأخبار وأفلام السينما وألعاب الفيديو. فلنقل الأمور كما هي عليه: ما هو الشرق الأوسط بالنسبة للمشاهد الغربيّ؟ هو بقعة أرض تسودها الاغتيالات والمجازر والكراهية اللامتناهية والوحشيّة البشريّة. في المختصر: هو مسرح رعب. إنّما مسرح رعب مُشاهَد من بعيد، باستثناء المرّات التي طال فيها الإرهاب أوروبّا أو الولايات المتّحدة الأميركيّة، مسرح رعب مُشاهَد من خلال الكاميرات والأفلام كمثل فيلم «قنّاص أميركيّ» لكلينت إيستوود. يُعتبر الشرق الأوسط منذ عدّة عقود مسرحًا متجدّدًا للرعب، وقد اعتاد الغرب هذا المشهد، فبعد لحظة التعاطف تأتي اللامبالاة ومعها النسيان. إنّ فيض المعلومات يقلّص أهمّيّة كلّ معلومة على حدة، وهي حقيقة متعارف عليها منذ عقود، فالمعلومة تتبعها أخرى وتغرق في سيل من المعلومات، سيل يضع أخبار الرياضة جنبًا إلى جنب مع أخبار الحرب الأهليّة في سوريا واليمن، وجنبًا إلى جنب مع مئات الأخبار الأخرى المتفاوتة الأهمّيّة والقيمة.

في هذا الإطار، يلمع نجم فنّان يوظّف أدواته الإنسانيّة والمادّيّة ليسلّط الضوء على حقيقة ما يجري. فنّان يتغيّر اسمه بتغيّر الأزمنة والأمكنة، فهو جيرارد ريختر وجورج باسليتز وكريستيان بولتانسكي ودايفيد هامونز وفرنسيس أليس وقادر عطية وجمال طه وأيمن بعلبكي. وقد يكون في ذلك تعريف من تعريفات ما يُسمّى اليوم فنًّا: الفنّ هو إعادة خلق الظروف المؤاتية لعلاقة مباشرة وقويّة مع العالم، مقابل العلاقة المبتذلة والضعيفة الذاكرة التي تقيمها الصور الرقميّة المنتشرة أينما كان. للفنّ دور، وبالتالي مسؤوليّة، مسؤوليّة سياسيّة وأخلاقيّة.

٤
أعلام وحدود

لم نورد اسم ديفيد هامونز أعلاه مصادفةً. فإحدى أشهر لوحاته هي لوحة «علم أفريقيّ-أميركيّ» من العام ١٩٩٠، وتظهر فيها ألوان علم الولايات المتّحدة الأميركيّة، الأزرق والأبيض والأحمر، وقد تحوّلت إلى أحمر أكثر قتامة وأخضر وأسود. العلم عمومًا تركيبة منتظمة من الألوان بهندسة بسيطة كعلمَي ألمانيا وفرنسا، أو بهندسة أكثر تعقيدًا كعلمَي الولايات المتّحدة الأميركيّة وبريطانيا العُظمى، أو بهندسة رمزيّة كعلمَي البرازيل ولبنان. العلم هو ابتكار صوريّ ذو دلالات تاريخيّة معيّنة. من هذا المنحى، يصبح رمزًا تاريخيًّا مبسّطًا صوريًّا: هو دولة متمثّلة في مجموعة خطوط وألوان، ما يجعله بطبيعة الحالة عرضة لتغييرات فنّيّة، فهو نقطة الاحتكاك المباشر بين الصوريّ والسياسيّ. وها إنّ بعلبكي يغتنم هذه المساحة بدوره.

ليس بعلبكي السبّاق في ظاهرة إيراد أعلام في فنّه، وبخاصّة عندما يتعلّق الأمر بالعلم الأميركيّ. إنّ الأوّل الذي قام بذلك والأكثر شهرة هو جاسبر جونز. أمّا التغييرات التي أقامها جونز على العلم الأميركيّ في النصف الثاني من خمسينات القرن العشرين فلم تكن ذات منحى ساخر ولا ذات منحى وطنيّ، إنّما شكّلت لفتة تعبيريّة مجرّدة للضحيّة. لفتة بارزة ظلّت متحجّرة جرّاء الرسم بالشمع، كما ظلّت سجينة الحدود الصارمة للخطوط والنجوم الملقاة بتأنٍّ على أوراق صحف ظهرت منها مقتطفات وكلمات في مواضع متعدّدة. إنّ العلم كهدف، كان بالنسبة لجونز هندسة مقيّدة. تصميم يحبس الرسم واللوحة. أمّا بالنسبة لبعلبكي فهو أيقونة سياسيّة لا ينقلها إنّما يهاجمها. بصورة أدقّ، يُظهر

كيف تتمّ مهاجمتها ويتمّ إحراقها اليوم. فمصدر لوحة «يوليو ٢٠١٢، كويتا» بنسختَيها، صورة تُظهر أتباع الحزب الباكستانيّ «مجالس العمل المتّحدة» (بالأرديّة «متّحدة مجلس عمل») وهم يحرقون علمًا أميركيًا في كويتا الباكستانيّة يوم ١٣ تمّوز/ يوليو ٢٠١٢، وهي صورة نمطيّة بثّتها وكالة رويترز آنذاك. ولم تتزامن لوحتا بعلبكي مع الحدث نفسه، فقد نفّذهما بين عامي ٢٠١٥ و٢٠١٦؛ وكذلك هي حال لوحته «نوفمبر ٢٠١١، طهران» التي نفّذها العام ٢٠١٥، أي بعد أربع سنوات من حادثة مهاجمة عدد من الإسلاميّين للسفارة البريطانيّة يوم ٢٩ تشرين الثاني/ نوفمبر ٢٠١١ وعمليّة إحراق الأعلام الأميركيّة والبريطانيّة التي انتشرت صورها في الصحافة العالميّة.

لقد تكرّرت مشاهد الإحراق الرمزيّة منذ بداية الثورة الإيرانيّة وبثّت صورها على نطاق واسع. هي إذًا ليست بظاهرة جديدة، بالأحرى نراها تعود إلى العام ١٨٩٦ في الولايات المتّحدة الأميركيّة إبّان حملة انتخابيّة رئاسيّة عندما أقرّ الحزب الجمهوريّ يوم ٣١ تشرين الأوّل/ أكتوبر «يوم العلم». ففي خضمّ التظاهرات ضدّ حرب فييتنام تمّ إحراق الكثير من الأعلام في السنترال بارك وفي حرم جامعات متعدّدة، فتمّ سنّ قانون فيديراليّ العام ١٩٦٨ يُمنع بموجبه هذا التصرّف باعتباره انتهاكًا للمحرمات. إلّا أنّ المحكمة العليا أصدرت العام ١٩٨٩ قرارًا اعتبرت فيه أنّ هذا التصرّف إنّما هو شكل من أشكال حرّيّة التعبير عن الرأي وبالتالي يُعتبر قانونيًا، ولم يستطع أعضاء الكونغرس الجمهوريّون أن يُبطلوا هذا القرار منذ ذلك الحين. أردنا بهذا أن نظهر كم أنّ التاريخ غنيّ وحافل بحوادث إحراق أعلام، وهو أمر يدركه بعلبكي قطعًا. فهو عندما يكرّس نفسه لموضوع مماثل ويقدّمه بأحجام ضخمة تراوح الثلاثة أمتار، إنّما هو يدرك أنّه يلامس موضوعًا مُغرقًا في الرجعات التاريخيّة والرمزيّة السياسيّة والدينيّة. كما أنّه يدرك أنّه يقدّم إلى الناظر مشهديّة احتراق هذه الأعلام، بما معناه انهيار القوى التي تمثّلها هذه الأخيرة وترفعها، تمامًا كحال الحملات الإعلاميّة القتاليّة المذكورة أعلاه والتي تدلّ بوضوح على العزيمة والقوّة.

لا يكتفي بعلبكي بتقديم أعمال الشغب التي تناهض الغرب في طهران وكويتا والتي ينفّذها أفراد غاضبون يحرقون الأعلام، بل نراه يجمع منذ العام ٢٠١٣، عناصر مجموعته «منطقة خالية من الأعلام» المؤلّفة من أوراق متطابقة الحجم يرسم على كلّ منها بلمساته المميّزة انتهاكًا لعلَم ما. يطول التعداد هنا إن أردنا إيراد جردة شاملة للأعلام. فهناك أعلام دول ذات دور محدود على المساحة الدوليّة كالنروج والسويد وسويسرا، كما هناك أعلام لدول عُظمى من المتوقّع وجودها كالولايات المتّحدة الأميركيّة والصين وألمانيا وفرنسا وبريطانيا العُظمى واليابان والاتّحاد الأوروبّيّ وكذلك أعلام دول كباكستان وتركيا وإسرائيل، يظهر إلى جانبها أيضًا العلم الأسود العائد لـ«الدولة الإسلاميّة» وعلم الرايخ الثالث بصليبه المعقوف، وهو العلم الوحيد الآتي من التاريخ متطفّلًا على الأعلام المعاصرة الأخرى. أعلام مرميّة كلّها على الأرض أو منزوعة من عصيّها ومتروكة لمصيرها الواضح: الاحتراق، والتمزّق، والتطاير أشلاء ورمادًا. كلّها، قطع القماش الملوّنة والبريئة هذه، كلّها ضحيّة للحرب على الرموز. الأعلام بحدّ ذاتها لا قيمة لها، لا خصائص معيّنة لها. لكنّها، لكونها أدوات سياسات دوليّة وشواهد على تاريخ من الانتصارات والأطماع، باتت عالقة في الحرب على الرموز، وجه بصريّ من أوجه الحرب الكبرى: أكثر الوجوه بساطة وأكثرها إبهارًا في الوقت نفسه. وبما أنّ العلم كما سبق وقلنا أداة بصريّة، كان من المنطقيّ أن يُعنى به بعلبكي على وجه الخصوص. فمجموعة لوحات «منطقة خالية من الأعلام» هي تجسيد ليوتوبيا عالم خالٍ من القوميّات وعواقبها الوخيمة.

منْ جهة أخرى ومن منظار أكثر فنّيّة، يفكّ بعلبكي أسر الألوان والخطوط عبر تقديم هذه الأشكال المحترقة. نيران مشتعلة وضربات فرشاة صفراء وقرمزيّة غير تقليديّة وغير متوقّعة وحرّة. ممارسة سهلة لفنّان وضع نصب عينيه مهمّة تقديم فعل الاحتراق رسمًا بأكثر الوسائل إقناعًا، على الرغم ممّا في الرسم من جمود. إنّما يبقى هذا التعليق غير كافٍ. خوفًا من أن نُتّهم بالتهوّر، فلنقدّم تعليقًا آخر. إنّ العلَم هو رسم تقليديّ لا يمكن لأيّ تفصيل من تفاصيله أن يتغيّر، لا الخطوط ولا الألوان، وهو ما لم يلتزمه هامونز عندما غيّر في ألوان العلم الأميركيّ في لوحته «نجوم وخطوط». العلم رسم هندسيّ تجريديّ ذو دلالات وغير قابل للتغيير بتاتًا، أفلا يكون في توظيف العلَم في فنّ بعلبكي وبأدواته شيء من الإزعاج له والتضييق على إبداعه؟ أتراه يربط، بشكل واعٍ أو غير واعٍ، كلّ رسم هندسيّ جامد بحرمانٍ من الحرّيّة؟ لو تعرّض في فنّه للأعلام وحدها، لما كانت هذه الفرضيّة قاطعة. لكنّها ترسّخت مع مجموعة ثانية لبعلبكي بعنوان «حدود الدماء». فعلى غرار مجموعته «منطقة خالية من الأعلام»، يقدّم بعلبكي في «حدود الدماء» جردة للوسائل التي ترمي إلى ترسيم الحدود ومنع المرور، وهي إمّا حواجز من باطون وإمّا عوارض شائكة. ملوّنة كلّها: خطوط متوازية حمراء وبيضاء، أو زرقاء وبيضاء، أو ثلاثيّة الألوان. هي ألوان الدول التي تريد أن تحمي أراضيها. مصفوفة بشكل منتظم، متباعدة بمسافات متساوية، تغطّي هذه الحواجز مساحات واضحة متّسقة، مربّعة أو غير مربّعة، جاعلة الرسم الهندسيّ داخل الرسم الهندسيّ. تقع هذه المجموعة هي الأخرى ضمن نطاق ما له علاقة بالدولة والجيش والنظام: نظام الخطوط، نظام القوانين، النظام الذي لا يُعلى عليه. فيصبح رسم خطّ مستقيم مرادفًا للترسيم الاستبداديّ للفضاء، وهو الدور المنوط بالحدود بالتمام والكمال. من هنا، يتبيّن أنّه ليس من المستغرب تمامًا أن تكون معظم حواجز الباطون في لوحات بعلبكي متلاشية متصدّعة، أقلّ مناعة ممّا أراده لها أولئك الذين وضعوها في الأساس.

ليس من المستغرب كذلك أن يعمد بعلبكي إلى استعمال زجاج مورانو البندقيّ لتنفيذ عدد من لوحات هذه المجموعة، فنقاط التفتيش هذه عاجزة عن إيقاف أحد، هشّة. حواجز من خشب مسنّن أو من دواليب زجاجيّة متكدّسة؟ يا للعبثيّة والرمزيّة! وها إنّ بعلبكي يثبت لنا مجدّدًا أنّ فنّه هو في الأساس مسألة موادّ وحسن توظيفها. فمن تلاعبٍ محنّك بصورة جميلة ممثّلة لحملة إعلاميّة بأسرها، مرورًا بانتهاك الرسم الهندسيّ لعلَم عبر توظيف رسم زاخر بالحركيّة، وصولًا إلى تحويل الحديد والباطون إلى زجاج هشّ، قرارات فنّيّة إنّما كذلك سياسيّة بشكل متلاحم ومنصهر.

٥
الفنّ الجاهز

نصل إلى الفرضيّة الأخيرة التي نودّ طرحها: إنّ بعلبكي فنّان «ما بعد الفنّ الجاهز»، إن أمكن قول ذلك. فهو يدرك وقع الأشياء العاديّة عندما تُنتزع من إطارها التقليديّ وتُقدّم على حين غرّة على أنها تحفة فنّيّة. فعلى غرار معاصريه، لا يخفى على بعلبكي فنّ دوشامب وأولئك الذين واصلوا ما بدأه أو أولئك الذين علّقوا عليه. فهو على إدراك تامّ بالـ«نافورة» و«لئلاً تُصبح الذراع مكسورة» (أو ما عُرف باسم «مقدّمة الذراع المكسورة»)، وكذلك بلوحات روبرت راوشنبرغ المركّبة والمعاصرة لـ «أعلام» جونز والتفرّعات الأخرى لما بعد دوشامب التي ظهرت مؤخّرًا في العقود السابقة. لكنّ بعلبكي يتفرّد بطريقة توظيفه للأشياء العاديّة، كمثل ما يقوم به في لوحاته ذات الموضوعات الأكثر عاديّة ومنها للأسف المبنى البيروتيّ المنسوف مثلاً. إنّ طريقة توظيفه للأشياء، أو بالأحرى طريقة تلاعبه بها، وإن كان في هذا التعبير شيء من الضبابيّة، يحوّلها إلى بقايا رمزيّة، من دون أن تكون بالضرورة قد تعرّضت لتغييرات جذريّة.

في «وجهة مجهولة» مثلاً، تتغيّر طريقة العرض بحسب تغيّر أماكنه، فيتألّف هذا النصب من سيّارة ومجموعة حقائب وأثاث بيت وأغطية وأوانٍ منزليّة مختلفة. قد تتغيّر السيّارة بحسب ظروف العرض إنّما لا بدّ من أن تحترم ثلاثة شروط: يجب أن تكون السيّارة عاديّة الصنع وقديمة الطراز ولبنانيّة اللوحة. الأحمال المكدّسة على سقف السيّارة تتغيّر بدورها بحسب نوع السيّارة ولونها ونوع سقفها وعلوّ صالة العرض. تفاصيل أقلّ أهمّيّة من الفكرة بحدّ ذاتها: عرض سيّارة عتيقة في مركز ثقافيّ أو في صالة عرض، سيّارة استخدمها أصحابها للهرب من بيتهم المدمّر أو المهدّد بالتدمير حاملين معهم كلّ ما أمكنهم حمله وربطه بسقف السيّارة، وهو حياتهم بتفاصيلها اليوميّة السابقة، قبل وقوع المصيبة، النزوح أو ما قد يكون أسوأ بعد. هي إذًا ذخائر بطريقة من الطرق: مجموعة أشياء تشهد بوضوح على أحداث وقعت في الماضي، بحضورها وحده ومن دون أيّ إضافة أو رسم. هنا، تمثّل السيّارات المنهكة والمثقلة بالأشياء نزوح العائلات اللبنانيّة التي تهدّمت بيوتها والتي اضطهدت لعقائدها وتهدّد وجودها طيلة سنوات الحرب التي اندلعت عام ١٩٧٥، سنة ولادة بعلبكي. يتجلّى هذا المنحى الذخائريّ بوضوح أكبر في «تيه» بفضل الصرّة المربوطة بإحكام بحبل في رف أمتعة سيّارة منعًا لسقوط إبريق الشاي والمقلاة المذهّبة كلّها، كما كانت تُذهّب في القدم الصناديق الثمينة التي تُحفظ فيها ذخائر قدّيس أو قطع من رداء شهيد. يُضاف إلى ذلك ضوء نيون أحمر ملقى على الصرّة ليعزّز الرجعة إلى الرمزيّة المقدّسة التي تتعارض مع بؤس الأشياء المذهّبة والمحفوظة، مجرّد أشياء لشخص تائه منفيّ مهجّر لاجئ.

لا تقتصر رمزيّة «وجهة مجهولة» و«تيه» على لبنان دون غيره، بل تمتدّ إلى نطاق أبعد من ذلك. فالناظر الفرنسيّ يمكنه هو الآخر أن يستعيد ذكرى نزوح يونيو/حزيران ١٩٤٠ لدى الهزيمة أمام قوى الرايخ الثالث. كذلك الفلسطينيّ والبوسنيّ والكرواتيّ والسودانيّ، سيستعيد كلّ منهم تاريخه الخاص. شعوب كثيرة اضطرّت في القرن العشرين إلى الهرب من احتلال أو من حملات تطهير عرقيّ، ما يجعل أعمال بعلبكي قابلة للتأويل بطرق مختلفة، وهي خاصّيّة من أبرز خصائص الأعمال الرمزيّة التي تتعاطى الشأن السياسيّ.

لهذه النصب بأحجامها الحقيقيّة، أثر ثالث سبق أن توقّفنا عنده لدى الحديث عن الأحجام الضخمة للوحات التي تمثّل مناظر دمار، وقد ذكرنا أنّ هذه الأحجام تفرض تلقّيها ليس فقط بالعين المجرّدة وإنّما بحركة الجسد كلّه. ينطبق هذا الأمر على البيجو والتويوتا والمرسيدس في «وجهة مجهولة»، كما ينطبق على أواني المطبخ في «تيه»، وكذلك على الوسائد والأغطية الموضّبة في مجموعة «صباح الخير وادي أبو جميل»، في إشارة إلى حيّ اليهود في بيروت. فها هو أيمن بعلبكي مرّة أخرى، وبتماسك لا يُعلى عليه، يضع الناظر إلى فنّه خلال معرض أو عرض لمجموعة فنّيّة في موقف محرج. فعبر إصرار مستفزّ وكوميديا سوداء موجودين في اللوحات المعدودة التي يدخلها النيون ليقيم توازنًا معيّنًا، كمثل «أحرقه» و«استيقظ»، يلزم بعلبكي كلّ هاوي فنّ النظرَ إلى ما كان ليشيح بنظره عنه بكلّ تأكيد في حياته اليوميّة، من سيّارة عائلة مهاجرة إلى صرّة مهاجر غير شرعيّ على الأرجح. لن يتوقّف هذا الهاوي في الشارع لينظر، حتى أنّه سيجد هذه الأمور قبيحة وسخة مضنية، سيشيح بنظره عنها. إنّما هنا، فأنّى له أن يقوم بذلك؟ من المستحيل أن يتفادى رؤية الأمور، كما أنّه من المستحيل ألاّ يقترب ثمّ يبتعد ثمّ يعيد الكرّة، حائمًا حول هذه اللوحات العدائيّة والمرعبة التي تبثّ فيه مشاعر وأفكارًا مؤلمة.

هنا مكمن قوّة فنّ بعلبكيّ: من الصعب على المرء أن يشيح بنظره ما إن تأسره لوحة أو نصب. يصبح الهرب من هذه الأعمال ضربًا من المحال، تمامًا كما هو الهرب من الماضي والحاضر.

أيمن بعلبكي
الفنّان في مواجهة الفوضى

تييري سافاتييه

كاتب ومؤرّخ فنّيّ فرنسيّ، متخصّص في حقبة القرن التاسع عشر.

ترجمة: كاتيا الطويل

أحتفظُ بذكرى واضحة جدًّا للقائي الأوّل وجهًا لوجه بأعمال أيمن بعلبكي. كان ذلك في العام ٢٠١٠، عندما دعتني الرسّامة فاطمة الحاج لحضور معرض فنّيّ بعنوان «العروبة» («Arabicity») في مركز بيروت للمعارض البيال، وكان بعلبكي آنذاك طالبًا لديها في الجامعة اللبنانيّة. وقد ضمّ المعرض أعمالا لتسعة فنّانين من العالم العربيّ، بين مصريّين وفلسطينيّين وسوريّين ولبنانيّين. طفتُ بين اللوحات والمنحوتات والصور والفيديوهات والنُصب الفنّيّة، برفقة قيّمة المعارض روز عيسى التي كانت خير دليل، بسعة اطّلاعها ودقّة معرفتها. في نهاية أحد الأروقة، وصلنا إلى مساحة واسعة توسّطها نصب فنّيّ غير متوقّع: سيّارة مرسيدس عتيقة الطراز، منبعجة في عدّة مواضع، كحال سيّارات كثيرة اعتدنا رؤيتها في لبنان، وسط دائرة مضاءة بنيون أزرق عليها الاتجاهات الأربعة الرئيسة. ظهرت من صندوق السيّارة حقائب سفر لا متّسع لها تمامًا، بينما كانت هناك على السقف كراتين وفرش وأثاث وعلب وأوانٍ منزليّة وقنّينة غاز، متراكمة كلّها على ارتفاعٍ شاهق وبتوازن هشّ. فتكهّنّا أنّها الأساسيّات الضروريّة لعائلة تفرّ بشكل طارئ نحو المجهول، وهو تكهّن أثبت العنوان صحّته: «وجهة مجهولة» (٢٠١٠).

أمّا على الحيطان، فعُلّقت لوحات مرسومة بذاتيّة واضحة تتاخم الواقعيّة والتعبيريّة معًا؛ لوحات تجسّد أنقاض مبانٍ، كمثل لوحة «القنّاص» (٢٠٠٩)، التي تمثّل فندق الـ«هوليداي إنّ» ببيروت الغنيّ عن التعريف الذي كان مركزًا لعددٍ من القنّاصين الفرديّين في الحرب اللبنانيّة. إلى جانبها، تمثيل مربك لمقاتل متوفٍّ على الأرجح، ملفوف الوجه بكوفيّة حمراء وبيضاء ومرسوم على خلفيّة من البرونز المذهّب المكلّل بنجوم كوكبة الدبّ الأكبر، بأسلوب الباروك الذي يحمل ما يحمله من تعارض باهر مع الموضوعة (لوحة «يا إلهي» (٢٠٠٨)). توقّفتُ مطوّلاً أمام هذه اللوحات التي قدّمت أحيانًا مزجًا في التقنيّات، كما هي حال لوحة «العين بالعين» (٢٠٠٨) المؤلّفة من خمسة عشر وجهًا؛ وجوه تعود إلى جنود ورجال شرطة وسجناء ورهائن، وجوه مجتمعة بتقنيّة الأكريليك على واجهة عتيقة لدكّان له غلقٌ حديديّ مصنوع من ورق مذهّب، تفصيل يعيدنا إلى أيقونوسطاس الكنائس الشرقيّة. تيقّنت آنذاك أنّ هذا المعرض، وإن قدّم أعمالا لثمانية فنّانين

مـن ذوي القيمـة الحقّـة، فـإنّ صاحب هـذا النصب الفنّـيّ وهـذه اللوحـات هـو برأيـي أكثرهـم موهبـة وأبهرهـم مسـتقبلاً، أكان من ناحيـة الصنعة أم من ناحية المسـار الفكريّ الذي يبيّنه. عندهـا أخبرتني روز عيسـى أنّ هـذا الفنّـان إنّمـا هـو أيمـن بعلبكي. لـدى خروجـي مـن المعـرض، صادفـتُ بعلبكـي، وفوجئـتُ بأنّنـي لـم أملـك مـا أقولـه له سـوى بعض الجمـل المبتذلـة المحبطة كمثـل: «أحببـتُ كثيرًا ما قدّمتـه، إلخ...». لقـد كانت الصدمـة الفنّيّة إزاء هذا الاكتشـاف قويّة إلى درجة أعجزتني عن قول المزيد، شـعرتُ أنّـه يجـب علـيّ أوّلاً أن أمتصّ مـا رأيتُ، أن أخـرج مـن حالـة الذهول التـي كنتُ فيهـا، قبل أن أحـاول التعبيـر عمّـا اعتراني بشـكل أكثـر منهجيّة. منـذ ذلـك الحين، رحتُ أكتشـف هذا الفنّـان وفنّه، ورحـتُ ألتقيـه عامًـا بعد عـام، متتبّعًا تطـوّر الإبداع فـي أعمالـه. وقـد رسّـخ موقفـي الأوّل مـن بعلبكي معرضـه الفـرديّ الأحـدث فـي «صالـة صالـح بركات» الفنّيّـة بعنـوان «بلـو بـاك» أو «الارتـداد» (٢٠١٦)، وقـد أتاحـت الصالة الأساسـيّة الواسـعة فرصـة تعزيز سـطوة أعمالـه الفنّيّـة بأحجامها الهائلـة. ليس أيمن بعلبكـي شـهبًا سـريع الزوال كأولئـك الذين يخلقون حولهـم ردّ فعـل باهـرًا موقّتًا يـدوم بعض الـدوام ثمّ يتلاشـى فـي عتمـة عقيمـة. هو فنّـان شـقّ طريقه الخـاصّ بانتظـام جميـل دؤوب، هـو فنّـان يسـكنه فكـر عميـق وتسـعفه يـد واثقـة. فلنتوقّـف عنـد أعمالـه عـن كثب.

أنقاض مدينيّة

يرسـم بعلبكـي لوحـات بمختلف الأحجـام، مع ميل واضـح إلى الأحجـام الضخمة واللوحـات المركّبة من عـدّة أجـزاء. يعتـرف بعلبكـي أنّ حـدوده الوحيـدة هـي مسـاحة محترفـه وليـس الموضوعـة. إنّ أيّ تفاصيـل مأخـوذة مـن الشـارع وأيّ صـور متاحـة، يمكنـه أن يوظّفهـا في فنّـه، لكنّ تسلسـل الأحداث، لا تراتبيّـة بـين لحظـة المشـاهدة ولحظـة التنفيـذ، لا تتابـع بالضـرورة؛ فهنـاك مشـاريع تتطلّـب وقتًـا طويـلاً لتنضـج قبل أن يجسّـدها في فنّـه، كما هي حـال مجموعـة الأعـلام المحروقة التـي تطلّـب إنجازها خمسـة أعـوام، التـي سـتكون لنـا عـودة إليهـا في مـا يأتي.

ينكـبّ بعلبكـي علـى لوحتـه مباشـرة مـن دون أن يغـرق فـي الأعمـال التحضيريّـة. يشـكّل هـذا الأمر بالنسـبة للمـؤرّخ المعتـاد تفنيـد العمـل، مصـدر إحبـاط، بينمـا يُشـكّل للمتفـرّج الذي يتابـع عمليّة الخلـق عبـر عـدد مـن الفيديوهـات المتوفّـرة علـى الشـبكة العنكبوتيّـة، عمليّـة عفويّـة تبـدأ من الصفر علـى الرغـم من أنّهـا مدروسـة بعمق طبعًـا؛ عمليّة لا تنـي تثير الذهـول. الضربـات منفعلـة، دقيقـة، اليـد ترسـم بواسـطة فرشاة للرسـم على فضاء اللوحة البكـر أو الملطّـخ بالبنّيّ الغامق أحيانًـا (بحسـب عادة كان يؤثرهـا غوسـتاف كوربيـه) أو المغطّـى مسـبقًا بملصقـات ممزّقـة، أو حتّـى بأقمشـة مدهشـة مطبّعة بالـورود كالتي كانت النسـاء الشـيعيّات يسـتعملنها فـي فسـاتينهنّ فـي مـا مضـى مـن أزمنـة غابـرة. هـذه الأقمشـة المزخرفـة الفرحـة المبتذلـة المتّسـمة فـي يومنـا هذا بوسـم الـرداءة في الـذوق، تخلق مع جدّيّـة الموضوعـات علاقـة تناقض ما بعدهـا تناقض. فلنمعـن النظـر في هـذه الأعمـال. خطـوط سـوداء منتصبـة، متقاطعـة علـى مسـاحة اللوحـة، تـؤدّي دورًا محوريًـا فـي تركيـب منظـر الأنقـاض المدينيّة. فـي سـياق تعمّقـه فـي هندسـة فرسـاي المعماريّـة، لاحـظ رينيـه هويـغ أنّ الخـطّ المسـتقيم يمثّـل السـلطة المطلقـة، وبكلامـه عنـى طبعًـا الخطـوط الأفقيّـة. في حالة بعلبكـي، إنّها الخطـوط العموديّة العائـدة لناطحـات السـحاب التـي تطغـى علـى المشـهد التصويـريّ، وبخاصّـة عندمـا يكـون الإطار مقدّمًـا مـن أسـفل إلـى أعلـى، كمـا هـي الحـال في معظـم اللوحـات.

إنّمـا إزاء هـذه الخطـوط العموديّـة، تقـوم دائمًا قوى معاكسـة، فهـي إمّـا خطـوط أفقيّـة متقاطعـة، وإمّا انهيـارات، وإمّـا إصابات في الاسـمنـت، وإمّا خطوط متعرّجـة، وإمّـا درجـات غيـر متوقّعـة مـن مروحـة ألـوان داكنـة وغنيّـة يبرع الرسّـام فـي توظيفهـا أيّما براعـة؛ مروحـة ألـوان قـد تثير توهّجهـا لمسـة أكثر إشـراقًا، كاللـون الأحمـر علـى وجـه التحديـد. من هـذا المنطلـق، يضمحلّ فـي فوضـى الواقـع كلّ وهم عظمـة مطلقـة متّجهـة نحـو السـماء (عظمـة لفتت انتبـاه لـو كوربوزييـه عندمـا نـزل نيويـورك للمـرّة الأولـى). هـذا مـا ينطبـق علـى مجموعـة «تمّـوز» (٢٠٠٦) علـى سـبيل المثـل، فعـدد مـن اللوحـات محكـم الصنعـة بينمـا عـدد آخـر مركّـب تركيبًـا يجعلـه مجـرّد مجموعـة ضربـات متتاليـة وواسـعة

مـن فرشـاة الرسـم. هـذه المجموعـة الأخيـرة مـن اللوحـات تعيدنـا إلـى عمـل آخـر لبعلبكـي بعنوان «الثـور المذبـوح» (٢٠٠١). جديـر بالذكـر أنّ معظم اللوحـات التـي تمثّـل مباني مدمّـرة (وإن كانت هذه الموضوعـة موجـودة في أعمـال عامـي ٢٠٠٠ و٢٠٠١) قـد تمّ إنجازهـا ابتـداءً من العـام ٢٠٠٦، تاريخ الحرب اللبنانيّـة الإسـرائيليّة التـي تدمّـر فـي أثنائهـا جـزء كبيـر مـن ضاحيـة بيـروت الجنوبيّـة جـرّاء القصف العنيـف الـذي وقـع. فمـا كان لبعلبكـي أن يغـضّ الطـرف عـن هـذه الصدمـة الإنسـانيّة والفنّيّـة التي فرضتهـا عليـه البيئـة المحيطـة.

لا تخفـى علـى المشـاهد الـذي يتابـع بعلبكـي فـي خضـمّ عمليّـة الرسـم، حركـة متكـرّرة: ففـي كلّ مرّة يضـع فيهـا الرسّـام خليطًـا متعارضًـا مـن الألـوان، نـراه يتراجـع بضـع خطـوات إلـى الـوراء ليقيّـم مآل مـا قـام بـه؛ تراجـعٌ لا بـدّ منـه لتقييـم كلّ ضربـة فرشـاة. ثـمّ لا يلبـث أن يصـوّب ويكبّـر ويملأ الثغرات. جديـر بالذكـر أنّـه إزاء اللوحـة المنجـزة والمغطّـاة بالكامـل بالصبغـات الملوّنـة، لا مفرّ أمـام المتلقّي من محـاكاة حركـة الفنّـان هـذه. مـن بعيـد، تـكاد تبـدو الموضوعـة واقعيّـة، مجازيّـة بالأحرى، إنّمـا من دون تذلّـل إلـى محـاكاة الواقـع أو محاولـة تجميلـه. أمّا مـن مسـافة أقـرب، فتتبـادر التعبيريّـة إلـى الذهـن، فكيـف لا نقيـم تقاربًـا بين مشـاهد المباني المنهوشـة المفرغـة، وبـين لوحـات أوتـو ديكـس ونقوشـه مثلاً التـي تمثّـل الحـرب العالميّـة الأولى أو بـين عدد من لوحـات ويليـام دي كوننـغ؟ وكيـف نتجاهـل تأثيـر مـروان قصّاب باشـي (١٩٣٤-٢٠١٦) أسـتاذ بعلبكي وصديقـه، هذا الفنّـان المفعم بالتعبيريّـة التجريديّة؟ قـد نجـد تقاربًـا نعـم، إنّمـا الأكيـد هـو أنّ الكثافة في التعبيـر هي نفسـها. ماذا عن تأثّـر بعلبكي بماركوس لوبرتـز ذي الشـخوص المزعزعـة دائمًـا والمحاربـة أحيانًـا والتـي تنتمـي إلـى عالـم مـواز، أو عـن تأثّره بشـفيق عبّـود (١٩٢٦-٢٠٠٤) الّذي يشـكّل مرجعيّة بالغـة الأهمّيّـة فـي مدرسـة باريـس الجديـدة للفنّ والـذي تغـوص مروحـة ألوانه في درجـات فاتحة من الألـوان؟

إذا اقتربنـا شـديد الاقتـراب مـن اللوحـة، وجدنـا أنّ العالـم الغـارق فـي فوضـاه قـد احتـلّ المشـهد. فمـا نقـع عليـه هـو مـن التجريديّـة بمـكان: هـرج ومـرج مـن الألـوان، فيضـان مـن تأثيـرات المـوادّ المسـتعملة. فالفنّـان لـم يكتـفِ باسـتعمال ريشـته

إنّما فَرَدَ الطلاء بيده، قَذَفَه بفرشاته، بقبضته كلّها؛ المعجونة حاضرة بوضوح، سخيّة، تمامًا كما في مناظر الغابات والصخور التي برع بها غوستاف كوربيه (محطّ إعجاب أيمن بعلبكي). يتضارب بذخ المادّة مع جلافة الموضوعات. إنّ كلّ ضربة تؤدّي دورًا محدّدًا، فالعين العارفة قادرة على رصد التراكمات التي تؤكّد أنّ التهذيبات، التي لا يمكن خلطها مع التصويبات، قد تمّت إضافتها. فينشأ عن هذه الطبقات المُكتشفة رويدًا رويدًا، تناغمٌ مستبعد الوقوع، تظهر تفاصيل لم تكن لتنكشف من النظرة الأولى، ألوان لم نكن لنرتاب بوجودها. إنّ فعل الخلق لدى بعلبكي سريع وجسديّ بمكان: فنحن إزاء اعتماد إراديّ واعٍ لما عُرف بتقنيّة التقطير. لتقع الجماليّة في حيّز مجازيّة ما بعد بولوكيّة.

وسط هذه المناظر المدمّرة المعقّدة الأخّاذة، تغيب الطبيعة الخضراء بشكل مستمرّ، على عكس مناظر الأنقاض لدى جوفاني باتيستا بيرانيزي مثلاً أو هوبير روبرت، التي تستعيد فيها الطبيعة حقوقها شيئًا فشيئًا. فما يقدّمه الفنّان يتعارض مع تقليد تكرّر مرارًا وتكرارًا في تاريخ الفنّ[١]، فلا مرور بطيءٌ للوقت هنا إنّما دمار فوريّ أو قد يمتدّ على سنوات قليلة، لمبانٍ مدينيّة؛ دمار سببه جنون البشر وحده.

تشهد هذه المناظر المأخوذة كلّها من صلب المدن، على الصراعات الداخليّة والخارجيّة غير المنقطعة التي تمزّق لبنان بشكل متواصل منذ العام ١٩٧٥، بين حروب وهجمات إرهابيّة. صراعات تطفح بها روح الفنّان وفضاؤه، هو الذي ولد مع بداية الحرب اللبنانيّة وينهل إلهامه من أرض الواقع اليوميّ القديم أو المعاصر الذي يخصب خياله. فالمقاربة هي في الوقت نفسه جماليّة وسياسيّة بالمعنى الرفيع للكلمة. علاوة على ذلك، وهنا يكمن جزء من القوّة الإيحائيّة التي تملكها أعمال بعلبكي، هو لا يلعب ورقة الإغراق في البؤس والرثاء والوقوع في الجماليّة السهلة المتناول. فوسط هذه الأنقاض والأراضي اليباب لا أثر لجثّة هامدة ولا لضحيّة تسعى. لا يملك أيمن بعلبكي أيّ قاسم مشترك مع «غربان المقابر»[٢] أولئك الذين يحاولون تكريس النقص في الفكر لديهم أو اجتذاب التعاطف معهم على حساب أكوام جثث متكدّسة. تفرض مباني بعلبكي نظريّة قارسة أكثر من ذلك: إنّ البشر الذين كانوا يسكنون هنا إمّا هربوا وإمّا لم يعد لهم أيّ أثر.

لا رثاء إذًا، مجرّد سخرية لاذعة منبثقة من الإشارات المكتوبة بالنيون الأزرق في معظم الأحيان، في إدخال غير اعتياديّ لفنّ البوب، يضعه الفنّان على عدد من لوحاته أو فقط فوقها، كمثل: «بيت» (٢٠٠٨)، «سيزيف» (٢٠٠٨)، «نقطة تفتيش» (٢٠٠٩)، «هذه ليست سويسرا» (٢٠٠٩)، «النهاية» (٢٠١٦). يتّخذ بعلبكي اتّجاهًا مخالفًا لماغريت وعمله، «هذا ليس غليونًا»، المغرق في السورياليّة. فبحسب كريس ماركر تكمن فكاهة بعلبكي في ما يسمّيه «تهذيبًا لليأس»، وتستقي قوّتها المأسويّة من تورية محكمة الصنع تقدّم للمتلقّي لحظات مثيرة للاضطراب تحفّزه من بعدها على التفكير في ما اكتشف.

يمكن إذًا أن نستشفّ من لوحة «استيقظْ يا سيزيف» (٢٠٠٨) أن مصير لبنان محكوم بأبديّة من إعادة بناء نفسه في انتظار الكارثة التالية، على غرار ابن أيولوس وإيناريت الذي حكمت عليه الآلهة بأبديّة يدفع فيها صخرة ضخمة إلى قمّة الجبل لتعود الصخرة فتتدحرج مجدّدًا إلى أسفل في كلّ مرّة. إنّ هذا الأمر بالاستيقاظ، «استيقظْ»، يتجلّى كدعوة لإدراك العبث. ألم يكتب ألبير كامو: «من اللحظة التي يدرك فيها الانسان عبثيّة الواقع يتحوّل العبث إلى شغف، الشغف الأكثر تمزيقًا على الإطلاق.»؟ وماذا ترانا نضيف حول عبارة «النهاية» (٢٠١٦) الزاخرة بالمعاني والموضوعة على رسم يمثّل مبنى سينما «سيتي سنتر» الذي يسمّيه أهل بيروت «البيضة» نظرًا لهندسته المعماريّة السبّاقة لحقبته، والذي باتت أنقاضه تحتلّ وسط العاصمة؟ نهاية الفيلم، أو نهاية الصراع، أو ربّما نهاية الإنسانيّة، كلّها احتمالات جائزة جملةً وتفصيلًا. أمّا نصب «بيت» الفنّيّ المؤلّف من أغراض شخصيّة مربوطة لتشكّل صرّة بائسة، فيصبّ في موضوعة التيه والترحال القسريّ على غرار نصب «وجهة مجهولة». تجدر الإشارة إلى أنّ موضوعة التيه هذه لا تعرب هي الأخرى عن مشاعر، حالها في ذلك حال لوحات الأنقاض المدينيّة. هي تترجم بالأحرى تجربة شخصيّة عاشها الرسّام الذي اضطرّ منذ ولادته إلى الهرب من مسارح الصراعات نحو مناطق يسيطر عليها الهدوء، هدوء موقّت ونسبيّ طبعًا. لا ينهل بعلبكي إذًا من مراقبة ما يحيط به فقط، بل يغرف من ذاته، وهو أمر غير مستبعد نظرًا لكونه تحديدًا ما يساهم في منح أعماله قوّة استرجاعيّة تميّزها.

قطع فنّيّة متفرّقة

على غرار غويا في مجموعته «مصائب الحرب» التي أنجزها بين عامي ١٨١٠ و١٩١٥، يخلق أيمن بعلبكي مجموعات يمكن تأويلها بأنّها متغيّرات حول الموضوعة نفسها. لا يعود ذلك إلى إفراط بعلبكي في توظيف موضوعة ما، إنّما رغبة منه في عرض مختلف الأوجه المهمّة لحالة معيّنة أو لغرض يبدو في الظاهر بسيطًا وذا منافع حياتيّة يوميّة. تجسّد المجموعة كذلك فكرة التكرار الموجودة في التراث الإسلاميّ، من زخارف إلى تصوّف فرقص، والتي تخلق نوعًا من التناغم؛ تناغم يضيف مفارقة مثيرة للاهتمام. هذا ما نجده في مجموعة «حواجز إسمنتيّة» (٢٠١٢) المكرّسة لحواجز اسمنتيّة موجودة في بيروت، إنّما أيضًا أينما كان في العالم مع مرور الأيّام، والمخصّصة لحماية المباني الرسميّة ضدّ سيّارات مفخّخة قد تُستعمل في عمليّات إنتحاريّة محتملة. ولكلّ حاجز اسمنتي خاصّيّة تميّزه من الخارج، فمنها ما عليه علم لبنان ومنها ما عليه خطوطٌ أو جملٌ محفورة، إلخ. لكنّها تؤدّي كلّها المعاني المختلطة نفسها: فهي تحمي طبعًا لكنّها تجسّد أيضًا فصلًا. فهل نقع على «رابط أخويّ»، استعادةً منّا لكلمات رومان غاري التي يؤثرها، بين أولئك الموجودين على الطرفين المتقابلين من الحاجز؟ لا سبيل لقطع الشكّ باليقين. تشمل هذه الموضوعة كذلك «إفريز الخيل» (٢٠١٣) وهو نصب فنّيّ مصنوع وفق منطق الحواجز الحديديّة المعروفة باسم «القنفذ التشيكيّ»، أو كذلك اللوحة الدائريّة المرسومة على طاولة خشبيّة قابلة للثني والتي تحمل الرقم «١٥٥٩» بالنيون الأحمر؛ رقم لم يختره بعلبكي محض مصادفة بل هو محاكاة لقرار مجلس الأمن التابع للأمم المتّحدة العام ٢٠٠٤ والذي ينصّ على انسحاب القوّات السوريّة والإسرائيليّة المسلّحة من الأراضي اللبنانيّة المحتلّة.

ظهرت بعد ذلك مجموعة «منطقة خالية من الأعلام» (٢٠١٦) التي تضمّ لوحات صغيرة الحجم نسبيًا تمثّل مجموعة أعلام تحترق، عائدة لدول مختلفة. هنا أيضًا يفرض تعدّد التأويلات نفسه، وتُترك للمتلقّي حرّيّة اختيار التأويل الذي يجده ملائمًا: هل هو تدمير رمزيّ ومستهزئ لدولة عدوّة يقوم به معتصمون وتنقله الصحافة لدى نشوب أيّ صراع، أو هو تجسيد للدولة صاحبة العَلَم المحترق والتي يراد القول إنّها تحرق العالم حولها، أو هو حمّى الهويّة التي تأتي النار لتؤجّجها وتبتلعها في الوقت نفسه؟
قد تبدو هذه القطع الفنّيّة المتفرّقة طريفة، لكنّ الأمور ليست كما تبدو عليه. فإن عاينّا كلّ واحدة منها على حدة، وجدنا فيها قوّةً تضارع تلك التي نقع عليها في اللوحات الضخمة. وتكتسب هذه القطع المتفرّقة معنى أعمق بعد لدى جمعها مع بعضها على حائط واحد وضمن إطار تجهيز واحد. فالمرسلة مرتبطة بمفهوم الحدود، سواء أكانت هناك حواجز أو أعلام، وبالغرائز القوميّة الموجودة التي يحلم الرسّام برؤيتها تتلاشى. رؤيا يوتوبيّة وحدس غريب لفنّان رؤيويّ محاط بهويّات محلّيّة وإقليميّة ودينيّة مستفحلة ومتناحرة ولا تنفكّ تتوالد في صلب مؤسّسات سياسيّة (كالحكومات، والاتّحاد الأوروبّي، والسوق المشتركة الجنوبيّة ميركوسور، وجامعة الدول العربيّة، إلخ) كان من المفترض أن تقلّص من وجودها وتدفع نحو مصير مشترك.

صور شخصيّة فريدة

إن كانت المناظر المدينيّة التي قدّمها أيمن بعلبكي خالية من أيّ حضور إنسانيّ، فإنّ الإنسان إنّما يصبح في صلب مجموعة مصوّرة خاصّة به، مجموعة صور شخصيّة (بورتريهات) لمقاتلين ورجال شرطة وسجناء يجتمعون حول نقطة مشتركة واحدة وهي أنّهم مجهولو الهويّة. في الحقيقة، إنّ وجوه هؤلاء الرجال مستترة تحت خوذ أو أغطية أو أكياس أو كوفيّات. وفي معظم الأحيان، العيون وحدها هي التي تظهر، من دون أن تكشف عن كبير شيء فعلًا. وأيّ من هذه الصور الشخصيّة يقدّم امرأة، فالأنوثة مبطّنة الحضور عبر الأقمشة المزيّنة بالورود والتي تستحضر صورة الأم، بالأحرى صورة الجدّة، نظرًا إلى الحقبة الزمنيّة التي يعود إليها ارتداء هذه الأقمشة في الأرياف.
تتميّز الصور الشخصيّة ذات الحجم الصغير في مجموعة «وجهًا لوجه» (٢٠٠٦) بمروحة ألوان داكنة؛ فإن نظرنا إليها جملةً وتفصيلًا وجدناها خالية من التعابير، مقلقة أيّما إقلاق. في مقابل هذه المجموعة، تظهر مجموعة «الملثّم» (٢٠١٠-٢٠١١) المرسومة بأحجام ضخمة والمتميّزة بألوانها المشرقة العائدة إلى استعمال الأحمر الفاقع في الكوفيّات التي تخفي الوجوه، وكذلك إلى توظيف القماش المزيّن بالورود في خلفيّة الرسم. غموض يرمي اللوحة في تأويلات أولى اعتباطيّة: هل هؤلاء الملثّمون أحياء أو أموات؟ قد تشي نظرات بعضهم بإجابة، أمّا في ما يتعلّق بالآخرين، في حالة النائم مثلاً أو الجثّة (كما في قصيدة رامبالدي) فالشكّ سيّد الموقف. وهذه الصور الشخصيّة التي توازي سابقتها غموضًا والتي يتركّز فيها الإطار التصويريّ على الوجه، تمنح المقاتل طابعًا رومنطيقيًا يصل حدّ التحوّل إلى أيقونة حتّى؛ طابع مثير للاضطراب أكثر ممّا يمكن أن نتصوّره، فلا سلاح هنا لنجدتنا ولتثبيت اليقين حول نيات الرجل الحربيّة: أهو معتدٍ أم مدافع؟ إلاّ أنّ الفنّان يحذّر المتلقّي: إنّ هذه الوجوه تنقل الهزيمة وخيبات الأمل بقدر ما تنقل البطولة.[3] الرسم إذًا لا يبعث بمرسلة واحدة.
بُعدٌ آخر يزعزع مفاتيح قراءة أعمال بعلبكي، يتعلّق برؤيتنا للأمور، ليس بمعنى إدراكنا لـ«الخير» و«الشرّ». فهذان مفهومان منوطان بالطرف الذي نؤيّده بحسب القناعة الخاطئة بأنّ العالم مقسوم إلى طرفين اثنين، إنّما بمعنى إدراكنا لحقيقة موت، نحاول بشتّى الطرق طمسه، لما يشكّله لنا اليوم من مصدر تزعزع. إنّ الغرب مجبول على الفلسفة الإغريقيّة والتحليل النفسيّ الفرويديّ وهو يرجع دومًا إلى قتل الأب عبر عقدة أوديب على الرغم من أنّها قد باتت محطّ تنديد. فيقول أيمن بعلبكي عن هذه المسألة: «إنّ ما يحدّد تاريخ هذه البقعة من العالم هو قتل الشقيق وليس الأب.»[4] فتتحقّق العودة إلى قصّة قايين المتروكة قراءتها في الغرب العلمانيّ اليوم أو أقلّه غير المتعارف عليها، على هذه الأرض التي شهدت كتابة النصوص المقدّسة والتي تعرف تأثيرات السومريّين خير معرفة. فبين حروب الدول والحروب الداخليّة القائمة على هويّات متناحرة وليس على مصالح جيو سياسيّة خارجيّة، إنّ قتل الشقيق هو الذي يغذّي الخيال الجماعيّ في الشرق الأوسط. فهذا المقاتل، حيًّا كان أو ميتًا، حليفًا كان أو عدوًّا، بطلًا كان أو عكسه، ممجدًا بالطريقة التي تقدّمه فيها الأعمال التشكيليّة، إنّما هو الذي يسائل المتلقّي.

العالميّة

أسرّ بيكاسّو لسيمون تيري العام ١٩٤٥: «إنّ فنّ الرسم ليس ليزيّن جدران الشقق إنّما هو سلاح دفاع وسلاح هجوم في الحرب ضدّ العدوّ.»[5] وكان بيكاسّو على الأرجح يفكّر في لوحته «غيرنيكا» عندما تلفّظ بهذه الكلمات. إنّما لا ينطبق هذا التعريف على لوحة بيكاسّو دون سواها، فاللوحات من هذا النوع، والتي يمكننا تصنيفها بـ«اللوحات الناشطة» لو لم يتمّ استعمال هذا التعبير بإفراط، هي تحديدًا ما يقدّمه بعلبكي للجمهور. فبعلبكي العالِم بالتاريخ والشاهِد على حاضر يتمّمه، ينفض الغبار عن الضمائر الحيّة ويسلّط الضوء على ما يؤثر آخرون إبقاءه في العتمة لأسباب سياسيّة في المقام الأوّل. على الطرف النقيض، تبدو دائمًا محاولات طمس التاريخ ضربًا من التوهّم والاستهتار، فما من شجاعة في رفض مواجهة الحاضر وحقائقه لمجرّد تحقيق سلام اجتماعيّ قصير المدى، فالعواقب اللاحقة ستكون معاكسة حتمًا، ووخيمة أحيانًا، والحروب والديكتاتوريّات التي استأثرت بالحكم، في القرن العشرين وحده، خير دليل على هذا الواقع القاسي. حلقات مفكّرين تنشأ أحيانًا لغاية الحفاظ على الصمت، مفكّرون يصبحون هم أنفسهم شركاء الأمراء في الجريمة. فكيف نفسّر إذًا المؤلّفات التي تتطرّق إلى تاريخ لبنان لكنّها مع ذلك تتوقّف عند أحداث العام ١٩٧٥؟ ميلان كونديرا فهم هذه الظاهرة عندما كتب في مؤلّفه «كتاب الضحك والنسيان»: «إنّ صراع الإنسان مع السلطة، هو صراع الذاكرة مع النسيان.»[6] لهذه الأسباب، يتجلّى مسار بعلبكي منتهكًا للمحظور قسرًا، منضويًا تحت لواء القيم والجمال

معًا. فهذا الرسّام نشأ منذ طفولته في بيت ربّاه على الفنّ والوعي السياسيّ. إنّ بعلبكي بتحريكه السكّين في الجرح، وبإيقاظه الذاكرات المشتركة، وبإلقائه بنظرات ملؤها النقد للعالم المحيط به، وبرميه عرض الحائط للقواعد الحامية للنظام القائم، إنّما هو يؤدّي بمهارة دوره كعنصر مزعزع. ولا ينجو فنّان عظيم من هذا المصير، وقد صدقت داني ملّاط في مقالها في جريدة «لوريان لو جور»[٧] اللبنانيّة عندما كتبت: «الحكومات تدفن وأيمن بعلبكي ينبش». إنّ لوحاته ونصبه الفنّيّة هي أسلحة دمار شامل. وإن جاء يوم ودُمِّرت فيه هذه الجروح المدينيّة المضنية تمام الدمار، فعندها سترتفع مكانها مبانٍ متوهّجة جديدة - علماء الآثار أنفسهم يعلمون أنّ المدن اللبنانيّة قد طالما بنيت هكذا، بتراكم الطبقات الواحدة فوق الأخرى- لتبقى أعمال هذا الفنّان الدليل الأخير على وجودها.

تعيدنا لوحات بعلبكي أحيانًا إلى أحداث بعيدة زمنيًا لعقود خلت، كموضوعة السفارة الأميركيّة في بيروت التي تدمّرت دمارًا شاملاً عقب حادثة تفجير وقعت بتاريخ ١٨ أبريل/ نيسان ١٩٨٣ («السفارة الأميركيّة»، ٢٠١١؛ «السفارة»، ٢٠١٦)، حتّى أنّ هناك أحداثًا وقعت قبل ولادته، ودخلت الذاكرة المشتركة المحلّيّة، استعملها بعلبكي في لوحاته، كمثل الغارة الإسرائيليّة التي شنّتها القوّات الخاصّة بالجيش الإسرائيليّ على مطار بيروت الدوليّ مساء يوم ٢٨ ديسمبر/ كانون الأوّل ١٩٦٨، والتي أدّت إلى تدمير طائرات متعدّدة، من بينها طائرات تابعة لخطوط شركة طيران الشرق الأوسط (مجموعة «الشرق الأوسط» و«خطوط شركة طيران الشرق الأوسط»، بين عامي ٢٠١٤ و٢٠١٦).

في هذه المرحلة، أجد أنّه من المفيد أن نضع جانبًا تفسيرين اثنين لأعمال بعلبكي. فأوّلاً، يجب ألّا يُنظر إلى بعلبكي كفنّان «مُنظِّر»، فهاتان كلمتان متناقضتان في الجوهر. ليست وظيفة الفنّان أن يعطي دروسًا أو أن ينصّب نفسه معاونًا لشرطة الفكر. ففي نصّ مثير للجدل وعبقريّ في الوقت نفسه، رفض إميل زولا الشاب آنذاك - ورفضُهُ كان في محلّه - دور «الأب المؤدِّب» الذي منحه الفيلسوف بيار جوزيف برودون، في أحد مقالاته عن الفنّ، لغوستاف كوربيه، فكتب زولا: «إن كوربيه الذي يتحدّث عنه برودون هو امرؤ فريد من نوعه، يستخدم فرشاة ألوانه كما يستخدم أستاذ مدرسة في القرية عصاه.»[٨] إنّ لوحات بعلبكي ونصبه الفنّيّة تقدّم شهادة، فرضيّة، تنجح في نقل ما هو فوضويّ إلى تناغم تشكيليّ، وهذا ما يعكس شخصيّة الفنّان نفسها على الأرجح، وتعرب كذلك بلا أدنى شكّ عن الحسرة الموجودة إزاء العواقب المدمّرة للذات الإنسانيّة/ اللاإنسانيّة. لكنّ بعلبكي لا يعِظ، وأعماله لا تقترب من أن تكون مواعظ، هي تقع على النقيض من ذلك نتيجةً لبُعدها التخريبيّ.

سيكون من المجحف كذلك حصر فنّ أيمن بعلبكي ضمن نطاق الفضاء الثقافيّ اللبنانيّ أو حتّى الشرق أوسطيّ، فالموضوعات التي يطرقها في لوحاته ونصبه الفنّيّة هي ذات توجّهات عالميّة وتتخطّى القرون والحدود على حدّ سواء. وإن أردنا تعداد لوحات وسمت التاريخ، فمن يجرؤ اليوم على اعتبار لوحة بيكاسّو «غيرنيكا» أو لوحة غويا «الثالث من مايو» تنتميان إلى التاريخ الإسبانيّ وحده، ومن يجرؤ على اعتبار لوحة ديلاكروا «الحرّيّة تقود الشعب» بأنّها حكر على ثورة باريس العام ١٨٣٠؟ إنّ المباني المقوّضة التي يرسمها بعلبكي، بيروتيّة هي طبعًا، لكنّها يمكن أن تقع أيضًا في أيّ عاصمة من عواصم القارّات الخمس. فلا شيء يشبه مبنى إسمنتيًا مقصوفًا أكثر من مبنى إسمنتيّ آخر مقصوف هو أيضًا: فهنا لا جنسيّة ولا هويّة. العناصر السرديّة الموجودة داخل اللوحات هي في الواقع قليلة بمكان، ما يجعل أيّ محاولة تحديد دقيقة، اعتباطيّة إلى حدّ كبير. إنّ لوحة «كلّ ما بقي» مثلاً (٢٠١٤-٢٠١٦) بأجزائها الثلاثة، والتي شكّلت التحفة المحوريّة في معرض «الارتداد» («بلوباك») والتي تمثّل أرضًا يبابًا، يمكن أن تكون في الواقع حقل أنقاض لبنانيّة، أو منظرًا مدمّرًا في فردان خلال الحرب اللبنانيّة، أو قرية نورمانديّة عقب عمليّة الإنزال البحريّ يوم ٦ يونيو/ حزيران ١٩٤٤، أو منظرًا من أعلى تلّة في ديان بيان فو، أو ساحة معركة في سوريا. هنا، لكلّ متلقٍّ حرّيّة رؤية ما تحمله له بنات خياله.

كذلك هو الأمر في ما يتعلّق بموضوعة التيه والترحال، فهي تعني الشعوب كلّها، حتّى تلك التي قد نخالها في منأى عن زلازل التاريخ، أو مثلاً موضوعة الحواجز المتمثّلة بالعوارض الإسمنتيّة الرادعة وأفاريز الخيل. وقد أوضح لي الفنّان أنّه خلق «إفريز الخيل» النصب المعروض في «صالة صالح بركات» الفنّيّة عقب قراءته قصيدة لغيّوم أبولينير تعود للعام ١٩١٥. أمّا مجموعته «برج بابل» (٢٠٠٦) التي قد تعاقبت عليها السنوات اليوم، فلا يمكن القول عنها سوى أنّها تنهل من بروغل الأكبر ولوكاس فان فالكنبورش، وهما فنّانان من القرن السادس عشر ينتميان إلى المدرسة الفلمنكيّة في الفنّ ولا يمتّان بأيّ صلة إلى المشرق. وأخيرًا، المقاتلون، بغموضهم نفسه، يكرّسون نزعة عالميّة لا يمكن أن نغفل عنها.

عندما ننظر إلى لوحات أيمن بعلبكي، تتبادر إلى ذهننا جملتان لأنسليم كييفر، فنّان أثّر في بعلبكي ويلتقي معه حول عنصر الفوضى الذي يسكنهما كليهما. تراودني هاتان الجملتان كشعاع نور ينسلّ من تحت شقّ باب، كعلامة تفاؤل بسيطة إنّما صلبة وسط هذا الدمار كلّه: «لا يمكن لكارثة أن تكون قاضية طالما هناك رسّامون وشعراء منكبّون على عملهم ويبدعون ليمنعوا هذا العالم من الاضمحلال تمام الاضمحلال. لو فقط استمع العالم إلى الفنّ، لكان ربّما استطاع هو الآخر أن ينهض من أنقاضه.»

١ يمكن أن نعيد ميل الغرب إلى الأنقاض الإغريقيّة والرومانيّة إلى حقبة النهضة.

٢ عبارة استعملها الكاتب ميشيل ديل كاستيلو ليشير إلى أحد روّاد «الفلسفة الجديدة» الفرنسيّين، وهو صحافيّ ذو قميص أبيض (برنار هنري ليفي).

٣ أيمن بعلبكي، بيروت دائمًا وأبدًا، مشروع روز عيسى، ٢٠١١: ٩٤.

٤ مقابلة مع الفنّان، يوم ٦ مارس/ آذار ٢٠١٧.

٥ سيمون تيري، الرسائل الفرنسيّة، ٢٤ مارس/ آذار ١٩٤٥.

٦ مقولة ذكرها أيمن بعلبكي في نصّ نُشر في كتيّب معرض «عروبة» (أرابيسيتي)، مشروع روز عيسى، ٢٠١٠: ٢٦.

٧ جريدة لوريان لو جور، ٢٢ سبتمبر/ أيلول ٢٠١٦.

٨ إميل زولا، «برودون وكوربيه»، في Mes Haines، الطبعة الجديدة، ج. شاربانتييه، ١٨٧٩: ٣٢؛ ٣٦-٣٧.

موضوع الأطلال في أعمال أيمن بعلبكي

نايلة تمرز

كاتبة وناقدة لبنانيّة، أستاذة في الأدب وتاريخ الفنّ في جامعة القدّيس يوسف في بيروت.

ترجمة: يامن صابور

التقيتُ أيمن بعلبكي أوّل مرّة قبل عام على حرب لبنان ٢٠٠٦ التي كانت وراء سلسلة «تمّوز» الشهيرة. كان لقاؤنا سريعًا جدًا، خلال افتتاح معرض. وكانت التجارب الفنّيّة لفترة ما بعد التسعينيّات قد تحوّلت بقوّة صوب الممارسات المعاصرة للفنّ المفاهيميّ. إعتاد أيمن أن يتكلّم على الرسم، على مادّيته و«عجينته»، وأدركت أنّ تلميذ مروان قصاب باشي هذا قد اتّخذ الرسم وسيلة للتعبير، وظلّ فنان عصره في الوقت ذاته. وهذا أحد من أسباب كونه مثيرًا للاهتمام. التقينا بعدها مرات متعدّدة وسنحت لي الفرصة لكتابة مقال «مدينة أيمن بعلبكي الأسطورية» (Ayman Baalbaki's Mythological City)[١] حول الأطلال في سلسلة «تمّوز»[٢] وكنا في عام ٢٠٠٩ يومها.

سوف أتناول في ما يلي بعض الأفكار التي طرحتها في ذلك المقال، وسوف أضيف أيضًا ما يسمح به الوقت، كي أعيد النظر، وكي أرى أفضل، وربما كي أفهم أكثر.

يثير موضوع الأطلال، في المخيّلة الغربيّة، مشهد مدينة طروادة وقد دمّرتها نيرانٌ هائلة[٣]. وهو موضوع حاضر في الشعر العربيّ أيضًا[٤] منذ الجاهليّة. ويثير تمثيل الأطلال شعورًا بأزمةٍ وتأملًا في مصائر البشر وفي التاريخ في آن معًا. هكذا، يستوطن الشعور بالأطلال العقليّةَ الرثائيّة منذ اليوم الذي وجدت فيه الأطلال؛ أي منذ أن بدأت الحضارات بتأمل نفسها، واستسلمت للمسار التدميريّ للزمن أو للإنسانيّة، أي منذ الأبد. وليست الأطلال المعاصرة بالاستثناء. على الرغم من أنها تحافظ على هذه الطاقة الرثائيّة، إلّا أنّ مكانتها ترتبط بتأمّل العالم اليوم. وهي تقدّم مشهديّة تحصل في سياق أزمة كبرى في التاريخ المعاصر حيث يهتزّ كل يقين. عند تقاطع هذه المخيّلات تقع مدينة بعلبكي الضائعة ضمن تمثيل تنضمّ فيه القصّة الشخصيّة إلى القصّة الجمعيّة وتستقي من مرجعيّاتٍ أسطوريّةٍ وتصويريّةٍ.

١ تمثيل المدينة

هنالك فضاءان يشكّلان أعمال أيمن بعلبكي: العالم الريفيّ الذي تمثله نواحي الحياة المنزليّة (الخروف والديك والفراش) أو أقمشة الكريتون

المطبوعة المستوردة من أفريقيا التي تستخدمها نساء جنوب لبنان، والعالم المدينيّ الذي يتبدّى استعاريًا وكنائيًا عبر أبنيته. يرتبط هذان العالمان من خلال مواضيع الهجرة والنزوح[٥] ويتمّ استثمارهما بنجاح في خلق فضاء تناقضيّ حيث ترتسم طبعات الكريتون على سماء المدينة[٦]، وكفضاء تصويريّ أيضًا حيث يتمازج العالمان واحدهما مع الآخر.

بالإضافة إلى الفضائين السابقين، هنالك فضاءٌ ثالث يُخلق، هو فضاء التهويم. فعبر اختطافٍ مفارقٍ وساخر لشعار رينيه ماغريت، من أجل قول «هذه بيروت»، تُقَدّم الأخيرة على أنها الصورة السلبية لسويسرا، فتكتشف عبارة «Ceci n'est pas la Suisse» (هذه ليست سويسرا)[٧]، صورًا لـ«هنا» وصورًا، تهويمية، لـ«غير مكان» يزحف إلى اللوحة من خلال التصريح الكتابيّ. وبهذا، ومع الإشارة المتواصلة إلى مثل أعلى للنظام تنفيه بقسوةٍ صور «هنا»، فإنّ الإحالة إلى سويسرا تشير بوضوح إلى زمان البركة والعصر الذهبيّ والفردوس المفقود الذي يقترن في العقل الجمعي مع لبنان ما قبل الحرب. وعبر سيرورةٍ من النزوح، ينتشر تمثيل الفردوس إلى سماءٍ مثقلةٍ بالزهور يبرز منها العالم المبني، لكن المدمر، كما في استعراضٍ لحلمٍ طوباوي.

يوجد في أعمال أيمن بعلبكي تأمّل لمشهد المدينة سابق لتمثيلات ٢٠٠٨، ويضرب جذوره في حياته الخاصة: بمجرد وصول عائلته النازحة إلى بيروت، استقرت العائلة في بيئاتٍ مدينيةٍ مختلفة. تستقي لوحات بعلبكي وجودها من حياةٍ كان فيها الاهتمام بالبناء مرادفًا للإقامة والاستقرار المكاني. وفي الواقع، تخون لوحاته المبكرة هذا الاهتمام بفضاء المدينة. رسم بعلبكي قبل عام ٢٠٠٨ عددًا من المشاهد المدينية[٨] التي قد تظهر مختلفة عن تلك اللاحقة من خلال التعبير اللونيّ عن الطاقة الحيويّة؛ ولكن مع ذلك، يمكن للمرء أن يلحظ رؤية الشواش، بل ونزعة مدينيّة ملخبطة ما بعد قياميّة وعالم مبعثر، من خلال خلفيات فضاء إنسانيّ سيُهجر لاحقًا وتُنزع إنسانيّته، وحيث يظهر في تركيب اللوحة ذلك الإيقاع ذاته الذي سيشهد لاحقًا اشتدادًا في خطّ الانهيار المنكسر.

٢
المدينة الأسطوريّة

بتأثيرٍ من بابل[٩] من دون شك - ذلك العمل الذي يبدو أنه استبق سلسلة «تمّوز» التي فتحت الطريق أمام بعدٍ أسطوري - يغدو المشهد في اللوحات أمثوليًا (أليغوريًا). «بابل» تعبير عن إرادة الارتقاء إلى الله. وفي هذا هي تصبح رمزًا للإثم والعقاب. تصبح الفوضى في بابل، حيث لا يسمع الناس بعضهم الآخر كونهم لم يعودوا يتحدثون اللغة ذاتها، عقابًا على خطيئة جمعية يرتكبها مجتمعٌ ميّالٌ للتفرّق. وكما هي الحال في سردياتٍ توراتية أخرى، فإنّ المدينة التي تُرى تقليديًا على أنّها تعبير عن النظام الكوني ومفعمة برمزية المركز (تلك الرمزية التي يمكن أن نجدها في الإشارة إلى «وسط المدينة») تصبح هنا استعارة للشر الجمعي. وبهذا المعنى، فإن أسطورة بابل هي أسطورة مدينيّة على نحو عميق. وثمّة مغزى هام لحقيقة أنها تأتي في نهاية إصحاحات خلق البشر في «سفر التكوين (١١، ١-٩)» وتسبق السرد الإخباري المتسلسل والمفصّل في أسفار آباء التوراة. إنها تترجم العبور من الأسطورة إلى التاريخ وتنفتح على بعد الزمن. وبهذا، لا يكون بلا معنى أنّ كارثة اجتماعية تقلب التاريخ البشري من فترته التأسيسية إلى فترة صيرورته الأوسع.

على العكس من «بابل» التي رسمها بروغل[١٠]، فإنّ لوحات بابل التي رسمها أيمن بعلبكي الذي يستأنف تلك الثيمة، منهوشة من داخلها مثل مستعمرة النمل الأبيض[١١]، مفرغة، منتصبة في ضباب عالمٍ لا بشر فيه. الرمز وحده ما يبقى. وبهذا المعنى، يمضي الفنان أبعد من الأسطورة ذاتها كي يعطينا نهايةً لرؤيا العالم الخاصّة بأرض مهجورة.

تبدي مشاهد أيمن بعلبكي المدينيّة عن تدرّج لونيّ أسطوريّ، وتقوم على شخصيّات نمطيّة بدئيّة، تحمّلها رموزًا، وتكسبها قيمة أمثوليّة. وتشكل تلك البنى الشاقولية التي تصل الأرض بالسماوات محورًا للعالم ينتظم حوله الكون ويصبح مفهومًا، فترمز بذلك إلى الصلة الروحيّة بين الله والإنسان، تلك الصلة المنقطعة في هذه الحالة. فالعالم الذي يصوّره الفنّان عالم انسحب منه الله والمعنى. وتعبّر ميثولوجيّته المدينيّة عن رؤية مأساويّة لحالة جمعيّة متفجّرة. تشير الأطلال في أعمال أيمن بعلبكي إلى عالم متفسّخ وتقف شاهدةً على الكارثة.

٣
مخيّلة الكارثة

في كتابه «أصل الدراما التراجيدية الألمانية»، يقول فالتر بنيامين إن «الأمثولات، في عالم الفكر، هي كما الأطلال في عالم الأشياء.»[١٢] بالنسبة إلى بنيامين الذي يضع مفهوم الكارثة[١٣] في قلب فلسفته حول التاريخ، وحدها الأمثولة تستطيع التعبير عن تجربةِ عالمٍ متشظٍّ حيث لا يكون مرور الزمن تقدمًا بل تحلّلاً[١٤]. وبهذا يصبح النقد باسم الأمثولة أشبه بعمليّة «تدمير» مفهوميّة تعمل كما يعمل الدمار في الأطلال. هكذا تكون الأمثولة منهجا نقديًا، والأطلال هي المكان الذي يعمل فيه عمله على نحو جدّ طبيعي. الأطلال هي مكان يشير إلى زمانٍ مضى لا يمكننا أن نكشف فيه سوى الآثار.

نشهد في عمل بعلبكي قيام منظومة بلاغية تبلغ أوجها مع التمثيل من خلال الأمثولة، حيث تكون الأطلال موضوعًا مركزيًا. هكذا، وكما هي الحال في أمثولة بابل، تكون للإشارة إلى سيزيف مكانة جوهرية في متخيّل بعلبكي. تخبرنا الأسطورة عن قصة سيزيف الذي أدانه زيوس لجرأته على تحدي الآلهة وعاقبه بأن يقضي الأبديّة وهو يدفع صخرة إلى أعلى جبل من دون أن يفلح يومًا في إيصالها. وفي الواقع، يرمز الجبل في ديانات متعدّدة إلى ثورة الإنسان على الله. كما أنّ قصة سيزيف هي قصة انتهاك. وأبنية أيمن بعلبكي تمثل تجسيدًا للجبل السيزيفي، سواء كان ذلك في البناء المرسوم في عمله «استيقظ يا سيزيف»[١٥] عبر لقطة من زاوية مرتفعة تظهر المبنى منتصبًا في السماء كمعادل تخيّلي للجبل، أو في الأبنية الأخرى التي رسمها منذ العام ٢٠٠٨. ونجد في الوقت ذاته أنّ التوترين الذين يحددان مسار سيزيف -المحكوم بتسلق الجبل كما بالنزول عنه- يتخطيان بشكلٍ متساوٍ الفضاء التصويري وأبنيته المحكوم عليها بالانهيار: هكذا، نجد توترًا صاعدًا يكمن في دينامية البناء، وتوترًا هابطًا يكمن في

دينامية الانهيار[١٦]. وهكذا، يخلق التركيب المائل لبعض اللوحات[١٧] توترًا دراميًا وإحساسًا بالانهيار وتعبيرًا عن السقوط ورؤيةً للكارثة[١٨].

تترافق الأمثولة في أعمال بعلبكي مع تجسيدات مرئيّة: تأطيرات اعتباطيّة وحشيّة وعشوائيّة تعمل على اختزال الواقع وقطعه، بل وتشويهه، وفي بعض الأحيان تجعل المراكز تنفجر مبديةً عن عالمٍ بلا مركز وعرضة للشواش والفوضى، بينما تشير في الوقت ذاته إلى كليّة تقع خارج الإطار وتعاني، كما يمكن للمرء أن يتوقع، من الخراب ذاته. وبذلك يتم دفع هذه السيرورة إلى حدودها القصوى: تتضاعف الصورة على نحو مدوِّخ، وتشير إلى انهيار، انهيار عينٍ عرضةً لوجهات نظر مضاعفة، انهيار استعارة أُخذت إلى اللانهاية، وانهيار عالم مضطرب يحاول الفنّان أن يمثله على أنه شيء يتداعى. الأطلال مكان كارثة طوبوغرافيّة وتاريخيّة.

وبشكل أعمّ، فإنّ الأمثولة عند بعلبكي تشير إلى رؤية معيّنة للتاريخ حاضرة بأوضح ما تكون في عمله «استيقظ يا سيزيف». تبدو هذه اللوحة كأنّها تمنح أعمال أيمن بعلبكي زمنيّة دائريّة وعبثيّة حيث يُهدَم ما كان قد بُني ، وحيث تفتح الصخرة الراسخة الطريق أمام نزوحات جديدة، وحيث الفضاء المنفتح على السفر يغدو دائريًا وينغلق على نفسه نافيًا التقدم ونافيًا التاريخ. تضع لوحة «استيقظ يا سيزيف» المشاهِد، على نحو يكاد يكون ذهانيًا، أمام رؤية مأساويّة حيث لا منظور آخر ينطوي على احتمال إعادة البناء، وأمام خلفية للموضوع المركزيّ أو سماء تأخذ، إن لم تغب أو لم تكن محمّلة بزهور المنفى، تدرّجاتٍ لونيّةً قياميّة من البرتقالي الناري والرمادي الهباب. وما من ضوء آخر سوى ضوء الغسق[١٩] ولا يمكن للمرء أن يعرف إن كان يشير إلى زمان حقيقي أم أسطوري أم إلى غسق عالم تركته الآلهة من دون شك.

٤
بيروت وجيل ما بعد الحرب

سرديّة الكارثة هي ما سيسم بشكلٍ عامّ جيل فنّاني ما بعد الحرب. وفي كتابه «انسحاب التراث عقب كارثة فائقة» The Withdrawal of Tradition past a Surpassing Disaster[٢٠] يتقدّم جلال توفيق، وهو قارئ لبنيامين، بأطروحة مفادها أنّه بعد حصول ما يدعوه «كارثة فائقة» في التاريخ يحصل «انسحاب للتراث». ويكون دور الفن هنا أن يملأ منطقة الانسحاب الممتلئة بالصور الكامنة التي تنتظر كي تصبح ظاهرة أيضًا. وسوف يجد جيل فناني الحرب في أفكار توفيق صدى لمشاغلهم وتجاربهم الشخصية.

صاغ جلال توفيق فكرته هذه أصلًا في مقال بعنوان «الأطلال: أماكن مسكونة بحيوات من يقطنها» Ruins: Places haunted by the Livings who inhabit them[٢١] يخبرنا فيه قصّة مصّاص دماء يكلّف وكيلًا عقاريًا في لبنان بأن يجد له أبنية دمّرتها الحرب. وخلف هذه النادرة، تساعد القصّة توفيق على بناء نظريّته حول شخصيّة الشبح العائد من الموت، وحول فكرة العودة التي تُفهَم على مستوى الذاكرة (الأطلال تولّد الماضي) كما على المستوى التحليلي النفسي[٢٢]: عودة الماضي، عودة المكبوت وعودة ما يعود ليسكننا لأنّه ليس ميتًا. هكذا يوضح توفيق أنّه في البلاد التي تعيش في سياق ما بعد الحرب، حيث تكون الحروب الأهليّة أو الحروب عمومًا قد تركت الكثير من الأمور المعلّقة، من المشكوك فيه، بل من الخطير، ألا تكون لدينا أشباح، سواء في الواقع (البيوت المسكونة) أو في الخيال. وغياب الأعمال الأدبيّة والسينمائيّة التي تتناول الأشباح في لبنان لهو أيضًا واحدة من علامات ما يصفه توفيق بأنّه «فقدان ذاكرة جمعيّ ما بعد الصدمة». لكن ذلك كان في عام ٢٠٠٢ وقضيّة الأطلال كانت قضيّة واضحة.

من المهمّ أن نذكّر أنّه في بيروت ما بعد الحرب، حيث تُجاوِرُ آثار الحضارات القديمة وآثار الحرب مواقعَ الهدم والبناء المتعدّدة، وحيث تتعايش الرؤية الكارثية مع التقدميّة الباهظة، وحيث تتغبش الحدود بين عالم سيكون وعالم آخر يتلاشى ويتعايش هذان العالمان ويروجان أشدّ الرواج، وإزاء خطاب سائد يتناسى الذاكرة، تكون قضيّة الأطلال قضيّة واضحة.

يرسم الياس خوري في عمل جماعيّ نشر عام ١٩٩٩ الحالة الملتبسة لبيروت، الواقعة في إسار أسطورة مزدوجة: من جهة، أسطورة الحرب التي جعلتها نموذجًا بدئيًا للمدينة التي دمرتها الحرب الأهليّة وغيّرها الموت وتقطّعت أوصالها، ومن جهة أخرى؛ الأسطورة التي تستحضرها الأطلال التي اكتشفت مؤخرًا لمدينة فينيقيّة ورومانيّة.[٢٣] إلى هذه الأسطورة المزدوجة يمكن لنا أن نضيف أسطورة «مدينة جديدة»، مدينة لا تشبه نفسها إطلاقًا[٢٤]، إذ تخلّت عن نقاطها المرجعية وعن ذاكرتها[٢٥].

هذه الأطلال التي هي فضاء حقيقيّ لسجال في المجال العامّ، لكنّها أيضًا فضاءٌ أعيد إعماره يوظّف مساحات التمثيل ويستثمرها، يُعاد تقديمها في الفنّ وتصبح مكانًا لخطابٍ تُفَعّل فيه الصلات بين الشعرية والسياسة. كما يعمل أيضًا عدد كبير من الفنّانين على تمثيل المدينة وأطلالها. وهنالك سؤالٌ يصاحب أعمالهم: كيف تعرض الأطلال من دون أن تجملها[٢٦]. وبذلك يغدو متخيّل الأطلال في خدمة قضيّة ويكتسب بعدًا نقديًا.

ولأنّ بعلبكي فنان معاصر من الجيل الحالي، فإنّ أعماله مشغولة بذات الهم وذات التفكير. لكن فهمها يقتضي انحرافًا عن الممارسات المفهوميّة السائدة وما ينبثق عنها من نظام للتقويم. وأعمال بعلبكي بوصفها ممارسة مرتبطة بحداثة محققة، هي مكان للتفكير بهذا الانحراف. وهذا ما يجعلها أيضًا مكان لـ (إعادة) التفكير بالمعاصرة.

٥
الأطلال كمجاز

تقوم مقاربة بعلبكي على تفكيك واقع، هو ذاته في طور التفكك، وتشريح جثته لتقديمها، مقسّمةً، إلى المشاهد. هكذا تشبه الأبنية التي انتزعت أحشاؤها المسلخ أشدّ الشبه، وتشير إلى بعد تشريحيّ حيث يدرك المرء تأثير عمله في الثور المذبوح[٢٧].

ولأنّ مقاربة بعلبكي هي قبل كلّ شيء مقاربة تشكيليّة، فهي تنطلق بدايةً من مساءلة موضوع العمل بجعله حوارًا مع المجاز التصويري الذي يتفاعل معه. هكذا يغدو البعد الفكري (الذي تغذيه صلات بمراجع أسطورية متعددة) قرين منظور تحليلي يجد صداه في صلات مع التراث التصويري الذي يخلقه. ولأنّ بعلبكي جزء من جيل فنّاني ما بعد الحرب، فهو يرينا أطلالاً ترتفع، لكنها ترتفع إلى سماء ممتلئة بالزهور أو

بالدخان، لا تشبه أيّ سماء أخرى. ولأنّ أطلال بعلبكي تمتصّها اللوحة ونسيجها، و«تلزق» بهما إذا جاز التعبير، فهي تمضي أبعد من خطابها المرافق المعتاد كي تطور مجازًا، دراسةً. وإذ يُدخِل بعلبكي الأطلال مكانًا وزمانًا مختلفين هما زمان ومكان اللوحة ومادّيتها، فإنّه يمنحها بعدًا جماليًا من دون أن يجمّلها. وبذلك يكون تمثيل الأطلال هو المكان الذي يتطور فيه حوار مع اللوحة، مع بقاء اللوحة موضوعه الرئيس.

يواصل أيمن هذا الحوار أبعد من سلسلة «تمّوز». فهو يتتبعه أيضًا في الأعمال التي ضمّها معرضه الأخير في غاليري صالح بركات (٢٠١٦) بعد عقد على مسوداتها الأولى. وهو حوارٌ له وقعه، بالفعل، بقدر ما تطغى اللوحة، بسخاء مادتها، على شكل دعائمها وكمّ اللوحات المعروضة. مرّة أخرى، تسمح لنا تلك اللوحات بتأمّل الأبنية التي لا ننفك نهلوس بحضورها، لكن الأبنية الحكومية (كمبنى البرلمان) والمواقع (كالملعب الرياضي) والمعالم، تنصهر جميعها في ذات العجينة التي تحولها ثانيةً إلى مجازات. تكبر الأشكال أو تصبح دائرية، وأيمن بعلبكي لا يني يقتبس نفسه، في إيماءة شبه ملحميّة، كي يتفوّق على نفسه ويفتح فضاءات أخرى تكبر فيها المفاعيل. تشير الأطلال في عمل أيمن بعلبكي إلى هذا الفضاء الذي تقتبس فيه اللوحةُ ذاتَها.

1 Ayman Baalbaki's Mythological City, Beirut, Alarm Editions, 2009

2 Tammouz series, 2008.

٣ رؤية نجدها في الأدب الوثني اللاتيني وتتطور في عصري النهضة والكلاسيكي.

٤ تحضر العقلية الطللية بالفعل وتتبلور في قصائد امرؤ القيس (حوالى ٥٠٠ – ٥٢٥) لا سيما في معلقته التي اشتهر بها. ويقف امرؤ القيس في الحقيقة خلف شعر الأطلال الجميل الذي دشن ذلك التقليد الشعري العربي المسمّى «الوقوف على الأطلال»، بما فيه من وقوف نوستالجي يميّز هذا الشعر الذي يواجه عالمًا ضائعًا. كان ذلك زمن خراب مملكة سبأ وانحطاط السبأيّين وبداية ما أسماه العرب المسلمون بالجاهلية وصفًا للأحوال عند ولادة النبي محمد. وبشكل أعمّ، يشير هذا الوقوف إلى تأمل عالم يُعَدّ منحلًا، عالم يكافح، في سياق الحروب بين قبائل شبه الجزيرة العربية، كي ينهض من أطلال التاريخ.

5 I built my home, 2006, 192 x 149 x 80 cm, assemblage neon et objets.

6 Ciel chargé de fleurs, 2004, 180 x 180 cm, acrylic on tissue maroufle. Wake up Sisyphos, 2008, 266 x 200 cm, acrylic on canvas and neon.

7 Ceci n'est pas la Suisse, 2009, 190 x 180 cm, acrylic on canvas and

8 Wadi Abou-Jmil, 1995, 26.5 x 23.5 cm, pastel on paper. Wadi Abou-Jmil, 2001, 70 x 50 cm, oil on cardboard. Casse militaire, 2001, 50 x 70 cm / 60 x 80 cm, oil on paper. Ciel chargé de fleurs, 2004, 180 x 180 cm, acrylic on tissue marouflé.

9 Tour de Babel,2005-2006, 275 x 200 cm / 100 x 170 cm / 4 x (30 x 21 cm), acrylic on canvas.

10 La tour de Babel, 1563, 114 x 155 cm, oil on panel, Kunsthistorische Museum.

١١ يبدو الفنان وكأنه قد ألهمته أعشاش النمل الأبيض الذي شاهدها خلال إقامته في أفريقيا.

12 Walter Benjamin, The Origin of German Tragic Drama, New York and London: Verso, 1977, pp. 177 – 178.

١٣ من وجهة نظر المكبوت، ليس الماضي سوى سلسلة لا منتهية من الهزائم الكارثية: «ثمّة لوحة لبول كلي باسم الملاك الجديد. نجد فيها ملاكًا يبدو على وشك أن ينأى بنفسه عن شيء يحدّق فيه. عيناه مفتوحتان على وسعهما، وقد فغر فاه وفرد جناحيه. لا بدّ أنّ ملاك التاريخ يظهر على هذا النحو. وجههُ ملتفتٌ صوب الماضي. وحيث نتصور سلسلةً من الحوادث، يرى كارثةً واحدةً لا تني تكوّم الأنقاض فوق الأنقاض وتلقيها عند قدميه. والملاك يودّ أن يبقى، وأن يحيي الموتى، ويجمع ما تحطّم. لكنّ عاصفةً تهبّ من الفردوس؛ وقد أمسكت بجناحيه بتلك القوة حتى لم يعد بوسعه أن يضمّهما، وراحت تدفعه بصورة لا تُقاوَم نحو المستقبل الواقع خلفه، في حين يعلو أمامه الحطام حتى يبلغ عنان السماء. ما ندعوه التقدم هو هذه العاصفة».

انظر:

Walter Benjamin, «Theses on the Philosophy of History», Illuminations, trans. Harry Zohn, New York, Schocken Books, 1969, p. 249.

14 See Naomi Stead, «The Value of Ruins: Allegories of Destruction in Benjamin and Speer» in Form/Work, Number 6, October 2003, p. 51 – 64.

15 Wake up Sisyphos, 2008, 266 x 200 cm, acrylic on canvas and neon.

16 Diptyque, 2009, 180 x 250 cm, acrylic on canvas.

17 Tammouz series, 2008, 42 x 30 cm, acrylic on canvas, no001.

18 Tammouz series, 2008, 42 x 30 cm, acrylic on canvas, no034. Ceci n'est pas la Suisse, 2009, 190 x 180 cm, acrylic on canvas and

19 Tammouz series, 2008, 42 x 30 cm, acrylic on canvas, no001-013-018-021-026-027-035.

20 The Withdrawal of Tradition past a Surpassing Disaster, Forthcoming Books, 2009.

21 Jalal Toufic, «Ruins», Tamass, Contemporary Arab Representation, 1, p. 19 – 25.

٢٢ غير أنّه تجدر الملاحظة أنّ جلال توفيق يدعي أن عمله على هذه المسألة ليس تحليلًا نفسيًا.

23 Elias Khoury, «La memoire de la cite (Beyrouth ville depotoir)» in La mémoire des déchets. Essais sur la culture et la valeur du collectif, Montreal, Editions Nota Bene, 1999, p. 151.

٢٤ المصدر السابق.

٢٥ «(...) وفّر مشروع إعادة الإعمار فرصة مدهشة لعلماء الآثار كي يقوموا بكشف أساسات بيروت التاريخية القديمة، المدفونة في مساحاتها الفارغة، سواء كانت مدرسة القانون الرومانية أو بيريتوس أو الفسيفساء البيزنطية أو المدينة الفينيقية ... عاد ماضٍ تاريخي إلى السطح على شكل أسطورة، تتعلقً بمستقبل مضطرب وغير مؤكّد. بنى قديمة، تشهد على تاريخ غابر، تختبأ خلف أسوار تجاور بنى عصرية غريبة تشهد على مستقبل قادم.» (المصدر السابق، صفحة ١٥٧).

٢٦ في عبقرية المسيحية، يميز شاتوبريان بين نوعين من الأطلال: أطلال البشر، وهي صور العدم -ولهذا تتماهى الأطلال الحديثة مع الثورة-، وأطلال الطبيعة، الشعرية والساحرة. وهو يقول في عمله ذكريات من وراء القبر: «وددت لو أنّي ولدت فنانًا؛ لكانت العزلة والاستقلالية وأشعة الشمس بين الأطلال والروائع ناسبتني».

27 Quartier de boeuf, 5 x 20 cm, acrylic on wood/30 x 20 cm, acrylic on paper/ 20 x 20 cm, acrylic on paper. Tammouz series, 2008, 42 x 30 cm, acrylic on canvas, no 005.

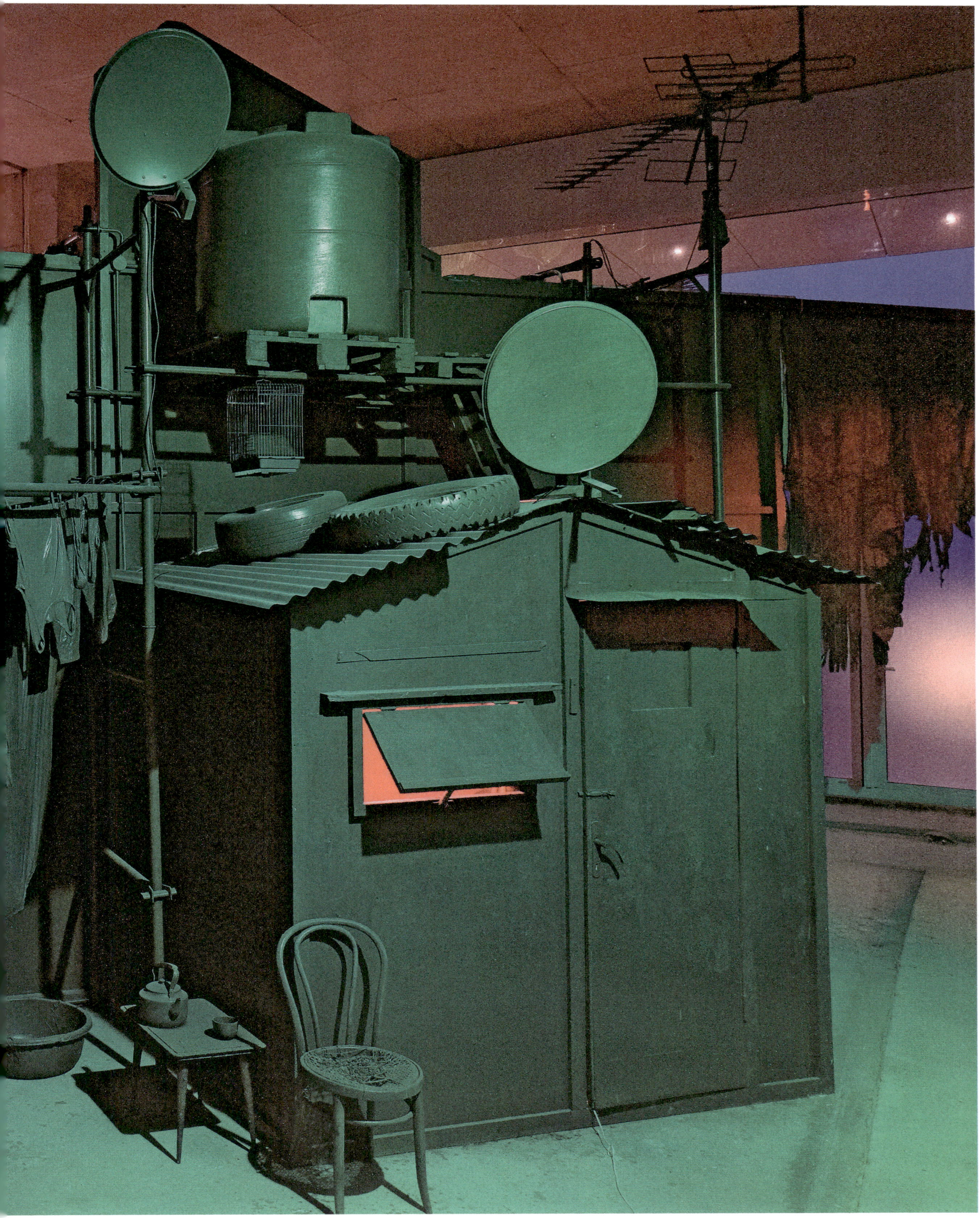